전도서 강해: 인생이란 무엇인가?

전도서 강해: 인생이란 무엇인가?

초판 1쇄 발행 2019년 11월 30일

지은이 | 한병수
발행인 | 이호인
발행처 | 전주대학교출판부
등록번호 | 제1999-000012호
주　소 | 전라북도 전주시 완산구 천잠로 303(효자동3가)
전　화 | 063-220-2357
팩　스 | 063-220-2067
편집인쇄 | 참디자인(02-3216-1085)

ISBN 978-89-8448-184-8 (03230)
이 책은 전주대학교 출판지원에 의하여 제작되었습니다.

E C C L E S I A S T E S

인생이란 무엇인가

헛된 인생에게 **전도서**는!
최고의 상급이신 하나님을 온전히 경외하고
그의 계명을 완전하게 준행하신
그리스도 예수를 누리라고 가르친다!

전도서 강해

한병수 지음

전주대학교 출판부

감사의 글

글쓰기는 저자 혼자만의 재능과 기호가 아닙니다. 다수의 관계적, 정치적, 경제적, 문화적 문맥들이 음으로든 양으로든 글에 개입하고 저자는 그 모든 문맥들에 사랑의 빚쟁이가 되는 과정을 필히 거칩니다. 이 책도 예외가 아닙니다. 전도서는 제가 연구와 강의의 길을 걷다가 전주대학교 대학교회에서 목회를 처음으로 시작하며 수요일 성경대학 교재로서 겁도 없이 붙잡은 책입니다. 그래서 이 책에는 긴장된 목회자 초년병의 미숙한 몸부림과 사랑하는 대학교회 성도님들, 교수님들, 직원 선생님들, 그리고 학생들의 너그러운 포용이 어우러져 있습니다. 책도 쓰고 블로그도 활발하게 하며 성경을 묵상하고 글로써 그 묵상을 다른 사람과 나누는 것이 무척 익숙한 자이지만 막상 설교의 강단에서 회중을 향해 하나님의 말씀을 입으로 선포하며 나눌 때에는 얼마나 떨리는지 모릅니다. 설교하는 중에 자유롭게 제어할 수 있다고 생각한 입술에 통제 불능의 경련이 올라타고 의식하지 못한 단어들이 허락도 없이 출고되어 당황한 경우도 적지 않습니다. 그때마다 따뜻한 눈빛과 격려의 끄덕임과 감싸는 웃음으로 위축된 설교의 등을 펴 주셨던 성도님들 모두에게 진심으로 감사를 드립니다.

그리고 홀로 말씀 앞에 서도록 넉넉한 시간을 마련해 주고 조용한 환경을 조성해 준 아내 은경과 세 아이들 은진과 긍휼과 혜리에게 감사의 마음을 전합니다. 특별히 결혼 이후에 인생의 등을 든든하게 밀어주신, 사랑하고 존경하는 장인 어르신께 감사를 드립니다. 그리고 부족한 목회자의 글을 꼼꼼히 읽고 예리한 통찰력과 정교한 수정으로 멋진 단행본의 옷을 입혀 독자들과 문서로 교통할 수 있도록 산파의 역할을 해 준 전주대 출판부에 감사를 드립니다. 끝으로 전도서와 씨름하며 텍스트의 의미를 도무지 파악할 수 없어서 낙심의 백기를 들고 투항하며 포기의 한숨을 뱉어낼 때마다 한 뭉치의 깨달음을 무상으로 제공하신 하나님께 진심으로 감사를 드립니다. 혹시라도 이 책에 거짓이 있다면 제게서 나온 것입니다. 그러나 진리의 조각들이 있다면 하나도 예외 없이 주님의 선물로 주어진 것이며 주님께만 감사와 영광을 돌림이 마땅할 것입니다. 전달자의 영광을 허락하신 주님께 감사를 드립니다.

2019년 9월

인생의 중턱에 올라선 전주에서

저자 **한병수**

목차

서론

전도서 이해의 새로운 관점

인생이란 무엇인가? 인류의 역사에서 누구나 쉽게 던지지만 아무도 명확하게 답변하지 못한 질문이다. 그 해답은 전도서가 제공한다. 그런데 전도서는 난해하다. 너무도 어려운 책이어서 그것의 의미를 온전히 벗기려는 모든 시도가 헛되고 헛되며 헛되고 헛되니 전적으로 헛되다는 루터(Martin Luther)의 외침은 결코 헛되지가 않다(WA 20:9). 심지어 그 누구도 전도서의 주해, 설명, 혹은 이해를 가졌다고 당당히 말하지 못하며 그것은 고작해야 한 개인의 사적인 견해일 뿐이라는 말도 타당하다. 다양한 사견들 중에 루터는 전도서의 목적이 책 자체에는 명시되어 있지 않지만 모든 인간적인 계획들의 무익과 미래에 대한 인간적인 통치의 헛됨을 드러내는 것이라고 한다(WA 20:9). 마이클 이튼(Michael A. Eaton)은 전도서가 대안의 부실함 혹은 결핍을 깨닫게 하여 자비의 하나님께 자신을 전적으로 의탁하는 믿음의 삶을 촉구하는 책이라고 한다(1983, p.44). 제프리 마이어스(Jeffrey Meyers)는 전도서의 궁극적인 지혜가 여호와 경외와 계명에 대한 순종으로 하나님께 감사를 표하며 그의 선물을 누리는 것이라고 한다(2006, p.17). 시드니 그레이다누스(Sidney Greidanus)는 전도서의 가르침이 "헛되고 공허한 삶에서 하나님의 선물을 누리는 유의미한 삶으로 이동하기 위한 여호와 경외"라고 한다(2010, p.22). 에이미 플란팅가 포(Amy Plantinga Pauw)는 전도서의 초점이 "하나님 앞에서 살아가는 피조물의 유한한 삶"에 있다고 주장한다(2015, p.7). 다니엘 프레더릭스(Daniel C. Fredericks)는 전도서가 "하나님의 땅을 관리하는 우리의 기능"을 묘사하는 책이라고 한다(2018, p.24). 전도서를 인생과 학문과 신앙의 결론으로 삼으려고 한 자크 엘룰(Jacques Ellul)은 전도서가 인간의 취약한 기반을 확인하게 하고 양심을 성찰하게 하고 인생의 모든 공고한 기반들을 뒤흔들어 "역사의 대주제인 절대자의 보호가 없이는 무너질 수밖에 없는 우리의 운명" 앞에 우리로 하여금 직면하게 하는 책이라고 한다(2016, p.66). 더글라스 숀 오도넬(Douglas O'Donnell)은 전도서의 목적이 "헛된 자존감과 모든 교만을 버리고 하나님의 지혜"를 소유하게 만드는 "순종하는 믿음"이라 한다(2018, p.26).[1]

전도서의 의미에 대한 이상의 고견들은 전도서 이해에 대단히 유익

1 이상의 다양한 사견들에 대해서는 다음을 참조하라. 더글러스 숀 오도넬, 황의무 옮김, 『전도서』(서울: 부흥과개혁사, 2018); 대니얼 프레더릭스, 권대영 옮김, 『전도서』(서울: 부흥과개혁사, 2018); 자끄 엘륄, 김치수 옮김, 『존재의 이유: 전도서 묵상』(서울: 대장간, 2016); Michael A. Eaton, *Ecclesiastes: An Introduction and Commentary* (Downers Grove: IVP, 1983); Jeffrey Meyers, *A Table in the Mist: Meditations on Ecclesiastes: Foundations for Expository Sermons* (Grand Rapids: Eerdmans, 2010); Martin Luther, *Anntationes in Ecclesiasten (1532)*, WA 20; Amy Plantinga Pauw, *Proverbs and Ecclesiastes: A Theological Commentary on the Bible* (Philadelphia, Westminster John Knox Press, 2015).

하다. 그래서 나는 존중한다. 그러나 여기에 새로운 견해 하나를 추가하고 싶다. 내가 읽고 묵상하고 이해한 전도서는 창세기 15장 1절(아브람아 두려워하지 말라 나는 네 방패요 너의 지극히 큰 상급이니라)의 가장 탁월한 주석이다.[2] 이는 인간이 인간이기 위해 여호와를 경외하고 그의 계명에 순종해야 한다는 전도서의 결론과 이 구절을 연결하여 생각하면 곧바로 이해된다. 여호와 경외라는 것은 하나님 이외에 다른 어떠한 것도 두려움의 대상으로 여기지 않음을 의미한다. 여호와를 경외하면 모든 두려움이 없어진다. 즉 여호와를 경외하는 우리에게 이 세상의 모든 두려움을 막고 소멸하는 방패는 하나님 자신이다. 그리고 하나님의 계명에 순종하는 것 즉 그분을 사랑하는 것은 그분을 지극히 큰 상급으로 소유하고 향유하는 유일한 방식이다. 이처럼 하나님이 믿는 모든 자들에게 방패와 지극히 큰 최고의 상급이 되신다는 사실을 한 권의 단행본 분량으로 설명한 것이 전도서다.

하나님이 최고의 상급이란 진리는 전도서의 심장이다. 하나님은 자신을 경외하는 자들에게 최고의 상급이다. 최고의 상급인 하나님은 인생의 목적이다. 그리스도 예수의 죽음과 부활을 믿음으로 말미암아 하

---

2 나의 입장과 다소 유사한 주장으로 아우구스티누스의 향유와 사용, 일시적인 것과 영원한 것의 구분들에 근거한 전도서 해석을 시도한 티키아티 문헌은 다음과 같다. Susannah Ticciati, "Ecclesiastes, Augustine's Uti/Frui Distinction, and Christ as the Waste of the World," in *Reading Ecclesiastes Intertextually*, ed. Katharine J. Dell and Will Kynes (London: Bloomsbury Publishing, 2015): 253–267. 아우구스티누스의 구분에 근거한 티키아티 입장에 따르면, 임시적인 세상은 영원한 하나님의 나라를 향유하기 위한 사용의 대상이다. 전도서는 그것을 가르친다.

나님의 의롭다 하심을 얻은 사람이 최고의 상급보다 열등한 것을 궁극적인 인생의 목적으로 설정하는 것은 합당하지 않다. 우리의 죄 사함과 의로움을 위해 지불된 비용이 무려 그리스도 예수의 생명인데, 고작 누리고자 하는 것이 예수의 생명 없이도 취할 수 있는 물질적인 풍요나 사회적인 명성이나 심리적인 안정이나 쾌락이나 초자연적 능력이라 한다면 예수의 생명은 너무도 아깝고 과분한 비용이다. 나아가 죄 사함을 받았다는 것과 의롭다 하심을 받았다는 것 자체도 너무나 중요한 것이지만 신앙의 전면에 내세울 사안은 아니라고 생각한다. 비록 신학적 논쟁이 교계의 관심사를 죄의 전가나 의의 전가로 돌려 그것이 기독교의 간판 주제인 것처럼 부각되어 왔지만 기독교의 정수는 하나님의 영광이다. 이 영광은 우리가 하나님을 최고의 상급으로, 최고의 선으로, 최고의 기쁨으로, 최고의 만족으로, 최고의 행복으로, 최고의 옳음으로, 최고의 자랑으로, 최고의 소망으로, 최고의 규범으로 향유할 때에 하나님께 돌려진다. 하나님의 영광과 하나님 향유는 동전의 양면이다. 그래서 기독교의 역사에서 교리의 가장 온전한 체계를 구축한 표준문서(Westminster Standards) 중 소요리 문답에도 인간의 주된 목적은 하나님의 영원한 영광과 향유(Glorify God and enjoy Him forever)라고 고백한다.

우리에게 구원을 주신 하나님의 이중적인 목적은 하나님 자신의 영광과 우리의 하나님 향유이다. 죄를 제거하고 의롭다 하신 것은 구원의 목적이 아니라 수단이다. 죄는 우리와 하나님 사이를 갈라서 서로 멀어지게 한 원흉이다(사59:2). 죄 때문에 인간은 하나님의 영광에 이르지 못한다는 최악의 재앙을 당하였다(롬6:23). 이는 우리가 하나님을 최고의 상급으로 향유하지 못하게 되었음을 의미한다. 예수님은 죄라는 막힌 담을 자신의 몸으로 허무셨다(엡2:14). 지성소와 성소를 가로막은 휘장도 찢으셨다(막15:38). 이렇게 하나님과 우리 사이를 가로막은 죄의 휘장이 제거되면 하나님과 우리의 "교제"(communio)라는 누림 혹은 향유가 가능하게 된다. 예수의 생명으로 말미암아 최악의 재앙은 이렇게 최고의 복으로 전환된다.

기독교의 역사에서 정리된 여호와 향유의 요건은 두 가지이다. 하나는 그리스도 예수와의 연합(unio cum Christo)이고 다른 하나는 오직 하나님만 바라보는 관조(contemplatio Dei)이다. 우리의 죄를 완전히 제거하신, 완전한 하나님과 완전한 인간이 되신 예수와 연합하면 하나님과 가장 친밀한 교제가 가능하다. "관조"(contemplatio)라는 것은 성전(temple) 안에 하나님과 함께(con) 거하는 것을 의미한다. 개인이든 공동체든 교회는 이러한 관조를 지향한다. 그래서 바울은 "성령 안에서 하나님이 거하실 처소가 되기 위하여 그리스도 예수 안에서 함께 지어져 가"(엡2:22)는 성전을 교회라고 설명한다. 개인이든 공동체든 성전에는 오직 하나님만 거해야 한다는 점이 향유의 핵심이다. 그래서 "너는 나 외에는 다른 신들을 네게 두지 말라"(출20:3)는 명령은 십계명의 일 순위를 차지한다. 이 명령은 우리의 마음에 오직 하나님만 두라는 의미이고 하나님과 다른 무엇을 나란히 우리의 마음에 두는 것을 불허한다. 하나님 이외에 그 누구도, 그 무엇도 우리의 마음을 어느 한 부위라도 차지하는 것은 금물이다. 그분만이 우리에게 영원하고 불변하고 무한한 상급이기 때문이다. 믿음은 다른 어떠한 불순물도 없이 오직 주님만을 유일한 대상으로 삼았을 때에 정금 같은 신앙이다. 그분만 사모하고 그분만 신뢰하고 그분만 사랑하는 것이 성도의 참 모습이다. 믿음의 조상에게 주어지고 모세에게 주어진 이 교훈의 체험을 시인은 이렇게 표현한다. "하늘에서 주 외에는 누가 내게 있으리요 땅에서는 주 밖에 내가 사모할 이 없나이다"(시73:25). 하나님께 영광을 돌리고 그분을 향유하는 은총은 하나님과 그의 성전 된 교회의 온전한 연합에 근거한다.

예수님의 생명은 바로 이러한 하나님과 교회의 연합 속에서 오직 하나님 자신만이 교회의 지극히 큰 상급이고 그렇게 함으로써 하나님께 영광을 돌리라는 목적을 위해 지불된 비용이다. 이러한 목적을 다른 목적으로 대체하는 것은 불의하고 부당하고 불경하다.

하나님의 자녀가 되고 하나님의 백성이 되고 천국의 시민이 되었지만 여전히 종으로 살아가고 이방인이 되고 천국의 시민권을 내던지고 살아가는 어리석은 믿음의 사람들이 있다. 예수님의 생명을 걸지 않아도 취득할 수 있는 헛된 것들을 인생의 목적으로 설정하고 그 목적을 향해 미친 불나방 수준으로 질주한다. 이런 습성은 타락 이후에 아담과 하와가 보여준 헛된 인생의 고질적인 답습이다. 하나님은 인간을 다른 피조물과 구별되게 자신의 형상을 따라 지으셨다. 그냥 먼지에서 온 존재와는 달리 무려 자신의 지극히 거룩한 형상을 따라 인간을 지은 목적은 무엇일까? 사람들은 잘 먹고 잘 사는 것이라고 생각한다. 그런 생각에 근거하여 잘 먹고 잘 사는 나라를 좋은 나라로 규정한다. 이는 어리석은 생각이다. 태초에 인간을 창조하실 때에 그들에게 삶의 환경 혹은 수단으로 주어진 에덴 동산을 보면 쉽게 확인된다. 에덴의 상황은 인류의 역사에서 그 유래가 없을 정도로 최고의 조건을 구비했다. 잘 먹고 잘 사는 것은 이미 주어진 조건이고 환경이다.

자신의 형상을 따라 지은 최고의 극상품 포도나무 종자라는 인간에게 거시는 하나님의 기대는 무엇일까? "생육하고 번성하여 땅에 충만하라, 땅을 정복하라, 바다의 물고기와 하늘의 새와 땅에 움직이는 모든 생물을 다스리라"(창1:28). 만물의 영장이요 최고의 피조물인 인간에게 하나님이 원하시는 것은 온 땅을 무대로 삼고 온 땅을 사랑으로 정복하고 하늘과 땅과 바다의 모든 것을 공의로 다스리는 것이었다. 인간에게 거는 신적인 기대의 규모는 실로 대단하다. 인간에게 주신 최고의 환경과 조건에 걸맞은 열매는 바로 온 천하의 모든 피조물을 최고의 상태로 유지하고 그 모든 만물로 하여금 사랑과 정의라는 두 가지의 악기로 오직 하나님만 찬송하게 만드는 것이었다. 그런데 타락한 인간은 신적인 기대의 지구촌 규모를 상실했다. 이제는 나 자신만 돌아본다. 내 자식과 집안의 유익만을 추구한다. 이미 최고의 포도원이 주어지고 최고의 재료로 최고의 걸작품이 되었는데 포도원을 더 좋게 만들고 자기를 더 화려하게 꾸미는 일에 관심과 에너지의 대부분을 소비한다. 태초부터 인간은 모든 피조물 중에 하나님의 특별한 은혜를 받고서도 극상품 포도가 아니라 최악의 들포도를 결실했다. 창조의 인간만이 아니라 재창조의 인간도 들포도의 결실을 답습한다. 극상품 포도나무 종자인 교회는 세상이 추구하는 동일한 것을 다만 예수의 이름으로 추구한다. 심히 어리석고 무지하다. 전도서는 그런 교회를 꾸짖는다.

이 세상에서 노력하여 취득하고 누리는 세상적인 부와 명예와 쾌락과 장수와 건강과 칭찬은 하나님이 최고의 상급이 되신다는 사실에 근거하여 그 자체로는 전부가 헛되다는 재해석이 필요하다. 전도서는 하나님 이외에 모든 것들을 헛된 것으로 분류한다. 이러한 전도서의 관점은 성경 전체를 관통하는 기독교적 가치관 즉 "최고의 상급이신 하나님" 사상을 반영한다. 여기에서 헛되다는 것은 안개, 연기, 무상함, 덧없음, 사라짐, 무익함 등의 의미를 포괄한다. 이는 야고보가 인간과 인생을 "잠깐 보이다가 없어지는 안개"라고 일갈한 것과 같은 맥락이다(약4:14).

전도자가 가진 헛됨의 대표적인 기준은 시간과 변화와 유한이다. 헛되지 않음의 기준은 무엇인가? 영원과 불변과 무한이다. 전도자가 가진 기준으로 볼 때, 이 세상에서 행하는 모든 수고와 그 수고의 결과는 영원하지 않고 잠시 있으며 불변하지 않고 끊임없이 변하며 무한하지 않아서 결국에는 사라지기 때문에 허무하고 무익하다. 전도자는 심지어 하나님의 손에서 나온 선물들 즉 지혜와 부와 건강과 지식과 명예와 장수도 동일한 허무와 무익의 항목으로 분류한다. 이 대목에서 독자들의 머리에는 혼란이 발생한다. 이는 주님께서 주신 선물들은 무조건 좋은 것이라고 생각하기 때문이며, 그것들을 감히 헛되고 무익한 것이라고 평가하는 것은 피조물의 무례한 불경과 오만으로 보이기 때문이다. 그러나 성령의 은사들과 인간의 재능들과 땅의 물질들은 이 땅에서 잠시 사용할 수 있도록 주어진 것들이고 영원하지 않고 사라질 것들이다. 인간에게 모든 것들의 의미와 가치와 기능은 죽음으로 소멸되고 종결된다. 그래서 스스로 취득한 것처럼 보이는 것들이든 하나님의 명확한 선물로서 주어진 것들이든 그 자체로는 죽음에 의해 기능이 종결되는 것이기에 헛되고 무익하다. 욥기는 인간의 지혜와 의로움과 선행도 하나님께 아무런 이익이나 기쁨이 없고 다만 인간에게 잠시 유익할 뿐이라고 기록한다(욥22:2-3).

이러한 헛됨과 무익의 반대편에 있는 유일한 존재는 영원하고 불변하고 무한한 하나님 자신이다. 믿음의 조상과 율법의 중보자와 시인이 가르치는 교훈의 결을 따라 전도자도 전도서 전체의 결론을 내리는 부분에서 하나님을 유일한 경외의 대상으로 삼으라고 한다. 방패이신 하나님만 경외하면 다른 모든 것들은 두려움의 대상에서 배제되기 때문이다. 그리고 그분은 영원하고 불변하고 무한한 최고의 상급이다. 그래서 전도자는 하나님의 계명을 지켜 그 하나님을 누리라고 권면한다. 이는 최고의 상급을 취하고 누리는 최고의 방법이 사랑이며 사랑은 그 대상의 계명에 순종하는 것이기 때문이다. 이것이 인생이다. 즉 영원하고 무한하고 불변적인 방패이신 하나님을 경외하고, 최고의 상급이신 하나님의 계명을 지킴으로 그분을 사랑하고 그런 사랑으로 그분을 누리는 것이 바로 인생이다. 전도서는 이런 인생을 가르친다.

땅에서 취득한 것이든 하늘에서 주어진 것이든 그 자체로는 모두 헛되고 무익함을 안다면, 그것들에 집착하지 마라. 그러한 것들의 유무에 희비가 엇갈리지 마라. 그것들을 많이 취하려고 서로 다투거나 대립하지 마라. 그러나 아무리 사소하고 일시적인 것이라도 그것이 하나님을 경외하고 그의 계명을 지켜 그분을 영화롭게 하는 방편으로 쓰인다면 참되고 유익하다. 헛됨이 참됨으로, 무익이 유익으로 바뀌는 이러한 반전은 모든 피조물을 새로운 피조물로 바꾸시는 그리스도 안에서만 가능하다(고후5:17). 이런 맥락에서 보면, 만물의 헛됨과 무익을 지독하게 부르짖는 전도서의 의도는 그리스도 안에 거하라는 역설적인 초청이다. 바울이 최고의 상급인 그리스도 예수를 얻기 위해 자신에게 유익하던 모든 것을 해로 여기고 모든 것을 배설물로 여긴 것은 이러한 전도서에 대한 그의 실천적인 해석이다(빌3:7-8). 이처럼 전도서는 그리스도 예수를 증거하기 위해 기록된 일종의 복음서다.

1강

인생이란 무엇인가?

전 12:13

> 13 일의 결국을 다 들었으니 하나님을 경외하고 그의 명령들을 지킬지어
> 다 이것이 모든 사람의 본분이니라

〈인생, 전도서를 살다〉(복있는사람, 2018)의 딕슨이 잘 지적한 것처럼, 인생은 영원의 자리에서 오늘을 보고 죽음의 시점에서 현실을 직시할 때 정확하게 보입니다. 물론 이런 접근법이 직선적인 시간 속에서 살아가는 자에게는 가능하지 않습니다. 하지만 보이지 않는 영원과 내세를 믿음으로 보는 자들은 시간을 역류하는 관점으로 인생을 이해할 수 있습니다. 전도서는 인생을 논하는 책인데 이해하는 것이 쉽지 않습니다. 그러나 해석의 각도를 바꾸어 영원과 죽음의 시점이 다 고려된 결론을 먼저 이해하고 그 결론의 관점에서 소급하여 읽으면 쉽게 읽힙니다.

전도서의 결론은 하나님을 경외하고 그의 계명을 지키는 것이 인간의 본질, 본분, 혹은 도리라는 것입니다. 그런데 이에 대한 히브리어 본

문의 직역은 다음과 같습니다. "여호와를 경외하는 것과 그 명령을 지키는 것이 전 사람이다 (혹은 인간 전체이다)"(전12:13). '본분 혹은 의무'(duty)라는 말은 한국말과 영어 번역본에 첨가된 것입니다. 첨가된 표현을 빼고 읽으면, 여호와를 경외하는 것과 그의 계명을 지키는 것 자체가 인간의 모든 본질이며 인생 자체라는 뜻으로 이해할 수 있습니다. 여기서 우리는 인간의 정체성에 대해 생물학적, 심리학적, 사회학적 관점과는 차원이 다른 인생의 새로운 개념과 만납니다. 즉 인간은 스스로 존재하지 않기 때문에 그 정체성에 있어서도 하나님 의존적인 이해를 요구하고 있다는 것입니다. 인간의 존재와 여호와를 경외하고 그 명령을 지키는 것은 본질상 연동되어 있습니다. 여호와를 경외하는 것은 참으로 인간다운 것입니다. 여호와를 경외하지 않는 것은 인간의 정체성을 이탈하는 것입니다. 하나님을 경외하지 않는 인간은 짐승과 같습니다. 그런 자는 반드시 썩어지지 아니하는 하나님의 영광을 썩어질 짐승과 버러지 형상으로 바꿉니다. 이는 하나님의 명령을 거역하게 만든 뱀이 짐승이란 사실과 마지막 심판의 날에 영원한 사망의 정죄를 당하게 될 자들이 그들의 이마에 짐승의 숫자가 쓰여진 자라는 사실과도 무관하지 않습니다. 여호와 경외라는 개념은 성경 전체를 관통하고 있습니다.

인간의 정체성이 여호와를 경외하는 것에 있다면 여호와를 버리고 그를 경외하지 않는다는 것은 인간에게 가장 근원적인 고통이요 인간의 근본적인 정체성을 부정하고 훼손하는 일이 될 것입니다. 그래서 예레미야 선지자는 하나님과 특별한 관계를 가진 이스라엘 백성, 열방과 만민에게 복의 근원으로 부름을 받은 그 백성이 이방인에 의해 멸망을 당하게 된 이유를 다음과 같이 기록하고 있습니다. "네 악이 너를 징계할 것이고 네 패역이 너를 책할 것이라 그런즉 네 하나님 여호와를 버림과 네 속에 나를 경외함이 없는 것이 악이요 고통인 줄 알라 주 만군의 여호와의 말이니라"(렘2:19). 이 구절에 의하면, 인간의 본질적인 악과 고통은 사회적인 법과 규범을 이탈하는 것에서 비로소 발생되는 것이 아닙니다. 선지자의 말처럼, 악과 고통은 하나님을 가까이 하지 않고 버리는 것과 그분을 경외하지 않는 것에 그 뿌리를 두고 있습니다. 이사야는 이렇게 말합니다. "소는 그 임자를 알고 나귀는 주인의 구유를 알건마는 이스라엘은 알지 못하고 나의 백성은 깨닫지 못하는도다"(사1:2). 짐승도 자신의 주인과 주인의 구유를 모르지 않습니다. 그러나 하나님의 백성이 주인이신 하나님을 알지 못하는 것, 하나님의 하나님 되심을 모른다는 것은 인간이 짐승보다 못하다는 말입니다. 이것보다 더 근원적인 죄는 아마도 없을 것입니다. 이사야와 예레미야 선지자의 기록은 비록 표현에 있어서는 달라도 의미는 같습니다. 나아가 성경은 여호와 경외하는 것을 "생명의 샘"이며 "지혜의 시작"이며 "지식의 근본"이라 했습니다.

죄는 아담과 하와가 선악과를 따 먹은 사건에서 처음으로 소개된 것이지만, 그 구체적인 본질은 아담의 다음 세대에서 그 민낯을 보입니다. 그래서 우리는 아담과 하와의 첫 소생인 가인과 아벨이 드린 제사가 인간의 구체적인 죄성이 노출되는 현장이 되고 있다는 사실을 주목할 필요가 있습니다. 가인과 아벨의 제사가 보여주는 것은 예배 가운데 죄가 있다는 것입니다. 하나님을 경외하는 형태로서 예배가 있더라도, 그 예배의 행위가 하나님 경외를 담보하는 것은 아닙니다. 예배의 본질인 '경외'라고 하는 하나님과 인간의 본질적인 관계 속에서 죄의 근원적인 성격이 드러나고 있다고 봄이 좋을 것입니다. 하나님의 형상대로 지음을 받은 인간은 창조 자체에서 하나님을 경외하는 본성을 가졌으며 그 본성이 삶의 전 영역에서 표출될 때 하나님의 속성이 발휘될 것을 요구 받고 있습니다. 최고의 정성으로 하나님을 경외하는 제사를 드림에 있어서 아벨은 하나님의 받으심을 받았으나 가인은 하나님의 차가운 거절을 받습니다. 여기서 우리는 인간의 정체성이 드러나는 예배가 각자의 스타일을 따라 드려지는 것이 아니라 받음과 거절의 여부를 좌우하는 어떤 질서와 규정이 있다는 사실을 배웁니다.

이러한 사실은 전도서의 결론에도 나타나 있습니다. 즉 여호와를 경외하는 것이 막연한 관념이 아니라는 것입니다. 인간은 본성이 일그러져 있어서 여호와 경외의 정확한 의미를 잘 모릅니다. 무엇이 하나님을 경외하는 것이고 무엇이 하나님 앞에서 범죄인지 모르는 인간에게 '여호와를 경외하는 것'의 올바른 개념을 기대할 수는 없습니다. 경외의 개념은 결국 하나님의 계시에 의존할 수밖에 없습니다. 전도서 12장 13절은 '여호와 경외하는 것'을 '그 명령 지키는 것'과 의미가 동일한 것처럼 나란히 열거하고 있습니다. 즉 전(whole) 인간의 정체성은 여호와를 경외하는 것이며 그 명령을 지키는 것입니다. 하나님의 명령을 지킨다는 여호와 경외의 방식을 따르지 않으면, 우리도 가인의 제사를 드리게 될 것이며 결국 우리의 여호와 경외는 정죄를 받고 거절될 것입니다.

그리고 하나님의 명령을 지키는 것은 창조의 원리와 무관하지 않습니다. 시편 148편 5절은 창조를 일컬어 하나님의 명령으로 피조물이 지음을 받았다는 표현을 사용하고 있습니다. 철학이 인간의 존재 근원을 사유에서 찾고, 과학이 극미시 세계의 입자에서 인간 존재의 마지막 단위를 찾으려는 시도와는 달리, 성경은 인간의 존재가 보다 근원적인 하나님의 명령에 의존하고 있음을 분명히 밝힙니다. 하나님의 명령으로 존재를 얻은 인간이 자신의 정체성을 그 명령 지키는 것에서 찾는 것은 조금도 이상하지 않습니다. 우리는 스스로 존재하지 않습니다. 권능의 말씀이 인간을 비롯하여 모든 만물을 보존하고 있다고 히브리서 기자는 말합니다(히1:3). 만물은 그 말씀의 권능에 의존하고 하나님의 명령은 만물의 존재와 질서를 보존하고 움직이는 힘입니다.

우리는 앞에서 여호와를 경외하는 것이 창조의 원리이며 인간의 본질이며 인생의 전부라고 했고, 하나님을 경외하는 것은 그 명령 지키는 것과 다른 것이 아니라고 했습니다. 예배는 하나님을 경외하는 고백적인 형식이며, 하나님을 경외하는 실천적인 형태는 바로 전 생애에서 하나님의 명령을 준행하는 삶입니다. 하나님을 경외하는 것은 가인처럼 자신이 원하는 방식대로 제사를 드리는 것이 아닙니다. 하나님의 말씀이 지정한 방법대로 예배해야 하나님을 올바르게 경외하는 것입니다. 성경이 정한 방식을 무시할 때에, 하나님 경외는 아무리 정직하고 진실했다 할지라도 우상을 숭배하는 죄악으로 전락할 수밖에 없습니다. 돌부처나 조상이나 어떤 형상 앞에서 엎드려 절하는 것만이 우상숭배 행위가 아닙니다. 하나님의 명령을 하나라도 벗어나고 거역하면 그것이 곧 우상을 숭배하는 것입니다.

사무엘 15장 22–23절을 보십시오. "사무엘이 가로되 여호와께서 번제와 다른 제사를 그 목소리 순종하는 것을 좋아하심 같이 좋아하시겠나이까 순종이 제사보다 낫고 듣는 것이 수양의 기름보다 나으니 이는 거역하는 것은 사술의 죄와 같고 완고한 것은 사신 우상에게 절하는 죄와 같음이라." 이 말씀은 하나님의 말씀 버리는 것이 무엇을 뜻하는지 잘 보여주고 있습니다. 단순히 순종이 제사보다 좋다는 기호만 드러내신 것이 아닙니다. 하나님의 말씀에 순종하지 않는 것은 하나님의 말씀을 버리는 것이며 이는 점 치는 것과 같고 우상을 숭배하는 것과 다르지 않다고 말합니다.

우리는 우상숭배 조항이 우상을 만들지 말라는 십계명의 제2계명에만 해당되는 것이라고 생각하기 쉽습니다. 그래서 점쟁이를 찾아가지 않으면 사술의 죄에서 자유로운 것처럼 안심하는 경향이 있습니다. 그러나 사무엘은 하나님의 어떠한 말씀이든 그것을 거역하는 불순종 자체가 우상숭배 행위라고 말합니다. 즉 계명의 지극히 작은 것 하나만 거역해도 우상을 숭배하는 죄악으로 정죄를 받을 수 있다는 것입니다. 우상을 숭배하지 않고 하나님을 경외하는 유일한 길은 하나님의 모든 명령을 지켜 순종하는 것이라는 말입니다.

인간의 실체와 인생의 전부라고 할 수 있는 하나님 경외가 그 명령에 순종하는 것이라고 하였는데, 이제는 '어떻게' 지킬 것이냐를 생각하고 싶습니다. 사람들은 하나님의 명령 지키는 것을 사람들 사이에서 일어나는 책임과 의무로 이해하는 경향이 있는 것 같습니다. 즉 하나님의 명령을 인간 사회에서 요구되는 윤리적 도덕적 규범으로 이해하고 그런 차원에서 그 명령을 행동으로 옮깁니다. 그러나 하나님의 명령을 지킨다는 것은 그런 도덕적인 행위를 뜻하지 않습니다. 사실 불교나 유교나 다른 고등 종교들의 경전을 살펴보면, 성경에서 행하라고 명한 하나님의 명령과 유사한 교훈들, 동일한 교훈들, 더 구체적인 교훈들을 많이 발견할 수 있습니다. 부모를 공경하는 것, 더불어 평화롭게 사는 것, 약한 자들을 돕는 것, 악한 자들을 징계하는 것, 정직하게 살라는 것, 도둑질 하지 말라는 것 등등은 거의 모든 종교에서 발견되는 교훈들일 것입니다. 예수님을 공자와 맹자와 석가와 더불어 4대 성인으로 분류하는 분들의 의식 저변에는 대부분의 고등 종교들이 별로 다르지 않다는 생각이 자리잡고 있습니다.

그러나 성경에 계시된 하나님의 명령들은 단순히 다른 종교에서 발견되는 인간의 도덕적인 교훈들이 아닙니다. 내용이 다르다는 말이 아닙니다. 다른 종교에서 기독교가 구별되는 유일한 차이점은 명령하는 주체가 누구냐에 달려 있습니다. 즉 기독교의 모든 교훈이 가지는 타 종교와의 차별성은 하나님이 모든 교훈의 주어와 주체가 되신다는 사실에 있습니다.

성경은 하나님이 자신을 스스로 계시한 책입니다. 성경에 기록된 모든 명령들을 명령하신 분에게 나아갈 것을 요청하는 초대장에 다름 아닙니다. 명령하신 주체를 아는 지식 없이는 성경에 기록된 어떤 사소하게 보이는 명령도 이해하지 못하고 이행할 수도 없을 것입니다. 우리는 앞에서 여호와 경외하는 것과 그의 명령 준행하는 것이 분리될 수 없다고 했습니다. 다시 말하면 모든 명령의 주어이신 여호와를 경외하지 않고도 그의 명령을 준행할 수 있는 가능성은 없다는 뜻입니다. 여호와 경외하는 것이 선행되지 않으면 하나님의 명령은 하나도 깨닫지 못하며 순종할 수도 없습니다. 명령하신 주체를 모르고도 그의 명령은 이해할 수 있다고 생각하는 사람은 그 주체가 명령에 담은 본질적인 의미가 아니라 해석자 스스로가 부여한 의미를 명령에 슬그머니 끼워 넣는 왜

곡을 자행하는 자가 될 것입니다. 예수님이 가장 혹독하게 책망했던 바리새파 무리와 서기관들, 그들은 하나님을 아는 지식 또는 명령자 자신의 본뜻을 배제하고 그의 명령을 마치 인간의 도덕적인 교훈처럼 이해하고 행한 자입니다. 그들은 이사야의 예언처럼 이런 책망을 받습니다. "이 백성이 입술로는 나를 존경하되 마음은 내게서 멀도다 사람의 계명으로 교훈을 삼아 가르치니 나를 헛되이 경배하는도다"(마15:8-9). 그들은 비록 율법을 암송하고 율법을 삶의 전부로 여기며 지키고 또 지켰지만 명령의 주체를 고려하지 않아서 율법의 더 중한 바 정의와 긍휼과 믿음은 버린 것입니다.

십계명을 자세히 보십시오. 전반부에 하나님 자신과 직접 관련된 종교적인 조항들이 선행하고 그 다음에 사회적인 조항들이 뒤따르고 있습니다. 이러한 두 부류의 조항들은 분리된 것이 아닙니다. 하나님 사랑이 전제되지 않은 이웃 사랑은 없습니다. 이웃 사랑이 뒤따르지 않는 하나님 사랑도 없습니다. 그리고 여호와 경외가 선행하고 그의 계명을 지키는 것이 뒤따르며, 하나님 사랑이 선행하고 이웃 사랑이 뒤따르는 순서를 자세히 보십시오. 주어를 알아야 의미가 보이고 의미를 알아야 행동이 나옵니다. 창조주를 알지 못하면 피조물을 알 수 없기에 하나님을 아는 바른 지식이 선행하지 않으면 인간에 대한 지식도 불완전할 수밖에 없습니다. 이런 질서가 존중되지 않으면 왜곡과 조작이 발생하고 결국 율법의 바리새적 실패가 반복될 수도 있습니다.

성경에 '거짓말 하지 말라'는 계명이 있습니다. 이 계명은 우리에게 정직을 권하는 것으로서, 거짓에 물들어 살아가는 우리의 실상을 먼저 인정하고 회개할 것을 촉구하는 형태를 취하고 있습니다. 이것은 다른 종교나 교육 기관에서 가르치는 도덕적인 교훈과 비록 비슷하게 보이지만 하나님의 명령이기 때문에 그 의미는 판이하게 다릅니다. 먼저 '거짓'의 의미는 사람 앞에서의 거짓이 아니라 하나님 앞에서의 거짓을 뜻합니다. 이와 관련하여 "지으신 것이 하나라도 그 앞에 나타나지 않음이 없고 오직 만물이 우리를 상관하고 계시는 자의 눈 앞에 벌거벗은 것 같이 드러나" 있다는 바울의 기록을 주목할 필요가 있습니다(히4:13). 무에서 존재를 부르신 하나님이 사물에 대하여 아시는 지식에서 더하거나 감한 모든 인간의 지식은 아무리 양심에 저촉되지 않는 순수한 마음으로 얻은 지식이라 할지라도 거짓에서 자유롭지 않습니다.

타락의 첫번째 결과로서 인간의 눈이 밝아져 스스로 보고 듣는 주체가 되고 느끼고 생각하는 주체가 되어 자신의 관점으로 만물을 바라보고 사실을 수집하여 정보로 저장하는 인간의 지식생산 방식은 그 근원에 있어서 이미 하나님의 관점에서 멀어져 있습니다. 선악을 판단하는 일에 마치 하나님과 같이 인간 자신이 주체로 있는 이상, 거짓의 늪에서 한 발짝도 벗어날 수 없습니다. 거짓의 근원은 인간이 무언가를 지각하고 판단하는 주체로 있다는 것입니다. '거짓말 하지 말라'는 계명은 하나님의 관점을 떠나고 그의 판단을 버리고 스스로가 지각과 판단의 주체임을 자처하는 인간의 근본적인 문제를 지적하고, 그 결과로서 내면과 외적인 삶과 사람들의 관계에 거짓이 창궐하게 되었음을 고발하는 동시에, 정직의 유일한 길은 자신을 철저히 부인하되 내가 옳다고 생각하는 가치관 전체를 신뢰하지 아니하고 오직 하나님의 관점과 판단만을 의지하는 것임을 알리는 계명이라 할 수 있습니다.

거짓은 너무도 쉽습니다. 우리의 생각이 가만히 있으면 저절로 도달하는 곳입니다. 그러나 정직은 얼마나 어려운지 모릅니다. 아무리 몸부림을 쳐도 정직의 소유는 여전히 불가능해 보이는 그림의 떡입니다. 우리는 하나님을 아는 지식만큼 정직할 수 있습니다. 성경은 하나님의 관점에서 조명된 만물과 역사의 의미와 지식이 담겨 있고 그 모든 지식들을 통하여 하나님 자신이 계시되고 있는 책입니다. 성경을 있는 그대로 알지 못하면 우리는 자연스레 정직과 멀어질 수밖에 없습니다. 잠언에서 지혜자는 "너는 그 말씀에 더하지 말라 그가 너를 책망하시겠고 너는 거짓말 하는 자가 될까" 두렵다고 말합니다 (잠30:6). 이 말씀은 하나님의 말씀을 가감하는 것이 거짓의 본질이란 사실을 잘 지적하고 있습니다. 정직과 거짓의 개념을 인간 편에서 생각하기 쉽습니다. 그러나 성경에는 거짓과 정직이 하나님의 말씀을 기준으로 가늠되고 있습니다. 오직 성경(sola scriptura)의 정신이 구현되면 비로소 정직이 가능할 것입니다. 그러나 성경에 기록된 말씀을 그대로 옮긴다고 해서 정직이 보장되는 것은 아닙니다. 성경의 모든 계명을 하나도 빼거나 더하지 않는 '오직 성경'의 정신을 넘어 각각의 계명도 성경이 의도한 의미의 차원까지 이르렀을 때에 정직을 운운할 수 있을 것입니다. 성경에 분명히 기록되어 있는 말씀에 머물렀다 할지라도 해석의 차원에서 가감하는 일이 있기 때문에 정직은 성경의 내용을 익히는 차원을 너머 바르게 해석하는 단계까지 들어갈 것을 요청하고 있습니다. 뿐만 아니라 그렇게 해석된 말씀을 알고도 행하지 않으면 스스로를 속이는 거짓에 종노릇 할 수밖에 없기 때문에 성경이 명하는 정직의 개념은 성경의 명백한 기록에 머무는 것과 올바른 해석과 온전한 순종까지 포괄하고 있습니다.

시인은 말합니다. 여호와를 가까이 하는 것이 복이라고(시73:25). 여호와를 가까이 하는 것은 그저 살을 맞대는 물리적인 거리 좁히기가 아닙니다. 창조자와 피조물의 관계에서 가까이 한다는 것은 결국 창조자를 경외하는 것을 뜻합니다. 그것은 감성과 이성을 조절해서 도달하는 관념적인 활동이 아니라, 창조자가 만물을 지으실 때 의도하신 원리와 질서에 순응하는 것입니다. 하나님의 말씀은 인간이 포함된 만물을 무에서 존재로 부르셨고 각각의 실체와 질서를 보존하고 있으며, 계명은 그 말씀이 성경에 명령의 형태로 기록된 것입니다. 성경에 기록된 모든 계명들은 창조의 원리와 질서와 목적을 성문화한 것입니다. 창조와 명령과 하나님의 뜻과 섭리는 분리되지 않고 하나로 연결되어 있습니다. 여호와를 경외하는 것은 죽은 신을 떠받드는 것이 아닙니다. 말하시고 지으시고 행하시는 살아계신 하나님을 그 모든 말씀과 창조와 섭리를 통해 알고 사랑하고 섬기는 것입니다. 창조자를 사랑하는 것은 그를 경외하는 것입니다. 그의 명령을 지키는 것입니다. 이것이 사람입니다. 인간은 누구이고 인생은 무엇인가? 이 질문에 대한 성경적인 답입니다. 인간의 본질, 인생의 전부가 바로 여호와를 경외하고 그 계명에 순종하는 것입니다. 그러나 하나님의 형상을 따라 지음을 받은 인간의 이러한 정의에 부합한 사람은 이 세상에 없습니다. 오직 그리스도 예수만이 하나님과 동등하신 분으로서 하나님께 가장 가까이 계시며 하나님을 전심으로 경외하고 그의 명령을 완벽하게 준행하신 분입니다. 이처럼 전도서는 그 결론에서 확인되는 것처럼 비록 직접적인 언급은 없지만 완전한 인간이신 그리스도 예수를 가리켜 기록된 책입니다. 나아가 아버지의 계명을 지켜 그의 사랑 안에 거하셨던 예수님은 우리에게 자신의 계명을 지켜 자신의 사랑 안에 거하라고 하십니다. 예수님은 우리에게 완전한 인간, 완벽한 인생의 길입니다. 그리스도 안에서 그분처럼 여호와를 가까이 하는 것, 하나님을 경외하는 것, 그의 계명을 지키는 것, 그의 사랑 안에 거하는 것은 완전한 인간이 되어 하나님을 최고의 상급으로 누리는 최고의 삶입니다.

헛되고 헛되도다

전 1:1–2

[1] 다윗의 아들 예루살렘 왕 전도자의 말씀이라 [2] 전도자가 이르되 헛되
고 헛되며 헛되고 헛되니 모든 것이 헛되도다

1절. "다윗의 아들 예루살렘 왕 전도자의 말씀이라." 전도서의 저자는 자신의 신분부터 밝힙니다. 그는 "다윗의 아들 예루살렘 왕"이며 자신을 "전도자"로 칭하는 분입니다. "다윗의 아들" 중에서 "예루살렘 왕"은 솔로몬이 유일하기 때문에 아마도 솔로몬이 전도서의 저자일 것입니다. 이는 잠언의 첫 구절도 지지하는 바입니다. "다윗의 아들 이스라엘 왕 솔로몬의 잠언이라"(잠1:1). 전도서 안에서 저자는 자신을 위대한 지혜를 가지고(전1:13, 16), 거대한 부를 소유하고(전2:8), 중다한 종들을 거느리고(전2:7), 커다란 사업들을 추진하고(전2:4–6), 많은 잠언들을 수집하고 편집하고 작성했던 인물(12:9–10)로 묘사하고 있습니다. 이스라엘 민족의 역사에서 솔로몬 이외에는 이러한 왕이 없습니다.

1절에서 "다윗"의 거명은 비록 그가 이스라엘 백성에게 명예와 형통의 대명사인 이유도 있겠지만 영적 메시지를 전하기 위함인 듯합니다. 다윗은 전쟁의 왕이었고 탁월한 통치자의 본을 보였지만 다른 무엇보다 하나님의 마음에 부합한 자이며 누구보다 말씀을 사모한 왕입니다. 전도자는 말씀이 꿀보다 달콤한 것이며 정금보다 귀한 것이라고 규정한 다윗의 아들임을 밝힙니다. 즉 아버지의 이름을 걸고 하나님의 말씀에 입각한 인생의 본질을 논합니다. 저자를 "다윗의 아들"이라 한 신약적인 의미를 말한다면 참으로 난해한 전도서의 모든 내용이 다윗의 혈통을 따라 태어나신 그리스도 안에서만 해석될 수 있다는 사실을 암시하기 위함인 것 같습니다.

"예루살렘 왕"이라는 말은 저자가 하나님의 백성을 사랑하고 섬기는 왕임을 뜻합니다. 하나님의 백성이 최고의 인생을 살아갈 수 있도록 자신을 표본으로 혹은 수단으로 삼겠다는 의미도 내포되어 있습니다. 왕은 백성의 삶을 챙기는 가장이요 돌보는 백성이 많을수록 영광으로 생각하는 자로서 백성 전체에 대한 책임이 가장 넓고 크고 막중한 종입니다. 한편으로 저자가 왕이라는 것은 하나님의 백성 전체가 듣고 깨닫고 따랐으면 좋을 체험적인 교훈의 말씀을 이 책에 담았다는 뜻입니다. "왕"이기에 땅에서는 소원하는 모든 것들을 성취할 수 있었던 자의 교훈임을 암시하고 있습니다. 자신을 "솔로몬"이 아니라 "전도자"로 명명한 것은 하나님께 저지른 우상숭배, 성적인 문란, 사회적인 빈부격차,

국가의 정치적인 분열, 백성의 종교적인 타락만이 아니라 특별히 백성에게 과중한 노동을 요구한 정책적 과오에 대한 반성일 가능성이 높습니다. 그렇다면 이 전도서는 이 땅에서 극단적인 지혜와 복을 소유하고 동시에 치명적인 과오도 범하여 음으로든 양으로든 인생의 모든 국면을 체험한 왕이 하나님의 백성에게 전하는 생생한 간증인 셈입니다.

2절. "전도자가 이르되 헛되고 헛되며 헛되고 헛되니 모든 것이 헛되도다." 전도자가 밝히는 인생의 키워드는 헛되다는 것입니다. 전도자가 소유하고 가고 보고 듣고 먹고 느끼고 되어보고 행하였던 모든 인생의 결론은 헛되다는 것입니다. 하나님을 떠난 인간의 존재와 인생의 본질은 절대적인 헛됨에 있습니다. 이 세상에는 헛됨에서 제외되는 것이 하나도 없습니다. 이러한 땅에서의 절대적인 헛됨을 경험하지 않으면 인간은 하늘의 헛되지 않음을 소망하지 않습니다. 전도서는 우리에게 타락한 인생의 실상에 대해 가공되지 않은 민낯을 있는 그대로 보여주는 책입니다.

2절에서 헛되다는 말이 반복되는 것은 헛됨의 실재성과 확실성을 가르치고 그럼에도 불구하고 이 헛됨에 대한 인간의 지독한 무지는 전혀 개선되지 않음을 지적하기 위한 것입니다. 그리고 어떠한 예외도 없이 "모든 것이 헛되다"는 선언은 무엇에 의해서도 그 누구에 의해서도 그 헛됨은 바뀌지 않는다는 말입니다. 그러나 사람들은 너무도 분명하게 헛된 것이라고 할지라도 자신에게 유익한 것이라고 여겨지면 분별하지 못하고 어리석은 판단을 내리며 좋아하는 경향을 보입니다. 주변에서 아무리 명백한 반증을 제시해도 자신의 기호를 꺾으려고 하지 않습니다.

이 땅의 모든 것이 헛되다는 주장은 모든 것이 우리에게 유익하지 않고 무익한 것이라는 말입니다. 귀중한 사물도, 유쾌한 사건도, 건강한 상태도, 행복한 상황도 결국에는 모든 인생에게 헛될 뿐입니다. 전도자가 세상의 모든 것을 헛된 것으로 분류한 성경적인 이유를 예수님의 말씀에서 찾는다면 다음과 같습니다. "사람이 만일 온 천하를 얻고도 자기 목숨을 잃으면 무엇이 유익하리요"(막8:36). 이 구절은 주장의 초점을 인간에게 맞춘 것으로서, 목숨과 관계된 땅의 모든 것들은 죽음으로 말미암아 나와의 관계가 끊어지기 때문에 무익하고 무의미한 것이라는 말입니다. 세상에 아무것도 가지고 온 것이 없는 우리의 목숨은 떠나갈 때에도 올 때처럼 아무것도 가져가지 못합니다(요3:27). 주께서 우리에게 주신 이 세상의 모든 것들(생명과 호흡과 만물, 행17:25)은 우리의 영구적인 소유물이 아니라 죽기 전까지의 인생을 위한 일시적인 소모품일 뿐입니다. 어떤 목적을 이루기 위한 수단일 뿐입니다.

시선을 하나님께 돌리면 헛됨의 다른 이유가 보입니다. "그의 앞에는 모든 열방이 아무것도 아니라 그는 그들을 없는 것 같이, 빈 것 같이 여기시느니라"(사40:7). 즉 하나님의 위대함이 너무나도 커서 그 위대함의 무한한 크기에 비하면 열방은 마치 텅 빈 것처럼 아무것도 아니라는 말입니다. 위대하신 하나님을 아는 지식이 커질수록 이 세상의 헛됨에 대한 진리의 확신은 더욱 커질 것입니다. 사도의 언급에서 우리는 헛되다는 주장의 또 다른 이유를 찾습니다. "내가 그를 위하여 모든 것을 잃어버리고 배설물로 여김은 그리스도를 얻고 그 안에서 발견되려 함이니"(빌3:9). 즉 지극히 위대하신 하나님의 본체이신 그리스도 예수를 얻는 기쁨과 그 안에서 발견되는 영광에 비한다면 천하의 만국과 그 모든 영광이라 할지라도 헛되고 무의미한 것일 뿐입니다.

이제 이 땅에서 일어나는 사건들을 주목해 보십시오. 해 아래에서 일어난 어떠한 일도 하나님 밖에서는 이루어진 것이 없기 때문에(요15:5) 하나님 안에 거하지 않고 밖으로 떠난 인생의 모든 것들은 마치 이루어진 것이 하나도 없는 헛것일 수밖에 없습니다. 피조물을 보더라도 만물의 헛됨을 확인할 수 있습니다. 온 세상의 모든 것이 창조될 때에는 비록 보기에 좋았으나 죄로 말미암아 타락한 이후에는 "피조물이 허무한데 굴복"하게 되었다고 바울은 말합니다(롬8:20).

만족과 관련해서 보더라도 모든 것은 분명히 헛됩니다. 전도자가 다른 곳에서 "은을 사랑하는 자는 은으로 만족함이 없고 풍부를 사랑하는 자는 소득으로 만족함이 없"다고 한 것처럼 이 세상에서 인간에게 궁극적인 만족을 제공하는 어떠한 것도 없기 때문에 모든 것이 헛된 것입니다. 전도자와 동일한 이해를 가진 바울은 "우리의 만족은 오직 하나님"을 근원으로 삼는다고 말합니다(고후3:5).

3강

수고의 헛됨

전 1:3–11

3 해 아래에서 수고하는 모든 수고가 사람에게 무엇이 유익한가 4 한 세
대는 가고 한 세대는 오되 땅은 영원히 있도다 5 해는 뜨고 해는 지되 그
떴던 곳으로 빨리 돌아가고 6 바람은 남으로 불다가 북으로 돌아가며 이
리 돌며 저리 돌아 바람은 그 불던 곳으로 돌아가고 7 모든 강물은 다 바
다로 흐르되 바다를 채우지 못하며 강물은 어느 곳으로 흐르든지 그리
로 연하여 흐르느니라 8 모든 만물이 피곤하다는 것을 사람이 말로 다
말할 수는 없나니 눈은 보아도 족함이 없고 귀는 들어도 가득 차지 아니
하도다 9 이미 있던 것이 후에 다시 있겠고 이미 한 일을 후에 다시 할지
라 해 아래에는 새 것이 없나니 10 무엇을 가리켜 이르기를 보라 이것이
새 것이라 할 것이 있으랴 우리가 있기 오래 전 세대들에도 이미 있었느
니라 11 이전 세대들이 기억됨이 없으니 장래 세대도 그 후 세대들과 함
께 기억됨이 없으리라

3절을 보십시오. "해 아래에서 수고하는 모든 수고가 사람에게 무엇이 유익한가." 전도자는 해 아래에서 수고하는 모든 수고가 사람에게 어떠한 유익도 없다고 말합니다. "해 아래에서"라는 말은 전도서에 27

번이나 나옵니다. 하나님과 그의 영광과 무관하게 이루어진 시공간의 모든 일들을 가리키기 위한 표현이며 당연히 모든 역사와 만물을 포괄하는 말입니다. 그 의미는 하나님이 고려되지 않으면 어떠한 피조물과 어떠한 일도 인간에게 결코 유익하지 않다는 것입니다. 이 사실을 질문의 방식으로 기술한 것은 만사의 무익성이 명쾌한 답변으로 설명되지 않기에 마음껏 상상할 수 있도록 사유의 한계를 제거하기 위한 것입니다.

그런데 잠언에 보면 전도자의 무익성 주장과 대치되는 표현이 나옵니다. 즉 "모든 수고에는 이익이 있"다는 것입니다(잠14:23). 수고의 유익과 무익을 가늠하는 기준은 수고의 결과물이 어떤 것이냐에 달려 있습니다. 잠언이 말하는 "이익"은 "풍요로움 혹은 탁월성"을 의미하며, 누구든지 노력하면 우리가 사는 이 땅에서 그 만큼의 긍정적인 변화를 얻는다는 뜻입니다. 그러나 이 이익은 해 아래에서 주어지고 잠깐 있다가 사라지는 일시적인 유익일 뿐이며 영원한 유익을 뜻하지는 않습니다. 결국 무덤으로 들어가는 사람에게 유익이 될 만한 인간의 수고는 없습니다. 재물로 대표되는 긍정적인 결과의 무익성에 대해 잠언은 이렇게 말합니다. "재물은 진노하시는 날에 무익하나"(잠11:4). 이 말씀에 따르면, 재물의 유익과 무익을 결정하는 기준은 바로 진노의 날입니다. 이는 하나님의 진노 즉 그의 정의로운 판결과 집행에 긍정적인 영향을 끼치는 수고의 결과만이 유익한 것이라는 말입니다. 다시 말하면, 죽음 이후에 이루어질 무덤 너머의 신적인 심판 앞에서 의로 간주되는 것만이 유익한 것입니다.

이와 관련하여 어니스트 헤밍웨이가 쓴 〈노인과 바다〉라는 소설의 교훈을 나누고 싶습니다. 이 소설에 등장하는 한 노인은 바다에서 고기를 잡으려고 치열하게 노력한 결과 큰 고기를 잡습니다. 그 고기는 너무도 커서 배에 싣지를 못하고 바다 속에서 끌고 육지로 오는데 그 고기 때문에 돌아오는 내내 기쁨과 슬픔과 분노와 아픔의 격변을 겪습니다. 이 큰 물고기를 어떻게 지키고 그것을 노리는 적들을 어떻게 막고 제거할 수 있는지에 대한 궁리로 대부분의 의식을 소비하며 하루하루 지냅니다. 육지에 도착했을 때에 물고기의 살은 상어를 비롯한 포식자의 이빨에 다 뜯기고 앙상한 뼈다귀만 남습니다. 물고기의 뼈다귀만 간직한 노인의 이야기는 마치 아무런 유익도 남지 않은 인생의 허무한 실상을 고발하는 듯합니다.

역사상 부자의 순위 1위였던 미국의 기업인 록펠러의 인생 이야기도 해 아래에서 사는 인생의 허무함을 역설하고 있습니다. 록펠러는 석유사업으로 24세에 백만장자 반열에 오릅니다. 33세에는 미국에서 최대의 갑부가 되고, 43세에는 세계에서 최대의 갑부가 되지만 53세가 되어서는 불면증에 시달리며 위장병과 탈모증 때문에 끔찍한 고통을 당합니다. 아마도 세계 최대의 부를 지키고 관리하기 위해 자신의 모든 의식과 시간과 건강을 마구 소진한 탓일 것입니다. 세계적인 부를 가졌기 때문에 그것에 탐욕의 군침을 흘리는 사람들의 수와 손실의 가능성과 탈취의 전략들은 그 수효가 무한대에 가까웠을 것입니다. 세계에서 최고의 부자가 되었어도 여전히 그 부의 증대를 무언가에 홀린 것처럼 계속해서 추구하는 록펠러의 마음에는 산더미 분량의 불안과 근심이 쌓였을 것입니다. 위장병과 탈모증에 걸려 최대의 갑부가 고작 죽 한 컵으로 끼니를 때우며 하루가 다르게 쇠약해져 가는 록펠러의 몰골을 본 기자들은 그의 돌연한 죽음을 대비해서 미리 부고 기사를 써놓고 그의 사망만 기다리는 상황까지 갔습니다. 그러던 중 록펠러는 밤에 성경을 읽다가 그의 인생을 바꾼 텍스트를 만납니다. "주라 그리하면 너희에게 줄 것이니 곧 후히 되어 누르고 흔들어 넘치도록 하여 너희에게 안겨 주리라"(눅6:38). 이 구절에서 "주라"는 동사가 그의 시야를 차지하며 그의 가치관을 바꿉니다. 그때까지 그는 "취하라"는 블랙홀 인생을 살았는데 "주라"는 인생의 역설적인 의미를 배웁니다. 나눔을 시작한 록펠러의 불면증은 사라지고 식욕은 회복되고 머리털은 다시 많아져서 주는 자의 더 큰 행복을 누립니다. 이후로 그는 40년이 넘도록 생존하다 97세에 사망하여 그의 죽음에 관한 기사를 작성한 기자들이 먼저 죽는 해프닝도 터집니다. 세계 최고의 갑부가 되더라도 죽음 앞에서는 모든 수고의 결과인 그 부가 아무런 소용이 없습니다.

해 아래에서 행하는 모든 수고가 다 무익하고 헛되다는 강력한 비관의 배후에는 의미의 은밀한 반전이 있을 듯합니다. 저는 이 구절을 읽으며 해 아래에 있지 아니한 그 무언가로 말미암아 우리의 수고가 헛되지 않을 수도 있다는 잔잔한 기대감을 갖습니다. 그 기대감은 바울의 글에서 확신을 얻습니다. "사랑하는 형제들아 견실하며 흔들리지 말고 항상 주의 일에 더욱 힘쓰는 자들이 되라 이는 너희 수고가 주 안에서 헛되지 않은 줄 앎이라"(고전15:58). 주 안에서의 수고는 헛되지 않습니다. 주 안에서 헛되지 않는 수고의 의미를 이해하기 위한 준비 차원에서 전도자는 땅에서의 수고를 그토록 무참하게 혹평한 듯합니다. 실제로 우리는 해 아래에서 이루어진 수고의 처절한 헛됨을 경험하는 과정을 거치지 않으면 하늘의 소망을 위한 수고의 유익을 깨달을 수 없습니다. 절망을 지나온 사람이 희망의 의미를 알고, 고통의 과정을 거친 사람이 희락의 소유권을 행사하는 법입니다.

우리의 인생이 헛되지 않으려면 범사에 주 안에서 수고의 땀을 흘리도록 늘 주의해야 하는 말씀이 있습니다. "그런즉 너희가 먹든지 마시든지 무엇을 하든지 다 하나님의 영광을 위하여 하라"(고전10:31). 하나님의 영광을 추구하는 이 땅에서의 모든 수고는 하나도 헛되거나 무익하지 않습니다. 무언가를 먹고 마시는 지극히 사소하고 평범한 것에서도 하나님의 영광이란 최고의 의미를 산출하는 삶을 산다면 우리의 인생은 단 한 순간도 무익하지 않을 것입니다. 반면에 만인의 부러움을 사는 갑부가 지극히 큰 재물을 거두는 위대한 수고를 하더라도 하나님의 영광을 구하지 않는다면 아무런 유익이 없습니다.

이제 4절을 보십시오. “한 세대는 가고 한 세대는 오되 땅은 영원히 있도다.” 이 구절은 해 아래에서 행하는 모든 수고가 헛된 이유를 소개하고 있습니다. 인생의 덧없는 순환성과 땅의 묵묵한 존속성이 묘한 대조를 이룹니다. 무의미한 땅의 영원한 존속이 무익을 유익으로 바꾸지는 못합니다. 비록 땅은 영원히 있지만 수고의 땀을 흘린 세대는 순식간에 지나가고 없습니다. 세대의 항구적인 교체라는 급류에 휩쓸리지 않을 장사가 이 세상에는 없습니다. 일평생의 수고로 막대한 부의 곳간을 아무리 크고 든든하게 축조해도 속히 지나가는 세대가 일으키는 물살의 무게를 버티지는 못합니다. 시간의 흐름은 뛰어난 명성도 업적도 성과도 작품도 모두 지우고 흘려 보냅니다. 땅보다 짧고 일시적인 삶을 살아가는 인생의 무익함과 땅의 영원성이 이루는 대비를 주의해서 보십시오. 땅은 먼지와 흙입니다. 그런데 먼지에서 온 인간은 먼지나 흙보다 덧없는 존재일 뿐입니다. 땅의 존속은 무익한 먼지보다 못한 인생의 무익함을 가르치고 있습니다.

한 세대는 다음 세대에 의미의 바통을 넘기고 떠납니다. 한 세대가 다음 세대에게 의미가 있으려면 영원히 존속하는 것을 남기는 수밖에 없습니다. 그런데 아쉽게도 무에서 창조된 해 아래에서 영원한 것은 하나도 없습니다. 가는 세대가 오는 세대에게 물려줄 수 있는 의미의 유산은 결국 하나님 외에는 그 어떠한 것도 없습니다. 한 세대의 덧없는 지나감이 가르치는 교훈은 결코 무익하지 않습니다. 세대의 무수한 반복 속에서 하나님 아는 지식을 유산으로 물려주는 것의 중요성을 가장 화끈하게 가르치는 것은 아마도 오고 가는 세대의 덧없음일 것입니다.

현실이 이러한데, 여러분은 다음 세대인 여러분의 자녀에게 무엇을 물려주고 싶습니까? 돈? 명예? 직위? 건강? 기업체? 잠시 있다가 사라지는 헛되고 헛된 것들을 자녀에게 물려주면 자녀의 인생을 헛됨의 벼랑으로 내몰 것입니다. 세대들의 무수한 반복과 흐름 속에서 영원하신 하나님을 전하는 것 외에는 아무런 의미가 없습니다. 영원의 관점에서 보면 모두 헛되고 무의미한 것입니다.

5절을 보십시오. "해는 뜨고 해는 지되 그 떴던 곳으로 빨리 돌아가고." 이 구절은 인생이 영원히 있는 땅이라는 공간만이 아니라 뜨고 짐을 급하게 반복하는 해라는 시간에 대해서도 덧없음을 강조한 말입니다. 순환이 가능한 해와는 달리 반복 없는 일직선 인생을 살아가는 우리는 서서히 늙어가고 죽어가는 운명의 열차를 타고 있습니다. 태양은 떴던 곳으로 빨리 돌아가고 또 돌아가서 모든 세대의 기억에 남지만 이전 세대의 인간은 다음 세대에 의해 기억되지 않습니다. 땅의 지속적인 보존과 태양의 뜸과 짐의 지루한 반복은 인생의 틀입니다. 그러한 틀 속에서 인간은 저마다 신비로운 순번을 따라 등장하고 신속하게 떠납니다. 인생은 이렇게 역사의 무대에 잠시 등장하고 내려가되 마치 계절의 변화처럼 새로운 봄을 맞이하고 왕성한 여름을 지나 풍요로운 가을을 누리다가 차가운 겨울을 맞습니다.

전도자는 6절에서 대기의 순환에 대해서도 말합니다. "바람은 남으로 불다가 북으로 돌아가며 이리 돌며 저리 돌아 바람은 그 불던 곳으로 돌아가고." 해 아래에서 이리 돌며 저리 돌아 불던 곳으로 돌아가는 대기의 순환도 예나 지금이나 계속해서 반복되고 앞으로도 순환을 반복할 것입니다. 그러나 인생은 반복이 없습니다. 한번 왔다가 떠나면 끝입니다. 인생은 연습용이 없습니다. 이리 저리 떠돌다가 무덤으로 들어가고 다시 돌아오지 못합니다. 바람은 사실 아무것도 아닙니다. 바람은 하염없이 떠돌아 다닙니다. 어디에서 와서 어디로 가는지도 우리는 잘 모릅니다. 바람의 그러한 여정은 끝이 없습니다. 그러나 이리 돌고 저리 도는 바람도 돌아오지 못하는 인간의 생보다는 낫습니다. 이처럼 인생은 흙이나 빛이나 공기의 운명보다 낫지 않습니다.

이제 전도자의 관심사는 강물로 쏠립니다. "모든 강물은 다 바다로 흐르되 바다를 채우지 못하며 강물은 어느 곳으로 흐르든지 그리로 연하여 흐르느니라"(전1:7). 모든 강물은 바다로 흐릅니다. 그러나 채우지는 못합니다. 강물은 부지런히 흐르지만 바다를 채움에 있어서는 무기력해 보입니다. 그런데도 계속해서 흐릅니다. 강물은 같은 방향으로 흐르기를 중단하지 않습니다. 허무하고 무익한 일입니다. 그렇지만 물은 강에서 바다로, 바다에서 공기로, 공기에서 땅으로, 땅에서 다시 강으로 흐릅니다. 영구히 존속하지 못하고 죽음으로 생을 끝내는 인간은 이처럼 순환하는 물보다 못합니다.

이 세상의 인생은 땅의 항구적인 존속보다, 해의 반복적인 뜸과 짐보다, 바람의 지속적인 순환보다, 물의 순환적인 흐름보다 더 무익하고 더 헛됩니다. 이는 전도자가 가르치는 기막힌 인생의 정의이며 해석이며 표상이 아닐 수 없습니다. 사람이 자기보다 나은 땅과 해와 바람과 물이라고 할지라도 헛됨이 해결되는 것은 아닙니다. 성경은 곳곳에서 사람을 다른 피조물에 비유하며 인생을 논합니다. 즉 인생은 구더기, 마른 막대기, 벌레, 지렁이, 안개, 밤의 한 경점 등이라고 말합니다. 이러한 묘사가 불쾌할 수 있겠지만 결코 과장된 폄하는 아닙니다.

나아가 8절은 인생의 피곤함을 지적하고 있습니다. "모든 만물이 피곤하다는 것을 사람이 말로 다 말할 수는 없나니 눈은 보아도 족함이 없고 귀는 들어도 가득 차지 아니하도다." 모든 만물은 피곤하여 지치도록 끊임없이 만족을 모르고 만족을 추구하며 순환하고 있습니다. 만물의 이러한 피곤함에 대한 사례들은 너무도 많아서 인간의 말로 다 형언하지 못합니다. 이 세상은 허무함과 피곤함만 있고 만족은 없는 곳이라고 전도자는 말합니다. 그러한 불만의 이유는 눈이 이 세상을 봄으로 만족하지 못하고 귀는 들음으로 만족하지 못하기 때문입니다. 눈과 귀를 통하여 만물과 역사를 배우고 알고 경험하는 일에는 만족도 없고 충족도 없습니다. 이 세상은 원래 하나님의 형상대로 지음을 받은 존재가 가져야 할 만족의 근원이 아닙니다. 하나님의 형상을 지닌 인간이 이 세상에서 만족을 추구하는 것 자체가 창조의 원리와 충돌되는 어리석은 일입니다.

그렇다면 눈은 무엇을 위함이며 귀는 무엇을 위해 만들어진 것일까요? 눈은 하나님의 보이지 않는 신성과 능력을 보고, 귀는 하나님의 말씀을 듣노록 지어신 것입니다. 하나님을 보고 듣지 못하면 눈과 귀는 결코 만족할 수 없습니다. 형언할 수 없는 피곤함의 대상인 이 세상에 속하지 않으신 하나님을 볼 때에만 비로소 눈의 봄과 귀의 들음에 만족이 있습니다. 하나님을 보지 못한 채 자연을 보고 들음에는 만족이 없습니다. 그러나 시인의 고백처럼 하늘이 하나님의 영광을 선포하고 있다는 귀의 들음과 궁창이 그의 손으로 행하신 일들을 나타내고 있다는 눈의 봄에는 진정한 만족이 있습니다(시19:1). 만물의 하나인 사람을 볼 때에도 하나님을 보지 못하면 대단히 치명적인 피곤함이 있습니다. 그러나 누구든지 그 사람 안에서 주님을 보고 듣는다면 만족이 있습니다. 예수님은 자신이 주리고 목마르고 외롭고 아프고 헐벗었을 때에 먹여주고 마시게 하고 찾아오고 돌보고 입혀준 것에 대해 한 무리의 사람들을 칭찬하며 이러한 말씀을 하십니다. "이 지극히 작은 자 하나에게 한 것이 곧 내게 한 것이니라"(마25:40). 즉 그들은 주림과 갈증과 외로움과 아픔과 헐벗음을 당한 사람들을 보되 주님을 보았던 것입니다. 그래야 사람을 볼 때에도 피곤함과 허무함이 아니라 즐거움과 의미가 있습니다. 사람을 보되 하나님의 형상을 따라 지음을 받았으며 그들 안에서 그 형상의 본체이신 예수님을 보지 못한다면 무저갱 수준의 피곤함과 허무함에 빠질 것입니다. 자연을 보든 사람을 보든 눈동자의 끝은 하나님께 닿아 있어야 함을 잊지 마십시오.

전도자는 모든 만물의 허무함과 피곤함이 말로 표현할 수 없을 정도로 심하다고 말합니다. 땅이 영원히 그대로 있음도, 해와 달이 영원히 뜨고 짐도, 강물이 영원히 바다로 연하여 흐름도, 바람이 영원히 이리 불고 저리 불어 다시 돌아옴도 허무하고 피곤하고 지루한 일입니다. 이러한 사실에 대한 세상의 태도는 크게 두 가지로 나뉩니다. 첫째는 허무주의 사상으로 절대적인 진리를 부정하고 모든 것이 상대적인 것이고 주관적인 것이라고 말합니다. 이런 사상에 의하면, 모든 게 쓸데 없는 일입니다. 둘째는 향락주의 사상이며 이 사상에 매료된 사람들은 모든 것이 헛되기 때문에 이 세상의 삶에서 무슨 특별한 의미와 가치를 산출하고 구현하는 것이 아니라 즐기는 게 상책이라 여기며 끈적한 향락의 늪에 실컷 빠집니다. 그러나 기독교는 허무주의 사상과 향락주의 사상을 모두 거부하고 과정적인 허무주의 사상을 붙듭니다. 이 사상에 따르면, 비록 이 세상은 허무하고 무익하고 피곤하고 지루하나 세상이 그러한 것조차도 하나님의 섭리이기 때문에 하나님 편에서는 세상의 그러함 속에 의미와 가치와 유익이 있다는 것입니다.

우리는 부정적인, 절망적인, 비관적인 성경 텍스트를 읽을 때에 그 구절도 그리스도 예수를 가리켜 기록된 것이라는 사실을 놓쳐서는 안 됩니다(요5:39). 바울도 전도자와 같은 세상의 허무함을 알고 있었지만 하나님의 섭리 속에서 이렇게 말합니다. "피조물이 허무한데 굴복하는 것은 자기 뜻이 아니요 오직 굴복케 하시는 이로 말미암은 것이니라"(롬8:20). 피조물이 허무하게 됨은 피조물의 의도가 아니라 하나님의 뜻이라는 말입니다. 하나님의 뜻이 있기 때문에 우리가 이 세상에서 경험하는 허무함과 피곤함은 결코 섭리의 종착지가 아닙니다. 우리의 생각과 판단과 반응의 종착지도 아닙니다. 모든 것의 종착지는 하나님의 뜻입니다. 만물의 허무함과 피곤함은 하나님의 뜻을 향해 나아가는 과정과 준비일 뿐입니다. 시인의 노래를 들어 보십시오. "하나님이 광야에서 식탁을 베푸실 수 있으랴 보라 그가 반석을 쳐서 물을 내시니 시내가 넘쳤으나 그가 능히 떡도 주시며 자기 백성을 위하여 고기도 예비하시랴 하였도다"(시78:19-20). 이 노래에 의하면, 이스라엘 백성이 광야로 가고 식수의 기미도 보이지 않는 반석투성이의 척박한 땅으로 간 것은 그 백성에게 허무함과 피곤함이 이루 말할 수 없도록 컸을 것이지만 그 모든 것은 하나님이 마련하실 식탁의 은밀한 배경과 준비라는 것입니다. 같은 맥락에서 호세아의 진술을 보십시오. "아골 골짜기로 소망의 문을 삼아 주리니"(호2:15). 시체의 뼈다귀가 나뒹굴고 썩은 살의 악취가 진동하는 아골 골짜기는 그 자체로는 절망의 늪이지만 소망의 문이라는 기적이 준비되는 아주 역설적인 곳입니다. 이 땅에서 경험하는 눈과 귀의 처절한 불만족은 진정한 만족의 준비이기 때문에 낙심하지 마십시오. 아마도 그런 허무함과 피곤함과 불만족을 통과하지 않으면 기적을 기적으로 만나지 못할지도 모릅니다. 보는 눈이 만족하지 못하고 듣는 귀도 만족하지 못하는 만물의 허무함과 피곤함이 표현할 수 없을 정도로 심각한 것도 하나님의 섭리라는 사실을 인정하면 그런 세상에 내던져진 인생도 다르게 보일 것입니다.

9절은 다른 종류의 허무함을 말합니다. "이미 있던 것이 후에 다시 있겠고 이미 한 일을 후에 다시 할지라 해 아래에는 새 것이 없나니." 이 말씀은 이미 존재했던 것이 이후에도 존재하고 이미 이루어진 일이 후에도 일어나기 때문에 존재와 일이 이처럼 무한히 반복되니 해 아래에는 새로운 것이 없을 것이라는 말입니다. 그러므로 만들어진 존재나 세상의 일들에서 새로움을 기대하고 추구하는 것은 어리석은 일입니다. 그런데도 그런 기대와 추구는 멈추지를 않습니다. 그래서 새로운 것과 새로운 일을 기록하고 기념하는 사람들의 욕구에 부응하고 그런 욕구를 더욱 부추기는 기네스북 같은 책도 있습니다.

전도자는 이 세상에서 새로운 것은 하나도 없다고 10절에서 말합니다. "무엇을 가리켜 이르기를 보라 이것이 새 것이라 할 것이 있으랴 우리가 있기 오래 전 세대들에도 이미 있었느니라." 지금 세대에도 새롭다고 말하는 것들은 이미 오래 전 세대에도 있었던 것입니다. 인간에게 나타나는 모든 문화들은 창세기 1장부터 3장까지 보면 다 나옵니다. 결혼, 가정, 신과의 접촉, 패션, 음악, 기술, 살인 등등은 태초부터 시작된 문화들의 분화나 확대일 뿐입니다. 자동차와 비행기와 배는 새로운 것이 아니라 발의 확장일 뿐입니다. 현미경과 망원경도 눈의 확장일 뿐입니다. 인터넷은 소통의 확장이며, 컴퓨터는 기억과 사유의 확장이며, 전화기는 귀와 입의 확장일 뿐입니다. 시간이 흘러서 먼 미래에 보다 편리하고 보다 빠르고 보다 다양하고 보다 화려하고 보다 정밀한 문화가 발달해도 모든 활동의 중추라고 할 인간의 본심에는 어떠한 변화나 새로움도 없습니다.

그러나 이러한 새로움의 없음도 그리스도 예수를 가리키기 위한 역설적인 준비라는 사실을 잊지 마십시오. 유일하게 새롭다고 할 만한 것은 그리스도 안에 있습니다. 그리스도 안에서는 그 누구도 완전한 새로움을 얻습니다. "누구든지 그리스도 안에 있으면 새로운 피조물이라 이전 것은 지나갔으니 보라 새 것이 되었도다"(고후5:17). 그리스도 안에서는 모든 인간이 이전 것의 반복이나 재탕이 아니라 완전히 새로운 존재로 바뀝니다. 새로운 마음과 영혼도 얻습니다. "하나님이여 내 속에 정한 마음을 창조하시고 내 안에 정직한 영을 새롭게 하소서"(행3:9), "새롭게 되는 날이 주로부터 이를 것이요"(시51:10). 그리스도 안에서는 존재와 영과 마음만이 아니라 지식에 있어서도 창조자의 형상에 따른 새로움을 얻습니다. "새 사람을 입었으니 이는 자기를 창조하신 이의 형상을 따라 지식에까지 새롭게 하심을 입은 자니라"(골3:10). 인간만이 아니라 만물도 새롭게 될 것입니다. "보좌에 앉으신 이가 이르시되 보라 내가 만물을 새롭게 하노라 하시고 또 이르시되 이 말은 신실하고 참되니 기록하라"(계21:5).

11절은 세대들의 헛됨에 대해서 말합니다. "이전 세대들이 기억됨이 없으니 장래 세대도 그 후 세대들과 함께 기억됨이 없으리라." 기억은 이전 세대들의 의미가 보존되는 방식인데 그 후 세대들과 함께 기억됨이 없어서 허무할 수밖에 없습니다. 여기에서 "세대들"의 직역은 "것들"이며 이는 사람과 사물과 사건과 상태를 다 포함하는 말입니다. 이전 세대들과 이후 세대들이 그 후세대와 함께 기억됨이 없습니다. 망각의 바다에 빠지지 않을 존재와 사건과 상태는 없습니다. 아무리 유명한 사람도, 아무리 강력한 군대도, 아무리 아름다운 미모의 소유자도, 아무리 우람한 근육도, 아무리 거대한 갑부도, 아무리 부강한 국가도 다 죽고 소멸되고 폐하고 망합니다. 그 후 세대들은 그 모든 것들을 기억하지 않습니다. 그러나 이러한 망각의 끝은 허망함이 아닙니다. 허탄한 망각이 지향하는 교훈의 종착지는 그 누구도 망각할 수 없는 분이 계시다는 사실에 있습니다. "여호와여 주는 영원히 계시고 주에 대한 기억은 대대에 이르리이다"(시102:12). 하나님에 대한 만물과 세대의 영원한 기억만이 유익하고 유의미한 것임을 가르치는 과정과 준비로서 이전 세대들에 대한 이후 세대들의 망각이 있습니다. 이 세상의 모든 부정적인 것들과 그것들의 헛됨은 긍정적인 것들의 존재와 참됨을 알리는 짝입니다. 자연에 빛과 낮이 있고 어둠과 밤이 있는 것처럼 인생에도 헛됨과 참됨, 악과 선, 허무함과 유익함, 슬픔과 기쁨, 고통과 희락, 분함과 통쾌함, 실패와 성공, 후퇴와 전진, 흥왕과 쇠락이 짝을 이룹니다. 전도서는 이러한 두 부류의 대조와 비교를 통해 조화로운 인생의 본질을 가르치는 책입니다.

4강

인생의 달인

전 1:12-18

[12] 나 전도자는 예루살렘에서 이스라엘 왕이 되어 [13] 마음을 다하며 지혜
를 써서 하늘 아래에서 행하는 모든 일을 연구하며 살핀즉 이는 괴로운
것이니 하나님이 인생들에게 주사 수고하게 하신 것이라 [14] 내가 해 아
래에서 행하는 모든 일을 보았노라 보라 모두 다 헛되어 바람을 잡으려
는 것이로다 [15] 구부러진 것도 곧게 할 수 없고 모자란 것도 셀 수 없도다
[16] 내가 내 마음 속으로 말하여 이르기를 보라 내가 크게 되고 지혜를 더
많이 얻었으므로 나보다 먼저 예루살렘에 있던 모든 사람들보다 낫다
하였나니 내 마음이 지혜와 지식을 많이 만나 보았음이로다 [17] 내가 다
시 지혜를 알고자 하며 미친 것들과 미련한 것들을 알고자 하여 마음을
썼으나 이것도 바람을 잡으려는 것인 줄을 깨달았도다 [18] 지혜가 많으면
번뇌도 많으니 지식을 더하는 자는 근심을 더하느니라

"나 전도자는 예루살렘에서 이스라엘 왕이 되어"(12절). 여기에서 전도자는 예루살렘 안에서 이스라엘 왕이 되었다는 자신의 정체성과 왕의 입장에서 저술된 전도서의 관점을 다시 한번 밝힙니다. 왕은 백성을 자신의 생명처럼 사랑하고 돌보고 섬기고 양육하는 사명을 가진 자입

니다. 그는 사람들의 인생을 밖에서 불구경 하듯이 남의 일처럼 관망하는 사람이 아닙니다. 왕의 영광은 백성이 많은 것입니다(잠14:28). 왕에게는 자신이 군림하는 대상이 아니라 섬기는 대상이 많을수록 영광도 더 큰 법입니다. 전도자가 왕이라는 사실은 백성을 향해 "하늘의 높음과 땅의 깊음 같이" 헤아릴 수 없는 "왕의 마음"(잠25:3)을 가진 저자의 관점이 전도서에 있음을 함축하고 있습니다.

사람과 인생을 이해할 때에 내가 선 자리가 중요하고 관계성과 신분이 중요함은 두 말할 필요가 없습니다. 아버지의 눈으로 보느냐, 자식의 눈으로 보느냐, 친구의 눈으로 보느냐에 따라 한 사람의 의미와 인생의 해석은 달라질 수밖에 없습니다. 지금 전도자는 인생을 논함에 있어서 하나님의 백성을 위해 이스라엘 왕으로서 논증하고 있습니다. 전도자의 논지를 제대로 파악하기 위해서는 우리도 왕의 자리에서 생각할 필요가 있습니다. 이는 우리가 하나님의 모든 백성에 대해 그들의 인격과 삶을 돌보고 인도하고 책임지는 왕의 직분을 가진 것처럼 하나님의 백성 전체를 의식하며, 사적인 이익이 아니라 하나님의 나라 전체의 유익을 갈구하는 마음으로 전도서를 읽어야 한다는 말입니다. 그런 마음으로 생각하고 살아가면 하나님의 말씀 전체가 해석되고 세상과 역사의 의미도 파악할 수 있을 것입니다.

"마음을 다하며 지혜를 써서 하늘 아래에서 행하는 모든 일을 연구하며 살핀즉 이는 괴로운 것이니 하나님이 인생들에게 주사 수고하게 하신 것이라"(13절). 전도자는 하늘 아래에서 행하는 모든 일들을 지혜롭게 철저히 연구하기 위해 마음을 헌정한 자입니다. 그의 결론에 따르면, 세상의 모든 일들은 하나님이 인생에게 주셔서 수고하게 하신 괴로운 일입니다. 마음을 쏟는 열정과 최고의 지혜와 최대의 학구열을 동원하여 살핀 후 내린 최고의 결론이 참으로 특이해 보입니다. 그런데 솔로몬의 이 결론을 번복할 다른 보다 더 탁월한 결론은 없습니다. 이는 솔로몬의 지혜를 가진 사람은 솔로몬 이전에도 없었고 솔로몬 이후에도 없을 것이기 때문입니다. 솔로몬의 지혜에 대한 하나님의 평가를 보십시오. "내가 네 말대로 하여 네게 지혜롭고 총명한 마음을 주노니 네 앞에도 너와 같은 자가 없었지만 네 뒤에도 너와 같은 자가 일어남이 없으리라"(왕상3:12).

과학의 일 개념은 "물체에 힘을 작용하여 물체를 힘의 방향으로 이동하는 것"입니다. 이러한 이해에 따르면, 이 세상에서 일어나는 모든 일들은 물체의 이동 혹은 상태의 변화일 뿐입니다. 그러나 전도자는 일의 개념을 하나님과 결부시켜 이해하고 있습니다. 게다가 전도자의 결론에서 놀라운 부분은 세상의 모든 일들이 즐거운 것이 아니라 "괴로운 것"인데도 하나님이 인생으로 하여금 수고하게 하신 것이라는 점입니다. 사람들은 즐거운 일에 의미와 가치를 부여하는 경향이 있지만 전도자는 세상의 모든 일들이 괴로운 것인데 괴로워도 그 안에 하나님의 섭리와 뜻이 있다고 말합니다. 우리에게 괴로운 일이 생긴다면 빨리 지나가고 피하려는 태도보다 하나님의 뜻이 읽힐 때까지 깊이 생각하는 태도가 더 좋습니다. 우리는 이 세상의 모든 일들이 이처럼 괴로운 일이라는 절망의 밑바닥을 경험하는 것이 더 좋습니다. 그러나 괴로운 일이라는 것에 의미의 종지부를 찍으면 허무주의 사상에 매몰될 수밖에 없습니다. 시인처럼 영원한 의미에 이를 때까지 사유의 끈을 놓지 마십시오. "고난 당한 것이 내게 유익이라 이로 말미암아 내가 주의 율례들을 배우게 되었나이다"(시119:71). 괴로운 일은 그 자체가 궁극적인 목적이 아니라 하나님의 뜻을 깨닫기 위한 수단이요 지나가야 할 과정일 뿐입니다. 고통의 자리에서 보면 보이는 인생의 진리가 있습니다. 이와 관련하여 인생을 질병으로, 세상을 병원으로 이해한 사람도 있습니다.

모든 일들이 괴롭고 고단한 일들인데 그 일들로 인생이 수고하는 것은 하나님의 뜻입니다. 이것을 이해하기 위해 태초의 사람 아담과 하와에게 일어난 일들을 보십시오. "또 여자에게 이르시되 내가 네게 임신하는 고통을 크게 더하리니 네가 수고하고 자식을 낳을 것이며 너는 남편을 원하고 남편은 너를 다스릴 것이니라 하시고 아담에게 이르시되 네가 네 아내의 말을 듣고 내가 네게 먹지 말라 한 나무의 열매를 먹었은즉 땅은 너로 말미암아 저주를 받고 너는 네 평생에 수고하여야 그 소산을 먹으리라 땅이 네게 가시덤불과 엉겅퀴를 낼 것이라 네가 먹을 것은 밭의 채소인즉 네가 흙으로 돌아갈 때까지 얼굴에 땀을 흘려야 먹을 것을 먹으리니 네가 그것에서 취함을 입었음이라 너는 흙이니 흙으로 돌아갈 것이니라 하시니라"(창3:16-19). 가정에서 자녀가 태어나는 것은 비록 최고의 행복과 기쁨을 주지만 여성에게 해산의 고통이 따르는 일입니다. 남자는 이마에 수고의 땀방울이 흘러야 그 소산으로 먹으며 생계를 유지할 수 있습니다. 일하는 것은 일자리가 없는 오늘날 최고의 행복인 동시에 괴로운 일임에 분명하나, 여자의 해산이나 남자의 노동은 이 세상에서 행복인 동시에 하나님의 형벌로 주어진 것입니다. 이 세상의 모든 괴로운 일들은 형벌로 끝나지 않습니다. 인간이 부과하지 않은 모든 형벌에는 이 세상의 인과율이 도달하지 못하는 하늘의 교훈이 담겨 있습니다.

"내가 해 아래에서 행하는 모든 일을 보았노라 보라 모두 다 헛되어 바람을 잡으려는 것이로다"(14절). 이어서 전도자는 해 아래에서 행하는 모든 일이 "모두 다 헛되어 바람을 잡으려는 것"이라고 말합니다. 여기에서 "바람"은 해 아래에서 행하는 모든 일의 헛됨을 교훈하는 섭리의 수단으로 모두가 아는 것입니다. 해 아래에서, 즉 모든 정치와 경제와 문화와 예술과 체육과 교육의 분야에서 하나님과 무관하게 인간이 행하는 모든 일은 바람을 잡으려는 것입니다. "바람"은 아무리 잡으려고 해도 잡히지 않는 대상이기 때문에 잡으려는 시도 자체가 헛된 일입니다. 그리고 바람의 특징은 "바람을 주장하여 바람을 움직이게 할 사람이 없다"(전8:8)는 점입니다. 바람을 많이 잡았다고, 잘생긴 바람을 잡았다고, 깨끗한 바람을 잡았다고 그게 무슨 유익이나 의미가 있을까요? "주님, 바람을 많이 주옵소서, 괜찮은 바람을 주옵소서, 바람을 빨리 주옵소서" 같은 기도도 아무런 의미가 없습니다. 바울은 모든 것들, 심지어 유익하던 것들조차 "해로움"과 "배설물"로 여겼다고 말합니다(빌3:8). 그런데도 우리는 마치 "해로움을 주옵소서" "배설물을 가능하면 많이 빨리 주옵소서" 같은 기도문을 하나님께 줄기차게 올립니다. 해 아래에서 하나님의 영광과 이웃 사랑을 위하는 것이 아닌 모든 기도는 바람을 잡으려는 헛된 일입니다. 땅에서 인간이 추구하고 성취한 모든 것들을 바람으로 비유한 전도자와 바울의 가치관은 다르지 않아 보입니다.

"구부러진 것도 곧게 할 수 없고 모자란 것도 셀 수 없도다"(15절). "구부러진 것"은 인간의 능력과 노력으로 회복시킬 수 없는 근본적인 문제들을 뜻합니다. 누구도 해결할 수 없는 인간의 구부러진 본성과 인생은 오직 하나님이 펴 주십니다. 펴시는 방법과 관련하여 누가는 이사야의 책을 인용하며 그것은 예수님의 몫이라고 말합니다. "모든 골짜기가 메워지고 모든 산과 작은 산이 낮아지고 굽은 것이 곧아지고 험한 길이 평탄해질 것이요 모든 육체가 하나님의 구원하심을 보리라 함과 같으니라"(눅3:5-6). 전도자는 "모자란 것"이 셀 수 없도록 많다고 말합니다. 그런데 사람들은 부족한 것들이 너무나도 많아서 헤아릴 수 없는데도 그것을 깨닫지 못합니다. 심지어 교회도 그런 무지에 빠져 있습니다. 라오디게아 교회의 경우를 보십시오. "나는 부자라 부요하여 부족한 것이 없다 하나 네 곤고한 것과 가련한 것과 가난한 것과 눈 먼 것과 벌거벗은 것을 알지 못하도다"(계3:17). 인생에 부족함이 있다는 것은 결코 이상한 일이 아닙니다. 어쩌면 하나님이 우리의 목자가 되신다는 사실을 깨닫는 과정일 수 있습니다. "여호와는 나의 목자시니 내가 부족함이 없으리로다"(시23:1). 모든 인생은 하나님을 경외해야 한다는 깨달음의 준비일 수 있습니다. "성도들아 여호와를 경외하라 저를 경외하는 자에게는 부족함이 없도다"(시34:9). 결핍의 물리적인 해소가 아니라 궁극적인 해결의 열쇠이신 하나님을 찾으라는 은밀한 초청일 수 있습니다. "여호와를 찾는 자는 모든 좋은 것에 부족함이 없으리로다"(시34:10). 인생의 무수한 모자람을 뒤집어 보십시오. 하나님의 자비로운 숨결이 거기에 깃들어 있습니다.

"내가 내 마음 속으로 말하여 이르기를 보라 내가 크게 되고 지혜를 더 많이 얻었으므로 나보다 먼저 예루살렘에 있던 모든 사람들보다 낫다 하였나니 내 마음이 지혜와 지식을 많이 만나 보았음이로다"(16-17). 이 구절에서 전도자는 자신의 이야기를 꺼냅니다. 이는 마음 속으로 한 말입니다. 이처럼 전도자는 밖으로 발설되지 않은 내면의 언어를 사용하여 자신과 대화하는 자입니다. 이는 나 자신을 대화의 파트너로 설정하고 마치 타자인 듯 자신과의 객관적인 거리를 확보하고 관조하는 방법인 듯합니다. 전도자는 예루살렘 출신의 모든 사람보다 나았으며 지혜와 지식을 누구보다 많이 만났다고 말합니다. 전도자는 실제로 "지혜롭고 총명한 마음"(왕상3:12)을 선물로 받은 왕입니다. 3천의 잠언과 1천 5편의 노래를 지었으며 동식물에 관한 지혜와 종교적 계율들과 도덕적 교훈들도 남긴 분입니다. 당시 아라비아 최강국의 지도자 시바 여왕은 솔로몬의 지혜를 듣고자 엄청난 선물을 가지고 장거리 여행을 감행한 일까지 있습니다. "스바 여왕이 솔로몬 왕께 드린 향품 같은 것이 전에는 없었더라"(대하9:9). 전설에 따르면 선물의 행렬이 출발할 때 처음과 나중까지 사흘의 시간이 걸렸다고 합니다. 솔로몬의 지혜에 대한 시바 여왕의 평가를 직접 들어 보십시오. "당신의 지혜가 크다 한 말이 그 절반도 못 되니 당신은 내가 들은 소문보다 더하도다"(대하9:6). 지상 최대의 지혜를 가진 솔로몬은 다른 어떠한 왕과도 비교할 수 없는 재력가가 되었다고 성경은 말합니다. "솔로몬 왕의 재산과 지혜가 세상의 그 어느 왕보다 큰지라"(왕상10:23). 나아가 그의 지혜는 동양과 애굽 전체의 지혜를 합한 것보다 크다고 말합니다. "솔로몬의 지혜가 동양 모든 사람의 지혜와 애굽의 모든 지혜보다 뛰어난지라"(왕상4:30). 솔로몬이 이러한 지혜의 소유자가 된 배경에는 그의 집요한 지혜 추구의 기질이 작용한 듯합니다. 이해되지 않으면 결코 중단하지 않는 탐구의 기질 말입니다. 온전히 이해할 때까지 묻고 관찰하고 궁구하는 성향은 하나님의 선물이며 그 성향은 마치 지혜의 공작소와 같습니다.

"내가 다시 지혜를 알고자 하며 미친 것들과 미련한 것들을 알고자 하여 마음을 썼으나 이것도 바람을 잡으려는 것인 줄을 깨달았도다"(18

절). 전도자는 지혜를 알고자 정상적인 것과 지혜로운 것만 주목하지 않고 "미친 것들과 미련한 것들"도 살핍니다. 밝은 부분만 주목하지 않고 어두운 부분에도 관심을 갖습니다. 사실 양쪽을 다 보는 안목의 균형을 갖추어야 세상은 보입니다. 선만이 아니라 악도 보아야, 기쁨만이 아니라 슬픔도 경험해야, 희망만이 아니라 절망도 주목해야, 성공만이 아니라 실패도 존중해야, 희락만이 아니라 고통도 지나야 비로소 인생이 보입니다. 그러나 전도자는 마음을 써서 그 모든 것들을 알고자 할지라도 바람을 잡으려는 것일 뿐이라고 말합니다. 인생의 두 측면과 세상의 두 양상을 다 알았다고 할지라도 해답이 없으면 사실의 인식은 그저 바람일 뿐입니다. 세상이 추구하는 균형적인 시각의 최선은 기껏해야 정보 차원의 앎입니다. 해답은 모릅니다.

"지혜가 많으면 번뇌도 많으니 지식을 더하는 자는 근심을 더하느니라"(19절). 전도자는 지혜와 지식이 많다는 것은 행복과 기쁨과 만족을 제공하지 않고 오히려 번뇌와 근심을 더한다고 말합니다. 지혜와 지식이 많아지면 사람과 사건과 사물과 사태의 본질을 더 많이 더 깊이 감지할 것입니다. 그러면 한 인간과 이 세상의 거짓과 부패와 조작과 속임과 증오와 분노도 더 많이 보이고 들리고 느껴질 것입니다. 그래서 번뇌와 근심은 증대될 수밖에 없습니다. 그러나 그리스도 안에서는 반전이 있습니다. 보고 듣고 느낀 모든 번뇌와 근심의 요소들이 그 자체로는 부정적인 것이지만 그리스도 안에서는 섬김의 기회와 준비로 바뀝니다. 많이 깨닫고 많이 알수록 섬김의 대상과 영역은 넓어질 것입니다. 그러면 근심과 번뇌가 아니라 기쁨과 설렘이 커질 것입니다.

그리스도 밖에서의 지혜와 지식은 일시적인 유익을 주지만 영원한 효력을 지니지는 않습니다. 이러한 사실을 바울은 다음과 같이 말합니다. "내가 지혜 있는 자들의 지혜를 멸하고 총명한 자들의 총명을 폐하리라"(고전1:19). 세상의 지혜와 총명이 영원히 존속되지 않음은 하나님의 뜻입니다. 그런데 하나님은 세상의 어리석은 지혜를 섭리의 도구로 쓰십니다. 그 섭리는 지혜 있는 자들로 하여금 자신의 꾀에 빠지게 하는 것입니다(고전3:19). 여호와를 경외하는 자는 하늘의 영원한 지혜를 얻지만 자기를 신뢰하는 자는 자신의 지혜가 인생의 발목을 잡습니다. 자신이 옳다고 생각하는 그것이 바로 여호와를 경외하지 못하게 만드는 치명적인 악의 덫입니다.

참된 지혜의 현상은 이 세상에 나타나도 그 출처는 세상이 아닙니다. 인간의 지혜도, 동물의 지혜도, 새들의 지혜도, 가축의 지혜도 자기 것이 아닙니다. 그래서 하나님은 욥에게 묻습니다. "가슴 속의 지혜는 누가 준 것이냐 수탉에게 슬기를 준 자가 누구냐"(욥36:38). 이 물음의 의미는 지혜의 현상을 주목하지 말고 그 근원으로 관심을 돌리라는 것입니다. 인간의 마음에 있는 지혜는 스스로 생성된 것이 아닙니다. 수탉에게 발견되는 슬기도 수탉의 것이 아니라 누군가에 의해 주어진 것입니다. 진정한 지혜는 지혜를 구현하는 것이 아니라 그 지혜의 출처를 아는 지식에 있습니다. 지혜의 구현과 경험 속에서 그것을 주신 하나님을 아는 것이 참된 지혜라는 말입니다.

바울은 지혜의 비교급에 대한 이해의 필요성을 다음과 같이 말합니다. "하나님의 어리석음이 사람보다 지혜롭고 하나님의 약하심이 사람보다 강하니라"(고전1:25). 비록 하나님의 지혜는 완전한 것이지만 설명 차원에서 말하자면, 지혜에 있어서 하나님의 가장 낮은 것은 인간의 가장 높은 것보다 높습니다. 그러므로 하나님을 의지하지 않고 자신을 의지하는 것은 대단히 어리석은 일입니다. 가장 지혜로운 사람은 비록 우리의 눈에는 어리석어 보이고 약해 보이는 하나님의 지혜를 따르는 자입니다. 바울은 그리스도 예수가 바로 하나님의 지혜라고 말합니다(고전1:24). 그리스도 안에는 지혜와 지식의 모든 보화가 감추어져 있습니다(골2:3). 그래서 바울은 너무나도 어리석은 실패자로 보이는 "그리스도 예수와 그가 십자가에 못 박히신 것 외에는 아무것도 알지 않기로 작정"까지 했습니다(고전2:2). 그래서 예수님을 의지하는 자가 바울처럼 가장 지혜로운 자입니다.

5강

나는 누구를 위하여 사는가?

전 2:1–11

1 나는 내 마음에 이르기를 자, 내가 시험삼아 너를 즐겁게 하리니 너는
낙을 누리라 하였으나 보라 이것도 헛되도다 2 내가 웃음에 관하여 말하
여 이르기를 그것은 미친 것이라 하였고 희락에 대하여 이르기를 이것
이 무슨 소용이 있는가 하였노라 3 내가 내 마음으로 깊이 생각하기를
내가 어떻게 하여야 내 마음을 지혜로 다스리면서 술로 내 육신을 즐겁
게 할까 또 내가 어떻게 하여야 천하의 인생들이 그들의 인생을 살아가
는 동안 어떤 것이 선한 일인지를 알아볼 때까지 내 어리석음을 꼭 붙잡
아 둘까 하여 4 나의 사업을 크게 하였노라 내가 나를 위하여 집들을 짓
고 포도원을 일구며 5 여러 동산과 과원을 만들고 그 가운데에 각종 과
목을 심었으며 6 나를 위하여 수목을 기르는 삼림에 물을 주기 위하여
못들을 팠으며 7 남녀 노비들을 사기도 하였고 나를 위하여 집에서 종들
을 낳기도 하였으며 나보다 먼저 예루살렘에 있던 모든 자들보다도 내
가 소와 양 떼의 소유를 더 많이 가졌으며 8 은 금과 왕들이 소유한 보배
와 여러 지방의 보배를 나를 위하여 쌓고 또 노래하는 남녀들과 인생들
이 기뻐하는 처첩들을 많이 두었노라 9 내가 이같이 창성하여 나보다 먼
저 예루살렘에 있던 모든 자들보다 더 창성하니 내 지혜도 내게 여전하

도다 [10] 무엇이든지 내 눈이 원하는 것을 내가 금하지 아니하며 무엇이
든지 내 마음이 즐거워하는 것을 내가 막지 아니하였으니 이는 나의 모
든 수고를 내 마음이 기뻐하였음이라 이것이 나의 모든 수고로 말미암
아 얻은 몫이로다 [11] 그 후에 내가 생각해 본즉 내 손으로 한 모든 일과
내가 수고한 모든 것이 다 헛되어 바람을 잡는 것이며 해 아래에서 무익
한 것이로다

"나는 내 마음에 이르기를 자, 내가 시험삼아 너를 즐겁게 하리니 너는 낙을 누리라 하였으나 보라 이것도 헛되도다 내가 웃음에 관하여 말하여 이르기를 그것은 미친 것이라 하였고 희락에 대하여 이르기를 이것이 무슨 소용이 있는가 하였노라"(1-2절). 전도자는 선을 알려고 즐거움을 가지고 자신을 시험해 보았으나 무의미한 일이라고 말합니다. 즐거움에 수반되는 웃음은 미친 것이고 희락은 아무런 소용이 없는 것입니다. 이는 잠언의 기록과 같습니다. "웃을 때에도 마음에 슬픔이 있고 즐거움의 끝에도 근심이 있느니라"(잠14:13). 그럼에도 불구하고 사람들은 웃음을 미친 것이라고 한 전도자의 불쾌한 해석을 거부하고 웃음을 고단한 인생의 해방구로 삼습니다. 사실 웃음은 평소에 사용하지 않던 얼굴의 좋은 근육들을 가장 조화롭게 사용하는 운동을 가능하게 만듭니다. 이와는 달리 짜증을 부리고 분노를 쏟아낼 때에는 근육의 불균형한 사용으로 표정과 이미지를 구깁니다. 웃음의 유용성이 분명히 있습니다. 플레스너 (Helmut Plessner, 1892-1985) 같은 독일의 철학자는 자신의 책 〈웃음과 울음, 인간 행동의 한계에 대한 연구〉(1941)에서 웃음과 울음

이 외부의 충격으로 영혼과 육체가 조화를 이루지 못할 때 후자가 전자의 통제를 벗어나서 반응하는 현상일 뿐이라고 말합니다. 웃음을 이 세상에서 해결책이 없는 문제에 봉착했을 때에 그것에서 벗어나기 위해 인간이 발견한 유일한 출구로 해석하는 경우도 있습니다. 나를 짓누르는 모든 억압과 제한에 맞서지 않고 벗어나는 유일한 방법은 웃는 것입니다. 춤도 동일한 기능을 가지고 있습니다. 춤의 물리적인 개념은 위로 뛰는 것입니다. 어떠한 피조물도 벗어나지 못하는 중력의 역방향을 향해 몸을 던지는 것이 바로 춤입니다. 웃음으로 인간의 본성을 벗어나고 춤으로 중력의 억압에서 해방되는 것은 참으로 유익해 보입니다. 그러나 웃음도 잠깐이고 춤도 잠깐이기 때문에 인생의 숨 고르기 정도의 일시적인 유익이 있을 뿐입니다.

인간의 역사는 즐거움 혹은 쾌락을 선과 동일시한 역사라고 해도 과언이 아닙니다. 그러나 인간에게 즐거움을 주는 수단들이 과도하여 인간에게 저주와 패망의 원흉으로 전락한 경우들이 많습니다. 교만은 권세의 즐거움을 과도하게 추구하는 것입니다. 탐식은 입술과 위장의 즐거움을, 나태는 쉼의 즐거움을, 정욕은 성의 즐거움을, 분노는 감정의 즐거움을, 탐욕은 부의 즐거움을, 분노는 감정의 즐거움을, 시기는 자아의 즐거움을 과도하게 탐하는 것입니다. 여기에서 즐거움의 수단들이 가진 공통적인 문제점은 모두 자신을 향한다는 것입니다. 하나님의 영광을 구하지도 않고 이웃의 유익을 구하지도 않고 자신만을 위하는 것은 전도자의 고백처럼 헛된 일입니다. 자신을 향하는 것은 심지어 나 자신에 대해서도 궁극적인 유익이 아닙니다.

사람들이 즐거움을 위해 추구하는 것들은 대부분 육신의 즐거움과 관계되어 있습니다. 그러나 참된 즐거움은 무엇이며 어디에서 얻으며 어떤 즐거움이 선일까요? 환난과 우환이 닥쳐도 빼앗아갈 수 없는 참된 즐거움은 오직 여호와의 계명에 있다고 시인은 말합니다(시119:143). 만약 주님의 법이 자신의 즐거움이 되지 않았다면 고난 중에서 멸망했을 것이라고 말합니다(시119:92). 즐거움의 최고 대상인 하나님의 말씀은 하나님 사랑과 이웃 사랑으로 요약될 수 있습니다. 이사야의 예언에 따르면 예수님의 즐거움은 여호와를 경외하는 것입니다(사11:3). 주님을 가까이 할 때에 즐거움이 있습니다. 시인의 고백을 보십시오. "주의 앞에는 충만한 기쁨이 있고 주의 오른쪽에는 영원한 즐거움이 있나이다"(시16:11). 나의 유익이 아니라 하나님의 영광과 이웃 사랑으로 요약되는 하나님 되시는 말씀 즉 그리스도 예수에게 나의 참된 즐거움이 있습니다.

"내가 내 마음으로 깊이 생각하기를 내가 어떻게 하여야 내 마음을 지혜로 다스리면서 술로 내 육신을 즐겁게 할까 또 내가 어떻게 하여야 천하의 인생들이 그들의 인생을 살아가는 동안 어떤 것이 선한 일인지를 알아볼 때까지 내 어리석음을 꼭 붙잡아 둘까 하여"(3절). 전도자는 깊은 사유의 길을 산책하며 다양한 질문들을 던집니다. 어떻게 하여야 지혜로 마음을 다스릴까? 어떻게 하여야 술로 육신을 즐겁게 만들까? 어떻게 하여야 어리석은 것들을 붙들까? 이러한 질문의 답을 궁구한 이유는 하늘 아래에서 사람의 아들들이 일평생 행하여야 할 선의 실체를 발견하기 위함인 듯합니다. 이상의 질문들을 보건대, 전도자는 끊임없이 고민하고 질문하고 실험하고 탐구하고 시도하고 검증하는 인생을 살아간 것 같습니다. 전도자는 선의 관념이 아니라 천하의 인생을 다 탐구하며 인생의 구석진 곳들을 면밀히 관찰하며 선의 객관적 실체를 추구하고 있습니다. 내가 유쾌하고, 내가 행복하고, 내가 부해지고, 내가 유명하게 되는 것이 과연 선일까요?

여러분은 선의 어떠한 실체를 찾고 계십니까? 대부분의 사람들은 전도자의 지혜를 좋아하고 추구하나 그가 걸어간 탐구의 길은 걸으려고 하지 않습니다. 하나님을 만난 사람들의 체험은 좋아하나 그들처럼 하나님을 찾으려고 하지는 않습니다. "너희가 전심으로 나를 찾고 찾으면 나를 만나리라"(렘29:13). 과정이 생략된 결과는 없습니다. 전도자의 지혜는 저절로 생긴 것이 아닙니다. 과정을 간과하지 마십시오. 모든 것을 동원하여 몸부림을 치며 찾아야 하는 것입니다. 마르틴 루터 킹이 수레를 끌고 오르막을 가는데 돕는 사람들을 찾지만 찾지를 못합니다. 찾아도 기다려도 돕는 사람들이 오지를 않습니다. 결국 혼자서 수레를 끌고 오르막을 오릅니다. 비지땀이 흐릅니다. 다리가 흔들리고 손이 풀립니다. 비로소 그때 사람들이 그에게로 와서 돕습니다. 도움의 손길을 움직이는 방법은 내가 먼저 부지런히 움직이는 것입니다. 요셉을 보십시오. 그는 보디발의 집에서 종살이를 하거나 감옥에서 옥살이를 할 때에 주님만을 바라보며 회복의 때를 기다린 것이 아닙니다. 이마에 수고의 땀방울이 마를 날 없이 집안의 모든 일들을 살피고 감옥의 모든 죄수들을 돌보는 구체적인 섬김의 일들을 계속해서 했습니다. 그는 주어진 고통의 상황에서 최선을 다해 사랑하고 섬기는 일을 결코 멈추지 않습니다. 하나님의 뜻을 기대하고 기다리는 일이 게으름과 결부되는 것은 결코 올바르지 않습니다. 주님의 삶을 보십시오. 주어진 사역의 기간동안 손가락만 빨면서 죽음과 부활만 기다리신 것이 아닙니다. 촌음을 쪼개면서 사랑하고 섬기느라 식사할 겨를도 없고 눈꺼풀 붙일 시간도 확보하지 못하는 삶을 사셨습니다.

전도자가 스스로 던진 질문들에 대한 답을 찾고자 그가 한 일들을 보십시오. "나의 사업을 크게 하였노라 내가 나를 위하여 집들을 짓고 포도원을 일구며"(4절). 지혜를 알고자 전도자는 사업도 크게 일으켰고 자신을 위한 집과 성전과 궁전도 지었으며 포도원도 일구는 노력을 했습니다. 솔로몬은 실제로 7년동안 성전을 지었으며, 13년동안 성전보다 두세 배 큰 궁전도 지었으며 바로의 딸을 위해서는 별궁 마련까지 했습니다. 집이라는 것은 물리적인 건물의 의미를 넘어선 말입니다. 이 세상에서 존재의 첫걸음이 시작되는 곳입니다. 사랑하는 사람들을 처음으로 만나는 곳입니다. 인생의 봄을 보내는 별장이 바로 집입니다. 가장 사랑하는 이들과의 행복한 스킨십이 일어나는 현장이요 일터에서 고단해진 몸을 받아주는 안식처가 집입니다. 지나간 시간의 소중한 추억들이 곳곳에 걸린 입체적인 액자가 집입니다. 그러나 오늘날 집은 부의 상징이고 일생을 바쳐도 그 수고를 매몰차게 외면하는 각박한 현실의 상징으로 쓰여지는 말입니다. 사람들은 관심을 월세, 전세, 자기집, 독채, 별장 등으로 넓히며 안식처의 개선과 확장에 맹목적인 대결을 벌입니다. 포도원은 대체로 수입의 원천을 의미하며 개인적인 즐거움을 위해 일구는 곳입니다. 포도는 술의 재료라는 점을 감안하면, 포도원은 술로 자신을 즐겁게 하겠다는 생각의 구체적인 현실화가 펼쳐지는 곳입니다.

"여러 동산과 과원을 만들고 그 가운데에 각종 과목을 심었으며 나를 위하여 수목을 기르는 삼림에 물을 주기 위하여 못들을 팠으며"(5-6절). 지혜를 알고자 하는 전도자의 열정은 여러 동산과 과원을 만들고 그 가운데에 다양한 과목을 심고 재배하며 자신을 위하여 수목을 기르는 삼림에 물을 대주기 위해 연못까지 팠습니다. 이 모든 것들은 농민이나 서민이나 사회의 공적인 복지의 증진과는 무관한 사적 쾌락을 위한 일입니다. "남녀 노비들을 사기도 하였고 나를 위하여 집에서 종들을 낳기도 하였으며 나보다 먼저 예루살렘에 있던 모든 자들보다도 내가 소와 양 떼의 소유를 더 많이 가졌으며"(7절). 나아가 전도자는 넓은 정원과 과원과 못들을 관리하고 자신을 섬기도록 하기 위해 무수히 많은 남녀 노비들을 사기도 하고 집에서 종들을 낳기도 했습니다. 나아가 다른 예루살렘 지도자에 비해 월등하게 많은 소와 양 떼를 취하기도 했습니다. "은 금과 왕들이 소유한 보배와 여러 지방의 보배를 나를 위하여 쌓고 또 노래하는 남녀들과 인생들이 기뻐하는 처첩들을 많이 두었노라"(8절). 은과 금과 보배도 여러 왕들과 여러 지방에서 전도자 자신을 위하여 축적했고, 가무를 담당하는 사람들도 두었으며, 인생을 즐기기 위해 처첩들을 많이 두었다고 말합니다. 그는 지금 집, 술, 정원, 과원, 산림, 연못, 노예, 가축, 보석, 풍악, 처첩 등에 있어서 역사상 최대 규모의 쾌락을 자랑하고 있습니다.

전도자의 부가 얼마나 막대한 것인지를 보십시오. 전도자의 보좌는 상아로 만들어서 순금을 입혔는데 보좌 아래 여섯 층계가 있고, 보좌 뒤에는 둥근 머리가 있습니다. 앉은 자세의 양편에는 팔걸이가 있고, 팔걸이 곁에는 사자가 하나씩 있으며 그 밖에 또 열 두 사자가 있어서 여섯 층계 좌우에 시립하고 있습니다. 전도자의 잔은 다 정금으로 만들어 졌습니다. 솔로몬의 금방패는 500개이고, 솔로몬의 1년 세입금은 금으로 666 달란트 즉 1조원이 넘습니다. 병거가 1,400대, 마병이 12,000대, 외양간이 40,000개가 있습니다. 오늘날 세계의 갑부에 비하면 그리 대단해 보이지 않을 수도 있습니다. 그러나 3,000여년 전의 물가를 감안해 보십시오. 전도자는 실로 상상을 초월하는 부를 소유한 것입니다.

이러한 부는 도대체 어디에서 온 것일까요? 전도자가 가진 막대한 부는 자신이 흘린 수고의 순수한 땀방울이 가져온 결과만은 아닌 것 같습니다. 전도자의 부는 다윗의 유산과 지혜의 선물과 무역의 성공과 식민지의 조공으로 구성되어 있습니다. 특별히 아버지 다윗의 유산은 금 10만 달란트와 은 100만 달란트와 무수한 놋과 철이라고 말합니다. 그러나 유산과 무역과 조공과 지혜라는 수단을 통해 얻은 부의 근원은 하나님께 있습니다. "내가 너의 구하지 아니하는 부와 영광도 네게 주노니 네 평생에 천하 열 왕 중에 너와 같은 자가 없으리라"(왕상 3:13). 전도자는 갑부를 의도하지 않았으나 하나님이 그를 천하의 왕들보다 더 부하게 만드신 것입니다.

"내가 이같이 창성하여 나보다 먼저 예루살렘에 있던 모든 자들보다 더 창성하니 내 지혜도 내게 여전하도다"(9절). 지금 전도자는 지혜와 쾌락의 수단들을 모두 은하게 최대의 분량으로 소유하고 있습니다. 이토록 풍요로운 상태 속에서 살았지만 그는 게으름과 우매함과 쾌락에 빠지지 않고 지혜의 충만을 유지하고 있다고 말합니다. "무엇이든지 내 눈이 원하는 것을 내가 금하지 아니하며 무엇이든지 내 마음이 즐거워하는 것을 내가 막지 아니하였으니 이는 나의 모든 수고를 내 마음이 기뻐하였음이라 이것이 나의 모든 수고로 말미암아 얻은 몫이로다"(10절). 전도자는 눈이 원하는 것을 하나도 금하지 않았고 자기 마음에 즐거운 것은 하나도 막지 않았다고 말합니다. 모든 욕구를 한번도 묵살하지 않고 원하는 만큼 채웠다고 말합니다. 전도자가 가진 모든 것들은 자신이 쏟은 수고의 결과이기 때문에 그가 그것들을 누리는 것은 정당한 일입니다.

그럼에도 불구하고 전도자는 말합니다. "그 후에 내가 생각해 본즉 내 손으로 한 모든 일과 내가 수고한 모든 것이 다 헛되어 바람을 잡는 것이며 해 아래에서 무익한 것이로다"(11절). 전도자는 세상의 모든 자들이 추구하고 취하고자 한 업적과 부를 가졌지만 자신의 손으로 행한 모든 대단한 일들과 수고의 땀이 묻은 막대한 소득도 다 헛되어 바람을 잡으려는 것이라고 말합니다. 비록 하나님의 축복으로 주어진 것이라고 할지라도 자신을 위한다면 거기에는 어떠한 유익과 의미도 없습니다. 그러나 하나님의 영광과 타인의 유익을 위한다면 어떠한 것도 무익하지 않습니다. 먹는 밥도 마시는 물도 흡입하는 공기도 헛되지 않습니다.

모든 것을 소유하고 모든 것을 보고 모든 것이 가능한 전도자의 즐거움 추구는 이렇게 헛됨과 무익에서 마침표를 찍습니다. 과거에 자신만을 위해 모든 것들을 소유하고 보고 행하는 쾌락의 노예로 살면서 내린 전도자의 결론은 모든 것들을 소유하고 보고 경험해도 무익하고 헛되다는 것입니다. 이 세상에서 즐거움을 제공하는 모든 것들을 다 누려도 실체가 없는 바람을 잡으려는 일입니다. 이는 예수님의 평가와 다르지 않습니다. "솔로몬의 모든 영광으로도 입은 것이 이 꽃 하나만 같지 못하였느니라"(마6:29). 인간의 노력으로 하늘과 땅과 그 가운데에 있는 모든 것들을 다 가진다고 해도 하나님의 창조물 중 미물에 불과한 들의 백합화에 박힌 창조자의 지문보다 못하다는 것입니다. 그래서 주님은 무익한 부의 추구에 소중한 인생을 탕진하지 말라고 말합니다. 바울의 말처럼 우리의 삶에 필요한 모든 것들은 모두 주님께서 주십니다. "네게 있는 것 중에 받지 아니한 것이 무엇이냐"(고전4:7). 삶의 근본이 되는 생명과 호흡과 만물이 모두 하나님에 의해 선물로 주어진 것입니다. "이는 만민에게 생명과 호흡과 만물을 친히 주시는 이심이라"(행17:25). 유의미한 것으로서 하나님의 나라와 의를 구하라고 말합니다. 하나님의 영광과 이웃의 유익을 구하라고 말합니다.

하나님의 영광과 무관한 것은 거들떠 보지도 마십시오. 모세는 하나님의 영광 보기를 그렇게도 원한 사람이고, 하나님의 영광을 위한 것이라면 그리스도 예수를 위하여 받는 수모를 애굽의 모든 보화보다 더 큰 재물로 여기는 놀라운 분별력을 가지고 그 수모를 선택한 자입니다(히11:26). 이와 동일하게 바울은 그리스도 예수를 위하여 고난 당하는 것이 하나님의 은혜라고 해석한 자입니다(빌1:29). 그리고 하나님의 영광만이 아니라 타인의 유익과 무관한 것들에 대해서도 신경을 끄십시오. 타인의 유익을 추구하는 것은 자신의 유익을 추구하는 것보다 낫습니다. "주 예수께서 친히 말씀하신 바 주는 것이 받는 것보다 복이 있다"(행20:35). 여기에서 "주는 것"은 "약한 사람들"을 돕는다는 말입니다(행

20:25). 약한 사람들을 도우면 우리에게 더 좋은 일이 생깁니다. 예수님의 약속을 보십시오. "네 소유를 팔아 가난한 자들에게 주라 그리하면 하늘에서 보화가 네게 있으리라"(마19:21). 땅에서의 나눔은 하늘의 창고를 여는 열쇠와 같습니다. 나눔은 늘 하늘에 소망을 둔 자의 삶입니다. 이것은 결코 하늘의 막대한 보화를 챙기려는 투기성 나눔이 아닙니다. 땅의 변동적인 것을 사용하여 하늘의 영원한 보화를 누리는 지혜로운 삶입니다.

죽음이 마련한 공평

전 2:12–17

12 내가 돌이켜 지혜와 망령됨과 어리석음을 보았나니 왕 뒤에 오는 자
는 무슨 일을 행할까 이미 행한 지 오래 전의 일일 뿐이리라 13 내가 보니
지혜가 우매보다 뛰어남이 빛이 어둠보다 뛰어남 같도다 14 지혜자는 그
의 눈이 그의 머리 속에 있고 우매자는 어둠 속에 다니지만 그들 모두가
당하는 일이 모두 같으리라는 것을 나도 깨달아 알았도다 15 내가 내 마
음속으로 이르기를 우매자가 당한 것을 나도 당하리니 내게 지혜가 있
었다 한들 내게 무슨 유익이 있으리요 하였도다 이에 내가 내 마음속으
로 이르기를 이것도 헛되도다 하였도다 16 지혜자도 우매자와 함께 영원
하도록 기억함을 얻지 못하나니 후일에는 모두 다 잊어버린 지 오랠 것
임이라 오호라 지혜자의 죽음이 우매자의 죽음과 일반이로다 17 이러므
로 내가 사는 것을 미워하였노니 이는 해 아래에서 하는 일이 내게 괴로
움이요 모두 다 헛되어 바람을 잡으려는 것이기 때문이로다

"내가 돌이켜 지혜와 망령됨과 어리석음을 보았나니 왕 뒤에 오는 자는 무슨 일을 행할까 이미 행한 지 오래 전의 일일 뿐이리라"(2:12). 여기에서 전도자는 지혜와 망령됨과 우매함을 주목하며 한 가지의 교훈을

나눕니다. 성숙한 자는 지혜만이 아니라 자신의 망령됨과 우매함에 대해서도 관심을 갖습니다. 자신의 지혜만을 자랑하지 않고 망령됨과 우매함을 인지하고 인정하는 사람은 성숙한 자입니다. 그러나 자신의 추한 단점을 모르고 인정하지 않으면 그것을 지혜와 명철로 여기면서 끝까지 고수하며 극복의 대상으로 여기지를 않습니다. 그는 자신의 단점에 스스로 속으면서 그것에 결박된 자입니다.

전도자는 지혜도 있지만 망령됨과 우매함도 가지고 있습니다. 모든 면에 있어서 전도자는 자신의 뒤에 오는 후계자가 무슨 일을 행하여도 자기가 이미 이룬 일의 뒷북일 뿐이라고 말합니다. 자기보다 못하다는 뜻입니다. 3천 개의 잠언과 1005개의 노래를 지은 전도자의 지혜보다 더 지혜로운 후계자는 지금까지 없었고 앞으로도 없을 것입니다. 그러나 그 지혜로 말미암아 소유하게 된 재물과 쾌락에 있어서도 전도자의 규모를 따라갈 후임자가 없습니다. 아내를 많이 두지 말라는 왕의 금도를 1,000명의 여인을 맞이한 망령됨에 있어서도, 말을 많이 두지 말고 은과 금을 축적하지 말라는 왕의 도리를 저버리고 과도한 부를 축적하고 말을 많이 두며 역대급 규모의 건축으로 막대한 국가재정 낭비와 백성에게 과도한 노동력을 착취한 우매함에 있어서도 전도자를 능가한 자는 없습니다. 재물은 국정을 수행하며 모든 국민의 유익을 위하여 사용해야 지혜로운 도구인데 축적에 목적을 두었기 때문에 우매한 것입니다. 과연 후계자가 무슨 우매한 일을 하더라도 전도자가 이미 저지른 일의 재탕일 뿐입니다.

"내가 보니 지혜가 우매보다 뛰어남이 빛이 어둠보다 뛰어남 같도다 지혜자는 그의 눈이 그의 머리 속에 있고 우매자는 어둠 속에 다니지만 그들 모두가 당하는 일이 모두 같으리라는 것을 나도 깨달아 알았도다"(2:13-14). 여기에서 전도자는 우매함에 대한 지혜의 우월성이 빛과 어둠의 격차만큼 크다는 사실을 강조하고 있습니다. 이 세상에서 지혜의 중요성은 아무리 강조해도 지나침이 없습니다. "지혜가 제일이니 지혜를 얻으라 네가 얻은 모든 것을 가지고 명철을 얻으라"(잠4:7). 이는 우리에게 있는 다른 모든 것들보다 지혜가 더 좋다는 말입니다. 지혜의 소유자는 이치와 사려와 합당과 상식과 논리를 충실히 배우고 익혀서 그것을 따라 살아가는 자입니다. 그러나 우매자는 논리와 상식과 전통과 이치와 질서를 무시하고 어둠 가운데서 헤매는 자입니다. 지혜자의 삶은 빛 가운데서 살아가는 삶이라면 우매자의 삶에는 어둠만 있습니다. 그러나 지혜와 우매의 격차를 무색하게 만드는 일들이 지혜자와 우매자 모두에게 동일하게 임한다고 전도자는 말합니다.

"내가 내 마음속으로 이르기를 우매자가 당한 것을 나도 당하리니 내게 지혜가 있었다 한들 내게 무슨 유익이 있으리요 하였도다 이에 내가 내 마음속으로 이르기를 이것도 헛되도다 하였도다"(2:15). 지혜자와 우매자가 당하는 것이 동일한데, 극도의 지혜가 있다고 한들 무슨 유익이 있을까요? 아무런 유익이 없다고 사람들은 말합니다. 이 세상의 기준을 따라서는 지혜자와 우매자 사이에 도무지 비교할 수 없는 현저한 차이가 있지만 그럼에도 불구하고 결국은 동일한 일을 당하기 때문에 전도자는 헛되다고 말합니다. 저는 지혜자와 우매자가 동일한 일을 당하는 것이 하나님의 섭리라고 믿습니다. 이 섭리는 이 땅에서의 지혜가 인간의 본질적인 유익을 위해서는 아무것도 아님을 가르치기 위한 것입니다. 지혜와 지식과 부와 장수와 건강과 가문을 자랑하는 것이 하나님 앞에서는 어리석은 일입니다.

바울의 경우를 보십시오. "육신을 따라 자랑"할 것이 너무도 많은 분입니다(고후11:18). 히브리 사람이고 이스라엘 사람이고 아브라함 후손이고 그리스도 예수의 일꾼이기 때문에 많은 사람들이 흠모할 만한 분입니다(고후11:21–23). 혈통적인 자랑, 선민의 자랑, 언약의 자랑, 심지어 예수의 일꾼이 되었다는 자랑도 다 육신에 속한 것이라고 말합니다. 이 땅에서는 이러한 것들을 내세우는 것이 지혜일 수 있겠지만 하나님 앞에서는 아무것도 아닙니다. 이런 자랑을 오히려 부끄러운 것입니다. 그래서 바울도 육신을 따라 자랑할 때에 "어리석은 말"이라는 전제를 깔고 했습니다. "자랑하는 자는 주 안에서 자랑"할 것이 있고 자신에 대해서는 자랑할 것이 하나도 없습니다(고후10:17). 부득불 자랑해야 한다면 "연약한 것"을 자랑할 것이라고 바울은 말합니다(고후11:30). 야고보도 같은 맥락에서 특이한 종류의 자랑을 권합니다. "낮은 형제는 자기의 높음을 자랑하고 부한 자는 자기의 낮아짐을 자랑할지니"(약1:9-10). 이는 낮은 형제가 자기의 높음을 자랑하는 것은 세상의 외적인 조건에 의해 자신의 신분과 지위가 좌우되지 않는 하나님의 자녀라는 높음을 인지하는 것이 지혜이기 때문입니다. 부한 자가 자기의 낮아짐을 자랑하는 것은 이 세상의 그 무엇도 자신의 신분과 지위를 높이지 못한다는 사실을 알고 낮은 겸손의 자리에 머무는 방식으로 증거하는 것이 너무도 향기로운 지혜이기 때문입니다.

"지혜자도 우매자와 함께 영원하도록 기억함을 얻지 못하나니 후일에는 모두 다 잊어버린 지 오랠 것임이라 오호라 지혜자의 죽음이 우매자의 죽음과 일반이로다"(2:16). 전도자의 말처럼, 지혜자라 할지라도 우매자의 운명과 동일하게 영원토록 기억함이 없고 후일에는 다 잊어버린 바 될 것입니다. 이 세상에서 조금 더 지혜롭고 명철하고 똑똑하게 되려고 몸부림을 칠 필요는 없습니다. 해 아래에서 지혜자의 죽음과 우매자의 죽음은 다르지 않습니다. 죽음은 지혜자와 우매자의 현저한 차이를 무시하고 비웃는 듯합니다. 인간의 합의를 따라서는 그렇게도 다른 것이 죽음 앞에서는 전혀 다르지가 않습니다. 가치와 무가치, 의미와 무의미, 지혜와 어리석음, 기쁨과 슬픔, 행복과 불행, 즐거움과 고통은 너무도 다른 것이지만 그 차이가 아무리 크더라도 죽음 앞에서는 모든 차이가 고개를 숙입니다. 이 세상에서 어떠한 것이 진정한 의미와 가치와 유익인지 확인하는 잣대는 바로 죽음인 것 같습니다. 땅에서 사용하고 누리던 모든 은총들의 종결이요 반납인 죽음은 이 세상에서 각 사람이 어떠한 삶을 살았든지 그것과 무관하게 모든 사람들을 평등하게 만듭니다. 이 신비로운 하나님의 섭리를 따라 모든 인간은 죽습니다. 흙에서 왔다가 흙으로 돌아가게 만드는 죽음, 높고 낮은 모든 것들을 평평하게 만드는 이 죽음을 떠올리게 만드는 초상집의 방문은 혼인집 출입보다 진실로 지혜로운 일입니다. 참으로 지혜로운 바울은 아예 날마다 자신이 죽습니다(고전15:31). 날마다 죽으면 죽음으로 끝나버릴 가치와 의미와 기쁨과 행복에는 결코 미련을 두지 않을 것입니다. 영원한 것에 집중하고 추구할 수밖에 없는 그런 환경을 스스로 만드는 자입니다. 그는 죽음의 비밀을 가장 깊이 터득한 사람이 아닌가 싶습니다.

28세의 젊은 나이에 순교자가 된 짐 엘리엇이 남긴 말입니다. "결국은 끝까지 붙들고 있을 수 없는 것이 있습니다. 그리고 결코 놓칠 수 없는 것도 있습니다. 결코 놓칠 수 없는 일을 위하여 결국 끝까지 붙들 수 없는 그것을 바치는 사람이 있습니다. 결코 놓칠 수 없는 그 무엇을 위하여 결국 끝까지 붙들 수 없는 것을 바치는 사람은 결코 어리석은 사람이 아닙니다." 돈을 버는 것보다 어려운 사람들 돕는 것을 의사의 자부심과 보람으로 여기고 의료 불모지를 다니며 섬김의 삶을 실천한 천사의사 박준철은 45세의 젊은 나이에 갑자기 닥친 심근경색 때문에 죽음을 맞습니다. 그러나 죽음 직전에 자신의 인체 조직을 기증하여 최대 150명을 살립니다. 다음은 그의 아내가 남긴 말입니다. "나눔은 죽음도 방해하지 못하며 죽음도 나눔의 일부이며 준비이다." 박준철은 진실로 자신의 생명을 사랑의 수단으로 삼았으며, 죽음조차 그런 섬김을 저지하지 못하고 그 죽음은 오히려 더 좋은 나눔의 기회로 쓰입니다. 사랑은 죽음보다 강합니다. 죽음도 사랑의 가치와 의미를 소멸하지 못합니다. 박준철은 죽음을 지나온 가치와 의미가 진짜라는 사실을 실제로 보여준 분입니다.

사람들이 추구하는 대부분의 가치와 의미는 죽음과 함께 없어지는 것입니다. 돈도, 가문도, 명예도, 지위도, 업적도, 책도 죽으면 우리에게 아무런 유익이 없습니다. 이 세상이 아무리 나를 기억하고 기념하고 칭찬하고 존경하고 높여 주어도 죽음과 함께 사라지니 무익할 뿐입니다. 눈에 보이는 것들 중에 죽음과 더불어 소멸되지 않는 것은 하나도 없습니다. 그래서 믿음의 사람들은 보이는 것을 소망하지 않습니다. "우리가 소망으로 구원을 얻었으매 보이는 소망이 소망이 아니니 보는 것을 누가 바라리요"(롬8:24). 죽음 이후의 것, 무덤 너머의 것을 소망하기 때문에 죽음은 소망으로 들어가는 관문일 뿐입니다. 그래서 죽음에도 소망이 있습니다(잠14:32). 죽음을 통해 우리는 영원토록 하나님과 더불어 살아가는 삶이 시작되는 소망도 있지만 우리의 죽음으로 타인에게 생명이 역사하는 소망도 있습니다. "많은 사람을 옳은 데로 돌아오게 한 자는 별과 같이 영원토록 빛나리라"(단12:3). 지혜자는 비록 후세대가 기억함이 없고 잊어질 것이지만 많은 사람들을 하나님께 돌아오게 한 자는 별과 같이 영원토록 빛날 것이기 때문에 영원히 기억될 것이라는 말입니다. 제가 보기에 한 세대에 대한 후세대의 망각은 우리의 인생을 영원히 기억될 일들을 위해 쓰라는 권면의 역설적인 도구인 것 같습니다.

"이러므로 내가 사는 것을 미워하였노니 이는 해 아래에서 하는 일이 내게 괴로움이요 모두 다 헛되어 바람을 잡으려는 것이기 때문이로다" (전2:17). 전도자는 자신이 사는 것을 미워했을 정도로 해 아래에서 하는 일이 그에게 괴로움이 되었다고 말합니다. 사는 것 자체가 괴로움이 되는 상황이 인생에는 적지 않습니다. 건강으로 인한 괴로움의 경우도 있지만 나를 둘러싼 모든 경제적, 정체적, 혈연적, 사회적, 사적 관계성이 고통의 근원인 경우도 많습니다. 이 세상에서 답을 찾지 못한 사람들은 그 괴로움을 멈추기 위한 최후의 해법으로 자신의 생명을 스스로 던지거나 타인의 생명을 끊습니다. 삶이 기쁘지 않고 괴롭다는 것은 특정한 소수의 인생에게 나타나는 현상이 아닙니다. 물론 인생을 즐기는 사람들도 있습니다. 그러나 그들도 웃는 것이 웃는 게 아닙니다. 웃음의 끝에 영혼의 속 쓰림이 있습니다. 이것도 신의 섭리입니다. 하나님을 떠난 인생의 실상을 절감하고 신에게 눈길을 돌려 신에게서 궁극적인 괴로움을 털고 안식을 취하라는 섭리 말입니다.

전도자는 인생의 모든 것이 다 헛되어 바람을 잡으려는 것이라고 말합니다. 사람들은 인생을 이해할 때에 불쾌한 부분은 애써 외면하고 유쾌한 부위만 보려는 경향이 있습니다. 그러나 인생의 실상은 모든 것이 다 헛되다는 것입니다. 거품을 빼고 공상을 접고 최면을 풀고 인생을 직시하면 허무와 무익의 앙상한 뼈다귀만 보입니다. 그것을 주목하고 관찰하고 이해하는 자는 진짜배기 인생을 만납니다. 학문의 세계에도 많은 학자들이 화려한 성공에 집착하며 어두운 실패를 하대하는 경향이 있습니다. 그러나 위대한 석학의 특징은 실패의 명확한 이해에 있습니다. 과학에 있어서도 성공보다 실패에 대한 이해가 핵심 기술을 가지는 길입니다. 시험 답안지를 채점할 때에도 정답에만 눈길과 환호를 보내는 교사가 있습니다. 그러나 오답을 면밀히 관찰하지 않으면 학생들의 변화와 성장에 아무런 유익을 주지 못합니다. 학생들이 왜 틀리는지, 어느 지점에서 틀리는지, 틀리는 양태들은 어떠한지, 어떻게 정답으로 안내할 수 있는지의 비결을 이해한 교사만이 바른 교육의 공급자가 될 수 있습니다. 헛되다는 인생의 어두운 실상이 불쾌해서 고개를 돌리는 사람도 타인에게 인생의 등불이 되지 못합니다. 전도자는 인생을 있는 그대로 보고 인정하며 헛되다는 결론을 내립니다. 아프지만 인생의 본질에 대해 제대로 혈맥을 짚은 것입니다. 이것을 아는 자만이 헛된 인생의 썩어 없어지는 세상적인 것에 목숨을 걸지 않습니다. 시간과 젊음과 에너지를 낭비하지 않습니다. 인생의 전적인 헛됨을 이해한 자만이 "썩을 양식을 위하여 일하지 말고 영생으로 들어가는 양식을 위하여 하라"(요6:27)는 주님의 말씀을 생의 해답으로 삼습니다.

7강

쾌락의 헛됨

전 2:18-26

18 내가 해 아래에서 내가 한 모든 수고를 미워하였노니 이는 내 뒤를 이
을 이에게 남겨 주게 됨이라 19 그 사람이 지혜자일지, 우매자일지야 누
가 알랴마는 내가 해 아래에서 내 지혜를 다하여 수고한 모든 결과를 그
가 다 관리하리니 이것도 헛되도다 20 이러므로 내가 해 아래에서 한 모
든 수고에 대하여 내가 내 마음에 실망하였도다 21 어떤 사람은 그 지혜
와 지식과 재주를 다하여 수고하였어도 그가 얻은 것을 수고하지 아니
한 자에게 그의 몫으로 넘겨 주리니 이것도 헛된 것이며 큰 악이로다 22
사람이 해 아래에서 행하는 모든 수고와 마음에 애쓰는 것이 무슨 소득
이 있으랴 23 일평생에 근심하며 수고하는 것이 슬픔뿐이라 그의 마음이
밤에도 쉬지 못하나니 이것도 헛되도다 24 사람이 먹고 마시며 수고하는
것보다 그의 마음을 더 기쁘게 하는 것은 없나니 내가 이것도 본즉 하나
님의 손에서 나오는 것이로다 25 아, 먹고 즐기는 일을 누가 나보다 더
해 보았으랴 26 하나님은 그가 기뻐하시는 자에게는 지혜와 지식과 희락
을 주시나 죄인에게는 노고를 주시고 그가 모아 쌓게 하사 하나님을 기
뻐하는 자에게 그가 주게 하시지만 이것도 헛되어 바람을 잡는 것이로
다

이 본문에서 전도자는 자신의 모든 수고를 다음 세대의 후계자가 넘겨 받아 관리하는 것, 나의 땀방울이 묻은 수고의 결과들이 수고하지 않은 자의 손아귀에 넘겨지는 것, 일평생 쏟아 부은 노력의 결과물이 고통과 좌절일 뿐이라는 것, 죄인이 수고한 부의 막대한 분량이 모두 하나님이 기뻐하는 자에게 넘겨지는 것의 헛됨을 소개하고 있습니다.

"내가 해 아래에서 내가 한 모든 수고를 미워하였노니 이는 내 뒤를 이을 이에게 남겨 주게 됨이라 그 사람이 지혜자일지, 우매자일지야 누가 알랴마는 내가 해 아래에서 내 지혜를 다하여 수고한 모든 결과를 그가 다 관리하리니 이것도 헛되도다"(2:18-19). 전도자는 자신이 해 아래에서 자기가 치열하게 행한 모든 수고를 미워한 이유를 이렇게 말합니다. "이는 내 뒤를 이을 이에게 남겨 주게 됨이라." 솔로몬은 아마도 아버지 다윗의 삶에서 이것을 발견한 것 같습니다. 즉 하나님의 성전을 건축할 열망으로 30년간 준비해 왔지만 그 모든 것을 아들에게 물려주고 아들 솔로몬이 성전 건축의 주인공이 된 것 말입니다. 나아가 자신도 아버지의 운명과 동일하게 비록 성전과 궁전을 지었지만 그 모든 수고의 결과들을 후세대에 넘길 수밖에 없음을 스스로 인지한 것입니다.

탁월한 주석가 아담 클락(Adam Clarke)은 땅에서의 수고가 헛된 이유를 세 가지로 말합니다. 1) 수고의 결과가 수고의 진정한 목적을 가르치지 않기 때문이다. 2) 수고의 결과를 영구히 누리지 못하기 때문이다.

3) 수고의 결과가 전부 나에게 머물지 않고 후대에게 주어져야 하기 때문이다. 이 땅에서 이루어진 수고의 결과물 중에 죽어서도 가져가는 것은 하나도 없습니다. 모든 수고가 그러하기 때문에 조금만 생각해도 수고에 대한 전도자의 미움에 수긍이 갈 것입니다. 인생은 유한하기 때문에 전도자가 최고의 정성을 쏟은 수고의 결과물인 모든 지혜와 건축물과 재산과 국제적인 위상도 후계자의 손에 넘길 수밖에 없습니다. 넘기고 싶지 않은 분들 중에는 영원히 살아서 누리려고 늙지 않는 불로초 발굴에 일평생 매달리는 사람들도 있습니다. 물려줄 것이 없도록 가진 모든 것을 실컷 사용하고 마음껏 즐기자는 사람들도 있습니다. 심지어 물려 주어야 할 후계자를 모두 없애려는 사람들도 있습니다. 그러나 수고를 다음 세대에게 물려주는 것은 하나님이 정하신 일입니다. 인생이 영원토록 거머쥘 수 있는 수고의 결과물이 이 세상에는 없다는 메시지의 도구인 물려줌을 거역하는 것은 하나님의 섭리를 훼손하는 일입니다. 모든 것을 물려 주어야만 한다는 것이 그냥 사실이 아니라 하나님의 섭리라는 것은 물려준 이후에도 영원토록 보존되는 그 무엇이 우리에게 있다는 사실을 암시하고 있습니다. 즉 하나님은 우리를 떠나지 않으시고 영원토록 우리에게 소유되는 유일한 분입니다. 이 사실의 중요성을 가르치는 하나님의 방법은 다른 모든 것들을 각 세대가 다음 세대에 물려주게 하는 것입니다.

후계자의 손에 자신의 모든 수고를 넘긴다는 것의 헛됨을 말한 이후에 전도자는 또 하나의 근심을 털어 놓습니다. 즉 자기를 계승할 후계자가 지혜로운 자인지 우매한 자인지에 대해 아무도 모른다는 것입니다. 이는 지혜로운 후계자의 선택이 자신의 권한 밖이라는 말입니다. 지혜로운 자라고 여겼지만 이후에 어리석은 자로 확인되는 후계자가 대단히 많습니다. 오늘 교회의 경우에도 성경적인 교회 공동체를 세워도 그 후임자가 어떤 사람이고 어떠한 목회를 펼칠 것인지를 모르고 있습니다.

"이러므로 내가 해 아래에서 한 모든 수고에 대하여 내가 내 마음에 실망하였도다"(2:20). 전도자는 수고의 헛됨으로 인해 삶을 미워했고, 수고를 미워했고, 이제는 마음으로 실망까지 했다고 말합니다. 더 이상 가망이 없다는 뉘앙스를 풍기는 말입니다. 사람들은 삶 전체와 모든 수고를 미워할 수밖에 없는 경지에 이른 이후에 이 땅에서의 인생에 더 이상 희망은 없다는 마음의 실망에 빠집니다. 이것이 인생의 실상이며 이 비참한 실상의 밑바닥을 디딜 때에 인생의 본질을 있는 그대로 배웁니다. 그런 배움의 지점에서 비로소 오직 주님께만 소망을 두는 인생으로 바뀝니다. 삶에 대한 미움과 수고에 대한 미움과 마음의 실망은 인생의 끝이 아닙니다. 결코 미움과 절망에 머물지 마십시오. 그 미움과 절망의 전환점을 돌아 희망의 주님께로 걸음을 옮겨 가까이 가십시오.

"어떤 사람은 그 지혜와 지식과 재주를 다하여 수고하였어도 그가 얻은 것을 수고하지 아니한 자에게 그의 몫으로 넘겨 주리니 이것도 헛된 것이며 큰 악이로다"(2:21). 수고한 사람의 결과물이 수고하지 아니한 사람의 몫으로 돌려지는 것은 헛된 것이고 크게 악한 것입니다. 수고하지 아니한 사람들 중에는 자녀도 포함되어 있습니다. 자녀에게 막대한 유산을 물려주는 것은 큰 악이요 헛된 것입니다. 사실 이 세상은 수고의 정확한 분량만큼 소득을 얻고 누리는 공평한 세상이 아닙니다. 세상에는 수고하는 사람들과 수고도 없이 수고의 결과를 취하는 사람들이 공존하고 있습니다. 이로 인하여 지혜롭고 박식한 솔로몬이 인생과 수고를 증오하고 마음으로 실망까지 했습니다. 그러나 이런 증오와 실망은 우리가 물질을 어떻게 관리해야 하는가에 대한 반면교사(反面教師) 차원의 역설적인 교훈을 우리에게 주시기 위한 것입니다. 헛되지 않으려면 우리가 수고하고 얻은 소득을 어떻게 관리하는 것이 좋을까요? 부모가 자녀에게 "배워서 남 주냐?"는 질문을 던지면서 너 자신을 위해 공부해야 한다고 말합니다. 이와는 달리 한동대는 "배워서 남 주자"고 말합니다. 왜 공부하고 왜 연습하고 왜 독서하고 왜 일하냐는 질문에 대해 한동대는 알고 배우고 익히고 벌어서 남 주자고 말합니다. 일하고 공부하고 노력하고 수고하고 부해지는 것들은 다 헛되지만, 타인을 사랑하고 섬기기 위해 그 모든 것들을 나누는 것은 결코 헛되지 않습니다. 사랑은 영원한 것입니다. 인간의 삶과 수고가 헛되어 미움의 대상이 되는 이유는 자신을 위한 부의 덧없는 저장과 축적에 있습니다. 예수님의 가르침을 보십시오. "너희를 위하여 보물을 땅에 쌓아 두지 말라 거기는 좀과 동록이 해하며 도둑이 구멍을 뚫고 도둑질 하느니라"(마6:19). 자신을 위하여 보물을 축적하면 이 땅에 쌓아 두는 것이며 그 보물은 좀과 동록과 도둑 때문에 상실할 가능성이 높습니다. 그러나 타인을 위하여 보물을 사용하면 하늘에 쌓아 두는 것이며 거기에는 좀과 동록과 도둑에 의한 상실이 없는 곳입니다.

공동체 안에서 각 개인은 언제나 나를 위하여 살지 않고 타인을 위한 돕는 배필의 사명을 가지고 있습니다. 남보다 더 가진 것은 모두 사명이며, 덜 가진 자에게 나누어야 할 책임이 있습니다. 돈이 더 많으면 가난한 사람에게 사명이 있으며, 지식이 더 많으면 무지한 사람에게 사명이 있으며, 사교성이 더 뛰어나면 외로운 사람에게 사명이 있으며, 지위가 더 높으면 지위가 낮은 사람에게 사명이 있으며, 언어에 더 탁월하면 말이 어눌한 사람에게 사명이 있으며, 분석력이 더 뛰어나면 분석이 둔한 사람에게 사명이 있으며, 판단력이 더 뛰어나면 판단력이 약한 사람에게 사명이 있으며, 건강이 더 좋으면 몸이 연역한 사람에게 사명이 있으며, 경험이 더 많으면 미숙한 사람에게 사명이 있습니다.

미국의 철강 왕 카네기의 교훈들을 몇 가지 보십시오. 1) 부자는 우연히 신에게서 재산을 관리하는 책임만을 부여 받은 자입니다. 2) 통장에 많은 돈을 남기고 죽는 사람처럼 치욕적인 인생은 없습니다. 3) 인생의 전반기는 부를 증대하기 위해 존재하고 인생의 후반기는 부를 나눠

주기 위해 있습니다. 4) 어떻게 하면 사회의 이익이 될까를 늘 고려하며 행동하는 것은 관리자의 의무입니다. 5) 모든 사람들이 무료로 이용할 수 있는 공공시설 마련은 부자들의 몫입니다. 부는 청년에게 있어서 화근이며 가난은 청년에게 있어서 행운입니다. 부가 있으면 청년이 노력하지 않고 사고하지 않고 창의력을 발휘하지 않는다고 카네기는 말합니다. 6) 끝으로 돈을 버는 것은 기술이나, 돈을 쓰는 것은 예술에 해당하는 것입니다. 이러한 가치관을 가지고 있는 사람과 그렇지 않은 사람의 삶은 판이하게 다릅니다. 세계적인 부자들 중에 워런 버핏은 자기 재산의 85%인 370억달러(42조)의 기부금을 냈습니다. 반면 베르나르 루이비통 경우에는 27조의 재산을 가졌지만 조세를 회피하기 위해 국적까지 옮기는 꼼수를 부립니다. 진정한 부자에 대해 세상과 구별된 바울의 교훈을 들어 보십시오. "네가 이 세대에서 부한 자들을 명하여 마음을 높이지 말고 정함이 없는 재물에 소망을 두지 말고 오직 우리에게 모든 것을 후히 주사 누리게 하시는 하나님께 두며 선을 행하고 선한 사업을 많이 하고 나누어 주기를 좋아하며 너그러운 자가 되게 하라"(딤전 6:17-18).

"사람이 해 아래에서 행하는 모든 수고와 마음에 애쓰는 것이 무슨 소득이 있으랴 일평생에 근심하며 수고하는 것이 슬픔 뿐이라 그의 마음이 밤에도 쉬지 못하나니 이것도 헛되도다"(2:22-23). 해 아래에서 일평생 애쓰며 근심하는 모든 일들의 소득은 오로지 고통과 절망 밖에 없다고 전도자는 말합니다. 고대에 밤이라는 것은 쉬고 안식을 취하는 시간을 뜻합니다. 그런데 일평생 수고하는 자의 마음은 밤에도 쉬지 못하기에 이것도 헛되다고 말합니다. 수고와 애씀이 고통과 절망과 헛됨으로 끝나지 않으려면 진정한 의미를 선택해야 하는데, 모든 것이 유의미할 수 있는 유일한 방법은 모두 하나님의 영광을 위해서 사용하는 것입니다. 물이나 공기나 일상적인 음식도 하나님의 영광을 위한 도구로 얼마든지 사용될 수 있습니다. 슬픔이 아니라 기쁨을, 헛됨이 아니라 가치를 생산하는 사용의 거듭남이 그리스도 안에서는 있습니다.

"사람이 먹고 마시며 수고하는 것보다 그의 마음을 더 기쁘게 하는 것은 없나니 내가 이것도 본즉 하나님의 손에서 나오는 것이로다"(2:24). 사람들이 마음으로 기뻐하는 것은 먹고 마시며 수고하는 것이라고 전도자는 말합니다. 그런데 그 모든 축복의 출처는 하나님의 손입니다. 모세는 말합니다. "네 하나님 여호와를 기억하라 그가 네게 재물 얻을 능력을 주셨음이라"(신8:18). 사도도 말합니다. "여러분에게 하늘로부터 비를 내리시며 결실기를 주시는 선한 일을 하사 음식과 기쁨으로 여러분의 마음에 만족하게 하셨느니라"(행 14:17). 먹고 마시고 수고하는 것 중에 주님께서 주시지 않은 것은 하나도 없습니다. 비록 이 땅에서 사는 동안 잠시 소유하는 것이지만 그것도 하나님의 손에서 나왔다는 사실을 전도자와 모세와 바울은 모두 강조하고 있습니다.

"아, 먹고 즐기는 일을 누가 나보다 더 해 보았으랴"(2:25). 전도자는 먹고 즐기는 일에 대해 누구보다 경험이 많다고 말합니다. 솔로몬의 하루치 음식을 보십시오. "솔로몬의 하루의 음식물은 가는 밀가루가 삼십 고르요 굵은 밀가루가 육십 고르요 살진 소가 열 마리요 초장의 소가 스무 마리요 양이 백 마리이며 그 외에 수사슴과 노루와 암사슴과 살진 새들이었더라"(왕상4:22-23). 즉 밀가루가 30석, 굵은 밀가루가 60석, 살진 소가 10마리, 초장의 소가 20마리, 양이 100마리, 그 외에도 수사슴과 노루와 암사슴과 살진 새들이 있습니다. 이는 14,000명의 장정이 먹을 식사에 해당하는 분량인데, 아마도 전도자는 날마다 수많은 손님을 초청해서 먹고 마셨을 것입니다.

"하나님은 그가 기뻐하시는 자에게는 지혜와 지식과 희락을 주시나 죄인에게는 노고를 주시고 그가 모아 쌓게 하사 하나님을 기뻐하는 자에게 그가 주게 하시지만 이것도 헛되어 바람을 잡는 것이로다"(2:26). 하나님을 기뻐하는 자에게는 하나님이 지혜와 지식과 희락을 주신다고 전도자는 말합니다. 그러나 죄인을 위해서는 부를 축적하는 노고를 주신다고 말합니다. 물론 죄인이 축적한 부는 하나님을 기뻐하는 자들에게 주어지기 위한 것이라는 대목에 부의 비결이 암시되어 있습니다. 즉 부의 비결은 하나님을 기쁘시게 하는 것입니다. 그러나 공짜를 너무 좋아하지 마십시오. 전도자는 죄인의 노고로 모이고 축적된 부가 하나님을 기뻐하는 자에게 주어지는 것도 헛되어 바람을 잡는 것이라는 냉혹

한 평가를 내립니다. 이 땅에서 부의 이동 자체는 아무런 의미가 없습니다. 그냥 관리자가 바뀌는 현상일 뿐입니다. 가치와 의미가 생성되는 것은 결코 아니기에 부의 이동 자체는 헛되고 무익한 것입니다. 부가 축적되는 방식이나 부를 소유하고 축적하는 것 자체는 가치를 생산하지 않지만, 하나님의 영광과 이웃 사랑을 위해 나누고 베풀면 가치와 의미가 생깁니다. 물론 가치와 의미의 끝자락에 하나님을 경외하고 그의 계명을 지키는 인간의 정체성 회복이 있습니다.

8강

영원을 사모하는 마음

전 3:1–11

1 범사에 기한이 있고 천하 만사가 다 때가 있나니 2 날 때가 있고 죽을
때가 있으며 심을 때가 있고 심은 것을 뽑을 때가 있으며 3 죽일 때가 있
고 치료할 때가 있으며 헐 때가 있고 세울 때가 있으며 4 울 때가 있고 웃
을 때가 있으며 슬퍼할 때가 있고 춤출 때가 있으며 5 돌을 던져 버릴 때
가 있고 돌을 거둘 때가 있으며 안을 때가 있고 안는 일을 멀리 할 때가
있으며 6 찾을 때가 있고 잃을 때가 있으며 지킬 때가 있고 버릴 때가 있
으며 7 찢을 때가 있고 꿰맬 때가 있으며 잠잠할 때가 있고 말할 때가 있
으며 8 사랑할 때가 있고 미워할 때가 있으며 전쟁할 때가 있고 평화할
때가 있느니라 9 일하는 자가 그의 수고로 말미암아 무슨 이익이 있으랴
10 하나님이 인생들에게 노고를 주사 애쓰게 하신 것을 내가 보았노라 11
하나님이 모든 것을 지으시되 때를 따라 아름답게 하셨고 또 사람들에
게는 영원을 사모하는 마음을 주셨느니라 그러나 하나님이 하시는 일의
시종을 사람으로 측량할 수 없게 하셨도다

"범사에 기한이 있고 천하 만사가 다 때가 있나니"(3:1). 시간은 무엇인가? 수많은 학자들이 탐구의 땀을 흘리며 개념을 찾으려고 했으나 의

견만 무성하고 정확한 개념은 아직도 찾지 못하고 있습니다. 시간은 알 것 같은데 막상 설명하려 하면 말문이 막히는 주제인 것 같습니다. 인류의 역사에서 가장 지혜로운 사람 전도자가 자신의 시간관을 소개하고 있습니다. "범사"라는 것은 "모든 일"을 가리키는 것이며, "기한"은 "정하여진 때"를 의미하고, "때"라는 것은 "적합한 시기"를 가리키는 말입니다. 사람들은 대체로 시간을 과거와 현재와 미래로 구분하는 경향이 있습니다. 이렇게 과거와 현재와 미래를 구분하는 근거는 변화가 있다는 사실에 있습니다. 변화에는 성장이 있고 낡음이 있고 썩음이 있고 이동이 있고 소멸이 있고 늙음이 있습니다. 만약 변화가 없다면 과거와 현재와 미래로 시간을 나누는 것은 무의미한 구분이 될 것입니다. 그런데 하나님은 불변적인 분이시기 때문에 시간 속에서가 아니라 영원 속에서 사는 분입니다. 교회의 역사적 기초를 확립한 아우구스티누스는 우리에게 존재하는 시간이 현재만 있다고 했습니다. 즉 과거의 현재, 현재의 현재, 미래의 현재가 있다고 말합니다. 다시 말하면 과거는 기억으로 현재가 되고, 미래는 소망으로 현재가 되고, 현재는 누림으로 현재가 된다고 말합니다. 이처럼 기독교의 시간관은 과거와 현재와 미래의 도식에 제한되지 않습니다. 예수님을 보십시오. "예수 그리스도는 어제나 오늘이나 영원토록 동일 하시니라"(히13:8). 어제나 오늘이나 영원토록 동일하신 주님의 속성 때문에 주께서 시간 속에 개입하신 모든 일들은 과거가 되지 않고 항상 의미로 남습니다. 우리의 삶은 하나님의 지속적인 개입과 섭리의 지문과 흔적으로 가득 차 있습니다. 우리의 삶의 모든 순간들은 다음 세대의 망각으로 소멸되지 않는 하나님의 섭리이며 개입이며 영원한 의미로 보존될 수 있습니다. 전도자의 시간관을 자세히 보십시오. 과거와 현재와 미래 개념보다 일어난 사건과 영원을 강조하고 있습니다. 사실 기독교의 진리는 비록 물리적인 과거의 시간에 발생한 일이라고 할지라도 살아있는 현재로 있습니다.

"날 때가 있고 죽을 때가 있으며 심을 때가 있고 심은 것을 뽑을 때가 있으며 죽일 때가 있고 치료할 때가 있으며 헐 때가 있고 세울 때가 있으며 울 때가 있고 웃을 때가 있으며 슬퍼할 때가 있고 춤출 때가 있으며 돌을 던져 버릴 때가 있고 돌을 거둘 때가 있으며 안을 때가 있고 안는 일을 멀리 할 때가 있으며 찾을 때가 있고 잃을 때가 있으며 지킬 때가 있고 버릴 때가 있으며 찢을 때가 있고 꿰맬 때가 있으며 잠잠할 때가 있고 말할 때가 있으며 사랑할 때가 있고 미워할 때가 있으며 전쟁할 때가 있고 평화할 때가 있느니라"(3:2-8). 인간이 살아가는 시간의 역사는 다양한 때들의 조합으로 구성되어 있습니다. 출생과 죽음, 심음과 뽑음, 죽임과 치유, 헐음과 세움, 울음과 웃음, 슬픔과 희락, 돌 던짐과 돌 거둠, 안음과 안지 않음, 찾음과 잃음, 지킴과 버림, 찢음과 꿰맴, 잠잠과 발언, 사랑과 미움, 전쟁과 평화라는 다양한 짝들, 긍정적인 부분과 부정적인 부분의 단짝들이 인생의 씨줄과 날줄을 이루고 있습니다. 사람들은 대체로 긍정적인 부분들을 좋아하고 추구하되 부정적인 부분들은 싫어하고 배척하는 경향이 있습니다. 그러나 부정적인 부분들도 인생을 구성하는 필수적인 요소이기 때문에 지혜롭게 맞이하는 것이 좋습니다. 인생에는 긍정적인 부분들이 차지하는 시기가 있지만 우리가 원하지 않더라도 부정적인 부분들이 당당히 차지하는 인생의 기한이 있습니다. 그러한 시기의 도래는 아무도 저항하지 못합니다. 긍정적인 부분이든 부정적인 부분이든 만사에는 하나님이 정하시고 그분만이 아시는, 누구도 관여하지 못하는 때와 기한이 있습니다. 우리가 싫어하고 거부해도 소용이 없습니다. 웃기만 하고, 세우기만 하고, 춤추기만 하고, 말하기만 하고, 사랑만 하고, 평화만 고집하고, 심기만 하고, 꿰매기만 하고, 안기만 하고, 돌을 거두기만 하고, 고치기만 하는 것은 인생이 아닙니다. 그것만을 추구하는 자는 편향적인 인생을 추구하는 것입니다. 이와는 달리 죽음과 뽑음과 헐음과 울음과 슬픔과 돌 던짐과 안지 않음과 잃음과 버림과 찢음과 잠잠과 미움과 전쟁을 부정하는 자는 인생의 절반을 내버리는 자입니다. 부정적인 사건들과 긍정적인 사건들이 빚어내는 인생의 절묘한 화음에 귀를 기울여 보십시오. 이는 사람의 인위적인 음악이 아닙니다. 다채로운 색상으로 이루어진 한 사람의 인생을 보노라면, 마치 신의 위대한 지휘를 따라 이루어진 하나의 명곡을 감상하는 듯합니다. 하나의 민족도, 하나의 세대도, 온 인류의 역사도 신이 연주하는 거대한 교향곡이 아닌가 싶습니다.

"일하는 자가 그의 수고로 말미암아 무슨 이익이 있으랴"(3:9). 인생의 모든 시기를 경험한 전도자가 내린 평가를 보십시오. 탄생의 기쁨도 죽음의 슬픔으로 사라지고, 희망으로 심지만 절망으로 뽑으며, 치료의 희락도 죽음의 아픔으로 대체되고, 세우는 설렘도 허무는 허망함이 대체하고, 웃다가 곧장 울게 되며, 춤을 추다가 슬픔에 젖으며, 돌을 거두어 들이다가 내던지게 되고, 안아줄 때가 있고 곧장 품에서 밀어내고, 찾았다는 즐거움이 잃음의 때로 이어지고, 지킬 때가 있지만 곧 버리게 되며, 꿰매지만 찢을 때가 찾아오며, 많은 말을 하다가도 침묵해야 되고, 사랑에 빠져 있다가도 미움으로 돌변하며, 막대한 대가를 지불하고 평화를 이룩해도 전쟁의 때가 찾아오는 인생과 민족과 세계를 보십시오. 이 모든 것들이 무슨 유익이 있다는 말인가요? 인생의 조화로운 구성, 비록 하나님의 지문이 묻어 있지만 그 자체로는 해 아래에서 아무런 유익이 없다고 전도자는 평합니다.

"하나님이 인생들에게 노고를 주사 애쓰게 하신 것을 내가 보았노라"(3:10). 인간의 삶이라는 것은 하나님이 모든 인생에게 노고를 주사 애쓰게 하신 것입니다. 언뜻 보면, 인간의 애씀은 무의미해 보이고 신의 고약한 심술처럼 보입니다. 그러나 우리에게 괴로움과 허무함을 주려는 목적으로 애쓰는 인생을 허락하신 것이 아닙니다. 모든 사람은 하나님의 정하신 때를 따라 가장 적합한 유년기, 청소년기, 장년기, 노년기를 지납니다. 이러한 시간 속에서의 삶은 그 자체가 목적이 아니라 궁극적인 목적에 이르는 과정일 뿐입니다. 인간 편에서는 무슨 유익이 있느냐고 전도자는 말하지만, 하나님 편에서는 무의미한 시간이 없습니다. 시간은 마치 생물과 같습니다. 우연의 연속도 아니고 광자의 흐름도 아니고 변화의 과정도 아닙니다. 시간은 하나님이 만드셨고, 지금도 하나님은 그 시간을 나누시고 다스리고 주관하고 계십니다. 만물과 만사는 하나님이 정하신 시간, 기한, 시점을 거스를 수 없고 벗어날 수 없습니다. "그의 날을 정하셨고 그의 달 수도 주께 있으므로 그의 규례를 정하여 넘어가지 못하게 하셨도다"(욥14:5). 시간에 대한 하나님의 이러한 섭리에는 목적이 있습니다. 바울이 언급한 것처럼 "사람으로 혹 하나님을 더듬어 찾아 발견하게 하려"(행17:27) 함입니다. 시간은 타인에게 양도하지 못하고 타인의 것을 내 것으로 취하지도 못하는 기이한 것입니다. 우리는 시간 속에서 살지만 시간을 통제하고 지배하지 못하고 오히려 떠밀려 살아가는 자입니다. 그러나 하나님은 시간을 지배하는 분입니다. 창조하고 계획하고 운영하고 움직이는 분입니다. 시간은 인간으로 하여금 하나님을 발견하게 하는 목적으로 운용되고 있습니다. 즉 시간도 계시의 도구라고 바울은 말합니다. 우리는 인생의 부정적인 시기와 긍정적인 시기 모두에서 하나님을 찾아야 한다는 결론에 이릅니다.

"하나님이 모든 것을 지으시되 때를 따라 아름답게 만드셨고 또 사람들에게는 영원을 사모하는 마음을 주셨느니라 그러나 하나님이 하시는 일의 시종을 사람으로 측량할 수 없게 하셨도다"(3:11). 하나님은 모든 존재들을 지으시고 사건들을 이끄시되 때를 따라 아름답게 하셨다고 전도자는 말합니다. 어떠한 존재도 불필요한 존재가 없으며 모든 존재가 하나님의 아름다운 섭리에 한 부분으로 참여하고, 어떠한 사건도 불필요한 사건이 없으며 역사의 모든 일들이 하나님이 이끄시는 아름다운 섭리의 한 조각을 이루고 있습니다. 모든 사물과 사건과 때와 상황을 하나님의 아름다운 섭리에 참여하는 하나의 필수적인 과정으로 보아도 무방할 것입니다. 우리가 좋아하든 싫어하든, 우리가 의도했든 의도하지 않았든 모든 것들이 하나님의 눈에는 각각의 때에 가장 아름답게 보입니다. 하나님의 섭리 속에서 만들어진 존재들과 펼쳐지는 사건들을 우리는 기쁨으로 향유하는 것이 좋습니다. 이는 우리가 존재와 사건의 어떠한 것을 향유해야 한다는 말일까요? 우리가 누리며 사모해야 하는 대상은 시간 자체가 아니고 사건 자체가 아닙니다. 모든 시간 속에서 우리는 우리의 마음에 두신 영원과 상응하는 것을 찾고 향유해야 한다는 말입니다. "영원을 사모하는 마음"의 히브리어 직역은 "영원을 사람들의 마음에 두셨다"는 것입니다. 모든 상황 속에서 영원하신 하나님을 사모하며 그를 주목하여 보십시오.

"하나님이 하시는 일의 시종을 사람으로 측량할 수 없게 하셨도다." 하나님은 우리로 하여금 자신이 행하는 일의 처음과 나중을 알지 못하게 하셨다고 전도자는 말합니다. 하나님은 자신의 행하시는 일을 스스로 감추셔서 인간으로 시종을 알지 못하게 하십니다. 하나님은 흔적과 지문을 남기지 않으시고 일하시는 분입니다. 이는 우리가 살아가는 현재의 진정한 얼굴을 우리로 파악하지 못하게 하셨다는 뜻입니다. 이것은 "유식한 무지"(docta ignorantia)로서 결코 나쁘지 않습니다. 오직 하나님 자신만을 바라보고 사모하게 만드는 섭리의 장치이기 때문입니다. 하나님이 행하시는 일들을 우리가 다 이해하지 못하지만 하나님을 갈망하고 주목하면 이상하게 그 의미가 읽힙니다.

하나님이 하시는 일의 처음과 나중을 사람으로 측량할 수 없게 하신 이유를 아십니까? 그것은 바로 우리가 하나님의 때와 기한을 몰라도 되는 일들, 때와 무관하게 무시로 범사에 행해야 할 일들을 알고 행하라는 주님의 뜻입니다. 하나님이 행하시는 일의 처음과 나중을 사람으로 측량할 수 없게 하셨다면 모르는 것이 아는 것보다 더 좋습니다. 하나님이 알게 하신 것에 눈길과 관심을 돌리면 되는 것입니다. 때와 기한에 대해서는 신경을 끄시고 범사에 무시로 해야 하는 일들을 생각해 보십시오. 일의 시종을 가리신 하나님은 우리로 하여금 범사에 하나님을 인정하고(잠3:6), 범사에 주님께 감사하고(엡5:20, 살전5:18), 범사에 하나님을 기뻐하고(빌4:4), 범사에 하나님을 생각하고(딤후2:7), 범사에 모든 사람에게 온유하고(딛3:2), 범사에 하나님을 섬기고(행23:1), 범사에 하나님을 기쁘시게 하고(골1:10), 범사에 복음을 전파하고(딤후4:2), 범사에 인내할 것(고전9:12)을 권하고 계십니다.

9강

전도자의 역사관

전 3:12-15

[12] 사람들이 사는 동안에 기뻐하며 선을 행하는 것보다 더 나은 것이 없
는 줄을 내가 알았고 [13] 사람마다 먹고 마시는 것과 수고함으로 낙을 누
리는 그것이 하나님의 선물인 줄도 또한 알았도다 [14] 하나님께서 행하시
는 모든 것은 영원히 있을 것이라 그 위에 더 할 수도 없고 그것에서 덜
할 수도 없나니 하나님이 이같이 행하심은 사람들이 그의 앞에서 경외
하게 하려 하심인 줄을 내가 알았도다 [15] 이제 있는 것이 옛적에 있었고
장래에 있을 것도 옛적에 있었나니 하나님은 이미 지난 것을 다시 찾으
시느니라

하나님은 인간을 당신의 형상대로 만드시고 심히 좋았다고 평가하신 후 최초의 명령을 내리시며 복을 주십니다. 인간에게 주어진 하나님의 복은 우리가 생육하고 번성하여 땅에 충만하고 땅을 다스리고 정복하는 것입니다. 인간이 복을 누리는 것은 태초부터 하나님이 의도하신 것입니다. 복을 누린다는 것의 다른 표현은 즐긴다는 것입니다. 전도자가 인생에서 가장 좋은 것이라고 분류한 두 가지의 복은 다음과 같습니

다. “사람들이 사는 동안에 기뻐하며 선을 행하는 것보다 더 나은 것이 없는 줄을 내가 알았고 사람마다 먹고 마시는 것과 수고함으로 낙을 누리는 그것이 하나님의 선물인 줄도 또한 알았도다”(전3:12-13). 첫번째의 복은 먹고 마시는 것을 즐기는 것이고 두번째의 복은 선을 행하는 것입니다. 이 두 가지는 모두 하나님이 주신 것입니다.

첫번째의 복인 양식과 음료의 즐김은 하나님의 선물이기 때문에 마음껏 누리시기 바랍니다. 태초부터 하나님은 에덴동산 중앙에 있는 선악을 알게 하는 나무의 열매 외에는 모든 열매를 따먹으며 즐기게 했습니다. 그러나 세상 사람들은 대체로 이 세상에 잠시 있다가 썩어 없어지는 것들을 즐김의 대상으로 삼습니다. 이것도 안타까운 일인데 더더욱 안타까운 것은 복을 소유하고 있더라도 즐기지는 못하는 분들이 있다는 것입니다. 복은 보관이 아니라 즐겨야 복입니다. 어떠한 것이든 즐김의 경지로 들어가는 사람이 지혜로운 자입니다.

해 아래에서 땅의 것들을 즐기는 사람들은 주님께서 우리에게 즐기라고 허락하신 복의 궁극적인 의미를 잘 모릅니다. 그래서 즐김의 항목도 제한되어 있습니다. 즐김이 주로 형통과 성공과 승진과 합격에 국한되어 있습니다. 그러나 자연의 즐김이 비유일 뿐이라고 생각하고 하나님을 궁극적인 즐김의 대상으로 여기는 믿음의 사람들은 범사에 하나님을 즐거워할 수 있습니다. 심지어 고난을 당할 때에도 하나님을 즐깁니다. 애매히 고난을 받아도 하나님을 생각하며 슬픔을 참으면 이는 아름다운 것입니다(벧전2:19). 하나님의 어떠한 것을 생각해야 고난도 즐김의 대상으로 분류할 수 있을까요? "고난 당한 것이 내게 유익이라 이로 말미암아 내가 주의 율례들을 배우게 되었도다"(시119:71). 고난을 주의 율례 깨닫는 계기로 삼는 사람은 고난조차 즐기는 자입니다.

비방을 당할 때에도 모함을 당할 때에도 부당한 대우를 받을 때에도 걱정하지 마시고 즐기시기 바랍니다. 많은 분들이 때때로 부당함과 억울함을 당합니다. "까닭 없이 나를 미워하는 자가 나의 머리털보다 많고 부당하게 나의 원수가 되어 나를 끊으려 하는 자가 강하였으니 내가 빼앗지 아니한 것도 물어 주게 되었나이다"(시69:4). 시인은 이유도 없이 미워하는 사람들이 머리털의 수효보다 많다고 말합니다. 자신이 빼앗지도 않은 것을 물어 주는 억울함도 당합니다. 그런데도 시인은 이것을 이렇게 즐깁니다. "하나님이여 주는 나의 우매함을 아시오니 나의 죄가 주 앞에서 숨김이 없나이다 주 만군의 여호와여 주를 바라는 자들이 나를 인하여 수치를 당하게 하지 마옵소서"(시69:5-6). 자신의 우매함과 죄악을 발견하고 돌이키는 계기로 삼습니다. 주를 사모하는 자들에게 수치가 임하지 않기를 바라고 있습니다. 자신의 발등에 불이 떨어져 있는데도 오히려 타인을 염려하고 있습니다.

여러분도 시인처럼 원수조차 즐김의 대상으로 삼으시기 바랍니다.

다윗은 "내 원수가 종일 나를 삼키려 하며 나를 교만하게 치는 자들이 많다"고 하나님께 말합니다(시56:2). 동시에 다윗은 "내가 두려운 날에는 내가 주를 의지할 것이라"는 기도를 올립니다(시56:3). 그는 지금 원수들이 창궐하고 사방으로 우겨싸는 상황을 전적인 하나님 의지와 신뢰의 계기로 삼습니다. 이것이 바로 원수도 즐김의 대상으로 삼는 것입니다. 원수에 대해 예수님은 우리에게 심지어 "너희 원수를 사랑하며 너희를 미워하는 자를 선대하며 너희를 저주하는 자를 위하여 축복하며 너희를 모욕하는 자를 위하여 기도하라 너의 이 뺨을 치는 자에게 저 뺨도 돌려대며 네 겉옷을 빼앗는 자에게 속옷도 거절하지 말라"(눅6:27-29)고 하십니다. 왜 이런 말씀을 하십니까? "이같이 한즉 하늘에 계신 너희 아버지의 아들이 되기"(마5:45) 때문입니다. 사실 독생자 예수는 원수였던 우리를 원수였을 때에 자신의 목숨까지 내어주신 사랑을 우리에게 보이시고 경험하게 하신 분입니다.

전도자가 말하는 세상 사람들의 누림은 땅에서 썩어 없어지는 것들에 대한 것입니다. 그러나 땅의 변동적인 것들이 누림의 직접적인 대상이 되면 온전한 누림을 얻지 못합니다. 땅에서 누리는 모든 것들이 그 자체로는 배설물로 돌아가고 배설물만 남깁니다. 그래서 세상에 있는 것들을 즐김의 대상으로 삼으면 마음이 공허하고 허탈해 질 수밖에 없습니다. 이 세상의 모든 것들은 즐김의 궁극적인 대상이 아닙니다. 즐김의 사용적인 대상일 뿐입니다. 모든 만물은 하나님의 보이지 않는 신성과 능력을 나타내고 있습니다. 만물은 궁극적인 누림과 즐김의 대상이신 하나님을 가리키는 비유이며 도구일 뿐입니다.

전도자가 제시한 유일한 복들 중에 두번째의 복은 선을 생산하는 것입니다. 여기에서 선이라는 말은 하나님 앞에서의 선이 아닙니다. 사람들 사이에서 타인에게 덕을 끼치는 정도의 인간적인 선을 가리키는 말입니다. 신체적, 경제적, 사회적, 문화적 도움을 제공하는 것이 인간문맥 안에서는 높은 평가를 받는 일반적인 선입니다. 선을 행한다는 것은 언제나 행위자의 신체적, 경제적, 사회적, 문화적 손해가 수반되는 일입니다. 그럼에도 불구하고 이러한 선을 행하는 것이 복이라는 것은 하나님이 정하신 것입니다. 하나님은 각 사람의 행위대로 갚으시되 "선을 행하는 각 사람에게 영광과 존귀와 평강"을 주십니다(롬2:10). 그래서 복입니다. 진정한 복은 우리의 선행에 있지 않고 그것에 대한 하나님의 갚으심에 있습니다. 나아가 선을 행하는 자에게는 인자와 진리가 있을 것이라고 지혜자는 말합니다. "선을 도모하는 자에게는 인자와 진리가 있으리라"(잠14:22). 인자와 진리는 하나님의 성품인데, 선을 도모하면 그것이 주어지는 복을 받습니다. 하나님의 성품을 본받는 것보다 더 큰 복은 없습니다.

지혜자는 다른 곳에서 "흩어 구제해도 더욱 부하게 되는 일이 있고 과도히 아껴도 가난하게 될 뿐이니라 구제를 좋아하는 자는 풍족해질 것이요 남을 윤택하게 하는 자는 자기도 윤택하여 지리라"고 말합니다(잠11:24-25). 이 말씀에도 선행을 복으로 만드시는 하나님의 구체적인 방법이 잘 묘사되어 있습니다. 이 세상에서 선을 행하면 이 세상이 보답하기 때문에 부하고 윤택하게 되는 게 아닙니다. 땅에서 무슨 보상을 기대하지 마십시오. 기대할 만큼 괜찮은 것이 이 땅에는 없습니다. 진정한 부와 윤택의 보상은 위로부터 하나님의 보답에 의해 주어지는 것입니다. 이러한 하나님의 공의로운 갚으심은 헬라인과 유대인 사이에 차별이 없습니다. 그래서 선행은 모든 사람에게 복입니다.

주의해야 할 것은 선행과 복 사이에 약간의 시차가 발생할 수 있다는 것입니다. 그래서 선을 행하다가 실망하는 경우가 종종 있습니다. 그러나 바울의 권면처럼 실망하지 마시고 선행을 포기하지 마십시오. "우리가 선을 행하되 낙심하지 말지니 포기하지 아니하면 때가 이르매 거두리라"(갈6:9). 그리고 선행을 미루지 마십시오. 지혜자는 우리에게 "네 손이 선을 베풀 힘이 있거든 마땅히 받을 자에게 베풀기를 아끼지 말며 네게 있거든 이웃에게 이르기를 갔다가 다시 오라 내일 주겠노라 하지 말라"고 말합니다(잠3:27-28). 선행은 언제나 즉시 온전히 기쁘게 실천하는 것이 가장 좋습니다.

그리고 선행에는 주의해야 할 이면이 있습니다. 선행은 분명히 모든 사람에게 복이지만 누구든지 "선을 행할 줄 알고도 행하지 아니하면 죄"라는 것입니다(약4:17). 선을 행하면 복이지만 선을 행하지 않으면 선의 부재로 끝나지 않고 죄가 그 빈자리를 채운다는 것입니다. 예수님은 안식일에 선을 행하는 문제와 관련하여 다음과 같은 언급을 하십니다. "안식일에 선을 행하는 것과 악을 행하는 것, 생명을 구하는 것과 죽이는 것, 어느 것이 옳으냐"(막3:4). 예수님은 여기에서 선을 행하지 않는 것과 악을 행하는 것, 생명을 구하지 않는 것과 죽이는 것을 동일시 하고 계십니다. 선과 악 사이에는 비무장 지대가 없습니다. 모든 사람들은 선을 행하느냐, 죄를 짓느냐의 기로에 서 있습니다. 중립적인 입장은 없습니다.

선을 행하는 것이 복이지만 존재의 선한 됨됨이가 선행하지 않은 그저 행위적인 선은 진정한 의미의 선행이 아닙니다. 시인은 주님에 대해 이렇게 고백하고 있습니다. "주는 선하사 선을 행하시니"(시119:68). 자신이 선하지 않으면서 선을 행하는 것은 위선이요 가식일 가능성이 높습니다. 주님처럼 선한 자가 선을 행해야 참된 선입니다. 진정한 선행의 성경적인 공식은 다음과 같습니다. "선한 사람은 마음에 쌓은 선에서 선을 내고 악한 자는 그 쌓은 악에서 악을 내나니"(눅6:45). 인격이 선해야 행위가 선합니다. 인격의 선함을 생략한 행위의 선함은 없습니다. 만약 있다면 그것은 가증하고 위선적인 선입니다. 다른 덕들처럼 선행에 있어서도 존재가 먼저이고 행위는 뒤따르는 것입니다.

이제 14절을 보십시오. 전도자는 하나님의 모든 일들은 영원히 있을 것이라고 말합니다. "하나님이 행하시는 모든 것은 영원히 있을 것이라 그 위에 더 할 수도 없고 그것에서 덜 할 수도 없나니"(전3:14). 인간은 하나님의 행하시는 일들을 바꿀 수 있는 변수가 아닙니다. 즉 사람들의 인위적인 개입과 조작으로 더하거나 감하지 못한다는 것입니다. 이 땅의 어떠한 것도 하나님의 정하심과 경영을 임의로 주무를 수 없습니다. 선지자 이사야도 하나님의 행하시는 모든 일들에 대해 이렇게 기록하고 있습니다. "만군의 여호와가 맹세하여 이르시되 내가 생각한 것이 반드시 되며 내가 경영한 것을 반드시 이루리라...이것이 온 세계를 향하여 정한 경영이며 이것이 열방을 향하여 편 손이라 하셨나니 만군의 여호와가 경영하신 그것을 누가 능히 폐하며 그의 손을 펴셨은즉 누가 능히 그것을 돌이키랴"(사14:24, 26-27).

뒷부분에 가면 이런 기록도 나옵니다. "너희는 옛적 일을 기억하라 나는 하나님이라 나 외에 다른 이가 없느니라 나는 하나님이라 나 같은 이가 없느니라 내가 시초부터 종말을 알리며 아직 이루지 아니한 일을 옛적부터 보이고 이르기를 나의 뜻이 설 것이니 내가 나의 모든 기뻐하는 것을 이루리라 하였노라 내가 동쪽에서 사나운 날짐승을 부르며 먼 나라에서 나의 뜻을 이룰 사람을 부를 것이라 내가 말하였은즉 반드시 이룰 것이요 계획하였은즉 반드시 시행하리라"(사46:9-11). 하나님은 스스로 계십니다. 스스로 뜻을 세우시고 그 뜻을 스스로 이루시는 분입니다. 하나님의 행하시는 모든 일에는 가감이 있을 수 없습니다. 그렇다면 하나님의 행하시는 모든 일들을 인간이 변경할 수 없도록 정하신 이유는 무엇일까요?

"하나님이 이같이 행하심은 사람들이 그의 앞에서 경외하게 하려 하심인 줄을 내가 알았도다"(전3:14). 그 이유는 바로 사람들로 하여금 하나님 앞에서 경외하게 하려는 것입니다. 이 세상에서 존재하는 만물과 일어나는 모든 일들은 우리로 하여금 하나님을 경외하게 하려는 하나님의 섭리라는 것입니다. 인류의 모든 역사는 바로 하나님의 섭리와 여호와 경외라는 틀로 이해될 수 있습니다. 전도자의 이 놀라운 역사관은 이 세상의 어떠한 석학에 의해서도 제시된 적이 없습니다. 역사의 모든 순간들이 도도하게 흘러가고 있는 방향과 목적은 여호와 경외라는 것입니다. 전쟁과 기근과 적신과 분쟁과 살인과 학살과 폭력과 비방과 저주와 거짓과 악독과 불법이 모든 시대에 난무하는 것도 여호와 경외라는 역사의 본질적인 목적과 무관하지 않습니다.

뒤집어서 생각해 보십시오. 전도자의 역사관에 의하면, 역사의 올바른 의미를 이해하기 위해서는 인간으로 하여금 하나님을 경외하게 하시려는 하나님의 의도에 초점을 맞추어야 한다는 것입니다. 여호와 경외로 마음의 방향을 설정하면 역사가 제대로 보이고 읽힙니다.

하나님의 섭리가 한 순간도 중단되지 않는 역사의 한 토막을 살아가는 우리는 '여호와 경외'라는 섭리의 결을 따라서 삶의 모든 순간마다 하나님을 어떻게 경외할 것인지에 몰입하는 것이 최고의 인생일 것입니다. 하나님의 섭리가, 역사의 물줄기가, 여호와 경외를 지향하기 때문에 범사에 여호와 경외를 깨닫기 위해 두드리고 찾고 구하는 우리가 되기를 바랍니다. 목숨과 마음과 뜻과 힘을 다하여서 구하되 이 땅에서의 어떠한 보배보다 더 절박하게 구하시기 바랍니다. 그렇게 해서 얻은 지혜와 지식과 명철의 진정한 가치는 하나님을 아는 지식과 여호와 경외에서 구현될 것입니다. 최고의 인생은 진실로 여호와 경외를 추구하는 삶입니다.

전도자는 계속 말합니다. "이제 있는 것이 옛적에 있었고 장래에 있을 것도 옛적에 있었나니 하나님은 이미 지난 것을 다시 찾으시느니라"(전3:15). 해 아래에는 새로운 것이 없습니다. 과거에 있었던 것이 지금도 있고 장래에도 있을 것입니다. 동일한 것이 이렇게 변함이 없이 유수한 세월 속에서 반복되어 나타나는 것은 "하나님이 이미 지난 것을 다시 찾으시기" 때문입니다. 하나님의 행하시는 모든 일들이 인간에 의해 가감되지 않기 때문에 그런 것입니다. 영원하신 하나님의 행하시는 일들은 덧없는 시간 속에 흘러가지 않습니다. 영원토록 보존될 것입니다. 그래서 과거에도 있었고 지금도 있고 장래에도 있을 것입니다.

하나님의 행하시는 일들 중에서 몇 가지만 살펴 보아도 알 수 있습니다. 바울의 기록을 보십시오. "너희가 육신대로 살면 반드시 죽을 것이로되 영으로써 몸의 행실을 죽이면 살리니"(롬8:13). 우리가 육신대로 살면 반드시 죽습니다. 그러나 영으로써 몸의 행실을 죽이면 살 것입니다. 이것은 하나님이 정하신 질서이며 하나님이 친히 행하시는 일입니다. 그래서 과거와 현재와 미래의 모든 순간마다 이 일이 반복되고 있습니다. 육신대로 살았어도 사는 경우는 없고, 영으로써 몸의 행실을 죽였어도 죽는 경우는 없습니다. 영과 육신을 따라 행하는 일에 대해 정하신 하나님의 뜻은 시간에 따라 바뀌지 않습니다. 이 세상의 어떠한 석학이나 권력자도 변경할 수 없습니다. 베드로의 기록을 보십시오. "하나님은 교만한 자를 대적하시되 겸손한 자들에게는 은혜를 주시느니라"(벧전5:5). 하나님은 시간과 장소를 불문하고 교만한 자를 대적하고 겸손한 자에게는 은혜를 주십니다. 누구도 하나님의 이러한 정하심을 변경하지 못합니다. 피조물이 변경할 수 없기 때문에 하나님을 경외할 수밖에 없습니다.

시편에는 이러한 말씀이 나옵니다. "진실로 악을 행하는 자들은 끊어질 것이나 여호와를 소망하는 자들은 땅을 차지하리로다"(시37:9). 행악자는 끊어지고 하나님을 소망하는 자들은 땅을 차지할 것입니다. 하나님을 소망하는 자에게는 사람들이 몰립니다. 다양한 영역에 영향력을 미칩니다. 그런 방식으로 땅을 차지할 것입니다. 과거에도, 지금도, 앞으로도 그러할 것입니다. 잠언도 보십시오. "악을 행하는 자는 사악한 입술이 하는 말을 잘 듣고 거짓말을 하는 자는 악한 혀가 하는 말에 귀를 기울이느니라"(잠17:4). 예나 지금이나 악을 행하는 자는 사악한 입술의 말을 자신의 귀에 담습니다. 거짓말을 하는 자는 악인의 말에 의식이 쏠립니다. 왜 그럴까요? 하나님이 그렇게 정하신 것입니다. 그렇게 섭리하고 계시기 때문에 그런 것입니다. 과거에도 그러했고 지금도 그러하고 앞으로도 그럴 것입니다.

세상의 모든 만물과 사건은 모두 사람들로 하여금 하나님을 경외하게 하시려는 하나님의 의도적인 다스림을 받고 있습니다. 모든 것이 그런 역사의 흐름을 따라 존재하고 발생하기 때문에 여호와 경외에 초점을 맞추어야 역사의 의미가 풀립니다. 그리고 역사의 한 토막을 살아가는 우리는 역사의 방향과 목적인 여호와 경외를 추구하되 마음과 뜻과 목숨과 힘을 더하여 이 땅의 어떠한 최상급 보화보다 더 절박하게 추구해야 합니다. 역사의 흐름과 우리의 노력이 여호와 경외함을 추구하는 이유는 그것이 우리에게 최고의 복이기 때문입니다. 인간이 인간답게 되고 인간답게 살아감의 여부가 바로 여호와 경외함에 달려 있기 때문입니다.

역사의 핸들을 붙잡고 계신 하나님이 우리에게 최고의 복을 주시고 싶으셔서 우리로 하여금 그를 경외할 수 있도록 역사를 이끌어 가십니다. 전도자도 이러한 사실을 알고 여호와 경외라는 전도서의 결론으로 우리를 서서히 인도하고 있습니다. 모든 만물과 역사가 동일하신 하나님의 섭리 아래에서 여호와 경외의 성취에 동원되고 있습니다. 하늘과 땅의 모든 것들이 이 섭리의 심포니를 연주하는 오케스트라의 단원으로 동참하고 있습니다.

10강

인간과 짐승

전 3:16-22

[16] 또 내가 해 아래에서 보건대 재판하는 곳 거기에도 악이 있고 정의를
행하는 곳 거기에도 악이 있도다 [17] 내가 내 마음속으로 이르기를 의인
과 악인을 하나님이 심판하시리니 이는 모든 소망하는 일과 모든 행사
에 때가 있음이라 하였으며 [18] 내가 내 마음속으로 이르기를 인생들의
일에 대하여 하나님이 그들을 시험하시리니 그들이 자기가 짐승과 다름
이 없는 줄을 깨닫게 하려 하심이라 하였노라 [19] 인생이 당하는 일을 짐
승도 당하나니 그들이 당하는 일이 일반이라 다 동일한 호흡이 있어서
짐승이 죽음 같이 사람도 죽으니 사람이 짐승보다 뛰어남이 없음은 모
든 것이 헛됨이로다 [20] 다 흙으로 말미암았으므로 다 흙으로 돌아가나니
다 한 곳으로 가거니와 [21] 인생들의 혼은 위로 올라가고 짐승의 혼은 아
래 곧 땅으로 내려가는 줄을 누가 알랴 [22] 그러므로 나는 사람이 자기 일
에 즐거워하는 것보다 더 나은 것이 없음을 보았나니 이는 그것이 그의
몫이기 때문이라 아, 그의 뒤에 일어날 일이 무엇인지를 보게 하려고 그
를 도로 데리고 올 자가 누구이랴

성경은 신적인 관점에서 인간의 본성과 실상을 있는 그대로 거울처

럼 보여주고 있습니다. 개인의 인생만이 아니라 사회와 국가와 자연의 실재를 하나님의 눈으로 보기를 원한다면 성경을 보십시오. 세상을 보는 객관적인 눈이 생깁니다. 특별히 전도자는 본문에서 공의를 구현해야 하는 재판소가 악의 소굴이 되었다는 사실과, 인간과 짐승이 다르지가 않지만 마지막 순간에 인간의 혼은 하늘로 가고 짐승의 혼은 땅으로 간다는 차이점을 언급하고 있습니다.

먼저 전도자는 "해 아래에서 보건대 재판하는 곳 거기에도 악이 있다"(3:16)고 말합니다. 재판소는 이 세상에서 최고의 정의가 세워져야 하는 곳입니다. 그러나 전도자는 정의가 있어야 할 그곳에 악이 있다고 말합니다. 재판의 정의는 좌로나 우로나 치우치지 않는 공정함에 있습니다. 악은 그런 공정함이 파괴되는 것입니다. 모든 나라의 안타까운 현실은 인간 재판관들 중에 좌로나 우로나 치우치지 않은 재판관이 하나도 없다는 것입니다. 그래서 시인은 모든 사람들이 "다 치우쳐 함께 더러운 자가 되고 선을 행하는 자가 없으니 하나도 없도다"고 말합니다(시14:3).

엄밀한 의미에서 본다면 인간에겐 재판관의 자격이 없습니다. "재판은 하나님께 속한 것인즉 너희는 재판할 때에 외모를 보지 말고 귀천을 차별 없이 듣고 사람의 낯을 두려워하지 말 것이며 스스로 결단하기 어려운 일이 있거든 내게로 돌리라 내가 들으리라"(신1:17). 모세의 지적처럼, "재판은 하나님께 속한 것"입니다. 그래서 시인은 이렇게 말합니다. "하나님은 의로우신 재판장이심이여 매일 분노하시는 하나님이시로다"(시7:11). 야고보의 생각도 같습니다. "입법자와 재판관은 오직 한 분이시니 능히 구원하기도 하시며 멸하기도 하시느니라 너는 누구이기에 이웃을 판단하느냐"(약4:12).

인간 재판관은 하나님의 재판을 훼손하지 않고 하나님의 정의를 대리로 집행하는 자입니다. "나로 말미암아 재상과 존귀한 자 곧 모든 의로운 재판관들이 다스리느니라"(잠8:16). 하나님의 지혜가 없는 재판관은 의로운 재판관이 될 수 없습니다. 하나님의 의로운 재판을 수행하기 위해서는 "재판할 때에 외모를 보지 말고 귀천을 차별없이 듣고 사람의 낯을 두려워하지 말 것이며 스스로 결단하기 어려운 일이 있거든" 주님께로 가져와 판결의 지혜를 구해야 한다고 모세는 말합니다.

그리고 하나님의 재판을 수행하는 재판관은 재판의 목적을 망각하지 말아야 한다고 말합니다. "재판관들에게 이르되 너희가 재판하는 것이 사람을 위하여 할 것인지 여호와를 위하여 할 것인지를 잘 살피라"(대하19:6). 재판의 목적에 대해 생각해 본 적이 있습니까? 이런 질문을 사람들은 별로 물어보지 않습니다. 하나님께 속한 재판은 사람을 위하지 않고 하나님을 위한 것입니다. 재판의 목적은 하나님의 공의와 정직을 구현되고 드러내는 것에 있습니다. 재판을 통해 하나님의 성품이 드러나는 것은 이 세상에 최고의 복을 제공하는 일입니다. 재판이 하나님을 위할 때에 비로소 모든 사람에게 가장 공정한 재판이 내려질 수 있습니다. 사람을 위하는 순간 편파적인 판결은 불가피한 일입니다.

물론 시인의 고백처럼, 하나님은 "고아의 아버지"와 "과부의 재판장"이 되십니다(시68:5). 그러나 이 말은 하나님이 약자들을 두둔하기 위해 편파적인 판결을 내리는 분이라는 의미가 아닙니다. 하나님은 약자들이 약하다는 이유로 불공정한 판결의 희생물이 되지 않도록 지키시는 분이라는 뜻입니다. 모세는 이렇게 기록하고 있습니다. "객이나 고아나 과부의 송사를 억울하게 하는 자는 저주를 받을 것이라 할 것이요 모든 백성은 아멘 할지니라"(신27:19). 공의의 하나님은 강함이나 약함 때문에, 부함이나 가난함 때문에 재판을 굽게 하시는 분이 아닙니다.

지혜자는 말합니다. "재판할 때에 낯을 보아 주는 것이 옳지 못하니라"(잠24:23). 강하든 약하든 부하든 가난하든 사람들의 상태는 재판의 기준이 아닙니다. 의로운 재판의 생명은 공의의 확보에 있습니다. "너희는 재판할 때에 불의를 행하지 말며 가난한 자의 편을 들지 말며 세력 있는 자라고 두둔하지 말고 공의로 사람을 재판하라"(레19:15). 즉 가난한 사람들을 가난하기 때문에 편들지 말고 권세자를 권세 때문에 두둔하지 말라는 것입니다. 하나님의 뜻보다 더 공의로운 것은 없습니다. 그래서 모든 재판은 하나님의 뜻을 따라 이루어질 때에 최고의 공정성이 확보될 수 있습니다. 사람들의 재판에는 하나님의 뜻이 존중되지 않기 때문에 결코 공정할 수 없습니다.

성경은 재판의 공정성을 파괴하는 가장 대표적인 원흉으로 "사람의 외모"와 "뇌물"을 언급하고 있습니다. "너는 재판을 굽게 하지 말며 사람을 외모로 보지 말며 또 뇌물을 받지 말라 뇌물은 지혜자의 눈을 어둡게 하고 의인의 말을 굽게 하느니라"(신16:19). 아무리 지혜롭고 의로운 재판관도 뇌물을 품는 순간 심사의 눈은 어둡게 되고 판결의 언어는 필히 굽습니다. 이 세상에는 악한 자들이 판결을 굽히려고 막대한 뇌물을 살포하고 있습니다. "악인은 사람의 품에서 뇌물을 받고 재판을 굽게 하느니라"(잠17:23).

나의 현실적인 이익을 위하여 사용하는 물질은 모두 뇌물의 성격이 있습니다. 타인의 유익을 위하여 사용되는 물질을 우리는 기부라고 부릅니다. 동일한 물질이 뇌물도 되고 기부도 되는데 이는 물질의 최종 수혜자가 누구냐에 달린 것입니다. 밥을 제공하고, 돈을 주고, 선물을 주고, 노동력을 제공하는 이유가 자신에게 있다면 무엇이든 뇌물 공여죄를 범하는 것입니다. 사람들은 이러한 뇌물의 유혹을 스스로 벗어날 수 없습니다. "뇌물은 그 임자가 보기에 보석 같은즉 그가 어디로 향하든지 형통하게 하느니라"(잠17:8). 뇌물에는 그 뇌물의 효능을 경험한 사람이 뇌물 없이는 살지 못하는 강력한 중독성이 있습니다. 뇌물을 아예 형통의 보루로 여깁니다.

뇌물로 인해 굽은 판결이 판치는 세상에서 우리는 어떠한 태도를 취하는 것이 옳을까요? "통치자들아 너희가 정의를 말해야 하거늘 어찌 잠잠하냐 인자들아 너희가 올바르게 판결해야 하거늘 어찌 잠잠하냐"(시58:1). 시인이 우리에게 제시하는 태도는 불의하고 불공정한 판결에 잠잠하지 말라는 것입니다. 이는 우리가 머무는 모든 현장에서 하나님의 공의가 집행될 수 있도록 적극적인 목소리를 내야 한다는 말입니다. 적극적인 목소리의 자격자가 되려면 본인이 먼저 하나님의 공의를 나타내는 자여야 할 것입니다.

동시에 우리가 주목해야 하는 것은 이 세상에 불의한 판결이 넘쳐날 때, 거기에 하나님의 섭리가 있다는 것입니다. "세상이 악인의 손에 넘어갔고 재판관의 얼굴도 가려졌나니 그렇게 되게 한 이가 그가 아니시면 누구냐"(욥9:24). 법정에 불의한 판결이 난무하는 것의 배후에는 하나님의 섭리적인 허락이 있습니다. 그 사회에 주어지는 심판의 성격도 있을 것입니다. 사람들로 하여금 공의에 더욱 목마르게 하시는 섭리일 수도 있습니다. 의인들로 하여금 공의의 빛을 드러내는 기회의 마련일 수도 있습니다. 우리가 다 헤아릴 수는 없겠지만 하나님의 섭리가 있다는 사실은 결코 놓치지 마십시오.

17절을 보십시오. “내가 내 마음속으로 이르기를 의인과 악인을 하나님이 심판하시리니 이는 모든 소망하는 일과 모든 행사에 때가 있음이라 하였으며.” 하나님은 의인과 악인의 모든 행위들을 심판하실 것입니다. “공의로 세계를 심판하심이여 정직으로 만민에게 판결을 내리시리로다”(시9:8). 심판은 전적으로 하나님의 몫입니다. 우리는 어떠한 타인도 심판할 수 없습니다. 심판하면 하나님께 월권을 범하는 것입니다. 우리가 타인을 헤아리는 그 헤아림을 따라 우리도 헤아림을 받을 것입니다. 나아가 우리는 자신을 판단의 대상으로 삼아서는 안될 것입니다. 바울은 말합니다. “너희에게나 다른 사람에게나 판단 받는 것이 내게는 매우 작은 일이라 나도 나를 판단하지 아니하노니 내가 자책할 아무 것도 깨닫지 못하나 이로 말미암아 의롭다 함을 얻지 못하노라 다만 나를 심판하실 이는 주시니라”(고전4:4). 오직 주님만이 우리를 유일하게 판단하실 수 있는 분입니다.

사람이 판단하면 감추어진 것들은 판단의 대상에서 제외될 것입니다. 그러나 하나님은 모든 것들을 벌거벗은 것처럼 보시기에 감추어진 것이든 드러난 것이든 그의 판단을 모면할 수 있는 피조물은 없습니다. 그분 앞에서는 은밀하게 감추어진 사람들의 모든 것들이 벌거벗은 것처럼 드러나게 될 것입니다. “곧 나의 복음에 이른 바와 같이 하나님이 그리스도 예수로 말미암아 사람들의 은밀한 것을 심판하시는 그 날이라”(롬2:16). 이 말씀에는 심판의 은밀한 대상만이 아니라 심판의 방식도 소개되어 있습니다. 즉 하나님은 모든 사람들의 모든 은밀한 것들을 "그리스도 예수로 말미암아" 심판하실 것입니다. 요한은 하나님이 심판을 그리스도 예수에게 온전히 맡겼다고 말합니다(요5:22).

그리스도 예수는 아버지의 위탁으로 하늘과 땅에 속한 모든 권세를 가진 온 세상의 심판자가 되십니다. 그리스도 예수께서 심판하는 방식은 보이는 대로 들리는 대로 판단하지 않고 공의와 정직으로 심판하는 것입니다(사11:3-5). 예수님이 심판의 기준으로 삼고 계신 공의는 어떤 것일까요? 심판의 기준에 대해 요한은 이렇게 기록하고 있습니다. "그를 믿는 자는 심판을 받지 아니하는 것이요 믿지 아니하는 자는 하나님의 독생자의 이름을 믿지 아니하므로 벌써 심판을 받은 것이니라"(요3:18). 예수님의 공의는 믿음으로 말미암아 심판의 여부가 갈린다는 것입니다. 어떠한 외모도 작용하지 않고 오직 믿음에 의해서만 심판이 결정되는 최고의 공의는 이 세상의 어떠한 곳에서도 찾아볼 수 없습니다.

"모든 소망하는 일과 모든 행사가 때가 있다"(17)고 전도자는 말합니다. 이것은 악인과 의인이 활동하는 때가 있고 그것을 평가하고 심판하는 때가 있다는 뜻입니다. 하나님의 섭리는 사람이 임의로 속도나 방향을 조절할 수 없습니다. 주님의 정하심은 변경됨이 없습니다. 하박국 선지자의 증언을 들어 보십시오. "이 묵시는 정한 때가 있나니 그 종말이 속히 이르겠고 결코 거짓되지 아니하리라 비록 더딜지라도 기다리라 지체되지 않고 반드시 응하리라"(합2:3). 하나님의 모든 예언은 정해진 응답의 때가 있다는 것입니다. 더디게 보일 수는 있겠지만 지체되지 않고 반드시 응한다고 말합니다. 문제는 그 때를 우리가 다 알지는 못한다는 것입니다. 때와 기한은 주님의 권한으로 묶어 두셨기 때문에 큰 관심을 기울이지 않는 게 좋습니다. 그냥 주님을 신뢰하며 인내하며 기다리는 것이 가장 좋습니다.

18절에서 21절까지를 보십시오. "내가 내 마음속으로 이르기를 인생들의 일에 대하여 하나님이 그들을 시험하시리니 그들이 자기가 짐승과 다름이 없는 줄을 깨닫게 하려 하심이라 하였노라 인생이 당하는 일을 짐승도 당하나니 그들이 당하는 일이 일반이라 다 동일한 호흡이 있어서 짐승이 죽음 같이 사람도 죽으니 사람이 짐승보다 뛰어남이 없음은 모든 것이 헛됨이로다 다 흙으로 말미암았으므로 다 흙으로 돌아가나니 다 한 곳으로 가거니와 인생들의 혼은 위로 올라가고 짐승의 혼은 아래 곧 땅으로 내려가는 줄을 누가 알랴." 하나님은 인생들을 시험하사 자기가 짐승과 다름이 없는 줄을 깨닫게 만드시는 분입니다. 만물의 영장인 사람을 짐승이라 하면 왠지 불쾌한 마음이 생깁니다. 그러나 하나님이 지으신 들짐승 중에 가장 간교한 뱀의 유혹에 넘어간 인간의 본성은 짐승을 닮아 있습니다. 사람은 하나님의 형상을 따라 지어져 존귀함을 입었지만 깨닫지 못할 경우에는 "멸망하는 짐승"과 같습니다(시49:20). 하나님의 뜻보다 자신의 "본능으로 아는" 지식을 기준으로 삼아 행할 때에도 짐승으로 변합니다(유1:10). 하나님의 징계를 싫어하는 자도 짐승과 같습니다(잠12:1). 이렇게 추락한 인간의 본성을 깨닫게 하는 방식은 인생이 당하는 일을 짐승도 동일하게 당한다는 것입니다. 짐승과 사람은 동일한 호흡을 가지고 살아가며 동일한 죽음을 맞습니다. 짐승과 사람은 흙에서 나왔으며 다시 돌아가는 곳도 흙입니다. 다만 인생들의 혼은 위로 올라가고 짐승의 혼은 아래 곧 땅으로 내려가는 차이는 있습니다.

"그러므로 나는 사람이 자기 일에 즐거워하는 것보다 더 나은 것이 없음을 보았나니 이는 그것이 그의 몫이기 때문이라 아, 그의 뒤에 일어날 일이 무엇인지를 보게 하려고 그를 도로 데리고 올 자가 누구이랴"(22절). 여기에서 전도자는 즐거움과 장래 일에 대한 이야기를 꺼냅니다. 그는 사람이 자기의 일에 즐거움을 가지는 것보다 더 나은 것이 없다고 말합니다. 사람들은 자신이 추구하는 일의 성취를 통해 즐거움을 누립니다. 나에게서 일의 열매가 맺어지면 내면의 깊은 곳에서 솟아나는 고유한 즐거움은 타인과 공유할 수 없습니다. 열매의 출처만 누리는 즐거움이 있다는 것은 하나님의 섭리인 듯합니다. 이 즐거움은 타인의 일이나 작품을 통해 감동을 누리는 것과는 차원이 다르기 때문에 이 즐거움을 위해 스스로 일해서 어떤 열매를 맺으려는 욕구와 열심이 생깁니다. 이것이 문명을 굴리는 정신적인 동력이 아닐까 싶습니다. 그러나 하나님이 내 안에서 일하실 때에 맺어지는 열매의 천상적인 맛과 향기는 인간이 자신의 일로 누리는 즐거움과 비교할 수 없습니다. 시인은 반드시 성취되는 하나님의 말씀이 자신에게 즐거움의 대상이 된다고 말합니다(시119:77). 그런데 사람들은 하나님의 열매로 인한 이 맛을 모르고 자신의 성취에서 흘러 나오는 즐거움의 맛이 길들여져 있습니다.

그리고 전도자는 장래에 일어날 일이 무엇인지 보게 하려고 그를 데리고 올 사람이 아무도 없다고 말합니다. 장래의 일에 대해서는 누구도 명쾌한 확언을 내뱉지 못합니다. 그것을 알게 하려고 미래로 데려갈 사람도 없습니다. 오직 온 세상을 주관하고 시간의 과거와 현재와 미래를 다스리는 분만이 미래의 일을 말할 수 있습니다. 오직 하나님만 우리를 시간의 여행지로 데려가실 수 있는 분입니다.

11강

학대 받는 자들의 눈물

전 4:1-3

1 내가 다시 해 아래에서 행하는 모든 학대를 살펴 보았도다 보라 학대
받는 자들의 눈물이로다 그들에게 위로자가 없도다 그들을 학대하는 자
들의 손에는 권세가 있으나 그들에게는 위로자가 없도다 2 그러므로 나
는 아직 살아 있는 산 자들보다 죽은 지 오랜 죽은 자들을 더 복되다 하
였으며 3 이 둘보다도 아직 출생하지 아니하여 해 아래에서 행하는 악한
일을 보지 못한 자가 더 복되다 하였노라

세상에는 테러와 박해와 전쟁과 질병과 재해와 폭력과 사고로 눈물이 마르지를 않습니다. 눈물의 원인들 중에서도 박해는 고통을 주려는 고의적인 목적으로 가해지는 것입니다. "박해"의 사전적인 의미는 "못살게 굴어서 해롭게 하다"는 것입니다. 사람들은 왜 타인을 못살게 굴어서 해롭게 만드는 것일까요? 그 원인을 파악하기 위해서는 인류 최초의 박해를 살펴볼 필요가 있습니다. 전도자는 "해 아래에서 행하는 모든 학대를 살펴 보았다"고 했기 때문에 최초의 박해도 검토했을 것입니다. 성경에 의하면 최초의 박해는 가정에서 발생한 일이었고 형이 동생

을 죽인 것입니다. 박해의 원인은 아마도 형이 동생으로 살지 못하게 만든 이유일 것입니다.

가인이 동생 아벨을 죽이기 전에 어떠한 일이 있었나요? 하나님께 예배를 드렸지만 하나님의 차가운 거절을 당합니다. 이는 하나님이 보시기에 가인에게 혹은 가인의 예배에 문제가 있었기 때문이며 이에 가인의 표정도 차가운 분노의 색상으로 변합니다. 가인이 분하여 안색이 변한 이유는 죄와 관련된 것입니다. "네가 선을 행하면 어찌 낯을 들지 못하겠느냐 선을 행하지 아니하면 죄가 문에 엎드려 있느니라 죄가 너를 원하나 너는 죄를 다스릴지니라"(창4:7). 하나님의 말씀처럼 죄는 가인의 문에 엎드려서 가인을 가지고자 했습니다. 그러나 가인은 죄를 다스리지 않습니다. 오히려 죄에게 자신을 건넵니다. 결국 악한 가인은 의로운 아벨을 쳐서 죽입니다. 이처럼 하나님 앞에서 저질러진 죄는 결국 사망으로 이어지고 있습니다.

가인 이후에 등장한 박해는 약속의 아들 이삭과 종의 아들 이스마엘 사이에 발생한 일입니다. 비록 창세기 21장 9절에는 "애굽의 여인 하갈의 아들이 이삭을 놀렸다"고 나오지만, 바울은 "그때에 육체를 따라 난 자가 성령을 따라 난 자를 박해한 것"이라고 말합니다(갈4:29). 종의 자녀들이 약속의 자녀들을 박해한 사례들은 구약시대 전체에 점철되어 있습니다. 박해의 구체적인 양상들은 히브리서 기자가 생생하게 기록하고 있습니다. "어떤 이들은 조롱과 채찍질뿐 아니라 결박과 옥에 갇히는 시련도 받았으며 돌로 치는 것과 톱으로 켜는 것과 시험과 칼로 죽임을 당하고 양과 염소의 가죽을 입고 유리하여 궁핍과 환난과 학대를 받았으니 (이런 사람은 세상이 감당하지 못하느니라) 그들이 광야와 산과 동굴과 토굴에 유리하였느니라"(히11:36-38).

나아가 바울은 구약의 시대에 종의 아들이 약속의 아들을 박해한 것처럼 "이제도 그렇다"고 말합니다. 바울의 시대에 무수히 많은 약속의 자녀들이 무자비한 박해로 목숨을 잃었다는 사실은 초대교회 역사가 증언하고 있습니다. 대표적인 박해의 희생자인 바울 자신을 보십시오. "내가 수고를 넘치도록 하고 옥에 갇히기도 더 많이 하고 매도 수없이 맞고 여러 번 죽을 뻔하였으니 유대인들에게 사십에서 하나 감한 매를 다섯 번 맞았으며 세 번 태장으로 맞고 한 번 돌로 맞고 세 번 파선하고 일 주야를 깊은 바다에서 지냈으며 여러 번 여행하면서 강의 위험과 강도의 위험과 동족의 위험과 이방인의 위험과 시내의 위험과 광야의 위험과 바다의 위험과 거짓 형제 중의 위험을 당하고 또 수고하며 애쓰고 여러 번 자지 못하고 주리며 목마르고 여러 번 굶고 춥고 헐벗었노라"(고후11:23-27). 결국 바울은 로마황제 네로의 박해로 죽습니다.

다른 사도들도 모두 복음을 전하다가 다양한 방식의 박해로 인해 죽습니다. 사도 야고보는 예루살렘 지역에서 헤롯에 의해 참수형을 당합니다. 마태는 에티오피아에서 칼로 순교를 당합니다. 요한은 에베소 지역에서 기름 가마솥에 빠뜨리는 고문을 받은 이후에 죽습니다. 예수님의 동생 야고보는 예루살렘 성전에서 추락한 이후에 돌로 처형을 당합니다. 바돌로매 경우에는 아르메니아 지역에서 설교하는 중에 채찍에 맞아 죽습니다. 베드로는 십자가에 거꾸로 매달려서 죽습니다. 안드레는 그리스 지역에서 십자가 처형을 당합니다. 도마는 인도에서 창에 찔려서 죽습니다. 맛디아는 예루살렘 지역에서 돌 처형을 받습니다. 필립은 프리기아 지역에서 십자가 처형을 당합니다. 마가는 알렉산드리아 지역에서 몸이 찢어지는 참수형을 당합니다. 누가는 그리스 지역에서 올리브 나무에 목이 매달려서 죽습니다. 시몬은 영국에서 십자가 처형을 받습니다. 유다는 페르시아 지역에서 화살에 맞아 죽습니다.

사도시대 당시만이 아니라 교회의 역사를 보면 기독교는 1세기 중반부터 4세기 초반까지 무려 250여년동안 세상의 박해를 받아 왔습니다. 때로는 황제를 숭배하지 않아서, 때로는 성찬식에 대해 사람의 피와 살을 먹는다고 오해해서, 때로는 국가를 전복하기 위해 야밤에 은밀한 곳에서 모인다는 내란죄의 혐의 때문에, 때로는 형제와 자매라는 호칭으로 근친상간 주범으로 내몰려서 박해를 받습니다. 약속의 자녀들이 박해를 받은 이유들이 결코 정당하지 않습니다. 심히 억울하고 터무니가 없습니다. 왜 기독교는 이렇게 핍박을 받습니까? 우리는 예수님의 말씀에서 그 이유를 발견할 수 있습니다. "세상이 너희를 미워하면 너희보다 먼저 나를 미워한 줄을 알라"(요15:18). 육체의 자녀들이 하나님을 미워하기 때문에 그런 것입니다.

하나님을 미워하는 그들의 마음은 바뀌지 않을 것입니다. 그래서 예수님은 우리에게 이렇게 말씀하고 계십니다. "내가 너희에게 종이 주인보다 더 크지 못하다 한 말을 기억하라 사람들이 나를 박해한 것처럼 너희도 박해할 것이요"(요15:20). 예수님을 박해한 사람들이 동일한 이유로 우리도 박해를 한다는 것입니다. 바울이 말한 것처럼 "무릇 그리스도 예수 안에서 경건하게 살고자 하는 자는 박해를 받습니다"(딤후3:12). 그러나 그러한 박해를 걱정하지 마십시오. "의를 위하여 박해를 받은 자는 복이 있나니 천국이 그들의 것임이라 나로 말미암아 너희를 욕하고 박해하고 거짓으로 너희를 거슬러 모든 악한 말을 할 때에는 너희에게 복이 있나니 기뻐하고 즐거워하라 하늘에서 너희의 상이 큼이라 너희 전에 있던 선지자들도 이 같은 박해를 했느니라"(마5:10-12).

의를 위하여 박해를 받으면 천국을 얻습니다. 그래서 우리는 우리가 세상의 끝자락에 내몰려 비참한 구경거리 전시물이 되더라도 예수님의 말씀을 잊지 마십시오. "나는 너희에게 이르노니 너희 원수를 사랑하며 너희를 박해하는 자를 위하여 기도하라"(마5:44). 예수님의 이 말씀을 그대로 순종한 바울처럼 얼마든지 "만물의 찌꺼기"가 되겠다고 하십시오. 바울은 이렇게 말합니다. "바로 이 시각까지 우리가 주리고 목마르며 헐벗고 매맞으며 정처가 없고 또 수고하여 친히 손으로 일을 하며 모욕을 당한즉 축복하고 박해를 받은즉 참고 비방을 받은즉 권면하니 우리가 지금까지 세상의 더러운 것과 만물의 찌꺼기 같이 되었도다"(고전 4:11-13).

그러나 믿음의 사람들이 당하는 학대와는 달리 "해 아래에서 행하는 모든 학대"의 세상 피해자는 그저 눈물만 흘립니다. 전도자는 그들에게 "위로자기 없다"고 말합니다. 학대하는 자들의 손에는 권세가 있지만 학대를 당하는 자에게는 권세도 없고 위로자도 없습니다. 그래서 전도자는 "아직 살아있는 산 자들보다 죽은지 오랜 죽은 자들을 더 복되다"고 여겼으며 "이 둘보다도 아직 출생하지 아니하여 해 아래에서 행하는 악한 일을 보지 못한 자가 더 복되다"는 평가를 내립니다. 즉 복의 크기에 따라 순서를 매기면 출생하지 않은 자가 가장 복되고, 죽은 자가 그 다음이고, 산 자가 가장 복되지 않은 자입니다. 이러한 순서는 학대를 당하는 사람에게 위로자가 없다는 사실에 근거한 것입니다.

여기에서 "위로자가 없다"는 말은 이 땅에서 어떤 위로자를 찾으라는 권고가 아닙니다. 이 세상에는 진정한 위로자가 없다는 의미를 암시하고 있습니다. 진실로 온 세상과 역사의 모든 사람들은 죄와 부패와 사탄과 사망과 저주의 학대를 당해 왔고 당하고 있으며 계속해서 당할 것입니다. 이러한 인류를 위로할 수 있는 위로자는 이 세상 그 어디에도 없습니다. 인류는 마치 죄로 말미암아 하나님의 버림을 받아 위로자가 없는 이스라엘 백성의 신세와 다르지가 않습니다. 예레미야 선지자는 말합니다. "큰 자든지 작은 자든지 이 땅에서 죽으리니 그들이 매장되지 못할 것이며 그들을 위하여 애곡하는 자도 없겠고 자기 몸을 베거나 머리털을 미는 자도 없을 것이며 그 죽은 자로 말미암아 슬퍼하는 자와 떡을 떼며 위로하는 자가 없을 것이며 그들의 아버지나 어머니의 상사를 위하여 위로의 잔을 그들에게 마시게 할 자가 없으리라"(렘16:6-7).

진정한 위로자는 오직 "자비의 아버지요 모든 위로의 하나님"(고후1:3) 밖에 없습니다. "우리의 모든 환난 중에서 우리를 위로하사 우리로 하여금 하나님께 받는 위로로써 모든 환난 중에 있는 자들을 능히 위로하게 하시는 이시로다"(고후1:4). 삶 속에서 우리는 세상이 우리에게 위로를 줄 수 없다는 사실을 수시로 경험하고 있습니다. 그때마다 유일한 위로자 하나님 아버지를 우리는 찾습니다. 하나님의 위로를 얻기 위해서는 주님께서 우리에게 귀띔해 주신 방법으로 찾는 것이 가장 좋습니다.

"애통하는 자는 복이 있나니 그들이 위로를 받을 것임이요"(마5:4). 하나님의 위로를 얻고 타인에게 그 위로를 공급하는 방법은 애통하는 자가 되는 것입니다. 애통함에 있어서 주의해야 할 사항이 있다면, 예수님의 교훈에는 애통의 특정한 대상이 명시되지 않았다는 것입니다. 이것은 우리가 애통해야 할 대상을 마음대로 정해도 된다는 의미가 아닙니다. 대상의 결정권은 애통과 위로를 교훈하고 계신 예수님께 있습니다. 즉 예수님이 애통하는 모든 사람들을 애통의 대상으로 여기는 게 좋습니다. 예수님은 당신의 백성 전체를 가슴에 품고 계십니다. 그렇기 때문에 우리도 하나님의 백성 전체를 애통의 대상으로 품지 않으면 안됩니다. 온 세상에 흩어져 있는 모든 하나님의 사람들을 위해 우십시오.

이 세상에는 죽은 자보다 못한 박해 당하는 삶을 살아가는 사람들이 너무도 많습니다. 아예 태어나지 않았으면 더 좋았을 그런 핍박과 고통으로 신음하고 계신 분들이 너무나도 많습니다. 이러한 분들을 위해서 애통하며 운다는 것은 감정의 단순한 소비를 의미하지 않습니다. 고통을 분담해야 한다는 의미도 담겨 있습니다. 그러므로 우리는 불법과 불의로 인하여 사회적, 정치적, 경제적, 신체적 학대를 당하는 피해자가 발생되지 않도록 우리 각자가 선 자리에서 하나님의 공의와 정직을 구현해야 할 것입니다. 하나님은 "공의로운 일을 행하시며 억압 당하는 모든 자를 위하여 심판하는" 분입니다(시103:6).

하나님의 공의는 어떤 것일까요? 바울은 다음과 같이 정의하고 있습니다. "너희로 환난을 받게 하는 자에게는 환난으로 갚으시고 환난을 받는 너희에게는 우리와 함께 안식으로 갚으시는 것이 하나님의 공의

시니”(살후1:7). 이 구절은 믿음의 조상에서 주신 하나님의 언약을 떠올리게 만듭니다. “너를 축복하는 자에게는 내가 복을 내리고 너를 저주하는 자에게는 내가 저주하리니 땅의 모든 족속이 너로 말미암아 복을 얻을 것이라”(창12:3). 이러한 원리는 예수님께 그대로 적용되고 있습니다. 예수님을 영접하면 복을 얻고 영접하지 아니하면 심판과 저주를 받습니다. 이러한 공의의 주님은 가는 곳마다 놀라운 변화를 일으킬 수밖에 없습니다. 예수님의 사역에 대한 이사야의 기록을 보십시오. “가난한 자에게 아름다운 소식을 전하게 하려 하심이라 나를 보내사 마음이 상한 자를 고치며 포로된 자에게 자유를, 갇힌 자에게 놓임을 선포하며”(사61:1). 하나님의 공의 때문에, 칼로 일어선 자는 칼로 망하고 칼의 희생자는 안식을 얻을 것입니다. 공의는 모든 희생자를 행복하게 만들 것입니다.

전도자가 살아있는 자와 죽은 자보다도 “아직 출생하지 아니하여 해 아래에서 행하는 악한 일을 보지 못한 자가 더 복되다”고 말한 것은 자녀를 출산하지 말라는 이야기가 아닙니다. 한국 속담에 “구더기 무서워서 된장 담그지 못한다”는 말이 있습니다. 박해가 무서워서 생육하고 번성하는 것을 끊자는 것은 이 속담과 다르지가 않습니다. 이 말을 한 전도자의 의도는 우리에게 공의를 통해 부당한 박해의 희생자가 나오지 않도록 힘쓰라는 것입니다. 하나님은 위로자도 없이 학대를 당하는 사람들을 위해 하나님의 공의와 정직으로 저항하는 삶을 우리에게 요청하고 계십니다. 태어나지 않는 것이 살아가는 사람보다 복된 현실의 원흉인 불의와 불법을 공의로 바꾸라는 것입니다.

그러나 세상에는 "정의를 쓴 쑥으로 바꾸며 공의를 땅에 던지는 자들"이 대단히 많습니다(암5:7). 게다가 세상에서 이러한 문제를 해결할 진정한 공의를 기대할 수 없습니다. 공의와 정의는 개념에 있어서 세상 사람들의 상식이나 합의가 아닙니다. 진정한 공의와 정의는 하나님의 뜻을 따라 하나님의 명령을 수행하는 것에 있습니다. "오늘 내가 너희에게 선포하는 이 율법과 같이 그 규례와 법도가 공의로운 큰 나라가 어디 있느냐"(신4:8). 하나님의 규례와 법도보다 더 큰 공의는 이 세상에 없습니다. 그것을 지키면 공의로운 큰 나라인 것입니다. 이 세상에 공의를 세우는 유일한 사람들은 바로 하나님의 뜻을 수행하는 자입니다. 공의의 확립은 우리가 세상의 빛과 소금이 되어야만 가능한 일입니다.

시인은 "정의를 지키는 자들과 항상 공의를 행하는 자는 복이 있도다"고 말합니다(시106:3). 정의와 공의를 실천하는 자에게 주어지는 것은 어떤 복일까요? 첫째, 무엇보다 하나님을 기쁘시게 하는 복을 얻습니다. "공의와 정의를 행하는 것은 제사 드리는 것보다 여호와께서 기쁘게 여기시느니라"(잠21:3). 시편 33편 5절은 하나님이 "공의와 정의를 사랑"하는 분이라고 말합니다. 공의와 정의의 실천적인 삶은 우리가 예배당에 앉아서 예배를 드리는 것보다 하나님을 더 기쁘시게 하는 것입니다.

둘째, 사망을 피하고 생명을 얻습니다. "공의로운 길에 생명이 있나니 그 길에는 사망이 없느니라"(잠12:28). 공의가 흐르는 곳에는 억울한 눈물과 절망적인 탄식이 사라질 것입니다. 핍박자도, 핍박의 희생자도 생기지 않고, 혹시 있더라도 사라질 것입니다. 에스겔 선지자는 "만일 악인이 그 행한 악을 떠나 정의와 공의를 행하면 그 영혼을 보전할 것"이라고 말합니다(겔18:27). 이와는 반대로 "만일 의인이 돌이켜 그 공의에서 떠나 죄악을 범하면 그가 그 가운데서 죽을 것"입니다(겔33:19). 공의의 길에 생명이 있고 공의를 벗어나면 사망이 있습니다.

셋째, 평화와 안전함을 얻습니다. 이사야는 이렇게 기록하고 있습니다. "공의의 열매는 화평이요 공의의 결과는 영원한 평안과 안전이라"(사32:17). 지혜자는 왕의 보좌도 공의로 말미암아 안전함을 얻는다고 말합니다(잠16:12).

이처럼 우리가 공의를 행하면 하나님을 기쁘시게 하고 생명과 평화와 안전을 얻고 그것들을 타인에게 제공할 수도 있습니다. 학대를 당하시는 분들의 눈물을 닦아주기 위해서는 그들을 위해 애통하며 우는 소극적인 방법도 있지만 이처럼 하나님의 공의를 실천하는 적극적인 방법도 있습니다. 그리고 우리가 망각하지 말아야 할 것은 온 세상의 모든 사람들이 마귀와 죄와 사망의 권세로 인하여 핍박을 당하고 있다는 것입니다. 그런데 마귀와 죄와 사망의 권세는 막강하나 세상 사람들은 참된 위로자가 없습니다. 온 세상의 모든 사람들이 필요한 위로자는 오직 "여호와 우리의 공의"라고 불려지는 그리스도 예수 밖에 없습니다. 예수님은 해 아래에서 학대를 당하는 모든 사람들의 눈물을 닦아 주실 유일한 분입니다.

예수님의 십자가는 바로 마귀와 죄와 사망의 권세에 짓눌려 영적인 박해를 당하고 있는 세상 사람들을 향한 예수님의 애통입니다. 인도에 14살의 기독교 소녀가 있었습니다. 소녀의 부모와 형제들은 자신이 보는 앞에서 살해를 당합니다. 소녀도 집단적인 성폭행을 당하고 휘발유를 뒤집어쓴 채 불태움을 당합니다. 몸의 절반이 탔을 때에 선교사에 의해 극적인 구조를 받습니다. 이에 선교사가 소녀에게 묻습니다. "이래도 예수님이 좋으니?" 소녀의 답입니다. "이제는 십자가의 아픔을 조금 알 것 같아요. 나를 어디까지 사랑해 주셨는지 이제서야 조금 알 것 같아요." 14살의 소녀도 주님의 십자가로 그 혹독한 박해를 이기고 있습니다.

12강

우정의 유익

전 4:4–12

[4] 내가 또 본즉 사람이 모든 수고와 모든 재주로 말미암아 이웃에게 시
기를 받으니 이것도 헛되어 바람을 잡는 것이로다 [5] 우매자는 팔짱을 끼
고 있으면서 자기의 몸만 축내는도다 [6] 두 손에 가득하고 수고하며 바람
을 잡는 것보다 한 손에만 가득하고 평온함이 더 나으니라 [7] 내가 또 다
시 해 아래에서 헛된 것을 보았도다 [8] 어떤 사람은 아들도 없고 형제도
없이 홀로 있으나 그의 모든 수고에는 끝이 없도다 또 비록 그의 눈은
부요를 족하게 여기지 아니하면서 이르기를 내가 누구를 위하여는 이같
이 수고하고 나를 위하여는 행복을 누리지 못하게 하는가 하여도 이것
도 헛되어 불행한 노고로다 [9] 두 사람이 한 사람보다 나음은 그들이 수
고함으로 좋은 상을 얻을 것임이라 [10] 혹시 그들이 넘어지면 하나가 그
동무를 붙들어 일으키려니와 홀로 있어 넘어지고 붙들어 일으킬 자가
없는 자에게는 화가 있으리라 [11] 또 두 사람이 함께 누우면 따뜻하거니
와 한 사람이면 어찌 따뜻하랴 [12] 한 사람이면 패하겠거니와 두 사람이
면 맞설 수 있나니 세 겹 줄은 쉽게 끊어지지 아니하느니라

친구를 얻는다는 것은 또 하나의 세상을 얻는 것입니다. 또 하나의

인생을 사는 것입니다. 그래서 어떤 철학자는 친구를 또 하나의 세상에서 살아가는 또 하나의 자아, 두 신체에 깃든 하나의 자아라고 했습니다. 소우주로 비유되는 한 사람과 우정을 나눈다는 것은 자아의 확대이며 두 배의 세상을 살아가는 것입니다. 그러나 지금 세상에는 이토록 아름답고 유익한 우정이 설 자리가 없습니다. 사나운 경쟁과 시기와 질투와 미움이 우정의 탄탄한 이음새를 끊어 내고 있습니다. 진정한 친구를 찾고 참된 친구가 되어주는 것이 마치 하늘의 별 따기와 같습니다. 그러나 우리는 그리스도 안에서 최고의 친구와 최상의 우정을 경험하고 누릴 수 있습니다. 우리는 세상의 빛으로서 우정에 있어서도 세상에 대해 막중한 책임을 가지고 있습니다.

오늘 본문에는 먼저 노동과 관련하여 네 가지의 양상들을 소개하고 있습니다. 시기적인 노동, 게으른 노동, 과도한 노동, 불행한 노동이 바로 그것입니다. 첫번째는 경쟁적인 노동 혹은 시기적인 노동인데 이 노동의 동기는 이웃에 대한 시기에서 비롯된 것이라고 말합니다. 4절을 보십시오. "내가 또 본즉 사람이 모든 수고와 모든 재주로 말미암아 이웃에게 시기를 받으니 이것도 헛되어 바람을 잡는 것이로다." 이는 열심히 기술을 연마하고 수고의 땀을 흘리는 이유가 하나님의 영광도 아니고 자아의 실현도 아니고 그저 타인과의 경쟁심과 시기심에 있다는 것입니다. 실제로 세상에는 타인의 삶을 부러운 시선으로 바라보고 자신의 삶과 비교하며 우월감 혹은 열등감에 휩싸이는 분들이 적지 않습니다.

시기심의 배후에는 병적인 자기애가 있습니다. 자기에 대한 사랑이 과도한 사람 혹은 자기 중심성이 강한 사람은 시기심과 경쟁심도 강합니다. 이런 분들은 자신의 감정과 생각과 기분에 조금만 거슬려도 상처를 쉽게 받고 뾰족하게 반응하며 상대방에 대해 적대적인 태도를 취합니다. 어떤 식으로든 보복의 기회를 찾습니다. 정의가 회복되는 것에는 관심이 없고 오로지 자신의 기분과 자존심이 회복될 때까지 보복의 자세를 취하고 좀처럼 거두지를 않습니다. 이런 분들은 매사에 자기를 중심으로 타인을 해석하고 우열을 다투고 아래위를 따집니다. 나보다 못하면 무시하고 나보다 나으면 시기하는 일그러진 태도를 취합니다. 야고보의 말이 맞습니다. "시기와 다툼이 있는 곳에는 혼란과 모든 악한 일이 있음이라"(약3:16). 실제로 우리가 경험하는 혼란과 악행의 배후에는 자기애에 기초한 시기와 다툼이 있습니다.

시기심에 의해 저질러진 가장 심각한 악행은 어떤 것일까요? 바로 유대인이 예수님을 죽음에 넘겨준 것입니다. 마태는 이렇게 기록하고 있습니다. "이는 그가 그들의 시기로 예수를 넘겨 준 줄 앎이더라"(마27:18). 종교적인 시기심은 참으로 무서운 것입니다. 하나님의 아들도 알아보지 못하게 만듭니다. 그분을 향해서도 시기심을 발동하고 죽음의 칼을 겨눕니다. 사실 인류 최초의 악행, 즉 가인에 의한 아벨의 살인도 종교적인 시기심과 무관하지 않습니다. 아벨의 죽음은 하나님께 드린 예배의 거절에 기인한 가인의 종교적인 시기심에 뿌리를 둔 것입니다(창4:4-8). 요셉의 형들이 요셉을 노예로 인신매매 한 것도 시기에서 비롯된 일입니다(창37:11). 이처럼 시기심이 악행을 초래한 역사는 태초까지 소급될 정도로 깊습니다.

시기심을 가지면 무엇보다 자신이 일차적인 피해를 입습니다. 지혜자는 "시기가 뼈를 썩게 만든다"고 말합니다(잠14:30). 심지어 욥기에는 "시기가 어리석은 자를 죽인다"고 기록되어 있습니다(욥5:2). 영혼이 죽고 인격의 뼈가 썩은 시기심의 소유자는 결코 건강할 수 없습니다. 바울은 시기와 다툼을 일으키는 사람들을 육신에 속한 자라고 말합니다. 영적인 사람이 아니라는 것입니다. 실제로 시기심에 빠지면 통제되지 않는 살인적인 분노와 불만이 생깁니다. 감정과 심리와 판단력의 균형과 안정감을 잃어 버립니다. 인간이 눈에 들어오질 않습니다. 심지어 하나님도 안중에 없습니다. 나의 심기와 자존심을 건드리면 비록 신이라고 할지라도 원수로 여깁니다. 그렇기 때문에 가인은 예배의 문맥 속에서도 살기를 품었으며 형제라고 할지라도 동생의 숨통을 끊었던 것입니다.

물론 시기가 유용하게 사용될 때도 있습니다. 하나님은 "하나님이 아닌 것으로 내 질투를 일으키며 허무한 것으로 내 진노를 일으켰기 때문에 나도 백성이 아닌 자로 그들에게 시기가 나게" 하셨다고 말합니다(신32:21, 롬10:19). 하나님은 이스라엘 백성에 대한 사랑과 질투가 얼마나 큰 것인지를 깨닫게 하시고자 적당한 시기심을 유용하게 쓰십니다. 같은 차원에서 바울도 주님께서 이스라엘 백성의 "넘어짐을 통해 구원이 이방인에 이르러 이스라엘 민족으로 시기나게 하셨다"고 말합니다(롬11:11). 여기에서 시기심의 용도는 이스라엘 백성이 주께로 돌아오는 영적인 회복에 있습니다. 이것은 비록 시기는 나쁘고 악한 것이지만 악을 선으로 바꾸신 사례라고 할 수 있습니다. 하나님은 인간의 시기심도 선을 위하여 적당하게 쓰십니다.

시기심의 진정한 극복은 주변에 친구가 생기거나 친구가 되어주는 것입니다. 친구가 있어서 남을 위하는 삶, 타인의 유익을 추구하는 삶을 살아가면 시기심은 일곱 길로 도망갈 것입니다. 오히려 상대방의 행복과 형통을 축하하고 격려하고 장려하게 될 것입니다. 친구는 서로를 사랑과 협력과 보완과 공존의 대상으로 바라보게 만듭니다. 서로를 경쟁의 대상으로 이해하지 않습니다. 바울도 이것을 가르치고 있습니다. "그에게서 온 몸이 각 마디를 통하여 도움을 입음으로 연락하고 상합하여 각 지체의 분량대로 역사하여 그 몸을 자라게 하며 사랑 안에서 스스로 세우느니라"(엡4:16). 바울의 이 말은 각 사람이 서로 연합하여 도움을 입어야만 자라나는 것은 하나님이 정하신 섭리라는 것입니다. 서로를 이러한 친구로 이해하지 않고 비교하고 시기하는 것은 바람을 잡는 헛됨을 넘어 자해적인 행위이며 하나님의 섭리를 거스르는 일입니다. 역사의 물줄기를 정하시는 하나님의 섭리를 거스르는 사람보다 더 어리석은 사람은 없을 것입니다.

시기로 말미암은 노동의 양상을 설명한 이후에 전도자는 "팔짱을 끼고 있으면서 자기의 몸만 축내는" 우매자 이야기를 꺼냅니다. 이것은 게으른 노동에 대한 것입니다. "팔짱을 낀다"는 히브리어 속담은 부지런히 일하지 않고 태만한 상태를 가리키는 말입니다. 손이 섬김으로 바쁘지 않고 게으른 상태로 팔짱만 끼고 있는 우매자는 노동의 소득이 없어서 자기의 살을 뜯어 먹는다고 전도자는 말합니다. 우매자의 게으름에 대해 지혜자는 이렇게 기록하고 있습니다. "게으름이 사람으로 깊이 잠들게 하나니 태만한 사람은 주릴 것이니라"(잠19:15). 다른 곳에서는 자기의 손으로 일하기를 싫어하는 자는 자기를 죽이는 자라고 말합니다(잠21:25). 이처럼 게으른 자는 자기의 손으로 일하지 않고, 그래서 소득도 없고, 그래서 먹을 것도 없어서, 자기의 살을 뜯어 먹으면서 자신을 죽이는 자입니다. 게으름의 일차적인 피해자도 자신인 것입니다.

게으른 사람도 섬겨 주어야 할 친구가 생기면 게으름을 극복할 수 있습니다. 가족이든 친척이든 직장 동료이든 절박한 필요가 있는 친구에게 도움을 주기 위해서는 부지런히 일할 수밖에 없습니다. 친구는 게으름의 질곡에서 벗어나게 하는 하나님의 선물입니다.

노동의 세번째 양상은 허황된 목적을 추구하는 과도한 노동에 대한 것입니다. 6절을 보십시오. "두 손에 가득하고 수고하며 바람을 잡는 것보다 한 손에만 가득하고 평온함이 더 나으니라." 전도자는 시기심에 도취되어 일하는 것과 게을러서 일하지 않는 것도 헛된 것이지만 평온함이 없이 영혼의 혼미함을 추구하는 과도한 노동도 헛된 일이라고 말합니다. 건전한 목적이 없는 열심은 맹목적인 것입니다. 그런 열심을 가진 이스라엘 민족에 대해 바울은 "그들이 하나님께 열심이 있으나 올바른 지식을 따른 것이 아니라"고 말합니다(롬10:2). 열심 자체는 문제가 아닙니다. 문제의 본질은 열심의 방향과 목적이 올바른 지식을 따라 설정된 것이냐에 있습니다. 하나님은 자기 백성이 선을 열심히 행하기를 원하고 계십니다(딛2:14). 이러한 지식에 근거하여 하나님의 소원을 따라 우리가 선행에 열심을 내는 것은 아름다운 것입니다.

이어서 전도자는 해 아래에서 가족과 이웃이 없는 수고의 헛됨을 설명하고 있습니다. 8절을 보십시오. "어떤 사람은 아들도 없고 형제도 없이 홀로 있으나 그의 모든 수고에는 끝이 없도다." 해 아래에는 끝없는 수고를 하지만 아들과 형제가 없어서 그 수고의 수혜자가 없는 경우가 있다고 말합니다. 전도자가 헛되다고 말하는 이유는 수고의 수혜자가 없음에도 불구하고 그 수고를 멈추지 못한다는 것입니다. 수고를 중단하지 못하는 상황에서 유익을 받아 누릴 수혜자도 없다면 그것은 너무나도 고단하고 허무할 것입니다. 이러한 허무를 극복하는 방법은 어떤 아이를 자녀로 입양을 하거나 어떤 친구를 만드는 것입니다. 혈통적인 관계가 없는 사람들에 대해서도 아비와 어미의 마음으로 품고 자녀처럼 사랑하는 것입니다.

그리스도 안에서는 우리 모두가 얼마든지 가족이 될 수 있습니다. 그리스도 안에 있는 자에게는 땀 흘린 수고의 수혜자가 너무나도 많습니다. 그래서 어떠한 수고도 헛되지 않을 수 있습니다. 사랑으로 섬길 대상이 있다는 것은 참으로 놀라운 복입니다. 섬김의 대상이 생기도록 아비와 어미의 마음을 품고 우정의 손을 타인에게 내미는 것은 참으로 지혜로운 일입니다.

전도자가 소개하는 네번째 노동의 양상은 불행한 노동에 대한 것입니다. 이는 부귀에 대하여 "내 영혼이 즐거움도 누리지 못하면서 수고하는 것은 도대체 누구를 위함인가?" 라고 탄식하는 노동자를 가리키는 말입니다. 타인에게 유익을 주었다고 할지라도 자신이 기쁨으로 누리지를 못한다면 헛되다는 것입니다. 나의 노동이 비록 가족과 친족과 친구에게 유익을 끼쳤다고 할지라도 그것이 나에게는 즐거움과 기쁨이 아니라 배 아픔의 이유가 되었다면 그것은 헛되고 불행한 일입니다. 이것은 타인의 유익보다 나의 즐거움을 구하라는 이야기가 아닙니다. 전도자는 지금 우리에게 타인의 유익을 기뻐하는 마음의 변화를 요청하고 있는 듯합니다. 타인의 유익을 제공하는 노동이 헛되고 불행하지 않으려면, 타인의 유익을 기뻐하고 타인의 윤택함을 좋아하고 타인에게 행복을 제공하는 일에 즐거운 마음을 가지라는 것입니다.

노동과 관련하여 네 가지의 양상들은 진정한 친구에 대한 필요성을 역설하고 있습니다. 그래서 전도자는 곧이어 한 사람보다 두 사람이 낫다는 이야기를 꺼냅니다. 한 사람보다 두 사람이 왜 더 좋습니까? 전도자는 4가지의 이유를 제시하고 있습니다. 첫째 이유는 두 사람이 그들의 수고로 말미암아 한 사람일 때보다 더 좋은 상을 얻는다는 것입니다. 백지장도 맞들면 낫다는 속담이 있습니다. 홀로 수고하는 것보다 협력하면 업무의 효율이 훨씬 높습니다. 수고의 결과도 더 많고 좋습니다. 이러한 사실은 분업이 잘 증명하고 있습니다. 분업은 일에 대한 각자의 전문성을 발휘하여 보다 짧은 시간에 사회 공동체에 대한 기여의 극대화를 도모하기 위해 각자의 재능을 가지고 저마다의 역할을 수행하는 것입니다.

아담 스미스는 옷핀 생산의 사례를 제시하고 있습니다. 철의 길이 제기, 길이를 자르기, 침 뾰족하게 하기, 철 마디 만들기, 철 구부리기, 도금하기 등으로 구성된 공정을 따라 혼자서 옷핀을 만든다면 하루에 100개를 만들지만 6명이 분업해서 만든다면 76,400개를 만들 수 있습니다. 전문성과 효율성과 생산성 면에서 혼자서 수고하는 것보다 협력하는 것이 훨씬 좋습니다. 주님은 "너희 중의 두 사람이 땅에서 합심하여 무엇이든 구하면 하늘에 계신 내 아버지께서 그들을 위하여 이루게 하실 것이라"고 하십니다(마18:19). 이는 하나님께 무언가를 추구할 때에도 공동체의 유익을 구함이 좋고 서로 협력하는 것이 좋다는 것입니다.

복음을 증거할 때에도 협력하는 것이 좋습니다. 예수님도 제자들을 각 마을에 파송하실 때에 홀로 보내지 않으시고 둘씩 짝을 지어서 보내신 것도 의미의 맥락이 이와 같습니다. 모세가 이스라엘 백성을 가나안 땅으로 인도하며 지도력을 발휘할 때 주께서 천부장과 백부장을 세워 협력하게 하신 것도 같은 뜻입니다. 사도들이 믿음과 성령과 지혜가 충만한 사람들을 세워서 구제를 전담하게 하고 자신들은 기도하는 것과 말씀 증거하는 사역에 전념했던 것도 의미가 다르지 않습니다(행6:4-5).

한 사람보다 두 사람이 나은 두번째 이유는 넘어졌을 경우에 둘이 있으면 그 친구가 붙들어 일으킬 수 있지만 홀로 있으면 일으켜 줄 사람이 없다는 것입니다. 우리의 삶에는 실족과 좌절과 시련과 역경과 고통과 아픔과 같은 넘어질 계기들이 대단히 많습니다. 그때마다 친구의 따뜻한 격려와 위로 한 마디가 사람을 살립니다. 주변에 아무도 없으면 쉽게 무너질 것입니다. 친구는 어려울 때에 진가를 발휘하는 법입니다. 지혜자는 말합니다. "친구는 사랑이 끊어지지 아니하고 형제는 위급한 때를 위하여 났느니라"(잠17:17). 위급한 때의 극복이 바로 친구와 형제의 존재 이유라는 것입니다.

주변에 넘어진 친구가 있습니까? 내가 그의 친구인 이유는 바로 그러한 환란의 때를 위함인 것이라고 성경은 말합니다. 인도에서 "친구는 내 슬픔을 등에 지고 가는 자"입니다. 우리에게 그런 친구가 있습니까? 곁에 있으면 피해를 볼 것이라고 판단되는 상황이라 할지라도 여러분은 친구의 곁에 계십시오. 심지어 생명이 요구될 때에라도 함께 계십시오. 예수님의 말씀을 보십시오. "사람이 친구를 위하여 목숨을 버리면 이보다 더 큰 사랑이 없나니 너희는 내가 명하는 대로 행하면 곧 나의 친구라"(요15:13-14). 우리는 예수님의 친구가 될 수 있습니다. 그 방법은 친구를 위해 목숨을 버린 최고의 사랑을 실천하는 것입니다. 환난의 때에 친구를 사랑하는 것은 천하보다 귀한 한 생명을 친구로 얻으면서 동시에 예수님을 친구로 삼는 절호의 기회임을 믿으시기 바랍니다.

어떤 친구는 친구에게 유익을 주지는 못할망정 오히려 자기의 유익을 위해 친구를 곤경에 빠뜨리고 짓밟는 경우도 있습니다. 친구를 수단으로 삼아 유익을 챙기려는 사람에게 주어지는 형벌이 있습니다. 지불해야 하는 배상의 무게는 한 세대가 감당할 수 없는 것입니다. "보상을 얻으려고 친구를 비난하는 자는 그의 자손들의 눈이 멀게 되리라"(욥17:5). 즉 그 배상은 자신만이 아니라 자손 대대로 공의와 정직을 보지 못하고 불의와 거짓에 사로잡혀 심각한 악에 빠지게 된다는 것입니다. 친구를 이용하고 배신하고 이익의 방편으로 삼는 사람들의 말로는 이처럼 대를 이어서 비참해질 것입니다.

친구가 넘어지는 경우는 단순히 경제적인 빈곤이나 건강상의 허약만을 가리키지 않고 도덕적인 판단력에 적신호가 오는 경우도 있습니다. 그러한 때에 친구는 그것을 친구라는 이유로 덮거나 방관하는 자가 아닙니다. 오히려 따끔하고 충성된 경고로 친구의 그릇된 판단을 교정하는 것이 좋습니다. 지혜자는 "친구의 충성된 권고"가 "사람의 마음을 즐겁게 하는 기름과 향"이라고 말합니다(잠27:9). 이러한 경우에는 숨은 사랑보다 뾰족한 책망이 낫습니다. 그렇게 함으로써 철이 철을 날카롭게 하듯이 친구를 윤택하게 만드는 것입니다. 플루타르크의 이러한 말이 있습니다. "내가 끄덕일 때 똑같이 끄덕이는 친구는 필요하지 않다. 그런 건 내 그림자가 더 잘하기 때문이다." 이 말은 무조건 친구를 편드는 끄덕임의 무익을 잘 표현하고 있습니다. 친구가 잘못을 저지르면 감싸고 돌지 마시고 정신이 번쩍 들도록 책망해 주십시오.

친구의 세번째 유익은 두 사람이 함께 누우면 따뜻함이 있다는 것입니다. 홀로 있지 않고 더불어 있으면 감정과 생각의 교류가 생깁니다. 각자가 그런 교류의 생산자로 참여할 때에 그런 교류에서 발생하는 따뜻함의 수혜자가 되는 것입니다. 그러나 두 사람이 누워도 따뜻함이 아니라 냉기가 발생하는 경우도 많이 있습니다. 유대인 철학자 마틴 부버는 〈나와 너〉(Ich und Du)라는 책을 썼습니다. 거기에서 부버는 두 종류의 관계성 즉 "나와 그것"의 관계와 "나와 너"의 관계를 소개하되 "나와 그것"의 비인격적 관계가 아니라 "나와 너"라는 인격적 관계를 추구해야 한다고 말합니다. 타인을 "그것"이 아닌 "너"로 대하기 위해서는 최소한 나와 동등한 인격적 존재라는 사실을 존중하지 않으면 안됩니다. 나아가 최고의 인격적인 관계를 원한다면, 창조자 하나님의 눈으로 타인을 바라보지 않으면 안됩니다. 타인 안에 계신 "영원한 너"로서의 하나님을 바라볼 때 비로소 우리는 타인을 "그것"이 아닌 진정한 "너"로 대하는 것입니다.

친구의 네번째 유익은 한 사람이면 패할 수 있는 것도 두 사람이면 맞설 수 있다는 것입니다. 아무리 힘들어도 곁에 진실한 친구가 한 명 있으면 버틸 수 있습니다. 아무리 강한 공격도 이길 수 있습니다. 하나님은 인간을 지으시되 협력해야 성공하고 협력해야 승리하고 협력해야 일을 성취할 수 있도록 섭리하고 계십니다. 그런 섭리 때문에 백지장도 맞들면 낫습니다. 아무리 무거운 짐도 맞들면 들 수 있습니다. 공격과 위협이 아무리 강하여도 맞설 수 있습니다. 세 겹 줄은 쉽게 끊어지지 않습니다. 얼마든지 버틸 수 있습니다.

그러나 우리가 놓치지 말아야 할 마지막 교훈은 우리의 하나님이 우리의 궁극적인 친구라는 것입니다. 믿음의 조상에 대하여 하나님은 "나의 벗 아브라함"(대하20:7, 사41:8)이라는 호칭을 쓰신 적이 있습니다. 이것은 특별히 그의 믿음이 출중했기 때문에 수여된 독점적인 칭호가 아닙니다. 야고보는 믿음의 조상이 하나님을 믿고 의롭다 하심을 받았다는 말 이후에 그냥 “하나님의 벗이라 칭함을 받았다”(약2:23)고 말합니다. 모든 믿음의 사람들을 향하여 “벗”이라는 호칭을 쓰신 것입니다. 그리고 그런 믿음의 벗에게는 “내가 하려는 것”을 숨기지 않겠다는 표현까지 했습니다(창18:17). 하나님은 친구인 우리에게 비밀을 늘 공유해 주신다는 것입니다.

친구이신 하나님을 오늘 본문에 넣어서 생각해 보십시오. 우리에 대한 시기심과 경쟁심이 없습니다. 늘 일하시기 때문에 결코 게으름이 없습니다. 하나님은 공허한 바람을 잡으시는 일이 없습니다. “너희에게 대하여 말씀하신 모든 선한 말씀이 하나도 틀리지 아니하고 다 너희에게 응하여 그 중에 하나도 어김이 없음을 너희 모든 사람은 마음과 뜻으로 아는 바라”(수23:14)고 말합니다. 말씀으로 일하시는 하나님의 어떠한 말씀도 헛되이 땅에 떨어지는 법이 없습니다. 하나님은 우리를 행복하고 기쁘고 윤택하게 만드시는 것을 기뻐하고 즐기시는 분입니다. 하나님은 범사에 우리와 함께 하시기 때문에 우리 중에 그 누구도 혼자가 아닙니다. 주님의 역사 때문에 우리는 언제나 풍성한 상급을 받습니다. 주님께서 우리를 오른손으로 붙드시기 때문에 완전히 엎드려질 염려가 없습니다. 주님께서 늘 따뜻한 사랑으로 함께 하시기 때문에 우리는 차가워질 일이 없습니다. 주님께서 우리와 영원토록 함께 하시기 때문에 어떠한 종류의 패배도 없습니다.

우리는 하나님을 최고의 친구로 가진 자입니다. 그러나 여기가 끝이 아닙니다. 하나님을 최고의 친구로 맞이한 사람은 타인에게 최고의 친구가 되어 주지 않으면 안됩니다. 타인이 나와 더불어 최고의 상급을 얻고 나를 통하여 절망에 빠지지 않고 나 때문에 따뜻함을 느끼고 나로 인하여 모든 적들과 맞설 수 있도록 그에게 최고의 친구가 되시기를 바랍니다. 나아가 우리에게 최고의 친구이신 하나님을 그에게도 하나님이 최고의 친구가 되시도록 소개하고 선포하는 친구의 증인이 되시기를 바랍니다.

13강

권세의 헛됨

전 4:13–16

[13] 가난하여도 지혜로운 젊은이가 늙고 둔하여 경고를 더 받을 줄 모르
는 왕보다 나으니 [14] 그는 자기의 나라에서 가난하게 태어났을지라도 감
옥에서 나와 왕이 되었음이니라 [15] 내가 본즉 해 아래에서 다니는 인생
들이 왕의 다음 자리에 있다가 왕을 대신하여 일어난 젊은이와 함께 있
고 [16] 그의 치리를 받는 모든 백성들이 무수하였을지라도 후에 오는 자
들은 그를 기뻐하지 아니하리니 이것도 헛되어 바람을 잡는 것이로다

세상 사람들은 보다 큰 권세를 잡을 수만 있다면 수단과 방법을 가지지 않습니다. 권세가 어떤 의미를 가지고 있는지도 모르면서 마치 불나방과 같이 권력 쟁탈전에 뛰어들고 있습니다. 그렇게 해서 비참한 최후를 맞이하는 분들이 얼마나 많은지 모릅니다. 진실로 이웃과 국민을 섬기기 위해 권력을 가지고자 하는 사람들이 얼마나 있을까요? 현실에는 권력을 그저 이익의 방편으로 생각하고 취하려는 사람들이 너무도 많습니다. 그러나 권력은 사적인 이득을 추구하는 수단이 아닙니다. 하나님의 뜻을 이루기 위해 위로부터 하나님에 의해 주어지는 것입니다. 그

래서 다니엘은 하나님을 "때와 기한을 변하시며 왕들을 폐하시고 왕들을 세우시는" 분이라고 말합니다(단2:21). 같은 맥락에서 바울은 모든 권력이 하나의 예외도 없이 위로부터 하나님에 의해 주어지지 않음이 없다고 했습니다(롬13:1).

권력은 맡겨진 것입니다. 권력에는 공급자가 있고 수혜자가 있습니다. 땅의 권력자 혹은 권세자는 권력의 저자도 아니고 주인도 아니고 소유자도 아니고 궁극적인 수혜자도 아닙니다. 권력과 권세를 위탁 받아서 특정한 목적을 수행하기 위해 관리하는 자일 뿐입니다. 모든 권력의 저자와 주인과 주관자는 오직 하나님 뿐입니다. 모든 것들이 그렇듯이 권력도 주인이신 하나님의 쓰심에 합당하게 사용되지 않으면 안됩니다. 권력은 권력자가 사적인 용도로 동원하지 못하고, 오직 공적인 용도에 맞게 사용해야 하는 것입니다. 권력자는 하나님이 이 땅을 다스리기 위해 쓰시는 공적인 손입니다. 그래서 지혜자는 말합니다. "왕의 마음이 여호와의 손에 있음이 마치 봇물과 같아서 그가 임의로 인도하시느니라"(잠21:1). 왕의 직위는 하나님의 손에 의해 다스림을 받는 것이라고 명시하고 있습니다. 왕 자신이 주장하는 지위가 아닙니다.

권력자의 주인이 원하는 것은 하나님의 백성을 돌보는 것입니다. 하나님의 백성이 권력의 수혜자가 되도록 사용해야 하는 것입니다. 그러나 권력자가 주인의 뜻을 무시하고 사적인 이득의 방편으로 권력을 사용할 경우에 우리는 어떻게 처신해야 할까요? 첫째는 권력의 남용에도 하나님의 특별한 섭리가 있다고 생각하는 것이 좋습니다. 하나님은 악한 것들도 악한 날에 적당히 쓰십니다. 그러나 하나님의 뜻을 훼방하고 역행하는 권력의 횡포에 대해서는 순응하지 말아야 할 것입니다.

베드로와 사도들은 그리스도 예수의 이름을 말하지도 말고 전하지도 말라는 관원들의 엄포에 대해 사람의 말보다 하나님의 말씀 듣는 게 옳다는 판단을 내리고 지속적인 전도를 했습니다(행5:29). 비록 잘못된 권력에 순응하지 않고 저항을 했지만 그 저항은 권력과의 물리적인 투쟁을 벌이는 방식이 아니라, "그 이름을 위하여 능욕 받는 일에 합당한 자로 여기심을 기뻐"하는 방식으로 했습니다(행5:41). 사도들의 이러한 처신은 권력의 조직적인 핍박 속에서도 하나님의 뜻을 준행해야 한다는 판단에서 비롯된 것입니다.

세상에는 권력자가 등장하고 사라지는 일들이 반복되고 있습니다. 본문에서 전도자는 권력을 취하는 것 자체는 아무런 의미도 없고 헛되어 바람을 잡으려는 것일 뿐이라고 말합니다. 먼저 전도자는 "가난하나 지혜로운 젊은이가 늙고 둔하여 경고를 더 받을 줄 모르는 왕보다 낫다"고 말합니다(전4:13). 이는 비록 왕의 자리에 있더라도 자신의 잘못에 대한 경고를 무시하고 귀를 닫으면 왕의 권세가 없는 지혜로운 청년보다 못하다는 것입니다. 권력의 자리가 그 사람의 됨됨이나 인품을 보증하는 것이 아닙니다. 권력은 그저 제도가 공적으로 마련한 영향력의 범위일 뿐입니다.

악한 자가 권력을 차지하면 악의 광범위한 영향 때문에 국민들은 탄식하며 도피하는 일이 생깁니다. 의로운 자가 권력을 차지하면 의로움의 동일한 영향 때문에 국민들의 얼굴에는 미소가 번지고 삶에는 평화와 안정이 있습니다. 그래서 지혜자는 말합니다. "의인이 득의하면 큰 영화가 있고 악인이 일어나면 사람이 숨느니라"(잠28:12). "의인이 많아지면 백성이 즐거워하고 악인이 권세를 잡으면 백성이 탄식을 하느니라"(잠29:2). 이 말씀들은 국가 차원만이 아니라 가정과 교회와 일터에도 적용될 수 있습니다. 가장이 된다는 것은 큰 영향력의 범위를 가진다는 것입니다. 선하고 자비롭고 지혜로운 가장의 가정은 행복할 것이지만 포학하고 간사하고 게으른 가장의 가정은 불행할 것입니다. 하나님의 교회도 지혜롭고 자비롭고 선하고 거룩한 지도자가 섬기면 행복하고 그렇지 않은 지도자가 있으면 불행해질 것입니다. 교회에서 목회자와 리더들이 하나님의 경고를 무시하고 독선적인 태도를 취한다면 그렇지 않은 지혜로운 청년보다 못한 것입니다. 우리는 언제든지 실수와 오류를 범할 수 있으며 하나님의 뜻에서 멀어질 수 있습니다. 어디에 있든지 그것을 인정하며 늘 배우는 자세로 살아가는 자가 완고한 사장이나 왕이나 가장이나 목사보다 낫습니다.

사실 늙은 왕도 젊었을 때부터 경고를 무시하는 완고한 사람은 아니었을 것입니다. 그러나 시간이 흐르면서 자신이 왕이라는 사실이 서서히 부각되고, 국사 전체를 돌보면서 축적된 노하우의 분량이 커져 감에 따라 주변에서 자신에게 조언을 해 줄 자기보다 뛰어난 사람들이 없어져 갔을 것입니다. 그리고 자신보다 더 광범위한 사고를 하고 책임을 지고 경험을 쌓은 사람이 없다고 판단하여 결국 들으려는 경청의 귀를 닫았을 것입니다. 그러면 서로 협력하여 선을 이루게 하시는 하나님의 섭리에 둔감해져 결국은 하나님의 말씀에도 귀를 기울이지 않게 되었을 것입니다. 시간이 흐르고 경륜이 쌓일수록 하나님을 신뢰하는 마음은 줄어들고 자신의 명철과 판단력을 의지하는 마음은 커져간 것입니다.

그러나 지혜자는 말합니다. "너는 마음을 다하여 여호와를 신뢰하고 네 명철을 의지하지 말라 너는 범사에 그를 인정하라 그리하면 네 길을 지도해 주시리라"(잠3:5-6). 하나님을 신뢰하는 것은 그의 음성을 듣는다는 것입니다. 듣기를 중단하면 배움도 중단될 수밖에 없습니다. 배움이 없는 사람의 마음에는 고집만 남습니다. 아무리 탁월한 지혜의 조언을 전달해도 그의 귀에는 들어가지 않습니다. 지혜자의 말처럼 훈계와 책망 듣기를 싫어하는 자는 짐승과 같습니다(잠12:1). 견책을 싫어하는 자는 죽을 것입니다(잠15:10). 그릇된 죽음의 길을 가고 있는데도 수정해 줄 사람이 없다거나 수정의 책망을 듣지도 않는다면 죽을 수밖에 없습니다. 잘못이 지적되고 경고음이 들리고 수정의 요청이 들리는 것은 복입니다. 듣지 않는다는 것은 말하는 자보다 내가 더 옳다는 것을 표시하는 것입니다. 남보다 내가 낫다고 생각하는 한 우리는 경청의 귀를 열지 않습니다. 겸손한 자는 듣고 교만한 자는 듣지 않습니다.

듣는 자는 지혜로운 자입니다. 지혜자는 늘 귀를 열고 듣습니다. 지혜자는 충분한 분량의 지혜를 자기 안에 비축해 두고 그때그때 꺼내서 사용하는 자가 아닙니다. 지혜의 소유권은 우리에게 넘어온 적이 없습니다. 지혜는 우리에게 저장되는 물건이 아닙니다. 지혜로운 자는 지혜와 동행하는 자입니다. 지혜와 동행하는 비결은 바로 여호와를 경외하는 것입니다(잠1:7). 여호와를 경외하는 자는 범사에 하나님을 인정하며 그분을 신뢰하며 그분께 귀를 기울이는 자입니다. 신약의 표현을 쓰자면, 만세 전부터 감추어진 지혜이신 예수님을 영접하는 자입니다. 말씀이신 예수님이 바로 우리에게 지혜가 되십니다(고전1:30). 지혜자는 예수님의 경고를 계속해서 듣는 자입니다. "생명의 경계를 듣는 귀는 지혜로운 자 가운데에 있느니라"(잠15:31). "권면을 듣는 자는 지혜가 있느니라"(잠13:10). 귀를 닫으면 지혜로운 자가 될 수 없습니다. 오히려 우매해질 수밖에 없습니다.

가난하고 지혜로운 젊은이는 "자기의 나라에서 가난하게 태어났을지라도 감옥에서 나와 왕이 되었다"고 전도자는 말합니다(전4:14). 율법의 해설서인 미드라쉬 안에서는 이 젊은이를 요셉으로 해석하고 있습니다. 요셉은 험한 세월을 살았던 야곱의 집에서 태어났고 형들의 시기 때문에 이스마엘 상인의 손에 노예로 팔렸으며 보디발 아내의 모함을 받아 죄수의 몸으로 감옥에서 살았으며 30세가 되어서야 출옥하여 비록 왕의 자리에 오르지는 못했지만 왕에 버금가는 권세를 누렸던 분입니다.

요셉은 언제나 하나님의 경고에 귀를 기울였던 분입니다. 요셉은 자신이 최고의 실권자가 되었을 때에 자신을 인신매매 한 형들에게 얼마든지 보복할 명분과 능력이 있었지만 복수의 길을 가지 않습니다. 사실 감옥에서 고통의 나날을 보낼 때에도 복수의 칼을 갈지 않고 하나님과 동행했던 분입니다. "여호와께서 요셉과 함께 하심이라 여호와께서 그를 범사에 형통하게 하셨더라"(창39: 23). 하나님과 동행할 때에 오는 형통은 그의 형편이 잘 풀렸다는 말이 아닙니다. 요셉의 상황에 대한 시편의 기록을 보십시오. "그의 발은 착고를 차고 그의 몸은 쇠사슬에 매였으니 곧 여호와의 말씀이 응할 때까지라 그의 말씀이 그를 단련하였도다"(시105:18-19). 요셉의 형통은 감옥에서 특혜를 받거나 죄수의 신분을 벗어버린 것이 아닙니다. 말씀의 훈계를 듣고 연단을 받으며 매 순간 하나님과 동행을 했습니다.

하나님의 훈계를 들으며 영적인 훈련을 받은 요셉이 뼈에 사무친 원수짓을 했던 형들과 대면했을 때의 태도와 처신을 보십시오. 형들은 요셉의 보복 가능성에 두려워 떨면서 엎드려 선처를 호소하고 있습니다. 그러나 요셉은 형들의 예상과는 달리 어떠한 보복에도 돌입하지 않고 오히려 형들의 두려움을 달래며 이렇게 말합니다. "두려워 마소서 내가 하나님을 대신 하리이까"(창50:19-20). 이것은 늘 하나님의 뜻에 코드를 조율하고 범사에 하나님께 귀를 기울이는 요셉의 경건이 빛나는 대목입니다. 고대근동 시대에 세계의 강대국인 애굽에서 최고의 실권자가 된 요셉은 얼마든지 자신의 지혜와 판단력과 경험과 노하우를 동원해서 형들을 지구에서 제거할 수 있었으나 그는 하나님께 귀를 기울이며 그의 음성을 들었던 자입니다.

전도자는 지금 우리에게 젊어서도 하나님께 신뢰하는 지혜자로 살고 늙어서도 하나님 앞에서 지혜로운 자로 살아가는 비결을 가르치고 있습니다. 나에게 지금까지 축적된 경험과 노하우를 지혜롭게 사용은 하되 하나님의 말씀에 귀를 닫을 정도의 과도한 신뢰를 주지는 마십시오. 하나님의 말씀과 경고와 책망에 귀를 기울이는 것을 대체할 정도로 믿을만한 지혜는 이 세상에 없습니다. 오랜 시간동안 수 차례에 걸쳐서 검증된 방식과 해법이라 할지라도 우리에게 신뢰의 대상은 아닙니다. 그때의 그 경우에는 주님께서 그것을 쓰셨지만 이때의 이 경우에는 사용하지 않으실 수 있습니다.

지혜자는 우리에게 지혜로운 젊은 왕의 이야기를 통해 하나님의 경고에 귀를 기울이는 지혜의 필요성을 가르친 이후에 보다 근원적인 이야기를 꺼냅니다. "내가 본즉 해 아래에서 다니는 인생들이 왕의 다음 자리에 있다가 왕을 대신하여 일어난 젊은이와 함께 있고 그의 치리를 받는 모든 백성들이 무수하였을 지라도 후에 오는 자들은 그를 기뻐하지 아니하리니 이것도 헛되어 바람을 잡는 것이로다"(전4:15-16). 왕이 있습니다. 왕의 다음 자리에 있던 젊은이가 그 왕의 자리를 갖습니다. 모든 백성들은 왕의 치리를 받다가 다음 자리에 있던 왕의 계승자인 젊은이의 치리를 받습니다. 그러나 그 이후의 사람들은 그를 기뻐하지 않습니다. 이것을 지켜본 전도자는 "이것도 헛되어 바람을 잡는 것"이라는 결론을 내립니다. 추구할 바가 아니라는 것입니다. 인간문맥 안에서 최고의 지위라고 할 왕위에 오른다는 것은 그 자체로 가치가 되는 것은 아니라는 것입니다. 세월의 변화를 이길 장사가 없습니다. 바뀌고 변합니다. 왜 권력의 세계가 그렇게 보이는 것입니까? 하나님이 그렇게 통치하고 계셔서 그런 것입니다. 이 세상에 영원한 권력자는 없습니다. 특정한 기간동안 위탁된 권력의 대리자로 섬기다가 때가 이르면 지나가는 것입니다. 바르게 섬기면 권력은 오래 유지되고 그렇지 않으면 폐위를 당합니다.

다니엘은 바벨론과 페르시아 제국에서 고위직에 올라 섬기면서 세 개의 다른 정권을 경험한 자입니다. 국가와 권력의 변천과 흥망을 두루

두루 경험하며 왕도 지나가고 정권도 바뀌는 것을 본 자입니다. 그런 다니엘이 가진 정치적인 감각은 느부갓네살 왕에게 건넨 말에 잘 나타나 있습니다. "왕이여 왕은 여러 왕들 중의 왕이시라 하늘의 하나님이 나라와 권세와 능력과 영광을 왕에게 주셨고 사람들과 들짐승과 공중의 새들, 어느 곳에 있는 것을 막론하고 그것들을 왕의 손에 넘기사 다 다스리게 하셨으니"(단2:37-38). 바벨론의 느브갓네살 왕이 천하를 호령했던 것은 하나님이 나라와 권세와 능력과 영광을 왕에게 주셨기 때문입니다. 이처럼 하나님은 왕위를 주시기도 하시고 취하기도 하시는 권력의 근원적인 샘입니다.

그러나 권세를 주신 하나님을 떠나면 왕 자신은 버림을 받는 무의미한 존재일 뿐입니다. "왕이 사람에게서 쫓겨나서 들짐승과 함께 살며 소처럼 풀을 먹으며 하늘 이슬에 젖을 것이요 이와 같이 일곱 때를 지낼 것이라"(단4:25). 하나님의 뜻을 져버린 느브갓네살은 이처럼 들짐승과 함께 살아가는 짐승 같은 존재가 됐습니다. 하나님은 부패한 권력자의 권세는 폐하시고 자신이 원하시는 사람에게 나라와 권세와 능력과 영광을 자유롭게 주시는 분입니다. 권력자는 철저히 권력의 주인이신 하나님의 뜻을 따라야 합니다.

왕은 자신이 마치 권세의 저자요 주인인 것처럼 임의로 권세를 사용할 수는 없습니다. 주신 분의 뜻과 목적에 의해 권세는 구속되지 않으면 안됩니다. 하나님의 말씀과 뜻을 져버리는 순간 권력은 의로운 병기가 아니라 포악한 흉기로 변합니다. 이스라엘 백성의 초대 왕이었던 사울이 대표적인 사례인 것 같습니다. 그는 하나님에 의해 왕위에 올랐지만 하나님의 말씀을 버렸을 때에 하나님의 버림을 받습니다. "왕이 여호와의 말씀을 버렸으므로 여호와께서 왕을 버려 이스라엘 왕이 되지 못하게 하셨음이니이다"(삼상15:26). 그리고는 하나님이 새롭게 세우고자 하는 왕 다윗을 죽이려는 흉기로 변합니다. 칼을 휘두르고 표창을 던집니다. 권세를 위탁하신 하나님을 떠나면 이처럼 버림을 당하고 하나님의 일도 훼방하는 자로 변합니다.

우리는 눈에 보이는 권력자를 중심으로 살지 않습니다. 그 권력을 다스리고 계신 하나님을 중심으로 살아가는 자입니다. 세상의 모든 권력은 지나가는 것입니다. 매달리지 마십시오. 의지하지 마십시오. "귀인들을 의지하지 말며 도울 힘이 없는 인생도 의지하지 말지니 그의 호흡이 끊어지면 흙으로 돌아가서 그 날에 그의 생각이 소멸하리로다 야곱의 하나님을 자기의 도움으로 삼으며 여호와 자기 하나님에게 자기의 소망을 두는 자는 복이 있도다"(시146:3-5). 전도자는 지금 이것을 교훈하고 있습니다. 한 사람이 왕위에 오르고 후계자가 왕위를 차지하는 정권교체 현상과 한 왕을 따르는 백성이 많지만 그 다음 세대가 그 왕의 치리를 원하지 않는 현상은 권력 자체와 권력 추구 자체가 무의미한 것이며 바람을 잡으려는 헛수고일 뿐임을 잘 보여주고 있습니다. 이러한 현실을 이해하는 하나님의 사람들은 오직 하나님께 자기의 소망을 둘 수밖에 없습니다.

하나님은 모든 권력의 원천이 되십니다. 권력자들 중의 권력자가 되십니다. 왕도 지나가고 정권도 지나가고 권세도 지나가나 그 권세의 근원이신 하나님은 영원토록 변하시지 않습니다. 눈에 보이는 권력에 탐욕의 군침을 흘리지 마십시오. 우리의 시대를 주름잡고 있는 실권자 때문에 희비가 엇갈리지 마시고 분노와 불평에 붙들리지 마십시오. 정치를 마치 본업인 것처럼 매달리고 관여하는 목회자가 주변에 몇몇 보입니다. 정치의 강물에 목회자가 뛰어들 필요는 없습니다. 이는 공의와 정직이 인진으로 변하고 불의가 합법으로 둔갑하는 사회의 현실을 좌시해도 된다는 의미가 아닙니다. 모든 권력을 세우기도 하시고 폐하기도 하시는 절대적인 권력자 하나님께 의식의 초점을 맞추라는 것입니다. 그렇게 함으로써 인간문맥 안에서 숨가쁘게 변화되는 양상에는 준동되지 말라는 것입니다.

하나님께 소망을 두십시오. 특정한 정치인의 지지율이 오르고 내려가는 것은 별로 중요하지 않습니다. 한 세대가 어떤 리더에게 열광하고 동일한 리더가 다음 세대의 기억에서 지워지는 일이 얼마든지 있습니다. 거기에 무슨 심각한 뜻을 두고 반응하는 것은 마치 헛된 바람을 잡으려는 것과 같습니다. 범사에 모든 역사의 주관자가 되신 하나님께 소망을 두고 하나님의 관점으로 우리가 사는 세상을 이해하고 하나님의 뜻이 구현되는 방향으로 처신하는 지혜로운 자가 되십시오.

14강

하늘에 계신 하나님

전 5:14–9

1 너는 하나님의 집에 들어갈 때에 네 발을 삼갈지어다 가까이 하여 말씀
을 듣는 것이 우매한 자들이 제물 드리는 것보다 나으니 그들은 악을 행
하면서도 깨닫지 못함이니라 2 너는 하나님 앞에서 함부로 입을 열지 말
며 급한 마음으로 말을 내지 말라 하나님은 하늘에 계시고 너는 땅에 있
음이니라 그런즉 마땅히 말을 적게 할 것이라 3 걱정이 많으면 꿈이 생기
고 말이 많으면 우매한 자의 소리가 나타나느니라 4 네가 하나님께 서원
하였거든 갚기를 더디게 하지 말라 하나님은 우매한 자들을 기뻐하지 아
니하시나니 서원한 것을 갚으라 5 서원하고 갚지 아니하는 것보다 서원
하지 아니하는 것이 더 나으니 6 네 입으로 네 육체가 범죄하게 하지 말라
천사 앞에서 내가 서원한 것이 실수라고 말하지 말라 어찌 하나님께서
네 목소리로 말미암아 진노하사 네 손으로 한 것을 멸하시게 하랴 7 꿈이
많으면 헛된 일들이 많아지고 말이 많아도 그러하니 오직 너는 하나님을
경외할지니라 8 너는 어느 지방에서든지 빈민을 학대하는 것과 정의와
공의를 짓밟는 것을 볼지라도 그것을 이상히 여기지 말라 높은 자는 더
높은 자가 감찰하고 또 그들보다 더 높은 자들도 있음이니라 9 땅의 소산
물은 모든 사람을 위하여 있나니 왕도 밭의 소산을 받느니라

인간의 존재를 생각할 때에 늘 명심해야 할 것이 있습니다. 우리는 땅에 있고 하나님은 하늘에 계시다는 것입니다. 우리의 생각과 하나님의 생각 사이의 차이는 땅과 하늘의 차이와 같습니다. 우리의 기호와 하나님의 기호 사이에도 땅과 하늘의 격차가 있습니다. 우리의 말과 하나님의 말씀 사이에도, 우리의 판단과 하나님의 판단 사이에도, 우리의 기준과 하나님의 기준 사이에도, 측량할 수 없는 권위와 권능의 격차가 있습니다. 하나님과 인간의 이러한 구분과 차이를 망각하면 인간과 하나님을 터무니 없는 동류로 여기기 쉽습니다. 구원과 사랑의 하나님은 우리가 너무도 쉽게 가까이 다가갈 수 있는 분이지만 동시에 창조와 공의의 하나님도 되신다는 사실을 잊어서는 안됩니다. 후자를 망각하면, 하나님을 자칫 피조물로 여기거나 인간을 신으로 여기는 존재의 끔찍한 무질서를 낳습니다.

전도자는 특별히 우리가 "하나님의 집"을 출입할 때에 하나님과 우리의 본성적인 격차를 잊지 말라고 교훈하고 있습니다. 먼저 1절을 보십시오. "너는 하나님의 집에 들어갈 때에 네 발을 삼갈지어다 가까이 하여 말씀을 듣는 것이 우매한 자들이 제물 드리는 것보다 나으니 그들은 악을 행하면서도 깨닫지 못함이니라." 여기에서 전도자는 하나님의 집에 들어갈 때에 "너의 발을 지키라"고 말합니다. 하나님의 집은 하나님의 임재가 있고 말씀이 선포되는 곳입니다. 하나님을 위하여 구별된 곳입니다. 과거에 하나님은 자신에게 구별된 땅을 밟는 모세에게 다음과 같은 명령을 내리신 적이 있습니다. "하나님이 이르시되 이리로 가까이 오지 말라 네가 선 곳은 거룩한 땅이니 네 발에서 신을 벗으라"(출3:5).

신발을 벗으라는 명령은 하나님께 구별된 거룩한 땅은 인간의 동기 때문에 혹은 인간의 목적을 위하여 출입하는 곳이 아니라는 뜻입니다. "하나님의 집"은 인간적인 동기 때문에 출입을 시작하고 인간의 사사로운 목적을 위하여 드나드는 곳이 아닙니다. 우리의 교회출석 동기는 무엇에 있습니까? 취업을 위한 것입니까? 장사를 위한 것입니까? 연애를 위한 것입니까? 사사로운 동기와 인간적인 목적의 신발을 벗으시기 바랍니다. 교회는 하나님의 이름을 기념하기 위한 곳입니다. 하나님의 진리가 이 땅에 선포되는 곳입니다. 하나님의 영광이 온 세상에 분배되는 곳입니다. 캄캄한 절망에 빠진 자들이 희망의 빛을 경험하는 곳입니다. 죽은 자들이 살아나는 곳입니다. 교회는 이러한 하나님의 나라와 의를 위하여 존재하는 곳입니다.

전도자는 하나님의 집이 죄악을 범하면서 깨닫지를 못하는 우매자가 제사 혹은 서원을 드리는 곳이 되어서는 안된다고 말합니다. 죄를 저지르면 마음이 불안하고 평강이 없습니다. 그런데 하나님의 집에서 짐승을 잡아 제사를 드리면 심리적인 정화를 경험하고 죄책감이 해소되는 듯합니다. 이러한 목적을 위하여 하나님의 집을 출입하는 사람들이 적지 않습니다. 그러나 하나님의 집은 범죄한 자들이 종교적인 최면을 걸어 양심의 고발을 느끼지 못하게 만드는 곳이 결코 아닙니다. 하나님의 집은 하나님을 "가까이 하여 말씀을 듣는" 곳입니다. 영의 양식을 섭취하는 곳입니다. 진리로 거짓을 제거하는 곳입니다. 인간의 생각을 하나님의 생각으로 대체하는 곳입니다. 상대적인 기준들을 절대적인 기준으로 교체하는 곳입니다. 인간의 뜻을 하나님의 뜻으로 바꾸는 곳입니다. 하나님의 말씀을 듣고 배우고 실천하는 곳입니다.

이사야의 시대에 이스라엘 백성은 하나님의 말씀에 귀를 기울이지 않고 패역한 일들을 했습니다. 그럼에도 불구하고 그들의 종교적인 열심은 특별해서 하루도 거르지 않고 숫양의 번제와 살진 짐승의 기름을 드렸으며 수송아지, 숫양, 숫염소의 피를 뿌리려고 성전으로 왔습니다. 그러나 하나님은 이것을 결코 좋게 보시지를 않습니다. "너희가 내 앞에 보이려 오니 이것을 누가 요구한 적이 있느냐 내 마당만 밟을 뿐이니라"(사1:12). 나아가 "헛된 제물을 다시 가져오지 말라 분향은 내가 가증히 여기는 바요 월삭과 안식일과 대화로 모이는 것도 그러하니 성회와 아울러 악을 행하는 것을 내가 견디지 못할 정도"라고 하십니다(사1:13).

여러분은 교회에 왜 오십니까? 교회에서 여러분은 무엇을 기대하고 계십니까? 세상에서 죄악을 범하면서 정작 교회에 와서는 종교적인 면죄부를 기대하고 계시지는 않습니까? 교회는 죄악을 저지른 사람들이 죄책감을 털어내기 위해 마련된 양심의 세탁소가 아닙니다. 물론 모든 사람들이 교회에서 회개하며 주님께 나아갈 수 있습니다. 그러나 교회는 지속적인 죄를 저지르며 마음의 죄책감을 털려고 마당만 밟으려고 출입하는 곳이 아닙니다. 진실로 교회는 하나님의 말씀을 듣는 곳입니다. 교회에 오실 때마다 하나님의 말씀을 듣기 위하여 하나님을 가까이 하십시오. 하나님의 말씀을 듣지 못한다면 하나님의 집에 오지 않은 것입니다.

하나님의 집에서는 언제나 입이 아니라 귀를 여십시오. 하나님의 집은 귀보다 입술이 앞서면 안되는 곳입니다. 2절을 보십시오. "너는 하나님 앞에서 함부로 입을 열지 말며 급한 마음으로 말을 내지 말라 하나님은 하늘에 계시고 너는 땅에 있음이니라 그런즉 마땅히 말을 적게 할 것이라." 전도자는 성급한 마음으로 입을 열어서는 안된다고 말합니다. 전도자는 이것을 땅에 있는 우리와는 달리 하나님은 하늘에 계신 분이라는 존재의 격차에 근거하여 교훈하고 있습니다. 하나님은 하늘에 계신 분입니다. 사람들에 의해 파악되지 않는 분입니다. 하나님의 뜻은 헤아리지 못합니다. 하나님의 섭리는 추적되지 않습니다. 하나님의 지혜와 지식은 측량할 도구가 없을 정도로 풍부하고 깊습니다. 바울은 그런 하나님에 대하여 다음과 같은 탄성을 지릅니다. "깊도다 하나님의 지혜와 지식의 풍성함이여, 그의 판단은 헤아리지 못할 것이며 그의 길은 찾지 못할 것이로다"(롬11:33).

인간이 다 파악할 수 없는 하나님 앞에서 우리가 취하여야 할 태도는 성급한 마음으로 입을 열지 않고 귀를 열어서 듣는 것입니다. 하나님은 "하늘과 하늘들의 하늘과 일월 성신과 땅과 땅 위의 만물과 바다와 그 가운데 모든 것을 지으시고 다 보존하고" 계시는 분입니다(느9:6). 지극히 위대하신 하나님 앞에서 우리가 자신의 인간적인 생각과 소원과 가치관과 인간적인 속성을 입술로 쏟아내는 것은 어리석은 일입니다. 최고의 지혜와 최고의 지식과 최고의 거룩과 최고의 진리와 최고의 기준과 최고의 가치와 최고의 정의와 최고의 사랑과 최고의 자비와 최고의 인내와 최고의 긍휼과 최고의 정직과 최고의 능력을 가지신 분입니다. 그런 분 앞에서 인간이 입을 열어서 당당하게 끄집어낼 수 있는 내용이 과연 있을까요? 전혀 없습니다.

그리고 우리가 입을 열고 있는 동안에는 그토록 위대하신 하나님의 말씀을 듣지 못한다는 폐단이 있습니다. 입을 열고 있으면, 하나님의 신적인 생각과 소원과 진리와 성품을 알고 경험하고 받아들일 기회도 그만큼 없어지는 것입니다. 그래서 전도자는 "마땅히 말을 적게 할 것"을 권합니다. 경박한 입을 닫으라는 것입니다. 사실 인간문맥 안에서도 특별히 유력자들 앞에서 우리는 말을 조심하지 않습니까? 하물며 하나님 앞에서는 얼마나 더 조심해야 하는 것일까요? 하나님과 대화를 나누었던 욥은 이렇게 고백하고 있습니다. "사람이 하나님께 변론하길 좋아한다 할지라도 천 마디에 한 마디도 대답하지 못하리라"(욥9:3).

욥은 왜 이렇게 고백하는 것일까요? 하나님을 아는 지식의 높은 경지에 이르렀기 때문에 하는 말입니다. 욥이 알고 있었던 하나님은 산을 허무시고 옮기셔도 산이 깨닫지를 못하며 땅을 그 자리에서 움직이면 그 기둥들이 흔들리고 해를 명령하여 뜨지 못하게 하시며 별을 가두시며 홀로 하늘을 펴시며 바다의 물결을 밟으시며 북두성과 삼성과 묘성과 남방의 밀실을 만드시고 측량할 수 없는 큰 일을, 셀 수 없는 기이한 일을 행하신 분입니다(욥9:5-10). 참으로 놀라운 분입니다. 어떠한 사안에 대해서도 그분은 논쟁의 대상이 아닙니다. 하나님을 알면 더 알수록 입술은 닫히고 귀만 열립니다. 인생의 모든 것들을 경험한 전도자는 입을 다물라고 권합니다.

말이 많으면 어떠한 일들이 생길까요? 3절을 보십시오. "걱정이 많으면 꿈이 생기고 말이 많으면 우매한 자의 소리가 나타나느니라." 걱정이 많아지면 다양한 것들을 시도하며 많은 꿈들이 생깁니다. 또한 말이 많아지면 입술에서 우매자의 소리가 나오는 법입니다. 7절에도 같은 말이 나옵니다. "꿈이 많으면 헛된 일들이 많아지고 말이 많아도 그러하니." 꿈이 많으면 헛된 일들에 매달리게 되듯이 말이 많아도 헛된 말들이 많아지는 법입니다. 그래서 지혜자도 이렇게 말합니다. "입을 지키는 자는 자기의 생명을 보전하나 입술을 크게 벌리는 자에게는 멸망이 오느니라"(잠13:3). 입술에서 헛된 말들을 쏟아내는 사람은 멸망을 자초하는 자입니다.

인간의 됨됨이는 그것을 담아내는 적정한 언어의 종류와 분량이 있습니다. 말이 많아져서 적정선을 벗어나면 언어는 진실성이 떨어지고 전달력도 상실되고 발언자는 결국 가식과 과장의 늪에 반드시 빠집니다. 존재와 존재를 번역한 언어 사이, 혹은 존재의 무게와 언어의 분량 사이에 간격이 커지면 진실성과 사실성과 신뢰성은 모두 떨어질 수밖에 없습니다. 그래서 지혜자의 권고처럼, 생명을 지킨다는 마음으로 각자의 입술을 지키시기 바랍니다. 혀는 생명을 걸어야 할 정도로 막대한 힘을 가지고 있습니다. "죽고 사는 것이 혀의 힘에 달렸나니 혀를 쓰기 좋아하는 자는 혀의 열매를 먹으리라"(잠18:21).

생사가 혀의 열매라는 지혜자의 진단은 결코 과장이 아닙니다. 지금도 이 말씀은 곳곳에서 실현되고 있습니다. 동양에도 말 한 마디로 천 냥 빚을 갚는다는 말이 있습니다. 한 사람의 운명이 한 마디의 말에 의해 뒤집어질 수 있다는 말입니다. 이것은 하나님의 섭리입니다. 그것은 하나님의 말씀 한 토막만 우리의 영혼에 들어가도 우리의 인생이 뒤바뀌는 섭리를 말합니다. "주 예수를 믿으라"는 말씀이 한 사람에게 들어가면 진노의 자식, 어둠의 자녀, 영적인 시체, 캄캄한 절망이 빛의 자녀, 영원한 생명, 설레는 희망으로 바뀝니다. 그래서 우리는 생명을 다하여 입을 지켜야 하는 것입니다.

말은 한 사람의 경건과도 결부되어 있습니다. "누구든지 스스로 경건하다 생각하며 자기 혀를 재갈 물리지 아니하고 자기 마음을 속이면 이 사람의 경건은 헛것이라"(약1:26). 참으로 경건한 자는 자신의 입술을 다스릴 줄 아는 자입니다. 아무리 경건해도 입술을 다스리지 못해 헛된 말들을 쏟아내면 진실하지 않은 말들이 나오게 되고 그 말들이 우리의 마음을 속입니다. 거짓이 마음을 출입하는 순간 경건은 헛것으로 변합니다. 없는 것을 있다고 말하고, 하지 아니한 것들을 했다고 말하면 타인과 자신을 모두 속이는 것입니다. 거짓은 대체로 언어와 결부되어 있습니다. 언어는 거짓의 옷입니다. 마음의 거짓은 언어의 옷을 입고 밖으로 나옵니다. 언어가 어떠한 거짓과도 결부되지 않는 분은 말씀이신 그리스도 예수 밖에 없습니다. 그분은 언어와 실재가 전혀 다르지 않습니다. 그래서 거짓이 비집고 들어올 빈틈이 없습니다.

헛되고 거짓된 언어의 문제를 해결하는 방법은 범사에 우리가 하늘에 계신 하나님을 기억하는 것입니다. 언어의 형태를 취하기 이전에 우리의 마음을 이미 다 아시는 하나님이 계시다는 사실을 기억하고 인정할 때 우리는 입술을 지킬 수 있습니다. 헛되고 거짓된 말들을 쏟아내지 않을 것입니다. 전도자가 생각하는 우매자는 지키지도 않을 공허한 말들을 만드는 자입니다. 우매한 말의 사례들 중의 하나는 하나님께 서원하고 그 서원을 지키지 않는 것입니다. 4절을 보십시오. "네가 하나님께 서원을 하였거든 갚기를 더디게 하지 말라 하나님은 우매한 자들을 기뻐하지 않으시니 서원한 것을 갚으라." 서원은 자발적인 마음으로 하나님께 무슨 약조를 하는 것입니다. 그런데 그것을 지키지 않는다면 하나님께 공허한 말을 한 셈입니다.

서원에 대해서는 입다의 사례가 우리에게 깊은 의미를 제공하고 있습니다. 입다는 암몬 자손과의 전쟁에서 만약 주님께서 승리하게 해 주신다면 집 문에서 자신을 영접하는 존재를 번제물로 드린다는 서원을 했습니다(삿11:30-31). "누구든지 내 집 문에서 나와서 나를 영접하는 그는 여호와께 돌릴 것이니 내가 그를 번제물로 드리겠나이다"(삿11:31). 입다는 전쟁에서 실제로 승리한 이후에 집으로 왔습니다. 그런데 자신을 영접한 자는 자신의 딸입니다. 이런 때에는 어떻게 처신하면 좋습니까? 입다는 자신의 딸을 하나님께 번제물로 바칩니다. 그렇게 해서 자신의 서원을 갚은 것입니다.

그러나 이것은 올바르지 않아 보입니다. 아무리 하나님께 서원을 했다고 할지라도 타인의 생명을 희생시켜 자신의 서원을 갚는다는 것은 지극히 이기적인 일입니다. 차라리 서원을 갚지 않아서 하나님 앞에서 어리석은 자가 되는 게 자식을 죽이는 것보다 낫습니다. 사실 하나님은 사람을 제물로 드리는 것을 엄격하게 금지하신 분입니다. 율법을 보십시오. "이 민족들은 그 신들을 어떻게 섬겼는고 나도 그와 같이 하겠다 하지 말라…여호와께서 꺼리시며 가증히 여기시는 일을 그들의 신들에게 행하여 심지어 자기들의 자녀를 불살라 그들의 신들에게 드렸느니라"(신12:30-31). 사실 하나님께 바치기로 서원한 사람들을 속전하는 방법도 율법에는 있습니다. "다섯 살로부터 스무 살까지는 남자면 그 값을 이십 세겔로 하고 여자면 열 세겔로 하며"(레27:5). 딸을 죽이지 않아도 되는 방법이 있지만 율법에 너무나도 무지했던 것 같습니다. 하나님의 말씀에 대한 무지로 인해 입다는 하나님이 가증하게 여기시는 방식으로 서원을 갚은 것입니다. 어리석은 자입니다.

전도자는 우리가 서원을 하고서 갚지 않는다면 서원하지 않은 것보다 못하다는 평가를 내립니다. 5절입니다. "서원하고 갚지 아니하는 것보다 서원하지 아니하는 것이 더 나으니." 지키지 못할 서원은 하지도 마십시오. 그런 서원은 스스로를 속이고 하나님을 속이고 헛되고 거짓된 말만 생산할 뿐입니다. 결국 하나님의 진노를 일으켜 우리를 멸망하게 만드는 일입니다. 하나님은 모든 것들을 다 아십니다. 우리의 마음과 생각을 아십니다. 앉고 일어섬을 아십니다. 멀리서도 바로 옆에서 보시는 것처럼 우리의 전부를 선명하게 아십니다. 그런 하나님 앞에서 급하게 입술을 벌리지 마십시오. 공허한 서원을 내뱉지 마십시오.

7절을 보십시오. "오직 너는 하나님을 경외할지니라." 잘못된 서원을 근절하는 유일한 방법은 하나님을 경외하는 것이라고 전도자는 말합니다. 하나님은 우리의 모든 심사와 생각들을 모두 통촉하고 계신 분입니다(시11:4, 139:2). 하나님께 마음에도 없는 서원을 굳이 내뱉을 필요가 없습니다. 사람을 의식해서 거짓된 말을 제조할 필요가 없습니다. 말을 적게 하십시오. 그러면 사람들의 인식도 좋게 만듭니다. "미련한 자라도 잠잠하면 지혜로운 자로 여겨지고 그의 입술을 닫으면 슬기로운 자로 여김을 받느니라"(잠17:28).

전도자는 하나님을 경외할 때에 이 세상의 온갖 불의와 불법 속에서도 지혜롭게 처신할 수 있다고 말합니다. 8절을 보십시오. "너는 어느 지방에서든지 빈민을 학대하는 것과 정의와 공의를 짓밟는 것을 볼지라도 그것을 이상히 여기지 말라 높은 자는 더 높은 자가 감찰하고 또 그들보다 더 높은 자들도 있음이니라." 어느 사회를 보더라도 가난한 사람들은 학대를 당하고 사회적인 정의와 공의는 비참하게 유린을 당합니다. 권력을 독점한 자들의 횡포와 착취는 날로 확대되고 있습니다. 이러한 상황 속에서 하나님을 믿는 우리는 어떻게 처신해야 할까요? 전도자는 "높은 자는 더 높은 자가 감찰하고 또 그들보다 더 높은 자들도 있음"을 기억해야 한다고 말합니다. 모든 권력과 권세의 끝자락에 절대적 권위자인 하나님이 계십니다. 사랑과 정의의 하나님을 믿는다면 고위직에 있는 악한 자들로 인하여 불평하고 원망할 필요가 없습니다. 그들이 세상을 장악하고 거느린다 할지라도 그들보다 더 높은 하나님은 반드시 우리에게 공의를 행하시고 사랑을 베푸시는 분입니다.

아무리 큰 소리로 천하를 호령하는 왕이라고 할지라도 결국에는 밭의 소산으로 연명하는 자입니다. 모든 사람들이 땅의 소산물을 먹고 살 듯이 왕도 땅의 소산물 없이는 살아갈 수 없습니다. 고작해야 땅에 의존하는 왕의 권력이 얼마나 높다고 불평의 대상으로 삼습니까? 그러지 마십시오. 땅에서의 모든 계층들과 신분들은 인간문맥 안에서 합의되고 만들어진 것입니다. 땅에서의 신분과 계급은 아무것도 아닙니다. 불변적인 것도 아니고 우리의 존엄성과 가치를 규정하는 것도 아닙니다. 9절을 보십시오. "땅의 소산물은 모든 사람을 위하여 있나니 왕도 밭의 소산을 받느니라." 왕이나 백성이나 부자나 거지나 주인이나 종이나 모두 다 땅의 소산물을 먹습니다. 인생의 호흡은 코에 있고 생존의 기반은 땅의 소산물에 있습니다. 어떠한 인생도 예외가 있을 수 없습니다. 모든 인생은 이러한 하나님의 통치 아래에 있습니다. 지극히 높으신 분이 다른 모든 계층의 사람들을 다스리고 계십니다. 그래서 땅에서의 불의와 불법의 난무를 이상하게 여기지 마십시오. 놀라지 마십시오. 하나님은 반드시 정의와 공의를 이루실 것입니다.

15강

어리석은 부자

전 5:10-17

[10] 은을 사랑하는 자는 은으로 만족하지 못하고 풍요를 사랑하는 자는
소득으로 만족하지 아니하나니 이것도 헛되도다 [11] 재산이 많아지면 먹
는 자들도 많아지나니 그 소유주들은 눈으로 보는 것 외에 무엇이 유익
하랴 [12] 노동자는 먹는 것이 많든지 적든지 잠을 달게 자거니와 부자는
그 부요함 때문에 자지 못하느니라 [13] 내가 해 아래에서 큰 폐단 되는 일
이 있는 것을 보았나니 곧 소유주가 재물을 자기에게 해가 되도록 소유
하는 것이라 [14] 그 재물이 재난을 당할 때 없어지나니 비록 아들은 낳았
으나 그 손에 아무것도 없느니라 [15] 그가 모태에서 벌거벗고 나왔은즉
그가 나온 대로 돌아가고 수고하여 얻은 것을 아무것도 자기 손에 가지
고 가지 못하리니 [16] 이것도 큰 불행이라 어떻게 왔든지 그대로 가리니
바람을 잡는 수고가 그에게 무엇이 유익하랴 [17] 일평생을 어두운 데에서
먹으며 많은 근심과 질병과 분노가 그에게 있느니라

10절을 보십시오. "은을 사랑하는 자는 은으로 만족하지 못하고 풍요를 사랑하는 자는 소득으로 만족하지 아니하나니 이것도 헛되도다." 은을 사랑하는 것은 무엇을 의미하는 것일까요? 원래 사랑은 수단이 아니

라 그 자체가 목적인 것입니다. 즉 돈을 우리의 목적으로 삼으면 우리는 돈을 사랑하는 것이고, 돈을 사랑하면 돈을 수단이 아니라 목적으로 삼겠다는 것입니다. 은과 풍요를 목적이 아니라 수단으로 여기는 자는 그것을 사랑하는 자가 아닙니다.

그러나 어리석은 부자는 은과 풍요를 사랑하는 자입니다. 돈이나 풍요가 그 자체로는 선악의 문제와 결부되어 있지 않습니다. 그러나 우리가 돈이나 풍요를 사랑하면 문제가 생깁니다. 바울은 "돈을 사랑함이 일만 악의 뿌리가 된다"(딤전6:10)고 말합니다. 여기에서 돈이나 풍요는 화폐나 화폐의 막대한 분량만을 의미하지 않습니다. 하나님과 이웃이 아닌 다른 무언가를 사랑하면 그것은 돈을 사랑하는 것이고 풍요에 욕망의 침을 흘리는 것입니다. 그런데 오늘날의 안타까운 현실은 많은 사람들이 사랑해야 할 대상은 사랑하지 않고 사랑하면 일만 악의 뿌리가 되는 대상은 앞을 다투어 사랑하고 있다는 것입니다.

성경은 우리에게 하나님과 이웃을 사랑해야 한다고 가르치고, 다른 모든 것들에 대해서는 사랑의 대상이 아니라 사용의 대상으로 여기라고 권합니다. 그러므로 하나님과 이웃 사랑과 무관하게 돈을 사랑하지 마십시오. 섹스를 사랑하지 마십시오. 권력을 사랑하지 마십시오. 명예를 사랑하지 마십시오. 성공을 사랑하지 마십시오. 동물을 사랑하지 마십시오. 자연을 사랑하지 마십시오. 이러한 것들을 사랑하면 돈을 사랑하는 것이며 사용의 대상을 사랑의 대상으로 왜곡하는 것입니다. 무수히 많은 악들의 발생은 필히 그 잘못된 사랑에 수반될 것입니다. 이러한 종류의 돈들보다 훨씬 은밀한 '돈'도 있습니다. 우리가 하나님과 이웃을 사랑하되 마음과 목숨과 힘과 뜻을 다하여 사랑해야 한다는 계명을 보면, 우리의 마음과 목숨과 힘과 뜻도 하나님과 이웃 사랑을 위한 사용의 대상으로 분류되고 있음을 확인할 수 있습니다.

아우구스티누스는 이러한 내용을 존재의 질서에 기초한 "사랑의 질서"(ordo amoris)라고 말합니다. 존재의 질서에 따르면, 하나님은 인간의 영혼보다 높고, 인간의 영혼은 인간의 육체보다 높고, 인간의 육체는 자연보다 높습니다. 사랑의 질서에 따르면, 하나님을 사랑하기 위해 인간의 영혼을 사용해야 하고, 인간의 영혼을 사랑하기 위해 인간의 육체를 사용해야 하고, 인간의 육체를 사랑하기 위해 자연을 사용해야 하는 것입니다. 이러한 사랑의 질서가 바로 선입니다. 그러나 사용해야 할 것을 사랑하고 사랑할 것을 사용하는 것은 악입니다. 하나님을 사랑하는 자는 자신의 영혼과 몸과 자연이 모두 수단이기 때문에 재물만이 아니라 자신의 마음과 목숨과 힘과 뜻도 수단으로 삼습니다.

동의하기 쉽지는 않겠지만 우리의 마음과 목숨과 힘과 뜻을 사랑하는 것도 실상은 돈을 사랑하는 것입니다. 그러므로 마음의 육신적인 소원대로 살지 마십시오. 아버지 하나님의 소원대로 사시기를 바랍니다.

"나의 원대로 마시옵고 아버지의 원대로 하옵소서"(마26:39). 자신의 목숨을 위하여 살지 마십시오. 우리의 생명은 우리의 소유물이 아닙니다. 사나 죽으나 우리는 주님의 것입니다. 주님을 위하여 사십시오. 자신을 위해서는 죽고자 할 때 오히려 주님을 위해서는 사는 것입니다. "자기의 생명을 사랑하는 자는 잃어버릴 것이요 이 세상에서 자기의 생명을 미워하는 자는 영생하도록 보전하리라"(요12:25). 주께서 말씀하신 것처럼, 자기의 생명을 사랑하는 자는 잃어버릴 것이고 자기의 생명을 미워하는 자는 영원히 살 것입니다.

자신의 주먹을 믿기 때문에 그것을 아끼고 사랑하는 분들도 있습니다. 자신의 힘을 사랑하지 마시고 자랑하지 마십시오. "여호와로 인하여 기뻐하는 것이 너희의 힘이니라"(느8:10). 우리의 힘은 하나님 때문에 기뻐하는 것에 있습니다. 그리고 자기의 뜻이 거절되고 좌초되면 분노하고 슬퍼하고 절망하는 분들이 계십니다. 자신의 뜻을 사랑하지 마십시오. 자신의 뜻도 사랑의 대상이 아닙니다. 자신의 뜻을 사랑하면 하나님과 이웃을 사랑할 수 없습니다. 나의 뜻은 오히려 무너지는 것이 좋습니다. "사람의 마음에는 많은 계획이 있어도 오직 여호와의 뜻이 완전히 서리라"(잠19:21). 우리의 인생이나 인류의 역사에 세워지는 것은 오직 하나님의 뜻밖에 없습니다.

어리석은 부자는 은과 풍요를 사랑하고 동시에 돈과 소득의 적당한 분량으로 만족할 줄 모르는 자입니다. 은이 주어져도 만족하지 못하고 소득이 있어도 만족하지 못한다는 것은 그가 무엇을 진정으로 원하고 있는지를 모른다는 뜻입니다. 인간은 돈이 많아져도 만족하지 못하고 소득이 높아져도 만족하지 못합니다. 원래 인간은 돈과 소득에 목마른 존재가 아닙니다. 인간의 본성적인 목마름과 주림은 다른 것에 있습니다. "내가 기근을 땅에 보내리니 양식이 없어 주림이 아니며 물이 없어 갈함이 아니요 여호와의 말씀을 듣지 못한 기갈이라"(암8:11). 이는 기근의 원인이 말씀의 부재이며 기근의 해결책은 하나님의 말씀을 들음에 있다는 것입니다.

태초부터 인간의 본성은 하나님의 말씀에 굶주려 있습니다. 그래서 하나님의 말씀을 먹어야만 만족을 얻습니다. "사람이 떡으로만 사는 것이 아니요 여호와의 입에서 나오는 모든 말씀으로 사는 줄을 네가 알게 하려 하심이니라"(신8:3). 이는 우리가 음료를 마시고 양식을 먹음이 하나님의 말씀에 대한 굶주림과 기갈의 비유라는 것입니다. 떡은 우리를 하나님 앞에 세우지를 못합니다. "식물은 우리를 하나님 앞에 세우지 못하나니 우리가 먹지 아니해도 부족함이 없고 먹어도 풍성함이 없으리라"(고전8:8). 우리를 지으신 하나님 앞에 우리가 세워지는 최고의 만족은 오직 하나님의 말씀에 의해서만 얻습니다.

그러나 어리석은 부자는 재물로는 결코 만족에 이를 수 없음에도 불구하고 결사적인 자세로 은과 풍요의 만족을 찾습니다. 하지만 아무리 막대한 분량의 재물을 얻어도 만족하지 않습니다. 오히려 취하면 취할수록 더 많은 은과 풍요에 대한 갈증만 커질 뿐입니다. 돈은 인간에게 진정한 만족을 주지 못합니다. 그래서 히브리서 기자는 이렇게 말합니다. "돈을 사랑하지 말고 있는 바를 족한 줄로 알라"(히13:5). 돈을 사랑하면 돈에 목마르고 더 돈을 추구하게 되고 결국은 돈을 추구하는 것 자체를 목적으로 삼습니다. 목적이 아니라 수단인 돈을 목적으로 삼으면 어떻게 목적이 달성될 수 있습니까? 결코 없습니다. 목적의 헛다리를 짚는 것입니다. 전도자의 말처럼 헛된 일입니다.

우리에게 만족을 주시는 분은 주님 밖에 없습니다. 주님께서 "좋은 것으로 네 소원을 만족하게 하사 네 청춘을 독수리 같이 새롭게 하신다"(시103:5)고 시인은 노래하고 있습니다. 하나님은 "사모하는 영혼에게 만족을 주시며 주린 영혼에게 좋은 것으로 채우시는"(시107:9) 분입니다. 우리가 일평생 즐겁고 기쁜 것은 아침마다 주의 인자가 우리를 만족하게 하기 때문인 것입니다(시90:14). 하나님은 시인의 입술을 통해 이렇게 말씀하고 계십니다. "내가 기름진 밀을 너희에게 먹이며 반석에서 나오는 꿀로 너를 만족하게 하리라"(시81:16). 우리의 만족은 은과 풍요에 있지 않습니다. 오직 하나님 자신에게 있습니다.

재산이 많아지면 어떠한 일들이 생길까요? 11절을 보십시오. "재산이 많아지면 먹는 자들도 많아지나니 그 소유주들은 눈으로 보는 것 외에 무엇이 유익하랴." 소유물이 많아지면 그것으로 많은 사람들을 먹일 것입니다. 내가 더 많이 먹지를 못합니다. 인간의 위는 크기가 제한되어 있습니다. 거기에 막대한 재산을 다 집어 넣을 수는 없습니다. 부자가 된다는 것은 그 집에서 먹는 사람들이 많아지는 것입니다. 소유주는 많은 사람들이 먹는 것을 눈으로 보는 것 외에 어떠한 유익도 누리지를 못합니다. 지금 전도자는 목적의 차원에서 말하고 있습니다. 즉 돈을 사랑해도 우리가 누리는 것은 제한되어 있다는 것입니다. 인간은 적당한 분량의 음료와 음식만 섭취하면 살아갈 수 있습니다. 더 필요하지 않습니다. 더 많다는 것이 좋은 것도 아닙니다.

오히려 더 많은 것이 우리에게 해로울 수도 있음을 전도자는 가르치고 있습니다. 12절을 보십시오. "노동자는 먹는 것이 많든지 적든지 잠을 달게 자거니와 부자는 그 부요함 때문에 자지 못하느니라." 즉 노동자는 먹거리의 분량과 무관하게 달콤한 잠을 청하지만 부자는 막대한 재산 때문에 잠자리가 편하지 않습니다. 부자는 재산 때문에 생각하고 신경 써야 할 일들이 대단히 많습니다. 그래서 두 다리 뻗고 편안하게 잘 수가 없습니다. 새벽에 일어나 밤 늦게까지 깨어 있어야 하고 눕더라도 잠이 달콤하지 않습니다. 그런 식으로 재산에 사로잡혀 있습니다. 잠은 하나님이 사랑하는 자에게 선물로 주시는 것입니다(시127:2). 신적인 사랑의 표시가 바로 잠입니다. 그러므로 잠자리가 편하지 않다는 것은 하나님의 사랑과 멀어져 있다는 뜻입니다. 그럼에도 불구하고 부자는 더 큰 부자가 되려고 가진 재산에 만족할 줄 모릅니다.

부자의 지칠 줄 모르는 욕심은 마치 제어되지 않는 망아지와 같습니다. 잠이라는 최고의 안식마저 반납하여 자신에게 심히 해로워도 탐욕의 질주는 멈출 줄을 모릅니다. 해 아래에서 발견되는 심각한 폐단이 아닐 수 없습니다. 전도자는 이렇게 말합니다. 13절을 보십시오. "내가 해 아래에서 큰 폐단 되는 일이 있는 것을 보았나니 곧 소유주가 재물을 자기에게 해가 되도록 소유하는 것이라." 재물을 소유하는 것이 해가 되는데도 사람들은 계속 소유하며 해로움을 입습니다. 대부분의 부자들은 막대한 재물의 소유 때문에 자산관리 고민과 성적인 타락과 부실한 수면과 인간관계 파괴와 사회적인 위화감과 자녀양육 문제라는 막대한 해를 입습니다.

과식을 생각해 보십시오. 인간에게 필요한 영양분의 적정량이 있습니다. 하루에 섭취할 수 있는 영양분의 양도 제한되어 있습니다. 그런데도 필요 이상으로 음식을 먹거나 영양분을 섭취하면 몸에 이상이 생깁니다. 과식을 하면 먼저 위가 늘어날 것입니다. 한번 늘어난 위는 쉽게 줄어들지 않습니다. 줄어든다 할지라도 위의 건강한 상태를 유지하지 못하고 풍선에서 바람이 빠진 것처럼 일그러질 것입니다. 위의 기능에도 장애가 생깁니다. 과도한 분량의 음식을 소화하기 위해서는 평소와는 달리 위산의 분비도 많아져야 하기 때문에 위산분비 신경에 혼란을 초래할 수 있습니다. 게다가 과식은 호흡에 필요한 산소가 아닌 유해한 활성산소 발생의 원인으로 알려지고 있습니다. 음식도 적정량 이상을 과도하게 섭취하면 건강에 해롭듯이 소유도 과도하면 인생의 건강을 파괴하는 원흉이 될 수 있습니다. 가족이나 친구와의 친밀한 관계도 깨어지고 인격보다 재물을 의지하게 되고 부의 증대에 대한 걱정으로 잠자리도 불편해질 것입니다. 소유에 대한 집착은 이처럼 개인과 사회 모두에게 피해를 줄 수 있습니다.

그러나 부의 진정한 패해는 개인적인 부작용과 사회적인 역기능이 아니라 하나님을 떠나게 되고 심지어는 하나님과 원수가 된다는 것입니다. "집 하인이 두 주인을 섬길 수 없나니 혹 이를 미워하고 저를 사랑하며 혹 이를 중히 여기고 저를 경히 여김이라 너희는 하나님과 재물을 겸하여 섬길 수 없느니라"(눅16:13). 재물을 사랑하는 것은 하나님을 미워하는 것입니다. 하나님을 원수로 여기며 미워하는 영적 피해가 있음에도 불구하고 부자는 재물에 대한 사랑을 멈추려고 하지도 않고 재물을 더 취하려는 소유욕을 멈출 수도 없습니다. 이는 재물을 사랑하면 재물의 노예가 되기 때문에 재물의 결박에서 스스로 벗어나지 못하는 것입니다.

이러한 문제를 해결하는 유일한 방법은 바로 재물 대신에 하나님을 사랑하는 것입니다. 재물을 사랑하면 하나님을 미워하고 하나님을 사랑하면 재물을 미워하는 것이기 때문에 하나님을 사랑하면 자동으로 재물에 대한 사랑에서 벗어날 수 있습니다. 재물은 사랑의 대상이 아니라 사용의 대상이기 때문에 사랑하면 안됩니다. 요한은 "재물"을 "세상"으로 바꾸어서 이렇게 말합니다. "이 세상이나 세상에 있는 것들을 사랑하지 말라 누구든지 세상을 사랑하면 아버지의 사랑이 그 안에 있지 아니하니"(요일2:15). 여기에서 "세상"은 "이생의 자랑과 육신의 정욕과 안목의 정욕"을 가리키는 말입니다. 이러한 것들을 사랑하면 하나님을 사랑할 수 없고 미워할 수밖에 없습니다. 이처럼 심각한 영적 피해가 있음에도 불구하고 부자는 계속해서 소유의 증대를 꾀합니다.

이전에도 언급했던 바울의 경우를 보십시오. 바울은 영적인 폐단이 발생하지 않도록 "무엇이든 내게 유익하던 것"을 오히려 배설물로 여긴 분입니다. 유익한 재물을 심지어 해로까지 여긴 이유는 그가 "그리스도 예수를 얻고 그 안에서 발견되려 함"입니다(빌3:7-9). 이는 그리스도 예수를 사랑하기 위하여 유익한 재물조차 미워한 것입니다. 바울은 지금 하나님의 사람들이 가져야 하는 재물관의 모범을 제시하고 있습니다. 하나님은 사랑의 대상이고 재물은 이 사랑을 이루기 위해 쓰여지는 도구일 뿐입니다. 이것이 뒤바뀌면 안됩니다. 그런데 현실은 돈을 위하여 하나님을 이용하여 목적과 수단을 전도시킨 분들이 적지 않습니다.

하나님을 사랑하는 것은 결코 관념적인 것이 아닙니다. 아주 현실적인 것이며 실천적인 것입니다. 요한은 하나님의 사랑에 대해 이렇게 말합니다. "누가 이 세상의 재물을 가지고 형제의 궁핍함을 보고도 도와줄 마음을 닫으면 하나님의 사랑이 어찌 그 속에 있겠느냐"(요일3:17). 하나님 사랑과 재물 사랑의 역학을 이보다 더 절묘하게 표현한 성경 텍스트는 없을 것입니다. 여기에서 요한은 재물이 사랑의 대상이 아니라 하나님 사랑의 수단임을 밝히되 재물은 바로 형제의 궁핍함을 도와주기 위한 도구라고 말합니다. 재물의 결박에서 해방되고 싶습니까? 궁핍한 형제에게 여러분의 재물을 나누어 주십시오. 이것은 하나님을 사랑하고 재물을 미워하며 하나님을 목적으로 삼고 재물을 수단으로 삼는 최고의 길입니다.

교회는 재물의 결박에서 해방되어 재물의 진정한 주인으로 거듭나는 곳입니다. 성령의 강력한 역사를 경험한 직후의 교회가 구현했던 유토피아 사회의 진면목을 한번 감상해 보십시오. "믿는 무리가 한 마음과 한 뜻이 되어 모든 물건을 서로 통용하고 자기 재물을 조금도 자기 것이라고 하는 이가 하나도 없더라"(행4:32). 교회는 재물의 노예가 아닙니다. 재물의 많고 적음에 휘둘리지 않습니다. 교회는 오히려 재물을 재물답게 사용의 대상으로 여기고 재물을 다스리는 곳입니다. 교회 안에서는 서로의 필요에 따라 모든 물건을 서로 통용하고 자기의 재물도 자기의 것이라고 주장하는 법이 없습니다.

어리석은 부자는 재물을 영구히 소유할 수 있다는 착각에 빠져 있습니다. 모든 재물은 우리의 손아귀를 언젠가는 떠납니다. 14절과 15절을 보십시오. "그 재물이 재난을 당할 때 없어지나니 비록 아들은 낳았으나 그 손에 아무것도 없느니라 그가 모태에서 벌거벗고 나왔은즉 그가 나온 대로 돌아가고 수고하여 얻은 것을 아무것도 자기 손에 가지고 가지 못하리니." 전도자는 여기에서 재물이 우리의 손에서 벗어나는 두 가지의 양태를 소개하고 있습니다. 첫 번째는 재난을 당할 때입니다. 살면서 사고를 당하거나 질병에 걸리거나 사기꾼과 강도를 만나거나 부도가 터지거나 전쟁이 발발하면 재물은 삽시간에 없어질 수 있습니다. 내가 피땀을 흘려 축적한 재물도 한 번의 재난으로 물거품이 될 수 있습니다. 낳은 자식이 있더라도 자식의 손에 쥐어줄 재물이 없습니다. 이것은 대부분의 사람들이 삶 속에서 경험하는 것입니다.

재물이 사라지는 두 번째의 경우는 죽을 때입니다. 우리는 모태에서 벌거벗고 나왔으며 나온 그대로 무덤으로 들어갈 것입니다. 죽음의 때에는 우리가 수고하여 얻은 어떠한 것도 우리의 손에 가지고 가지 못합니다. 재물을 사랑하고 추구하고 쌓았는데 소유할 수가 없습니다. 재물은 아침 안개와 같이 잠시 머무는 이 땅에서만 소유하고 사용하는 것입니다. 그것을 영원히 소유할 수 있는 것처럼 집착하는 사람은 바람을 잡으려는 자입니다. 16절을 보십시오. "이것도 큰 불행이라 어떻게 왔든지 그대로 가리니 바람을 잡는 수고가 그에게 무엇이 유익하랴." 재물은 바람과 같습니다. 바람을 잡으려는 수고는 무익한 것입니다. 그래서 철강의 왕 카네기는 "통장에 많은 돈을 남기고 죽은 사람처럼 치욕적인 인생은 없다"고 한 것입니다. 부자가 죽을 때에 통장의 부자로 죽으면 바람을 잡고자 한 치욕적인 인생으로 기억될 것입니다.

어리석은 부자에 대한 예수님의 비유를 들어 보십시오. 이 비유는 사람의 생명이 소유의 넉넉함에 있지 않으므로 탐심을 물리쳐야 한다는 문맥에서 나온 것입니다. 한 부자가 있습니다. 밭에는 소출이 쌓아 둘 공간이 없을 정도로 많습니다. 그래서 작은 곳간을 헐고 더 크게 짓습니다. 그리고 그 부자는 오랫동안 사용할 재물을 많이 쌓아 두어서 이제는 평안히 쉬고 먹고 마시고 즐기자고 자신에게 말합니다. 이런 상황에 대한 하나님의 반응을 보십시오. "하나님이 이르시되 어리석은 자여 오늘 밤에 네 영혼을 도로 찾으리니 그러면 네 준비한 것이 누구의 것이 되겠느냐 자기를 위하여 재물을 쌓아 두고 하나님께 대하여 부요하지 못한 자가 이와 같으니라"(눅12:20-21). 부자는 재물을 비축할 공간이 부족하면 나누어야 하는데 그러지를 않고 자기만을 위하여 창고의 사이즈를 키우고 늘입니다. 주님의 이 비유는 하나님에 대해서는 가난하고 재물에만 부요한 자의 우매함을 지적하고 있습니다. 사람들은 소유의 증대가 복이라는 착각에 빠져 있습니다. 사람의 생명은 결코 소유의 넉넉함에 있지 않습니다.

그럼에도 불구하고 어리석은 부자는 캄캄한 무지에 갇혀 재물을 사랑하고 끝없는 축적의 욕망을 불태우고 죽을 때까지 그 욕망의 노예가 되어 재물의 크기에 민감하게 반응하며 돈만 밝힙니다. 그들의 삶을 잘 묘사한 마지막 17절을 보십시오. "일평생을 어두운 데에서 먹으며 많은 근심과 질병과 분노가 그에게 있느니라." 자기만을 위하여 부의 축적을 도모하는 어리석은 부자들은 형제들을 사랑하지 않기 때문에 어두운 곳에서 먹고 사는 것입니다. "그의 형제를 미워하는 자는 어두운 가운데 있고 또 어두운 가운데 행하며 갈 곳을 알지 못하나니"(요일2:11). 거기에서 벗어나는 방법도 모릅니다.

형제를 사랑하는 자는 자기의 재물을 궁핍한 형제에게 기꺼이 나눕니다. 그는 하나님을 사랑하는 자입니다. 그래서 재물의 결박에서 벗어날 수 있습니다. 재물의 노예가 아니라 재물의 주인으로 살아갈 수 있습니다. 그러면 빛 가운데에 거하고 빛 가운데에 행할 수 있습니다. 근심과 질병과 분노가 아니라 기쁨과 생동감과 희락이 있습니다. 그런 인생이 밝습니다. 날마다 설레는 소망이 있습니다. 어리석은 부자는 형제를 사랑하지 않지만 지혜로운 부자는 형제를 사랑하는 자입니다. 이로써 하나님을 사랑하는 자입니다. 재난이나 죽음으로 인해 반납해야 하는 재물에 미련을 두지 않고 영원토록 있는 하나님과 이웃 사랑에 전념하는 자입니다.

16강

소유와 누림

전 5:18–6:2

18 사람이 하나님께서 그에게 주신 바 그 일평생에 먹고 마시며 해 아래
에서 하는 모든 수고 중에서 낙을 보는 것이 선하고 아름다움을 내가 보
았나니 그것이 그의 몫이로다 19 또한 어떤 사람에게든지 하나님이 재물
과 부요를 그에게 주사 능히 누리게 하시며 제 몫을 받아 수고함으로 즐
거워하게 하신 것은 하나님의 선물이라 20 그는 자기의 생명의 날을 깊
이 생각하지 아니하리니 이는 하나님이 그의 마음에 기뻐하는 것으로
응답하심이니라 1 내가 해 아래에서 한 가지 불행한 일이 있는 것을 보
았나니 이는 사람의 마음을 무겁게 하는 것이라 2 어떤 사람은 그의 영
혼이 바라는 모든 소원에 부족함이 없어 재물과 부요와 존귀를 하나님
께 받았으나 하나님께서 그가 그것을 누리도록 허락하지 아니하셨으므
로 다른 사람이 누리나니 이것도 헛되어 악한 병이로다

여러분은 여러분이 원하는 것을 소유하고 싶습니까? 아니면 누리고 싶습니까? 모든 사람들의 동일한 바램은 소유해서 누리는 것입니다. 그러나 오늘 전도자는 소원하는 것을 소유하고 누리는 사람도 있지만 소유하되 소유물을 누리지는 못하는 사람도 있음을 발견하고 이러한

현상을 "헛되고 악한 병"이라고 말합니다.

전도자는 먼저 소유와 누림을 각자의 몫으로 여기면서 동시에 하나님의 선물로 규정하고 있습니다. 18–19절을 보십시오. "사람이 하나님께서 그에게 주신 바 그 일평생에 먹고 마시며 해 아래에서 하는 모든 수고 중에서 낙을 보는 것이 선하고 아름다움을 내가 보았나니 그것이 그의 몫이로다 또한 어떤 사람에게든지 하나님이 재물과 부요를 그에게 주사 능히 누리게 하시며 제 몫을 받아 수고함으로 즐거워하게 하신 것은 하나님의 선물이라." 여기에서 전도자는 해 아래에서 수고하고 소득을 얻고 누리는 것이 하나님의 섭리라고 말합니다. 이것은 태초에 아담과 하와가 하나님께 범죄했을 때에 형벌로 주어진 것입니다. "아담에게 이르시되 네가 네 아내의 말을 듣고 내가 네게 먹지 말라 한 나무의 열매를 먹었은즉 땅은 너로 말미암아 저주를 받고 너는 네 평생동안 수고해야 그 소산을 먹으리라"(창3:17).

노동을 통해 소득을 얻어 생존하는 것은 벌이면서 동시에 복입니다. 노동에 따른 소득의 누림을 일종의 형벌로 보는 이유는 무상으로 모든 필요를 채울 수 있었던 에덴동산 상황에 비해 그렇다는 것입니다. 열심히 일하고 정당한 소득을 취하여 누리는 것은 형벌인 동시에 인류에게 주신 하나님의 복입니다. 수고의 땀을 흘렸어도 그것에 걸맞은 보상이 주어지지 않을 수도 있습니다. 이러한 부당함은 이 세상 곳곳에서 목격할 수 있습니다. 그러나 하나님의 섭리는 그게 아니라는 것입니다. 올바른 수고이든 그릇된 수고이든 하나님은 언제나 행한 대로 갚으시는 분입니다(렘25:14, 마16:27, 갈6:7).

노동자에 대해 행한 대로 갚아주는 고용자는 하나님의 섭리를 집행하는 자입니다. 하나님의 성품을 나타내고 하나님의 뜻과 질서를 준행하는 자입니다. 일꾼이 그 삯을 받는 것은 마땅한 것입니다(눅10:7). 심지어 짐승에 대해서도 "곡식을 밟아 떠는 소의 입에 망을 씌우지 말라"고 했습니다(딤전5:18). 그런데도 노동자의 수고에 걸맞은 대가를 제공하지 않는 사람들이 있습니다. 이런 자들에 대한 하나님의 준엄한 경고를 들어 보십시오. "불의의 그 집을 세우며 부정하게 그 다락방을 지으며 자기의 이웃을 고용하고 그의 품삯을 주지 아니하는 자에게 화 있을진저"(렘22:13). 품삯을 주지 않는 것은 하나님의 것을 탈취하는 것입니다. 일꾼에게 삯을 주는 것은 주인이나 경영자가 자신의 것을 주는 것이 아니라 하나님이 일꾼에게 주시는 보상을 대신 전달하는 것입니다. 그런데도 품삯을 주지 않는다면 그것은 하나님의 것을 빼돌리는 탈취이며 하나님의 섭리를 훼방하고 하나님의 질서를 파괴하는 것입니다.

품삯을 주지 않아도 죄이지만 노동의 정당한 대가를 일꾼에게 늦게 전달하는 것도 죄를 짓는 것입니다. 그래서 하나님은 "품꾼의 삯을 아침까지 밤새도록 네게 두지 말라"(레19:13)고 하십니다. 지불이 늦어지는 기간만큼 상대방의 것을 탈취하는 것입니다. 제때에 품삯을 전달하지 않으면 곤궁하고 빈한한 품꾼을 학대하는 것입니다. 하나님은 "밭에서 추수한 품꾼에게 주지 아니한 삯"이 지르는 소리와 "추수한 자의 우는 소리"를 다 듣고 계십니다(약5:4). 품꾼의 삯은 생존과 직결되어 있기 때문에 대단히 절박한 것입니다. 그 절박한 삯을 가지고 품꾼을 희롱하고 장난하는 것은 그를 지으신 하나님을 조롱하고 능멸하는 것입니다. "가난한 사람을 학대하는 자는 그를 지으신 이를 멸시하는 자"(잠14:31)입니다. 그렇기 때문에 하나님의 율법에는 다음과 같은 조항이 있습니다. "그 품삯을 당일에 주고 해 진 후까지 미루지 말라 이는 그가 가난하므로 그 품삯을 간절히 바람이라 그가 너를 여호와께 호소하지 않게 하라 그렇지 않으면 그것이 네 게 죄가 될 것임이라"(신24:15).

일하는 자에게 정당한 품삯을 미루거나 아예 전달하지 않는 불의한 사람들도 있지만, 세상에는 이마에 수고의 땀을 흘리지 않고 소득을 취하려는 사람들도 대단히 많습니다. 성경은 분명히 "누구든지 일하기를 싫어하는 자는 먹지도 말라"(살후3:10)고 했습니다. 일하지 않고서도 먹으려고 한다면 그것은 도둑질과 같습니다. 도둑의 심보가 바로 놀면서 먹겠다는 것입니다. 그런데도 사람들은 아무런 수고도 없이 편안하게 먹고 살 수 있는 인생을 흠모하고 있습니다. 그러나 불로소득 인생이 편하고 배부를 수는 있겠지만 인간이 최고의 인간성을 구현하며 인간답게 살아가는 방편은 결코 아닙니다. 오히려 자신에게 게으름과 나태를 조장하고 타인에게 위화감을 일으켜 건강한 인간성과 사회성을 파괴할 수 있습니다. 그래서 노동은 복입니다.

공짜로 무언가가 생겼다고 좋아하지 마십시오. 공짜에도 중독성이 있습니다. 인간은 한번 공짜에 맛을 들이면 벗어나기 어렵고 공짜를 흠모하게 되어 있습니다. 나도 모르게 공짜 앞에서는 의식의 무장이 해제되어 판단력은 흐려지고 하나님의 뜻보다는 공짜의 취득을 목표로 삼습니다. 이런 패턴이 반복되면 우리의 삶도 공짜를 흠모하고 고대하는 체질로 바뀝니다. 공짜를 생산하고 제공하는 것은 훌륭하고 아름다운 일이지만 공짜의 소비자 혹은 노예가 되는 것은 권하고 싶지 않습니다. 아담과 하와의 타락 이후에 하나님이 정하신 본래의 질서는 모두가 노동을 해서 소득을 얻어 생존하는 것입니다. 그 질서가 우리의 인생에는 가장 좋습니다.

다시 본문을 보십시오. 하나님은 어떤 사람에게 재물과 부요를 주시고 그것들을 능히 누리게 하십니다. 주님께서 다 주셨기에 하나님의 선물이 아닌 것이 없습니다. 소유와 누림이 다 하나님께 달려 있습니다. 물론 소유와 누림은 분명 수고한 자가 마땅히 받아야 할 몫입니다. 그러나 하나님은 소유와 누림이 노동의 몫으로서 우리에게 주어지는 섭리의 주관자가 되시기 때문에 또한 하나님의 선물인 것입니다. "그는 자기의 생명의 날을 깊이 생각하지 아니하리니 이는 하나님이 그의 마음에 기뻐하는 것으로 응답하심이니라"(10절). 인간이 자기의 생의 날들을 계수하지 않고 망각해도 될 정도로 주님은 그의 기도를 다 들으시며 마음의 기쁨을 그에게 주십니다. 전도자는 사람들의 마음에 있는 진정한 기쁨들이 모두 주님께서 응답하신 것이라고 말합니다. 기뻐하는 것은 주님의 은총을 소비하는 일입니다. 주에게서 왔기에 하나님께 감사와 영광을 돌리지 않아도 되는 것이 하나도 없습니다.

그런데 6장 1-2절을 보십시오. "내가 해 아래에서 한 가지 불행한 일이 있는 것을 보았나니 이는 사람의 마음을 무겁게 하는 것이라 어떤 사람은 그의 영혼이 바라는 모든 소원에 부족함이 없어 재물과 부요와 존귀를 하나님께 받았으나 하나님께서 그가 그것을 누리도록 허락하지 아니하셨으므로 다른 사람이 누리나니 이것도 헛되어 악한 병이로다." 전도자는 해 아래에서 벌어지는 불행한 일을 또 하나 소개하고 있습니다. 어떤 사람이 그의 영혼에 바라는 모든 소원에 부족함이 없어 재물과 부요와 존귀를 하나님께 받았으나 주님께서 누리도록 허락하지 않아서 다른 사람이 누린다는 것입니다. 재물과 부요와 존귀가 있음에도 불구하고 하나님의 허락이 없으면 누리지를 못한다는 것입니다. 전도자는 이것을 헛되고 악한 병이라고 말합니다. 여기에서 병이라는 것은 책임이 하나님께 돌려지지 않고 인간이 자초한 것입니다.

노동의 열매를 누리지 못하는 일이 있다는 것은 노동의 열매를 누리는 것이 마땅한 것이 아니라 하나님의 은혜임을 말해주고 있습니다. 노동의 모든 열매를 노동한 당사자가 다 누린다면 그 열매를 자기의 마땅한 몫으로만 여길 것입니다. 그러나 자기의 몫이기도 하지만 하나님에 의해 선물로 주어지지 않으면 그 몫을 누리지 못합니다. 소유와 누림은 동일한 것도 아니고 반드시 병행하는 것도 아닙니다. 소유는 허락되나 누림은 허락되지 않을 수도 있습니다. 누림이 거절되는 원인은 어디에 있을까요? 멀리는 하나님의 허락하지 않으심에 있지만 직접적인 원인의 제공은 인간에게 있습니다.

인간은 누리는 것이 무엇인지 잘 몰라서 누리지를 못하는 경우가 많습니다. 내 주머니에 있으면 돈을 누리는 것일까요? 혀의 미각을 자극하면 음식을 누리는 것일까요? 위장을 가득 채우면 식탁을 누리는 것일까요? 다른 물건과 교환하면 화폐를 누리는 것일까요? 내 몸에 걸치고 있으면 옷을 누리는 것일까요? 지금까지 언급한 누림의 양태들은 소유물을 주신 분과 아무런 상관이 없다는 공통점이 있습니다. 누림의 진정한 의미는 소유를 주시고 누림을 허락하신 분과 무관하지 않습니다. 물론 전도자가 말하는 누림은 노동의 열매를 소유하고 소비하는 것을 뜻합니다. 그러나 한발짝 더 깊은 의미로 들어가면 소비하는 것이 누림으로 반드시 귀결되는 것은 아닙니다. 내가 소유하고 내가 소비해도 누림에는 이방인일 수 있다는 말입니다. 누림과 관련하여 많은 사람들이 가진 문제가 둘 있습니다. 첫째는 누려야 할 것을 누리지 않고 누리지 말아야 할 것을 누린다는 것입니다. 둘째는 누림의 진정한 의미와 방법을 알지 못하여서 누리지를 못한다는 것입니다.

노동의 열매는 분명히 돈이나 곡식이나 물품이나 어떤 종류의 화폐일 것입니다. 그러나 진정한 누림의 대상은 노동의 열매 자체가 아니라 그 열매를 주신 분입니다. 주어진 열매는 주신 하나님을 누리는 도구와 수단일 뿐입니다. 사용의 대상을 누리려고 한다거나 사용과 누림의 대상을 궁극적인 누림의 대상으로 여기고 누리려고 한다면 결코 누림의 진정한 의미에는 도달할 수 없습니다.

노동의 대가를 자신이 소비하지 못하고 타인의 손아귀에 넘어가는 것도 물론 누림이 아닙니다. 이는 전도자의 지적처럼 "헛되고 악한 병"이며 "사람의 마음을 무겁게 하는 것"입니다. 그러나 소비하는 주체가 자기라고 할지라도 저절로 누림의 주체가 되는 것은 아닙니다. 재물과 부요와 영광을 주신 하나님, 궁극적인 누림의 유일한 대상이신 하나님을 누릴 때까지는 비록 자신이 그 모든 것들을 소비해도 누리지는 못한 것입니다. 개인이든, 가정이든, 재물이든, 영광이든, 명예이든 엄밀한 의미에서 보면 모두 사용의 대상이며 하나님을 누리는 방편이요 도구일 뿐입니다. 재물과 부요와 영광을 소유한 자에게 누림이 허락되지 않는 이유는 누림이 하나님의 허락에 의존하고 있다는 것과 동시에 거절될 수 있는 것은 진정한 누림의 대상이 아니라는 의미도 담겨 있습니다. 우리에게 주어진 모든 소유물을 제대로 누리는 방법은 소유물을 주신 하나님을 누리는 방편으로 그것을 사용하는 것입니다.

아내나 남편을 얻은 사람은 하나님의 복을 받은 자입니다. 왜 복일까요? 만약 누리지를 못한다면 남편이나 아내가 나에게 복일 수 있을까요? 그런데 배우자는 어떻게 누릴 수 있을까요? 배우자는 단순히 섹스 파트너가 아닙니다. 소득을 얻는 동업자가 아닙니다. 고독과 외로움을 달래는 친구도 아닙니다. 성관계를 가지고 동업이나 맞벌이를 하고 대화를 나누는 것으로는 아직까지 온전한 누림에 이른 것이 아닙니다. 바울은 남편과 아내의 관계는 교회와 그리스도 사이의 관계를 가리키는 비유라고 했습니다. 성관계와 협력과 대화를 넘어 주님과 교회의 관계성을 깨닫고 주님을 경외하는 마음으로 피차 복종할 때에 아내와 남편을 누리는 것입니다.

청년들은 지금 일자리가 없어서 많은 것들을 포기해야 하는 시대를 살아가고 있습니다. 이러한 때에 취업은 그들에게 큰 복입니다. 취업을 하면 고용자와 노동자의 관계, 즉 노동자는 노동을 제공하고 고용자는 그 대가를 지불하는 협력의 관계가 생깁니다. 그러나 일하고 월급을 받는 것은 일터를 제대로 누리는 것이 아닙니다. 일자리를 허락하신 하나님을 누려야 누리는 것입니다. 그 하나님을 누리려면 노동자는 고용자를 주님처럼 존중하고 고용자 앞에서가 아니라 하나님 앞에서 노동해야 하며 고용자는 노동에 준하는 품삯을 자기가 주는 주체가 아니라 하나님의 것을 전달하는 것처럼 제때에 전달하되 노동자를 노예나 부하처럼 하대하지 않고 형제처럼 존대해야 가능한 일입니다. 그러므로 일터의 쌍방적인 누림은 고용자와 노동자가 하나님을 중심으로 함께 협력해야 이루어질 수 있습니다.

재물은 어떻게 누릴 수 있을까요? 먼저 모든 재물은 하나님에 의해 주어지는 것입니다. 재물은 그것을 주신 하나님의 뜻대로 쓰여질 때에 누리는 것입니다. 마태복음 25장에서 예수님은 하나님의 나라를 상속할 자들에게 "내가 주릴 때에 너희가 먹을 것을 주었고 목마를 때에 마시게 하였고 나그네 되었을 때에 영접해 주었고 헐벗었을 때에 옷을 입혔고 병들었을 때에 돌보았고 옥에 갇혔을 때에 와서 보았다"고 하십니다(마25:35-36). 초대교회 시대에 성령의 강림을 경험한 제자들은 "모든 물건을 서로 통용하고 또 재산과 소유를 팔아 각 사람의 필요를 따라 나누어 주었다"고 누가는 기록하고 있습니다(행2:44-45). 재물은 필요한 자에게 나누는 것이 누리는 것입니다. 지극히 작은 소자에게 나누는 것이 주님을 섬기며 누리는 것입니다.

아우구스티누스는 사물의 진정한 소유는 그것이 소유한 자에게 선을 이루어야 한다고 말합니다. 즉 하나님의 아들 그리스도 예수의 형상을 온전히 이루는 일에 기여할 때에 비로소 제대로 소유한 것이고 누리는 것입니다. 비록 자신의 집이나 지갑이나 통장에 보관된 것이라고 할지라도 예수를 닮아가는 일에 기여하지 않는다면 아무것도 소유하지 않은 것이고 누리지도 못할 것입니다. 예수와 무관한 소유는 소유도 누림도 아닙니다. 지혜자는 말합니다. "중한 변리로 자기 재산을 늘이는 것은 가난한 사람을 불쌍히 여기는 자를 위해 그 재산을 저축하는 것이니라"(잠28:8). 막대한 재물의 소유자는 재테크에 능한 사람이 아니라 예수처럼 가난한 자들을 불쌍히 여기는 자라는 말입니다. 예수님은 종의 형체를 가진 인간에게 긍휼의 마음으로 하늘의 것을 나누신 분입니다. 그런 예수처럼 가난한 자들에게 나누는 것이 재물을 누리는 것입니다.

나누는 자는 무한대의 부를 누리는 자입니다. 부를 받아서 축적하는 자보다 나누어서 소비하는 자가 더 복되다고 성경은 말합니다(행20:35). 섬기는 자는 최고의 권위를 누리는 자입니다. 이는 누구든지 으뜸이 되고자 하는 자는 모든 자들에게 섬기는 종이 되어야 한다는 주님의 말씀에 근거한 것입니다(막10:44). 권위를 휘두르는 것은 권력의 누림이 아닙니다. 종으로서 섬길 때에 누리는 것입니다. 겸손한 자는 칭찬을 누리는 자입니다. 칭찬을 들으면 사실이 아니어도 우쭐해질 가능성이 높습니다. 그러나 지극히 겸손한 자는 무한대의 칭찬을 들어도 흔들리지 않습니다. 겸손으로 그 칭찬을 먹습니다. 날마다 죽는 자는 생명을 누리는 자입니다. 나에게는 사망이 역사하고 너에게는 생명이 역사하는 삶보다 더 생명의 진가를 제대로 누리는 자는 없습니다. 약함을 자랑하는 자는 주님의 강함을 누리는 자입니다. 죄악된 본성을 가진 우리는 가능하면 약해지는 것이 우리를 위하는 것입니다. 약하면 약할수록 더 좋습니다. 바울은 우리가 약할 그때에 주님의 능력이 우리에게 강함으로 나타나게 된다고 말합니다(고후12:10).

형통은 어떻게 누릴까요? 형통을 누리는 방법은 형통을 허락하신 하나님께 감사와 찬양을 돌리는 것입니다. 환난은 어떻게 누립니까? 생각하는 것입니다. 그리고 하나님께 부르짖는 것입니다. 그러면 주님께서 환난에서 우리를 건지시고 우리는 하나님의 구원으로 인하여 하나님을 영화롭게 하는 것입니다. 환난은 이런 식으로 누립니다. 아내는 어떻게 누릴까요? 남편이 자신의 생명을 수단으로 삼아 사랑하는 방식으로 아내를 누립니다. 다른 방식으로 아내를 누리고자 하는 남자는 아직 남편이 될 준비가 되지 않은 자입니다. 남편은 어떻게 누릴까요? 남편은 순종으로 누립니다. 순종하면 남편은 꼼짝 못합니다. 남편을 다른 방식으로 누리고자 하면 문제가 생깁니다.

자녀는 어떻게 누릴까요? 학교에서 1등 먹었다고 자녀가 누려지는 것이 아닙니다. 그것은 오히려 자녀를 괴롭히는 것입니다. 자녀의 행동과 판단에 부담을 주는 것입니다. 자녀는 주님의 교양과 훈계로 양육하며 누리는 것입니다. 부모가 주님을 닮지 않으면 주님의 교양과 훈계가 전달되지 않습니다. 자녀가 없으면 주님을 닮아야 되겠다는 강한 필요성과 절박함을 느끼지 못합니다. 자녀는 부모로 하여금 주님을 닮도록 만드는 하나님의 상급이며 부모는 주님을 닮아서 주의 교양과 훈계를 전달하며 그 자녀를 누리는 것입니다. 부모는 어떻게 누립니까? 부모의 유산이나 출세의 기반 제공을 누리는 것이 아닙니다. 부모는 공경으로 누립니다. 자녀가 부모를 공경하지 않으면 아무리 큰 유산을 받고 든든한 가문의 배경을 제공해도 진정한 누림은 없습니다. 자녀는 공경하고 봉양하는 방식으로 부모를 누릴 수 있습니다. 우리는 어떠한 상황 속에서도 어떠한 사람들에 대해서도 누릴 수 있는 특권을 가진 자입니다. 고통과 절망과 환난과 슬픔 속에서도 그 모든 것들을 누리며 심지어 원수라고 할지라도 축복하고 기도하고 사랑하는 방식으로 누릴 수 있습니다. 이처럼 누림에는 제한이 없습니다.

모든 것에서 하나님을 누리는 최고의 방법은 그 모든 것들을 동원하여 하나님께 영광을 돌리는 것입니다. "그런즉 너희가 먹든지 마시든지 무엇을 하든지 다 하나님의 영광을 위하여 하라…모든 일에 모든 사람을 기쁘게 하여 자신의 유익을 구하지 아니하고 많은 사람의 유익을 구하여 그들로 구원을 받게 하라"(고전10:31). 양식도 하나님의 영광을 위하여 먹을 때에 누리는 것이며 음료도 하나님의 영광을 위하여 마실 때에 제대로 누리는 것입니다. 무엇을 하든지 그 모든 것들의 목적이 하나님의 영광일 때에 비로소 온전한 누림에 이르는 것입니다. 하나님의 영광을 위한다는 것은 신에 대한 관념적인 추구를 의미하지 않습니다. 타인의 유익을 구하여 그들을 구원에 이르게 만드는 것을 뜻합니다. 즉 누림은 복음을 전파하는 것입니다.

바울이 온 천하의 만민에게 복음의 빚쟁이가 되었다고 말하는 것은 모든 사람들을 하나님 누리는 수단으로 삼겠다는 것입니다. 복음을 증거하는 이 소명을 끝마치려 함에는 자신의 생명을 조금도 귀한 것으로 여기지 않겠다는 것은 자신의 모든 소유물을 하나도 예외 없이 하나님의 영광을 위한 수단으로 삼겠다는 것입니다. 바울은 주어진 모든 것들을 하나도 허비하지 않고 누리고자 했던 참으로 지혜로운 자입니다. 바울처럼 모든 사람들을 복음으로 섬기고 이를 위하여 자신의 모든 것을 동원하지 않고 다른 용도로 자신의 소유를 소비하는 자는 전도자의 표현을 빌리자면 "헛되고 악한 병"에 걸린 자입니다.

17강

행복의 크기

전 6:3–6

3 사람이 비록 백 명의 자녀를 낳고 또 장수하여 사는 날이 많을지라도
그의 영혼은 그러한 행복으로 만족하지 못하고 또 그가 안장되지 못하
면 나는 이르기를 낙태된 자가 그보다는 낫다 하나니 4 낙태된 자는 헛
되이 왔다가 어두운 중에 가매 그의 이름이 어둠에 덮이니 5 햇빛도 보
지 못하고 또 그것을 알지도 못하나 이가 그보다 더 평안함이라 6 그가
비록 천 년의 갑절을 산다 할지라도 행복을 보지 못하면 마침내 다 한
곳으로 돌아가는 것뿐이 아니냐

사람들이 생각하는 행복에는 어떠한 것들이 있을까요? 중국의 경전 〈서경〉 1편인 “홍범”에 등장하는 다섯 가지의 행복은 다음과 같습니다. 1) 천수를 누리다가 죽는 장수의 복, 2) 부하고 넉넉하게 사는 부의 복, 3) 몸과 마음이 건강하고 깨끗한 상태에서 편안하게 사는 강령의 복, 4) 도덕을 지키고 타인에게 선행과 덕을 쌓는 유호덕의 복, 5) 고통 없이 평안하게 생을 마감하는 고종명의 복. 사람들은 오래 살고 풍요롭게 살고 건강하게 살고 선을 행하면서 평안한 죽음을 맞이하는 것을 복으로

여깁니다. 그러나 서민들의 행복은 조금 다릅니다. 치아의 건강, 자손의 번성, 부부의 해로, 손님을 맞을 재산, 명당에 묻히는 것이라고 말합니다. 현대에는 국가의 행복을 측정할 때에 높은 소득, 긴 수명, 정부와 기업의 투명성, 개인의 신장된 자유, 사회적 복지 등을 행복의 지표로 삼습니다. 동양과 서양 모두가 이런 행복을 추구하고 있습니다.

전도자는 우리에게 행복의 크기를 언급하며 진정한 행복의 출처에 대한 사색을 촉구하고 있습니다. 먼저 3절을 보십시오. "사람이 비록 백 명의 자녀를 낳고 또 장수하여 사는 날이 많을지라도 그의 영혼은 그러한 행복으로 만족하지 못하고 또 그가 안장되지 못하면 나는 이르기를 낙태된 자가 그보다는 낫다 하나니." 먼저 전도자는 행복의 일반적인 근거로서 자손의 번성을 언급하고 있습니다. 시편의 기자는 실제로 태의 열매를 복이라고 말합니다. "보라 자식들은 여호와의 기업이요 태의 열매는 그의 상급이로다"(시127:3). 새번역을 보면 이렇게 되어 있습니다. "자식은 주님께서 주신 선물이요, 태 안에 들어 있는 열매는 주님이 주신 상급이다." 자식은 주님께서 주신 행복의 근거가 맞습니다. 그러나 자녀가 부모를 욕되게 할 수도 있기 때문에 무조건 행복으로 연결되는 것은 아닙니다.

지혜자는 이렇게 말합니다. "미련한 아들은 그 아비의 근심이 되고 그 어미의 고통이 되느니라"(잠17:25). 그러므로 행복은 자식의 유무나 다소에 달려 있지 않습니다. 오히려 무자식이 상팔자일 수도 있습니다. 성경에도 자식이 부모에게 기쁨과 자랑이 되는 경우도 있지만 오히려 부모의 가슴에 대못을 박는 자식들도 얼마나 많은지 모릅니다. 아담의 아들 가인은 다른 아들 아벨을 죽여서 부모의 가슴을 찢었으며, 노아의 아들 함은 아버지의 하체를 드러내는 부끄러운 짓을 저질렀고, 다윗의 가장 준수한 아들인 압살롬은 아버지의 생명에 죽음의 칼끝을 겨누는 불효를 저질렀고, 솔로몬의 아들 르호보암 경우에는 아버지의 왕위를 계승하여 선정을 베풀지 않고 백성의 등이 더 휘도록 더 지독한 폭정을 행했으며, 에서는 이방 여인들을 아내로 맞이하여 이삭과 리브가의 마음에 근심이 되기도 했습니다. 아버지 솔로몬의 뒤를 이은 르호보암 경우에는 18명의 아내와 60명의 첩 사이에서 28명의 아들들과 60명의 딸들을 낳았지만 그들로 말미암은 행복의 흔적은 찾아볼 수 없습니다.

일반적인 측면에서, 가장 많은 가족을 거느린 사람은 인도의 치아오나인데 그는 39명의 아내와 함께 94명의 자녀를 낳았으며 며느리와 손자를 다 합하면 집에 180명의 대가족을 부양한 자입니다. 4층짜리 건물에서 살면서 10명의 아내를 더 맞이할 계획을 세울 정도로 아내와 자녀의 욕심이 대단했던 분입니다. 그러나 그렇게 살아서 행복하게 산 것인지는 확인이 되지 않습니다. 오히려 가족이 군대처럼 엄격한 규율을 따라 운영되어 불행했을 듯합니다.

두 번째로 언급하는 행복의 일반적인 근거는 오래 사는 것입니다. 그러나 행복의 크기가 인생의 길이에 비례하는 것은 아닙니다. 예수님은 33년을 사신 분입니다. 인생의 절정기에 절명하신 분이기 때문에 장수를 행복의 기준으로 본다면 너무도 불행하신 분입니다. 그러나 예수님은 이 땅에서 가장 만족스런 삶을 사신 분입니다. 마음의 모든 소원을 다 이루신 분입니다. 그분보다 더 행복한 사람은 없을 것입니다. 에녹을 보십시오. 그는 365세에 인생을 마감하신 분입니다. 당시에는 새파랗게 젊은 사람이 너무나도 일찍 죽은 것입니다. 아담은 930세에 죽었고, 셋은 912세에 죽었으며, 가장 오래 살았던 무드셀라 경우에는 969세를 살았고, 노아는 950세를 살았기 때문에 365세의 에녹은 장수한 사람들의 목록에 명함도 내밀지 못합니다. 아버지의 생애보다, 아버지의 아버지의 생애보다, 아버지의 아버지의 아버지의 생애보다, 아버지의 아버지의 아버지의 아버지의 생애보다, 아버지의 아버지의 아버지의 아버지의 아버지의 생애보다 짧게 사신 분입니다.

우리나라 경우에 가장 오래 살았던 분은 2005년 2월에 사망한 최애기 할머니로 110세를 살았으며, 세계에서 가장 오래 살았다고 사람들이 생각하는 인물은 1875년 2월에 태어나서 1997년 4월에 사망한 프랑스의 잔느 칼망 할머니로 그는 122년 6개월을 사신 분입니다. 칼망은 자신의 유일한 손자보다 34년을 더 살았으며 매일 적포도주 마시며 담배를 피웠다고 알려져 있습니다. 17세기에는 영국의 전설적인 인물 토마

스 파라는 사람이 살았는데 그는 일평생 농부로 상급이며 결혼은 80세에 처음으로 했습니다. 102세가 되어서는 강간죄를 저질러서 무려 18년간 옥살이를 했습니다. 120세에 이르러서 그는 45세의 여성과 재혼을 했습니다. 근력이 있어서 130세 때까지 농사일을 하였고 140세까지 아내와 잠자리를 했다는 기록이 있습니다. 그 외에도 괴테는 72세에 17세의 소녀와 사랑에 빠졌으며 피카소는 칠순이 넘어서 30대의 여성과 동거를 했습니다. 오래 살았다고 아름답고 행복한 것은 아닙니다.

반대로 에녹은 짧은 인생을 살았지만 자기 나이의 갑절로 장수하신 분들보다 불행해 보이지가 않습니다. 모세는 에녹에 대해 이렇게 기록하고 있습니다. "에녹이 하나님과 동행하더니 하나님이 그를 데려 가시므로 세상에 있지 아니하였더라"(창5:24). 에녹은 하나님과 동행하며 살았던 분입니다. 비록 당시의 기준으로 보면 단명을 한 분이지만 최고의 행복을 누린 분으로 보입니다. 행복은 누구와 함께 하느냐와 관련되어 있습니다. 아무리 힘들고 어려운 때에라도 사랑하는 사람과 함께라면 행복으로 기억될 것입니다. 이처럼 착하고 아름답고 따뜻하고 부드럽고 너그럽고 유쾌하고 사랑스런 사람과 더불어 살아도 행복한데 그런 사람과 비교할 수 없도록 위대하고 경이로운 하나님과 더불어 살았다면 아마도 그 행복은 측량할 수 없도록 컸을 것입니다.

우리는 어떻게 그런 행복을 누리며 살 수 있을까요? 히브리서 기자는 에녹을 이렇게 평가하고 있습니다. "믿음으로 에녹은 죽음을 보지 않고 옮겨졌으니 하나님이 그를 옮기심으로 다시 보이지 아니하였느니라"(히11:5). 에녹은 믿음의 사람이며 믿음으로 살았다고 성경은 평가하고 있습니다. 즉 믿음으로 에녹은 하나님이 계신 곳으로 옮겨져서 영원토록 하나님과 동행하는 최고의 행복을 누리게 되었다는 것입니다. 하늘로 들려지기 전에 에녹은 "하나님을 기쁘시게 하는 자라 하는 증거"를 받았다고 히브리서 기자는 말합니다. 에녹은 자기만 혼자 행복한 분이 아닙니다. 믿음으로 하나님을 기쁘시게 한 분입니다. 이렇게 말한 이후에 히브리서 기자는 행복의 비결을 다음과 같이 밝힙니다.

"믿음이 없이는 하나님을 기쁘시게 하지 못하나니 하나님께 나아가는 자는 반드시 그가 계신 것과 또한 그가 자기를 찾는 자들에게 상 주시는 이심을 믿어야 할지니라"(히11:6). 우리도 에녹처럼 살아계신 하나님의 계심을 범사에 믿고 상 주시는 분이심을 믿으면 하나님을 기쁘시게 하는 자입니다. 비록 눈에 보이지도 않고 손으로 만질 수도 없고 귀로 들리지도 않지만 하나님은 분명히 계십니다. 언제 어디를 가나 어떠한 상황 속에서도 거기에 계시는 분입니다. 음부에 자리를 깔지라도 거기에 계시며 사망의 음침한 골짜기를 다니고 절망의 캄캄한 광야에 있더라도 거기에 계십니다. 이렇게 우리는 믿음으로 하나님과 동행할 수 있습니다. 하나님은 믿음의 눈으로만 보이시고 믿음의 귀로만 들리시고 믿음의 마음으로 생각할 때에만 인지되는 분입니다.

게다가 하나님은 상을 주시는 분입니다. 모세가 밝힌 것처럼 하나님은 자신을 우리에게 상급으로 주시는 분입니다(창15:1). 하나님의 계심과 상 주시는 분이심을 믿을 때에 우리도 에녹처럼 하나님을 기쁘시게 하는 믿음으로 최고의 행복을 누리며 살아가게 될 것입니다. 우리의 행복은 우리에게 주어진 최고의 상급이신 하나님 자신에게 있습니다. 행복의 출처는 하나님이 주신 그 무엇이 아닙니다. 건강과 부도 지혜도 명예도 출세도 형통도 행복의 근원은 아닙니다. 하나님 자신에게 행복이 있습니다. 하나님을 기쁘시게 하며 그분과 동행하는 최고의 행복은 에녹의 전유물이 아니라 모든 믿는 자들이 공유하는 복입니다.

전도자는 비록 자녀들이 많고 오래오래 살아도 그의 영혼이 그러한 행복으로 만족하지 못하고 그가 안장되지 못한다면 낙태된 자가 그보다는 낫다고 말합니다. 여기에서 "만족"은 행복을 좌우하는 중요한 근거로 제시되어 있습니다. 즉 가진 소유물에 만족하지 못하면 행복의 일반적인 조건들이 아무리 풍성하게 채워져 있어도 행복할 수 없다는 것입니다. 만족할 줄 모르면 경건한 사람들도 행복하지 않습니다. 바울은 말합니다. "자족하는 마음이 있으면 경건은 큰 이익이 되느니라"(딤전6:6). 이는 자족이 초래하는 경건의 유익이 대단히 크다는 말입니다. 그래서 많은 사람들은 자족의 방법에 대한 궁금증을 가지고 있습니다. 어떻게 하면 자족할 수 있을까요? 바울은 오직 하나님만 우리에게 만족의 출처가 되신다고 말합니다(고후3:5). 인간의 욕망은 끝이 없습니다. 인간은 무한한 욕구를 가지고 있습니다. 은으로도 채우지 못하고 풍요로도 만족하지 못합니다. 우리의 욕구가 충족되기 위해서는 무한한 무언가가 있어야 할 것입니다. 온 천하에 무한한 것은 하나도 없습니다. 영원하고 한계가 없으신 하나님 이외에는 어떠한 것도 무한하지 않습니다. 그래서 우리는 오직 하나님에 의해서만 만족을 얻습니다.

안장되는 것도 행복의 조건으로 제시되고 있습니다. 안장되지 못한다는 것은 시신이 무덤에 안치되지 못한다는 것입니다. 죽은 이후에 시신이 무덤에 안치되지 않고 노출되어 있다면 짐승이 먹거나 악취가 풍기거나 흉측한 몰골만 나타날 것입니다. 안장되지 못한다는 것은 들어갈 무덤이 할당되지 않아서 행복하지 못한 상태가 영원히 지속될 것이라는 의미도 가지고 있습니다. 그리고 안장되지 못한다는 것은 자신의 시신을 무덤에 넣어 장사할 자손이 없다는 의미도 있습니다. 이는 죽은 자의 외롭고 고독한 상태를 암시하고 있습니다. 그러나 안장되지 못함의 가장 유력한 의미는 명예롭지 않게 죽는다는 것입니다.

특별히 악하고 가증하고 거짓되어 하나님과 그의 나라에 불명예를 끼치고 자기 백성을 죽음으로 떠민 자들에게 주어지는 표현이 있습니다. "여호와가 너더러 떡도 먹지 말고 물도 마시지 말라 한 곳에서 떡을 먹고 물을 마셨으니 네 시체가 네 열조의 묘실에 들어가지 못하리라"(왕상13:22). 열조의 묘실에 들어갈 자리가 없는 인생은 참으로 불행한 자입니다. 이는 하나님과 사람 앞에서 살았던 불명예의 삶이 가져온 결과인 것입니다.

다윗이 만군의 여호와 하나님의 이름을 모독한 골리앗에 대해 쏟았던 의분을 들어 보십시오. "내가 너를 쳐서 네 머리를 베고 블레셋 군대의 시체로 오늘날 공중의 새와 땅의 들짐승에게 주어 온 땅으로 이스라엘에 하나님이 계신 줄 알게 하겠고"(삼상17:46). 골리앗과 블레셋 군대의 시체로 무덤에 내려가지 못하고 공중의 새와 땅의 짐승에게 먹거리가 되게 하겠다는 것입니다. 이것은 다윗이 보기에 하나님의 이름을 능멸한 자에게 부과되는 합당한 벌이라는 것입니다.

전도자는 낙태한 자가 만족도 없고 죽음 이후에 시신이 안장될 무덤도 없을 정도로 불행한 사람보다 더 낫다고 말합니다. 사실 "낙태된 자"는 이 세상에서 가장 불쌍하고 불행한 사람의 표본으로 언급되는 자입니다. 4절과 5절을 보십시오. "낙태된 자는 헛되이 왔다가 어두운 중에 가매 그의 이름이 어둠에 덮이니 햇빛도 보지 못하고 또 그것을 알지도 못하나 이가 그보다 더 평안함이라." 낙태된 자는 헛되이 이 세상에 왔다가 어두운 속에서 죽기 때문에 그의 이름이 어두움에 덮이고 햇빛도 보지 못하고 햇빛이 어떤 것인지도 알지 못하는 자입니다. 세상에 이보다 더 불쌍한 사람은 없을 것입니다. 그런데도 전도자는 이러한 낙태된 자보다도 더 불쌍하고 불행한 사람이 있다고 말합니다. 우리는 앞에서 살아 있는 자보다 죽은 자가 더 복되고, 산 자와 죽은 자 모두보다 "출생하지 않아서 해 아래에서 행하는 악을 보지 못한 자가 더욱 낫다"는 전도자의 견해를 확인한 바 있습니다(전4:2-3).

낙태된 자들은 이 세상에서 기쁨과 즐거움을 누리지 못하고 알지도 못하지만 뭇 사람들이 당하는 무수히 많은 고통과 환난과 시련과 슬픔과 아픔과 억울함과 불의와 불경과 부패 중에서 하나도 경험하지 않고 알지도 못합니다. 그렇기 때문에 더 평안한 인생이 된다는 것입니다. 이 땅에 태어나 살면서 누리는 기쁨과 즐거움은 영원한 것이 아닙니다. 기쁨과 즐거움이 없는 불행보다 슬픔과 고통이 없는 행복이 더 좋습니다. 특별히 전도자는 낙태한 자가 가지는 더 좋은 행복의 근거로서 "평안"을 언급하고 있습니다. 고통과 근심과 걱정과 두려움이 없는 평안은 이 세상에서 아무리 큰 기쁨과 즐거움을 준다고 할지라도 맞바꿀 수 없는 것입니다.

낙태한 자가 가진 더 좋은 "평강"의 히브리어 원어는 "안식"을 가리키는 말입니다. 안식은 하나님이 6일동안 세상을 창조하신 이후에 취하신 것입니다. 하나님의 안식은 십계명이 주어지기 이전에 우리를 위한 안식일 준수의 전제로서 우리를 향한 하나님의 목적도 바로 하나님 안에서의 안식임을 깨닫게 하는 것입니다. 너무도 중요한 이 "안식"은 인생의 크기와 가치를 가늠하는 기준입니다. 하나님의 안식은 이 세상에서 비롯되는 이생의 자랑과 육신의 정욕과 안목의 정욕이 생산할 수 없는 것입니다. 안식은 이 세상의 어떠한 기쁨과 즐거움도 제공할 수 없습니다. 그러나 불만과 슬픔과 아픔과 분노는 이 안식을 너무도 쉽게 빼앗고 파괴할 수 있습니다. 그러하기 때문에 "안식"의 관점에서 보면, 그 안식을 상실할 수 없는 낙태된 자가 너무나도 쉽게 안식을 빼앗기는 불행한 부자보다 낫습니다.

만족이 없고 안장되지 못한 자가 낙태된 자보다 불행한 또 하나의 이유를 전도자는 6절에서 밝힙니다. "그가 비록 천 년의 갑절을 산다 할지라도 행복을 보지 못하면 마침내 다 한 곳으로 돌아가는 것뿐이 아니냐." 이 세상에는 천 년을 산 사람도 없고 천 년의 갑절을 산 사람은 더더욱 없습니다. 그러나 비록 그렇게 오랫동안 산 사람이 있다고 할지라도 행복을 보지 못하면 너무도 짧은 인생을 산 사람과 다를 바가 없다는 것입니다. 모두가 같은 곳으로 돌아갈 것입니다. 동일한 무덤이 모든 사람들을 맞이할 것입니다. 모든 사람에게 적용되는 삶과 죽음의 질서에 대해 히브리서 기자는 이렇게 말합니다. "한번 죽는 것은 사람에게 정해진 것이요 그 후에는 심판이 있으리니"(히9:27). 모든 사람들은 죽습니다. 죽으면 무덤에 묻힙니다. 그 이후에는 동일하신 하나님에 의해 동일한 기준을 따라 공정한 심판을 받습니다. 이에 대하여 무덤으로 일찍 가는 것과 늦게 가는 것의 차이는 너무도 미미해서 전도자는 차이가 없다고 말합니다.

이 세상에는 장수하는 사람들도 있고 단명하는 사람들도 있습니다. 그러나 오늘 전도자는 만족하지 않아서 행복하지 않은 부자보다 불행을 맛보지 않은 낙태된 자가 더 낫다고 말합니다. 비록 그 부자가 천 년의 갑절을 살았다고 할지라도 캄캄한 태에서 햇빛도 보지 못하고 짧게 인생을 마감하되 더 평안하게 살았던 낙태된 자가 그보다는 더 행복한 자라고 말합니다. 그리고 이 세상에는 행복한 사람들도 있고 불행한 사람들도 있습니다. 건강과 장수와 부귀와 덕행과 지혜를 어떤 사람들은 많이 누리고 어떤 사람들은 전혀 누리지를 못합니다. 이러한 일들이 세상에는 있습니다. 어떻게 해석해야 옳을까요? 분명한 것은, 세상에서 발견되는 누림과 누리지 못함, 땅에서의 불행과 행복의 차이가 모든 사람이 동일한 무덤으로 들어감에 있어서는 어떠한 변화도 주지 못한다는 것입니다.

장수하며 행복을 누렸다고 할지라도 모든 사람들이 동일하게 무덤에 들어가는 일에는 어떠한 변화도 주지를 못합니다. 전도자가 땅에서 다른 어떤 왕들보다 더 풍성하게 누렸던 최고의 부귀와 지혜와 영광에 대한 예수님의 냉정한 평가를 한번 살펴 보십시오. 솔로몬이 누렸던 최고의 지혜도 예수님의 지혜에 비한다면 아무것도 아닙니다(눅11:31). 예수님을 믿는 사람들은 남방의 여왕을 움직이게 했을 정도로 탁월한 솔로몬의 지혜보다 비교할 수 없도록 더 탁월한 지혜의 본체이신 예수님을 우리 안에 모시고 있습니다. 땅에서의 지혜 키재기로 우쭐해 할 필요도 없고 우울해 할 필요도 없습니다.

백합화는 돌보고 챙기는 사람이 없이 들판에 방치되어 있는 꽃입니다. 참으로 불쌍해 보입니다. 그러나 비록 들의 백합화는 인간 관리자가 없고 스스로도 수고나 방적을 하지 않지만 그럼에도 불구하고 주님께서 아름다운 옷으로 입혀 주십니다. 주님께서 친히 아름다운 옷을 입혀 주신 백합화는 최고의 부귀와 존귀와 지혜의 옷을 입은 솔로몬의 영광보다 더 크다고 말합니다(마6:29). 이는 인간이 이 땅에서 하고 싶은 것, 갖고 싶은 것, 보고 싶은 것, 살고 싶은 곳을 다 가졌다고 할지라도 고작해야 들판에 방치된 백합화가 입은 영광보다 못하다는 것입니다.

행복은 인생의 길이에서 오지 않습니다. 재물의 액수에서 오지 않습니다. 지혜의 분량에서 오지 않습니다. 진정한 행복은 오직 마음의 만족에서 오는 것입니다. 영원을 사모하는 우리의 마음은 유한한 이 세상의 것들이 아니라 오직 영원하신 하나님에 의해서만 만족할 수 있습니다. 그러므로 참된 행복의 출처는 이 세상이 아니라 오직 하나님께 있습니다. 하나님은 때때로 이러한 사실을 이 세상에 전하시기 위해 우리의 인생을 도구로 쓰십니다. 행복의 궁극적인 출처이신 하나님을 증거하기 위해 우리로 하여금 비록 가난하고 연약하고 억울함과 멸시를 당하지만 그럼에도 불구하고 하나님의 은혜로 말미암아 늘 만족하는 행복한 인생을 살아가게 하십니다.

그리고 평안과 안식은 이 세상의 군사력과 정치력과 경제력의 확보에서 오지 않습니다. 평안과 안식의 궁극적인 출처도 오직 하나님께 있습니다. 하나님의 형상대로 지음을 받은 인간의 마음은 하나님에 의해서만 안정감을 얻고 하나님 안에서만 안식을 얻습니다. 그래서 아우구스티누스는 이렇게 말합니다. "우리의 마음은 당신 안에서 안식하기 전까지는 불안할 수밖에 없습니다." 남편이나 아내에게, 부모나 자식에게, 스승이나 제자에게, 사장이나 사원에게, 남자나 여자에게 안식을 구하지 마십시오. 부나 승진이나 합격이나 결혼이나 출산에서 마음의 평강과 안식이 오지도 않습니다. 이 모든 것들을 다 갖추었다 할지라도 들판에 방치된 백합화의 평안과 안식보다 못합니다. 모든 것들을 다 가지고 누리는 사람이라 할지라도 가장 불행한 인생의 대명사인 낙태된 자보다 못합니다. 낙태된 자처럼 일찍 불행하게 죽더라도, 연약하고 가난하게 살더라도 주님께서 주시는 평안과 안식은 흔들리지 않습니다. 천 년의 갑절을 행복하고 부요하고 건강하게 산 사람이라 할지라도 하나님 안에서의 만족과 평안과 안식이 없다면 낙태된 자보다도 못합니다. 행복과 만족과 평안과 안식의 크기는 온전히 하나님을 인정하고 신뢰하는 믿음에 있습니다.

18강

방황하는 인생

전 6:7-12

[7] 사람의 수고는 다 자기의 입을 위함이나 그 식욕은 채울 수 없느니라 [8]
지혜자가 우매자보다 나은 것이 무엇이냐 살아 있는 자들 앞에서 행할
줄을 아는 가난한 자에게는 무슨 유익이 있는가 [9] 눈으로 보는 것이 마
음으로 공상하는 것보다 나으나 이것도 헛되어 바람을 잡는 것이로다 [10]
이미 있는 것은 무엇이든지 오래 전부터 그의 이름이 이미 불린 바 되었
으며 사람이 무엇인지도 이미 안 바 되었나니 자기보다 강한 자와는 능
히 다툴 수 없느니라 [11] 헛된 것을 더하게 하는 많은 일들이 있나니 그것
들이 사람에게 무슨 유익이 있으랴 [12] 헛된 생명의 모든 날을 그림자 같
이 보내는 일평생에 사람에게 무엇이 낙인지를 누가 알며 그 후에 해 아
래에서 무슨 일이 있을 것을 누가 능히 그에게 고하리요

하나님의 백성이라 할지라도 지식이 없으면 망한다고 성경은 말합니다(호4:6). 뒤집어서 생각하면 이 말은 인생의 흥왕이 지식에 달려 있다는 뜻입니다. 여기서 지식은 하나님과 하나님의 섭리에 대한 것입니다. 하나님을 알지 못하면 스스로는 존재할 수도 없는 인간이 하나

님 없이 살아갈 수밖에 없습니다. 하나님의 섭리를 알지 못하면 하나님의 질서를 존중하지 않고 오히려 무질서를 초래하는 역방향의 삶을 살아갈 수 있습니다. 지식은 표류하는 배에 방향을 제공하는 키와 같습니다. 방황하는 인생이 되지 않으려면 하나님을 아는 지식에서 자라가지 않으면 안됩니다. 본문에서 전도자는 우리에게 인생과 역사를 움직이고 계신 하나님의 섭리적인 질서에 대해 교훈하고 있습니다.

먼저 7절을 보십시오. "사람의 수고는 다 자기의 입을 위함이나 그 식욕은 채울 수 없느니라." 전도자에 의하면, 인간의 모든 수고는 자기의 입과 위장을 위한 것입니다. 사람들은 위장에 무언가를 채워 넣기 위해 수고의 땀을 흘립니다. 여기에는 모든 수고의 목적이 위장에 있습니다. 잠언에도 같은 내용이 나옵니다. "고되게 일하는 자는 식욕으로 말미암아 애쓰나니 이는 그의 입이 자기를 독촉하기 때문이라"(잠16:26). 여기에는 식욕이 고되게 일하는 동기로 간주되고 있습니다. 하나님을 모르는 사람들은 위장과 식욕을 이 땅에서 수고하는 이유와 목적으로 삼습니다. 그러나 전도자는 단호하게 인간의 식욕은 채워질 수 없다고 말합니다. 그렇다면 입과 위장과 식욕을 위해 살아가는 자들에게 만족은 결코 도달할 수 없는 그림의 떡입니다.

입이나 위장이나 식욕이 만족하지 못하는 것은 입맛이 까다롭고 위장의 크기나 식욕의 종류가 유별나서 그런 것이 아닙니다. 입과 위장과 식욕의 항구적인 불만족은 인간의 노력과 실력이 부족하기 때문이 아니라 하나님의 정하신 질서라는 것입니다. 이 질서에 무지한 사람들은 입의 욕구가 충족될 때까지 계속해서 입으로 무언가를 집어넣기 위해 수고의 땀을 계속해서 흘립니다. 그러나 일평생을 그렇게 수고한다 할지라도 욕구는 채워지지 않을 것입니다. 하나님이 정하신 질서는 사람의 노력에 의해 변경되는 것이 아닙니다. 왜 하나님은 인간의 식욕이 채워지지 않도록 정하신 것일까요?

우리는 바울의 글에서 힌트를 얻을 수 있습니다. "너희가 먹든지 마시든지 무엇을 하든지 다 하나님의 영광을 위하여 하라"(고전10:31). 먹고 마시는 것은 원래부터 목적이나 만족의 대상이 아니라 인생의 목적이며 만족의 대상이신 하나님의 영광을 성취하는 하나의 도구일 뿐이라는 것입니다. 도구는 결코 우리를 만족시킬 수 없습니다. 도구의 목적은 활용이지 만족이 아닙니다. 우리가 목적이 아닌 도구에 만족을 기대하는 것은 어리석은 일입니다. 우리는 도구를 위해 사는 자가 아니라 목적을 위해 사는 자입니다. 도구와 목적은 우리가 규정하는 것이 아닙니다. 주님께서 이미 정해 놓으신 것입니다. 그 질서를 존중하지 않고 변경하는 자는 조물주 하나님께 도전장을 내미는 교만하고 우매한 자입니다. 주님의 질서는 존중하고 순응하는 것이 우리에게 가장 좋습니다. 주님께서 정하신 질서에 의하면, 우리의 만족은 먹고 마시는 것이 아니라 하나님께 영광을 돌릴 때에 주어지는 것입니다.

우리의 식욕이 만족되지 않는 또 하나의 이유는 모세가 다음과 같이 기록하고 있습니다. “너를 맞추시며 너를 주리게 하시며 또 너도 알지 못하며 네 조상들도 알지 못하던 만나를 네게 먹이신 것은 사람이 떡으로만 사는 것이 아니요 여호와의 입에서 나오는 모든 말씀으로 사는 줄을 네가 알게 하려 하심이라”(신8:3). 이스라엘 백성으로 하여금 광야에서 주리게도 하시고 만나를 주시기도 하신 이유는 삶의 본질을 깨우치기 위한 것이라고 모세는 말합니다. 즉 인간은 원래 떡으로만 살지 못하고 하나님의 입에서 나오는 모든 말씀으로 살 수 있다는 것입니다. 인간이 하나님의 입에서 나오는 모든 말씀으로 사는 존재라는 것은 주님께서 그렇게 정하신 것입니다. 주님께서 정하신 존재의 이러한 규정은 그 누구도 변경할 수 없습니다. 하나님의 말씀으로 살아가는 인간의 존재성에 무지하고 그 존재성을 바꾸려는 자는 망할 수밖에 없습니다. 주님께서 신적인 기준을 따라 정하신 질서는 늘 최상의 것입니다. 건드리고 변경하면 품격과 가치가 떨어지는 것은 필연적인 일입니다.

사람의 입을 출입하는 음식은 영혼으로 들어가는 말씀의 비유라는 사실도 놓쳐서는 안됩니다. 떡은 먹어도 다시 배가 고픕니다. 왜 떡을 먹어도 배가 고픈 것일까요? 떡을 한번 먹으면 1년동안 배고프지 않는, 10년동안, 아니 일평생 배고프지 않으면 얼마나 좋습니까? 가난한 분들도 그런 떡 먹으면 얼마나 좋을까요? 왜 하룻밤만 지나도 배가 고픈 것일까요? 배고픔은 모든 사람들이 경험하는 것이기 때문에 급속한 배고픔에 이의를 제기하는 사람은 거의 없습니다. 그러나 먹었어도 곧장 배가 고프다는 것은 당연한 것이 아니라 이상한 것입니다. 그 이상함에 대한 의식은 우리로 하여금 먹으면 영원토록 주리지 않는 떡의 실체에 대한 물음을 던지게 만듭니다. 영원히 배고프지 않게 만드는 떡이 있을까요? 있습니다. 예수님 자신이 바로 그런 떡입니다. "나는 생명의 떡이니 내게 오는 자는 결코 주리지 아니할 터이요"(요6:35). 음료는 어떤가요? 이 땅에 있는 모든 음료는 마셔도 목이 마릅니다. 이것도 당연한 것이 아니라 이상한 것입니다. 그 이상함 때문에 우리는 묻습니다. 영원히 목마르지 않게 만드는 음료수가 있을까요? 이 세상에는 그런 음료수가 없습니다. 그러나 있습니다. 예수님이 주시는 물입니다. 한 사마리아 여인에게 예수님이 건넨 말입니다. "내가 주는 물을 마시는 자는 영원히 목마르지 않으리니"(요4:15). 그리고 자신을 가리키며 이런 말씀을 하십니다. "내 피는 참된 음료로다"(요6:55). 영원히 주리지 않게 만드는 떡과 영원히 목마르지 않게 만드는 음료, 즉 그리스도 예수의 살과 피는 이 땅에서의 떡과 음료가 비유로서 가리키는 실체라는 사실을 잊지 마십시오.

음식과 말씀은 기막힌 비유의 짝을 이루고 있습니다. 우리가 음식을 섭취하지 않으면 살지 못하듯이 하나님의 말씀을 먹지 않아도 살 수 없습니다. 실제로 광야에서 하나님의 말씀을 먹지 않고 불순종한 출애굽 1세대는 갈렙과 여호수아 외에 모두가 차가운 광야에서 죽음을 맞이해야 했습니다. 음식 없이도 스스로 살아가는 인간이 없듯이 하나님의 말씀 없이도 스스로 살아갈 수 있는 사람은 없습니다. 아기들은 젖이나 분유나 죽과 같은 부드러운 음식을 먹듯이, 신앙의 유아들도 부드러운 음식에 해당되는 말씀을 먹습니다. 신체가 성장하면 단단한 음식을 먹듯이, 신앙에 장성한 사람들도 단단하고 난해한 말씀들을 먹습니다. 음식을 먹으면 입에 머물러 있지 않고 몸 속으로 흡수되는 것처럼, 말씀도 먹으면 귀나 머리에 머물지 않고 영혼 속으로 흡수됩니다. 음식을 먹으면 각종 에너지로 변하고 몸과 분리될 수 없도록 연합하는 것처럼, 말씀도 먹으면 우리의 영혼과 분리될 수 없도록 연합된 하나를 이룹니다.

음식만이 비유가 아닙니다. 이 세상에 있는 것들 중에 비유가 아닌 것은 하나도 없습니다. 태양은 어떤가요? 태양의 빛도 실체가 아닙니다. 태양의 빛도 밤만 되면 사라지지 않습니까? 왜 세상의 태양은 밤이면 사라지는 것일까요? 태양 빛의 주기적인 캄캄함은 우리로 하여금 영원히 사라지지 않고 항상 우리를 비추는 빛에 대한 목마름을 자극하고 그런 빛의 존재에 대해 질문하게 만듭니다. 그런데 그런 빛이 있다고 이사야는 가르치고 있습니다. "다시는 네 해가 지지 아니하며 네 달이 물러가지 아니할 것은 여호와가 네 영원한 빛이 되고 네 슬픔의 날이 끝날 것임이라"(사60:20). 이 말씀에 의하면 태양의 빛은 우리의 영원한 빛이신 하나님을 가리키는 비유였던 것입니다. 부부간의 관계도 궁극적인 실체가 아닙니다. 바울은 아내와 남편의 관계성을 말하면서 교회의 그리스도 사이의 관계성을 가리키는 비유라고 말합니다. 땅에서의 부모와 자녀도 실체가 아닙니다. 우리 모두가 하나님의 동등한 자녀이며, 우리 모두가 아버지라 부르는 유일한 부모는 오직 주님 밖에 없습니다. 심지어 우리의 생명도 비유라는 사실을 잊지 마십시오. 우리의 생명은 언젠가는 끝납니다. 그래서 끝나지 않는 영원한 생명에 대한 의문과 목마름이 생깁니다. 성경은 우리의 생명이 영원한 생명의 비유요 그림자에 불과한 것이라고 말합니다. 천하보다 귀한 우리의 생명조차 비유라면 그것은 이 세상에서 비유가 아닌 것은 하나도 없다는 뜻입니다.

비유는 비유일 뿐입니다. 본질을 붙드시기 바랍니다. 비유와 본질을 혼돈하여 비유를 본질처럼 추구하고 본질을 비유처럼 가볍게 여긴다면 그것보다 어리석은 인생은 없을 것입니다. 자녀문제 때문에 너무 가슴 아파하지 마십시오. 부모 때문에 너무 절망하지 마십시오. 배우자 때문에 슬픔과 분노에 빠지지 마십시오. 친구 때문에 상처 받지 마십시오. 자신의 생명에 위협이 가해지고 혹여 일찍 인생을 마감하게 된다고 할지라도 억울해 하지 마십시오. 우리에겐 비유의 본질이 있습니다. 하나님은 우리의 주이시며 영원토록 우리를 떠나지 않으시고 함께 하십니다. 땅에서의 신분은 상황에 따라 이리저리 변하지만 하나님의 자녀라는 우리의 본질적인 신분은 결코 변하지 않습니다. 그 신분에 변경을 가하거나 박탈할 변수가 이 세상에는 없습니다. 비유에 불과한 식욕이 채워질 것을 기대하지 마시고 식욕이 채워지지 않는 것도 슬퍼하지 마십시오.

그런데 참으로 안타까운 것은 사람들이 이처럼 하나님의 질서를 따라 어떻게 하더라도 채워지지 않는 식욕의 해소를 목적으로 삼아 계속해서 수고의 땀방울을 흘리려고 한다는 것입니다. 실패의 결론이 뻔히 보이는 일에 평생을 할애하는 사람들의 몸부림 때문에 애석한 마음을 금할 수 없습니다. 원래 만족되지 않는 것에 만족을 기대하고 추구하는 것은 밤의 한 경점처럼 짧은 찰나의 인생을 급속하게 탕진하는 어리석은 일입니다. 바울의 교훈에 귀를 기울여 보십시오. "식물은 우리를 하나님 앞에 세우지 못하나니 우리가 먹지 아니해도 부족함이 없고 먹어도 풍성함이 없느니라"(고전8:8). 위장의 빈 공간을 채우지만 우리를 하나님 앞에 세우지는 못하는 식물은 적당한 분량만 있으면 되는 것입니다. 하루치의 양식 이상의 것을 구하지 마십시오. 식물은 우리가 만족의 출처로 여기거나 인생의 목적으로 삼을 대상이 전혀 아닙니다. 만약 그렇게 한다면 실망과 불만만 생길 것입니다.

이제 8절에서 전도자는 식욕의 만족을 추구함에 있어서 지혜자와 우매자와 빈자를 비교하며 이들 사이에 별다른 차이가 없다는 이야기를 꺼냅니다. "지혜자가 우매자보다 나은 것이 무엇이냐 살아 있는 자들 앞에서 행할 줄을 아는 가난한 자에게는 무슨 유익이 있는가." 여기에서 전도자가 말하는 지혜는 세상의 지혜를 가리키는 말입니다. 즉 보다 높은 지위를 차지하고 보다 강한 권력을 취득하고 보다 높은 수익을 올리고 보다 광범위한 명성을 떨치고 보다 많은 사람들의 칭찬과 존경을 챙기는 부자들과 통치자들 및 귀인들의 지혜를 의미하는 것입니다. 이런 지혜를 활용하여 입맛을 달래고 식욕을 채운다고 한들 참된 만족에는 도달하지 못한다는 하나님의 질서를 기준으로 본다면 채우지 못하는 자들 사이의 차이는 하나도 없습니다. 어차피 만족되지 않는 욕구의 경주에서 앞서거나 뒤서거나 한들 무슨 차이가 있습니까? 그리고 우매해서 인생의 앞뒤를 분간하지 못하는 사람과 사람들 앞에서 처신할 줄 아는 가난한 자 사이에도 유의미한 차이가 없다고 말합니다. 사람들 앞에서 처신을 잘 한다고 할지라도 위장으로 들어가는 음식의 분량이 많아지고 질이 조금 개선될 뿐입니다.

사람들이 생각하는 차이는 아마도 9절에 언급되어 있는 눈의 관찰과 마음의 공상 사이의 차이 정도일 것입니다. "눈으로 보는 것이 마음으로 공상하는 것보다 나으나 이것도 헛되어 바람을 잡는 것이로다." 눈으로 보는 것과 마음으로 공상하는 것 중에서 전도자는 전자가 더 낫다고 말합니다. 그러나 이것도 헛되어 바람을 잡는 것입니다. 마음의 공상보다 눈으로 보는 것이 낫고 육신의 눈으로 보는 것보다 믿음의 눈으로 보는 것이 더 낫습니다. 공상보다 좋은 눈으로의 봄에는 물론 긍정적인 요소도 있지만 부정적인 요소도 적지 않습니다.

눈의 부정적인 기능에 대하여 예수님은 다음과 같은 말씀을 하십니다. "너는 나를 본 고로 믿느냐 보지 못하고 믿는 자들은 복되도다"(요

20:29). 믿음에 있어서는 눈의 관찰이 오히려 방해물이 될 수도 있습니다. 눈의 봄에 대해 죄와 관련해서 다음과 같은 말씀도 하십니다. "본다고 하니 너희 죄가 그대로 있느니라"(요9:41). 차라리 맹인이 되었다면 죄가 없었을 것이라는 말씀도 하십니다. 이처럼 본다는 것과 보지 못한다는 것이 하나님 앞에서는 본질적인 차이가 없습니다. 보는 눈이 우리를 하나님 앞에 세우지를 못합니다. 그리스도 안에서 제공되는 하나님의 사랑에 있어서는 보는 자와 보지 못하는 자 사이에 차별이 없습니다. 그런데도 이러한 믿음의 진리를 알지 못하면 우리는 마음의 공상보다 나은 눈의 관찰 정도의 유익을 확보하기 위해 일평생 달려갈 것입니다.

이제 전도자는 우리가 반드시 알아야 할 하나님의 섭리를 10절에서 소개하고 있습니다. "이미 있는 것은 무엇이든지 오래 전부터 그의 이름이 이미 불린 바 되었으며 사람이 무엇인지도 이미 안 바 되었나니 자기보다 강한 자와는 능히 다툴 수 없느니라." 이는 모든 존재하는 것들을 오래 전부터 주님께서 그 이름까지 알고 계셨다는 것입니다. 사람들에 대해서도 이미 오래 전부터 하나님께 알려진 바 되었다고 말합니다. "오래 전부터"의 시점을 창조 이전으로 소급하는 학자들도 있습니다. 비록 본문에는 영원 전부터 이루어진 하나님의 작정과 예지에 대한 언급이 없지만 "오랜 전부터"를 태초나 영원으로 간주해도 큰 무리는 없어 보입니다. 인간을 포함한 이 세상의 모든 존재들이 이미 하나님께 알려져 있었다는 것은 하나님이 모든 존재들을 설계하고 각각의 존재에 질서를 부여하신 창조자의 지위에서 아신다는 것입니다. 이미 창조하신 분에게 알려진 존재의 질서는 존재 자체가 변경하지 못합니다.

전도자는 "자기보다 강한 자와는 능히 쟁변할 수 없다"고 말합니다. 왜 인간을 이렇게 만드신 것이냐고 하나님께 따질 수 없다는 것입니다. 우리는 왜 우리가 먹고 마시는 것에서 식욕의 만족을 얻을 수 없느냐며 그 이유에 대해 항변할 수 없습니다. 왜 이 세상에서 지혜롭게 살아서 더 벌고 더 먹고 더 성공해서 부귀와 명예와 존영을 얻는데도 만족이 오지 않느냐고 힐문할 수 없습니다. 하나님은 우리보다 크고 강하신 분입니다. 지혜와 지식과 사랑과 선함과 의로움에 있어서 인간과는 비교할 수 없는 완전성을 가지신 분입니다. 그분께서 우리의 존재와 인생에 정해 놓은 질서는 의심의 여지도 없이 최고의 것입니다. 그 질서에 순응할 때에 우리는 최고의 복과 기쁨과 만족을 누립니다.

지극히 위대하신 하나님의 질서에 순응하지 않고 오히려 힐문하며 살아가는 모든 사람들에 대해 전도자는 11절에서 다음과 같은 평가를 내립니다. "헛된 것을 더하게 하는 많은 일들이 있나니 그것들이 사람에게 무슨 유익이 있으랴." 하나님의 질서에 반론의 대립각을 세우는 분들이 헛된 말들만, 무익하고 불필요한 일들만 많이 만든다는 것입니다. 이 세상에는 하나님의 영광과 인간의 진정한 행복과 무관한 일들이 얼마나 많은지 모릅니다. 물론 직업에는 귀천이 없지만 그 자체로는 아무런 의미도 없고 심지어 인간의 건전한 정신과 사고를 파괴하는 분야들이 대단히 많습니다. 하루에 지출되는 군사비는 5조가 넘습니다. 하루에 태우는 담배의 양은 150억 개피가 넘습니다. 1년동안 마약으로 지출되는 비용은 350조가 넘습니다.

그리고 하나님의 진리를 대적하여 높아진 인간의 사상들도 대단히 많습니다. 창조의 질서를 부정하는 학자들은 하나님이 배제된 존재의 근원과 우주의 기원을 탐구하며 상식조차 동의할 수 없는 기괴한 이론들을 생산하고 있습니다. 일평생 우주를 연구하며 살다가 급기야는 우주인의 존재를 언급하는 정상급 과학자도 있습니다. 그리고 나의 가치관과 인생관을 맡겨도 될 신뢰가 가는 사상가나 문헌을 찾기가 마치 하늘의 별 따기와 같습니다. 사람들은 하나님이 없다고 말합니다. 하나님이 아니라 자기를 믿으라고 외칩니다. 모든 진리는 상대적인 것이며 절대적인 진리는 없다고 말합니다. 부활이나 내세는 없고 이 세상에서 죽으면 모든 것이 끝이라고 말합니다. 죽기 전에 마음껏 즐기고 실컷 누리라고 말합니다. 하나님의 이름을 능욕하고 그의 영광을 가리는 생각들이 상식처럼 곳곳에 유통되고 있습니다.

그러나 이 모든 것들은 무지의 결과라고 전도자는 12절에서 말합니다. "헛된 생명의 모든 날을 그림자 같이 보내는 일평생에 사람에게 무엇이 낙인지를 누가 알며 그 후에 해 아래에서 무슨 일이 있을 것을 누가 능히 그에게 고하리요." 전도자는 사람의 일평생이 해가 지면 사라지는 헛된 그림자에 불과한 것이라고 말합니다. "사람은 헛것 같고 그의 날은 지나가는 그림자 같나이다"(시144:4). 그림자의 인생을 조금 더 길게 살았다고 한들 무슨 의미가 있을까요? 그림자에 화려하고 고급한 옷을 입힌다고 무슨 의미가 있을까요? 그림자에 최고급 음식을 공급하고 그림자에 최고의 명예와 부귀와 권세를 부여한들 무슨 의미가 있을까요? 아무런 의미가 없습니다. 우리 모두가 그림자 인생의 헛된 나날들을 보내는데 인생의 참된 희락이 어떤 것인지를 누가 알 수 있을까요? 다윗은 이렇게 말합니다. "세상에 있는 날이 그림자 같아서 희망이 없나이다"(대29:15). 급속히 사라지는 그림자와 같은 인생에게 무슨 희망이 있을까요? 이 세상에는 그림자와 같은 인생에게 어떠한 낙도 없다는 것입니다.

낙이 아예 없으니까 아무도 알 수가 없습니다. 욥의 친구인 빌닷의 입술에서 이런 말이 나옵니다. "우리는 어제부터 있었을 뿐이라 우리는 아는 것이 없으며 세상에 있는 날이 그림자와 같으니라"(욥8:9). 우리는 어제부터 있었을 뿐이기 때문에 아는 것이 없다는 것입니다. 그런데 세상에서 살아가는 나날도 마치 그림자와 같아서 순식간에 사라져 버린다는 것입니다. 이토록 짧은 인생에서 우리가 알면 얼마나 알 수 있을까요? 조금 더 공부하고 조금 더 살았다고 한들 얼마나 더 알 수 있을까요? 전도자는 우리의 미래에 어떠한 일들이 발생한 것인지를 능히 알려

줄 사람이 없다고 말합니다. 우리의 어제와 오늘과 내일은 주님만이 아십니다. 미래에 대한 우리의 무지에는 우리가 미래를 아시는 하나님께 나아가야 한다는 메시지가 담겨 있습니다.

전도자는 우리에게 인간문맥 안에서 설정된 인간의 질서를 따라 살지 말고 창세 전부터 정해진 하나님의 질서를 따라 살라고 말합니다. 입의 식욕으로 대표되는 땅의 모든 것들은 곧장 사라지는 그림자와 비유일 뿐이고 참된 인생의 실체는 하나님께 영광을 돌리는 것에 의미와 만족과 목적이 있다고 말합니다. 주님께서 정하신 인생의 이러한 질서를 부정하고 역류하는 것은 헛되어 바람을 잡으려는 짓입니다.

19강

지혜자와 우매자

전 7:1-7

[1] 좋은 이름이 좋은 기름보다 낫고 죽는 날이 출생하는 날보다 나으며 [2]
초상집에 가는 것이 잔칫집에 가는 것보다 나으니 모든 사람의 끝이 이
와 같이 됨이라 산 자는 이것을 그의 마음에 둘지어다 [3] 슬픔이 웃음보
다 나음은 얼굴에 근심하는 것이 마음에 유익하기 때문이니라 [4] 지혜자
의 마음은 초상집에 있으되 우매한 자의 마음은 혼인집에 있느니라 [5] 지
혜로운 사람의 책망을 듣는 것이 우매한 자들의 노래를 듣는 것보다 나
으니라 [6] 우매한 자들의 웃음 소리는 솥 밑에서 가시나무가 타는 소리
같으니 이것도 헛되니라 [7] 탐욕이 지혜자를 우매하게 하고 뇌물이 사람
의 명철을 망하게 하느니라

전도자는 우리에게 본문에서 지혜자와 우매자의 차이를 설명하며 더 좋은 길을 택하라고 권합니다. 먼저 1절을 보십시오. "좋은 이름이 좋은 기름보다 낫고 죽는 날이 출생하는 날보다 나으며." 좋은 이름이 좋은 기름보다 더 좋습니다. 좋은 이름은 고매한 인격과 아름다운 삶을 갖춘 사람에게 주어지는 것입니다. 인격과 삶이 부실한 사람은 좋은 이

름이 아니라 나쁜 이름을 얻습니다. 역사 속에서 "히틀러"는 나쁜 이름으로 기억되고 "간디"는 좋은 이름으로 기억되고 있습니다. 성경에서 좋은 이름의 대표적인 사례는 아마도 다윗일 것입니다. "좋은 이름"을 생각할 때에 전도자의 마음에도 자신의 아버지 다윗의 이름이 제일 먼저 떠올랐을 것입니다. 다윗은 하나님과 사람 앞에서 칭찬과 존경을 받은 분입니다. 다윗의 이름이 거명되는 상황은 주로 이스라엘 백성을 향해 신앙과 삶의 모델이 제시되는 때입니다.

하나님 앞에서 경건한 지도자의 행실을 표현할 때에 성경은 다윗의 이름을 거명하며 이렇게 주로 말합니다. "아사가 그의 조상 다윗 같이 여호와 보시기에 정직하게 행하여"(왕상15:11). 히스기야 왕의 경우에도 "그의 조상 다윗의 모든 행위와 같이 여호와 보시기에 정직하게 행하여"(왕하18:3)와 같은 표현을 사용하고 있습니다. 어떤 사람에게 복과 사명을 주실 때에도 성경은 "내 종 다윗이 행함 같이 내 율례와 명령을 지키면"(왕상11:38)과 같은 조건문 속에 다윗의 이름을 넣습니다. 다윗의 아들 전도자가 하나님 앞에서 범죄했을 때에도 다윗의 이름을 거명하며 다음과 같이 말합니다. "솔로몬이 여호와의 눈 앞에서 악을 행하여 그의 아버지 다윗이 여호와를 온전히 따름 같이 따르지 아니하고"(왕상 11:6).

전도자가 죄악을 범하여서 하나님의 형벌을 받는 상황을 묘사할 때에도 다윗의 이름이 나옵니다. “그러나 네 아버지 다윗을 위하여 네 세대에는 이 일을 행하지 아니하고”(왕상11:12). 이는 전도자가 우상을 숭배하고 은금을 많이 축적하고 마병을 많이 두어서 이스라엘 백성의 왕이 금하여야 할 준칙을 모두 깨뜨려서 국가가 찢어져 분단되는 형벌을 내리는 중에 나온 말입니다. 하나님은 전도자가 받아야 할 형벌이 너무도 합당한 것이고 전도자 자신이 그 형벌의 희생물이 되어야 마땅하나 “다윗을 위하여” 전도자의 세대에는 이 일을 행하지 않는다고 하십니다. 다음의 사례는 히스기야 시대에 앗수르의 왕 산헤립의 위협으로 예루살렘 성이 무너질 수 있는 상황에서 일어난 일입니다. 이 사태에 대한 하나님의 반응은 다음과 같습니다. “그가 이 성에 이르지 못하며 이리로 화살을 쏘지 못하며 방패를 성을 향하여 세우지 못하며 치려고 토성을 쌓지도 못하고 오던 길로 돌아가고 이 성에 이르지 못하리라”(왕하19:32-33). 이렇게 하시는 이유에 대하여 하나님은 “내가 나와 나의 종 다윗을 위하여 이 성을 보호하여 구원할 것이라”(왕하19:34)고 하십니다. 이스라엘 민족의 보호도 다윗을 위한 것입니다. 이처럼 다윗은 하나님의 섭리에 변수로 언급될 정도로 아름다운 이름을 가진 분입니다.

도대체 다윗은 어떠한 분이길래 이토록 좋은 이름을 받은 것일까요? 열왕기상 저자는 다윗의 경건에 대해 이렇게 기록하고 있습니다. “이는 다윗이 헷 사람 우리아의 일 외에는 평생에 여호와 보시기에 정직하게 행하고 자기에게 명령하신 모든 일을 어기지 않았더라”(왕상15:5). 다윗도 심각한 범죄를 저지른 분입니다. 그 범죄 때문에 상상을 초월하는 형벌을 받았으며 그 형벌을 자기가 받아 마땅한 것으로 여긴 분입니다. 그렇지만 그 범죄 이외에는 사람들의 눈 앞에서가 아니라 하나님이 보시기에 일평생 정직하게 행하였고 자신에게 맡겨진 모든 명령과 소명을 하나도 져버리지 않았다고 성경은 말합니다. 좋은 이름을 얻는 방법을 다윗의 사례에서 배웁니다. 그 방법은 하나님 앞에서 정직하게 행하고 하나님의 명령에 순종하는 것입니다.

다시 전도자의 권고를 들어 보십시오. "좋은 이름이 좋은 기름보다 낫고." 좋은 기름은 풍요롭고 평안한 삶을 상징하는 것입니다. 그러나 그런 삶은 우리의 내적인 인격과 무관하게 얼마든지 주어질 수 있습니다. 우리의 겉모습을 치장하는 장신구 정도의 복이기 때문에 인격과 삶에 근거해서 주어지는 명성과는 비교할 수 없습니다. 게다가 외부에서 주어지는 것이기 때문에 쉽게 사라질 수도 있습니다. 그럼에도 불구하고 현실에는 좋은 이름보다 좋은 기름을 더 선호하는 사람들이 많습니다. 그러나 지혜자는 우리에게 "많은 재물보다 명예를 택하라"고 권합니다(잠22:1). 좋은 이름은 한 사람의 전인격과 관계된 것이고, 좋은 기름은 한 사람의 부함을 나타내는 말입니다. 좋은 이름은 내적인 상태를 보여주고 좋은 기름은 외적인 상태를 보여주는 것입니다. 좋은 이름은 지속되나 좋은 기름은 지속되지 않습니다.

전도자는 "죽는 날이 출생하는 날보다 낫다"고 말합니다. 이는 죽는 날보다 출생하는 날이 훨씬 더 좋다고 생각하는 일반인의 관점과는 너무도 반대되는 것입니다. 그러나 상식과도 충돌되는 역설은 언제나 사람이 스스로는 도달할 수 없는 깊은 진리를 가르치는 도구이기 때문에 우리의 생각을 앞세우는 것보다 전도자의 교훈을 이해하는 태도가 더 바람직할 것 같습니다. 전도자의 아버지는 이런 말을 했습니다. "내가 죄악 중에서 출생하였음이여 어머니가 죄 중에서 나를 잉태하였나이다"(시51:5). 아담과 하와의 죄와 타락으로 인해 모든 사람들의 출생은 죄와 무관하지 않습니다. 출생은 곧 죄인의 삶을 시작하는 것입니다. 이생의 삶은 고통과 슬픔과 아픔과 상처와 분노와 증오로 채워질 것입니다. 그러나 죽음의 날은 그 모든 것들과 결별하는 날입니다. 육신의 장막을 벗고 주님께로 돌아가는 날입니다.

같은 내용을 전도자는 2절에서 이렇게 말합니다. "초상집에 가는 것이 잔칫집에 가는 것보다 나으니 모든 사람의 끝이 이와 같이 됨이라 산 자는 이것을 그의 마음에 둘지어다." 1절과는 관점이 약간 다릅니다. 여기서는 죽는 자와 출생하는 자 자신을 기준으로 설명하지 않고 죽음이 기념되는 초상집을 찾아가는 조문객과 생기가 넘치는 잔칫집을 찾아가는 하객을 대조하고 있습니다. 초상집에 가는 것이 잔칫집에 가는 것보다 나은 이유는 그곳에서 제공되는 음식의 질 때문이 아닙니다. 누가 태어날 것인지는 아무도 모릅니다. 그러나 죽음은 모든 사람들이 예측하는 바입니다. 초상집은 모든 사람들이 가야 하는 인생의 끝입니다. 초상집은 바로 그것을 확인하는 곳입니다. 우리는 모두 죽습니다.

죽음 이후에는 모두 하나님의 심판을 받습니다. 초상집은 이러한 사실을 생각하게 만드는 곳입니다. 초상집이 죽음을 직접 경험하는 곳이 아니라 간접적인 죽음을 경험하는 곳입니다. 초상집을 찾아가는 자는 다른 사람의 죽음을 보면서 자신도 죽음에 이르게 될 것을 의식할 것입니다. 하나님의 심판대 앞에 서기 이전에 심판의 기준을 의식하며 살아갈 것입니다. 그래서 누구나 죽는다는 사실을 전도자는 우리의 마음에 담아 두라고 말합니다. 이 세상에서 우리는 영원히 살 것처럼 살지 않습니다. 언젠가는 죽을 인생임을 의식하며 하루하루 사는 것입니다. 그러할 때에 우리는 짧은 인생을 무엇으로 채워야 하는지도 깨달을 수 있습니다.

같은 맥락에서 시인은 이렇게 말합니다. "우리에게 우리 날 계수함을 가르치사 지혜로운 마음을 얻게 하소서"(시90:12). 우리의 인생은 길지 않습니다. 너무도 짧아서 모세는 "밤의 한 순간" 즉 하루의 시간적인 십일조도 안되기 때문에 마치 "잠깐 자는 것 같으며 아침에 돋는 풀 같다"고 말합니다(시90:4-5). 인생은 너무나도 짧은데 그 인생을 결산하는 심판의 때에 인간이 경험하게 될 하나님의 진노는 얼마나 큰지 모릅니다. 그 진노의 크기는 아무도 모른다고 말합니다. "누가 주의 노여움의 능력을 알며 누가 주의 진노의 두려움을 알리이까"(시90:11). 순간의 선택이 영원을 좌우하게 된다는 사실을 깨달은 사람은 복된 자입니다. 인생은 삶과 죽음으로 구성되어 있습니다. 삶만 생각하고 죽음의 때를 계수하지 않는다면 정상적인 인생을 살아갈 수 없습니다. 삶은 잠깐이고 죽음 이후는 영원하기 때문에 죽음 이후의 세계에 우리가 더 큰 관심을 가지는 것은 결코 부당하지 않습니다.

초상집에 가는 것이 잔칫집 출입보다 나은 이유와 유사하게 전도자는 슬픔과 웃음도 비교하고 있습니다. 3절을 보십시오. "슬픔이 웃음보다 나음은 얼굴에 근심하는 것이 마음에 유익하기 때문이니라." 사실 전도자는 앞에서 "웃음에 관하여 말하기를 그것은 미친 것이라 하였고 희락에 대하여 이르기를 이것이 무슨 소용이 있는가"(전2:2) 라고 했습니다. 여기서의 웃음은 내면에서 솟구쳐 나오는 영혼의 기쁨이 아닙니다. 이 세상에서 썩어 없어지는 것들이 촉발한 일시적인 웃음이며 우리의 영혼에는 아무런 유익을 끼치지 못하는 것입니다. 전도자는 얼굴에 무익한 웃음이 번지는 것보다 근심을 드리우는 슬픔이 우리의 마음에 유익이 된다고 말합니다. 웃음은 순간을 즐길 뿐이지만 슬픔은 우리 자신을 성찰하게 만듭니다.

여기서의 슬픔은 축 처진 마음의 우울함을 의미하지 않습니다. 바울은 말합니다. "하나님의 뜻대로 하는 근심은 후회할 것이 없는 구원에 이르게 하는 회개를 이루는 것이요 세상 근심은 사망을 이루는 것이니라"(고후7:10). 전도자가 말하는 슬픔은 바로 우리의 인생 전체를 돌아보게 만드는 하나님의 뜻대로 하는 근심을 가리키는 말입니다. 이것은 사망을 이루는 세상의 근심과 전혀 다른 것입니다. 세상의 근심에 대해 지혜자는 이렇게 말합니다. "심령의 근심은 뼈를 마르게 하느니라"(잠17:22). 심령을 상하게 하고 뼈를 마르게 하여 사망에 이르게 하는 근심을 전도자는 결코 웃음보다 나은 것이라고 권하지 않습니다.

세상의 근심은 어떤 것일까요? "그러므로 내가 너희에게 이르노니 목숨을 위하여 무엇을 먹을까 무엇을 마실까 몸을 위하여 무엇을 입을까 염려하지 말라"(마6:25). 하늘에 계신 우리 아버지는 이 모든 것들이 우리에게 있어야 할 줄을 우리보다 더 잘 아십니다. 그렇기 때문에 구하지도 말라고 하십니다. 그것을 추구하고 그것 때문에 근심하는 것은 그것을 아시고 채우시는 하나님께 무지한 것이고 그분을 무시하는 것입니다. 우리는 세상의 근심을 가지고 있지 않습니다. 오히려 마음에 유익한 근심을 가진 자입니다. 바울은 말합니다. "근심하는 자 같으나 항상 기뻐하고"(고후6:10). 우리가 하는 근심은 심령의 사망에 이르는 것이 아니라 마음의 기쁨에 이르는 것입니다. 그래서 전도자는 웃음보다 슬픔이 낫다고 말한 것입니다.

이러한 설명을 한 이후에 전도자는 4절에서 지혜자와 우매자의 마음을 비교하고 있습니다. "지혜자의 마음은 초상집에 있으되 우매한 자의 마음은 혼인집에 있느니라." 이것은 초상집에 가면 지혜자가 되고 혼인집에 가면 우매자가 된다는 말이 아닙니다. 우매한 자의 발걸음은 혼인집을 향하며 일시적인 삶의 화려함에 빠지지만 지혜자의 발걸음은 초상집을 향하며 일시적인 삶 이후의 세계를 확인하고 준비하는 자라는 뜻입니다. 우리가 출입하는 곳의 상징적인 의미를 생각하며 어디를 출입해야 하는지를 아는 것도 지혜입니다. 전도자는 자신을 "작은 아이"여서 "출입할 줄" 모른다고 말하며 하나님의 도우심을 구한 적이 있습니다. 그러나 그런 겸손의 마음을 내던지고 나이가 들어서는 후궁들의 처소를 출입하고 이방 신들의 산당을 출입하는 우를 범하기도 했습니다. 그러나 말년에는 이렇게 지혜자가 마땅히 출입해야 하는 곳은 하나님의 교훈과 뜻을 경험하는 곳이어야 한다고 말합니다. 인생의 뼈아픈 경험을 통하여 깨달은 전도자의 교훈을 따라 하나님의 진리가 증거되는 곳, 하나님의 영광이 선포되는 곳, 하나님의 은혜가 부어지는 곳의 출입을 권합니다.

전도자는 5절에서 또 하나의 비교급 지혜를 소개하고 있습니다. "지혜로운 자의 책망을 듣는 것이 우매한 자들의 노래를 듣는 것보다 나으니라." 사람들은 지혜와 우매함을 떠나 귀에 달콤하고 마음에 유쾌한 소리를 듣고 싶어하는 경향이 있습니다. "때가 이르리니 사람이 바른 교훈을 받지 아니하며 귀가 가려워서 자기의 사욕을 따를 스승을 많이 두고 또 그 귀를 진리에서 돌이켜 허탄한 이야기를 따르리라"(딤후4:3-4). 사람들은 지혜로운 자의 올바른 책망에 귀를 기울이지 않고 자기의 사욕을 칭찬하고 귀에 달콤한 음악을 들려줄 스승을 많이 모십니다. 자신의 욕심에 여러 겹의 면죄부를 제공할 지성적인 객관성 확보에 열을 올립니다. 허탄한 이야기에 귀를 기울이고 추종하는 사람들이 많다고 바울은 말합니다.

지혜로운 자의 책망을 듣는 것이 우매한 자들의 노래를 듣는 것보다 낫습니다. 하나님의 말씀에는 책망이 대단히 많습니다. 모든 성경은 "책망"(딤후3:16)에 유익한 책입니다. 이것은 불쾌하게 여길 것이 아닙니다. 성경에 책망이 많다는 것은 우리가 악한 본성을 가진 죄인이기 때문에 그 만큼의 책망이 필요한 존재라는 사실을 암시하고 있습니다. 그리고 주님께서 우리에 대한 사랑을 다양한 책망으로 표현하신 것입니다. "면책은 숨은 사랑보다 나으니라"(잠27:5). 이 말씀대로 주님은 우리를 성경에 면책이 충만할 정도로 사랑하고 계십니다. 죽음으로 돌진하는 자녀들에 대해 침묵이나 방치는 결코 사랑이 아닙니다. 꾸짖어서 돌이키게 만들어야 사랑하는 것입니다. 바울은 말합니다. "너희는 열매 없는 어둠의 일에 참여하지 말고 도리어 책망하라"(엡5:11). 사랑에 기초한 지혜로운 책망은 "청종하는 귀에 금 고리와 정금 장식"이며(잠25:12), "훈계의 책망은 생명의 길"입니다(잠6:23).

그러나 우매한 자들의 노래는 그렇지 않습니다. 6절을 보십시오. "우매한 자들의 웃음 소리는 솥 밑에서 가시나무 타는 소리 같으니 이것도 헛되니라." 우매한 자들의 노래와 웃음은 음향만 있고 의미는 없다는 것입니다. 고막만 시끄럽게 때리는 우매자의 칭찬에 중독되지 마십시오. 우리는 마음에 아무런 유익도 없는 어리석은 자들의 급조된 칭찬에 얼마나 목말라 있습니까? 칭찬은 고래도 춤추게 만듭니다. 사람도 칭찬에 굶주려 있습니다. 그러나 칭찬의 덫에 걸리면 진리를 분별하지 못하고 칭찬하는 사람들의 노예가 되기 쉽습니다.

7절에는 "우매한 자들의 노래" 혹은 세상의 칭찬에 해당되는 것들이 어떤 것이며 얼마나 심각한 문제를 일으키는 것인지를 설명하고 있습니다. "탐욕이 지혜자를 우매하게 하고 뇌물이 사람의 명철을 망하게 하느니라." 탐욕과 뇌물은 우매한 자들의 노래에 준하는 것입니다. 우매한 칭찬처럼 탐욕과 뇌물도 판단의 동맥경화 현상을 유발합니다. 무언가를 탐하게 되면 그것에 치우치기 때문에 판단의 공정성과 객관성을 잃어 버립니다. 아무리 지혜로운 자라도 우매함에 빠집니다. 시인은 탐욕과 악인을 연결하여 이렇게 말합니다. "악인은 그의 마음의 욕심을 자랑하며 탐욕을 부리는 자는 여호와를 배반하여 멸시하나이다"(시 10:3). 탐욕을 품으면 탐욕의 대상에게 사로잡힐 수밖에 없습니다. 그것을 중심으로 생각하고 말하고 행합니다.

탐욕에 사로잡혀 있으면 하나님의 영광은 상대화될 수밖에 없습니다. 아무리 경건한 사람이라 할지라도 탐욕을 품고도 경건을 유지할 수 있는 자는 없습니다. 이스라엘 민족의 리더들을 향한 하나님의 책망을 들어 보십시오. "이 개들은 탐욕이 심하여 족한 줄을 알지 못하는 자들이요 그들은 몰지각한 목자들이라 다 제 길로 돌아가며 사람마다 자기 이익만 추구하며 오라 내가 포도주를 가져오리라 우리가 독주를 잔뜩 마시자 내일도 오늘 같이 크게 넘치리라 하느니라"(사56:11-12). 이러한 탐욕을 이기려면 우리가 하나님의 말씀에 전념하는 방법밖에 없습니다. 그래서 다윗은 이런 기도를 하나님께 올립니다. "내 마음을 주의 증거들에게 향하게 하시고 탐욕으로 향하지 말게 하소서"(시119:36). 하나님의 말씀으로 배부르지 않으면 다른 것에 대한 허기가 생깁니다. 말씀을 우리 안에 두어야 탐욕의 죄를 범하지 않습니다.

지혜자를 우매한 자로 만드는 우매한 자들의 두 번째 노래는 뇌물입니다. 뇌물의 위력은 실로 대단한 것입니다. "뇌물은 그 임자가 보기에 보석 같은즉 그가 어디로 향하든지 형통하게 하느니라"(잠17:8). 뇌물의 위력을 한번 경험한 사람은 뇌물에 중독되지 않을 수 없습니다. 범사에 뇌물의 힘을 빌립니다. 그러나 뇌물은 그 위력만큼 위험한 것입니다. 모세는 말합니다. "너는 뇌물을 받지 말라 뇌물은 밝은 자의 눈을 어둡게 하고 의로운 자의 말을 굽게 하느니라"(출23:8). 뇌물은 지혜로운 재판관의 판결도 굽게 만듭니다(잠17:23). 발람의 패역에서 보이듯이 선지자의 영적 분별력도 흐리게 만듭니다(신23:4). 이사야는 뇌물이 악인을 의롭다고 말하게 함으로써 의인의 공의까지 약탈하는 것이라고 말합니다(사5:23). 그러나 모세의 기록처럼 "뇌물을 받는 자는 저주를 받을 것"이고(신27:25), 욥기의 기록처럼 "뇌물을 받는 자의 장막은 불탈 것"입니다(욥15:34). 그러나 "뇌물을 싫어하는 자는 살게" 될 것입니다(잠15:27).

본문에서 전도자가 말하는 지혜로운 자는 삶보다 죽음을 더 깊이 의식하며, 지혜자의 마음은 잔칫집이 아니라 초상집에 있으며, 무익한 웃음보다 마음에 유익한 슬픔을 선호하며, 우매한 자들의 달콤한 노래보다 지혜로운 자의 책망 듣기를 더 소원하며, 탐욕으로 인해 우매하게 되고 뇌물로 인하여 명철이 파괴되는 것을 피하는 자입니다.

20강

지혜의 유익

전 7:8-12

[8] 일의 끝이 시작보다 낫고 참는 마음이 교만한 마음보다 나으니 [9] 급한
마음으로 노를 발하지 말라 노는 우매한 자들의 품에 머무름이니라 [10]
옛날이 오늘보다 나은 것이 어찜이냐 하지 말라 이렇게 묻는 것은 지혜
가 아니니라 [11] 지혜는 유산 같이 아름답고 햇빛을 보는 자에게 유익이
되도다 [12] 지혜의 그늘 아래에 있음은 돈의 그늘 아래에 있음과 같으나,
지혜에 관한 지식이 더 유익함은 지혜가 그 지혜 있는 자를 살리기 때문
이니라

광범위한 체험과 원숙한 경건을 바탕으로 종횡무진 쏟아내는 전도자의 인생 이야기에 등장하는 보석 같은 교훈들이 오늘 본문에도 촘촘히 박혀 있습니다. 먼저 8절 앞부분을 보십시오. "일의 끝이 시작보다 낫고." 시작과 끝이 없으신 하나님의 생명과는 달리 인생은 범사에 시작이 있고 끝이 있습니다. 그런데 전도자는 일의 끝이 시작보다 낫다는 포괄적인 비교급을 가르치고 있습니다. 인간은 태어날 때에 알몸으로 나옵니다. 빈부와 귀천을 불문하고 이러한 인생의 시작에는 차별이

없습니다. 그러나 출생 이후에는 저마다 다른 길을 걷습니다. 물론 각자의 가정과 성장의 환경에 적잖은 영향을 받으면서 자랍니다. 하지만 그것은 인생의 끝에 큰 영향을 주지는 못합니다. 인생의 다양한 시작은 그렇게 중요한 것은 아닌 듯합니다. 인생의 끝이 중요하기 때문에 지혜자는 대체로 잔칫집이 아닌 초상집을 찾는 법입니다.

세상에는 가난한 사람이 부자가 되고 비천한 신분으로 시작해서 고귀한 삶을 영위한 사람들이 많이 있습니다. 욥기에도 이러한 말씀이 있습니다. “네 시작은 미약하였으나 네 나중은 심히 창대하리라”(욥8:7). 성경에는 인생의 반전 이야기가 대단히 많습니다. 이스라엘 백성이 최고의 인물로 자랑하는 다윗도 목동으로 시작하여 최고의 왕으로 인생을 마감한 분입니다. 모세도 태어난 이후에 얼마 못되어 버려진 자였지만 이스라엘 민족의 지도자요 율법을 중개하는 막중한 리더십을 발휘한 분입니다. 예수님도 집도 없고 호텔도 구하지 못해서 마구간에 가서 출생해야 했던 목수의 아들로서 인생의 끝에는 모든 이름 위에 뛰어난 이름을 가지신 분입니다. 이처럼 시작이 미약한 인생도 나중에는 얼마든지 심히 창대할 수 있습니다.

여러분의 시작을 불평하지 마십시오. 가난한 부모를 탓하지 마십시오. 시작의 미약함을 원망하지 마십시오. 공평하신 하나님은 이 세상을 공의와 정직으로 다스리고 계시며 이 세상에 무섭도록 정확한 공평을 행하시고 이루시는 분입니다. 하나님의 공평은 세상의 질서입니다. 사람들의 눈에는 모순과 부조리가 창궐하고 있지만 하나님 편에서는 공평이 한 순간도 훼손된 적이 없습니다. 하나님의 공의와 정직에는 어떠한 빈부의 격차도, 신분의 높낮이도, 권력의 위아래도 변수로 작용할 수 없습니다. 오히려 가난하고 비천하고 무명한 삶의 시작이 하나님의 관점에서 보면 더욱 유익할 수 있습니다.

대부분의 사람들은 가난이 우리에게 주는 것이 없다고 생각할 것입니다. 그러나 가난은 우리에게 얼마나 많은 유익을 주는지 모릅니다. 가난하면 겸손과 인내를 배웁니다. 돈은 인격에 관여하지 못하는 인생의 장신구에 불과함을 배웁니다. 인생의 승부는 인격으로 걸어야 함을 배웁니다. 누구보다 강한 삶의 의지를 얻습니다. 이러한 것들은 돈을 주고도 살 수 없습니다. 이는 인생의 차가운 바닥에서 뒹굴면서 조금씩 체득되는 것입니다. 몸의 체질로 파고드는 것입니다. 그리고 연약한 사람의 마음을 누구보다 빨리 이해하고 깊이 배려할 수 있습니다. 겸손할 수밖에 없는 가난의 환경을 허락하신 것, 많은 고통과 시련 속에서 전 인격이 단련될 수밖에 없는 환경을 주신 부모님께 감사를 드리시기 바랍니다.

테레사 수녀는 가난한 사람들과 병든 사람들과 고아와 죽어가는 사람들을 45여년동안 섬긴 분입니다. 그런데 그녀는 자신이 그들에게 준 것보다 받은 것이 더 많다고 말합니다. 이는 더 많이 가진 자신이 준 것보다 아무것도 줄 수 없다고 생각되는 그들이 자신에게 준 것이 더 많다는 말입니다. 저도 중국을 방문할 때마다 느끼는 것은 제가 주고 온 것보다 가지고 온 유익이 더 많다는 것입니다. 강의를 하고 상담을 하며 위로를 주는 자로 그곳에 갔지만 정작 돌아올 때에는 중국 사람들을 통해 받은 삶의 감동과 도전과 의욕이 훨씬 컸습니다. 가난하고 무명하고 비천한 자들이 겉으로는 그렇지만 영적인 면에서는 부하고 유명하고 존귀한 자라는 역설은 수사학적 구호가 아닙니다. 바울의 역설적인 진리의 외침을 들어 보십시오. "우리는 속이는 자 같으나 참되고 무명한 자 같으나 유명한 자요 죽은 자 같으나 보라 우리가 살아 있고 징계를 받는 자 같으나 죽임을 당하지 아니하고 근심하는 자 같으나 항상 기뻐하고 가난한 자 같으나 많은 사람을 부요하게 하고 아무 것도 없는 자 같으나 모든 것을 가진 자로다"(고후6:8-10). 시작의 미약함 속에서 주님의 강함은 더욱 선명하게 드러날 것입니다.

화려한 시작과 초라한 끝보다는 미약한 시작과 아름다운 끝이 더 낫습니다. 아이들과 청년들을 볼 때마다 저의 가슴이 뛰는 이유가 있습니다. 비록 지금은 그들이 너무도 초라해 보이지만 인생의 끝자락에 어떠한 모습으로 변화될지 아무도 모른다는 것입니다. 아마도 심히 창대할 것입니다. 모든 믿는 후손들의 대표성을 가진 믿음의 조상에게 주신 인생의 청사진은 우리 모두에게 다양한 모양으로 이루어질 것입니다. "내가 너로 큰 민족을 이루고 네게 복을 주어 네 이름을 창대하게 하리니 너는 복이 될지라"(창12:2). 믿음의 조상은 원래부터 태생적인 성골이 아닙니다. 오히려 이방신을 섬기는 가정에서 태어나서 땅의 모든 족속에게 영적인 복의 출구가 되신 분입니다. 어떠한 가정에서 태어났든, 어떠한 환경에서 삶을 시작했든, 어떠한 국적을 가졌든, 어떠한 언어와 문화에 속하였든 상관 없이 우리는 하나님의 백성과 자녀로서 창대한 삶의 복을 누리며 열방에게 나누어 줄 것이고 인생의 끝에는 온전한 구원을 이루고 영화롭게 될 것입니다. 지금의 모습이 우리의 인생을 규정하지 못합니다. 청년의 때는 인생의 승부를 걸 때가 아직 아닙니다. 오히려 부지런히 주님을 알아가고 닮아가고 전심으로 의지하는 경건의 연습에 매진할 때입니다. 그래야 끝이 좋습니다.

8절의 후반부를 보십시오. "참는 마음이 교만한 마음보다 나으니." 시작이 화려하면 교만하기 쉽고 시작이 초라하면 인내와 겸손을 배우는 법입니다. 인내하는 자의 미래는 밝습니다. 사람들은 어려운 상황 속에서 자신이 원하는 결과가 나오지 않으면 조급해 지고 일을 그르치는 경향이 있습니다. 그러나 인내하며 변화의 때를 기다리는 자는 공평하신 하나님의 때를 존중하는 자입니다. 행한 대로 갚으시고 심은 대로 거두시는 하나님의 때는 우리가 임의로 변경할 수 없습니다. 성급한 마음으로 그것을 앞당기려 하는 사람은 하나님의 시간표를 존중하지 않고 자신의 때를 앞세우는 교만한 자입니다. 만사에는 최적의 때가 있습니다. 그 때의 결정과 조정은 하나님의 손아귀에 있습니다. "가라사대 때와 기한은 아버지께서 자기의 권한에 두셨으니 너희의 알바 아니요"(행1:7). 이것은 주님께서 제자들을 향해 이스라엘 나라를 회복하실 때에 대한 궁금증을 접고 증인의 성실한 삶을 살라고 교훈하는 중에 하신 말입니다. 우리의 인생도 다르지가 않습니다. 종말의 때만이 아니라 인생의 모든 스케줄도 하나님의 손에 있습니다.

•

하나님의 스케줄을 훼손하는 자가 되지 마십시오. 초라한 시작이 빨리 화려한 끝으로 넘어가길 급한 마음으로 서두르지 마십시오. 요셉의 인생을 보십시오. 그는 13년의 종살이와 옥살이를 하면서도 전혀 서두름이 없습니다. 하나님의 섭리를 따라 30세가 되었을 때에 출옥하게 되고 애굽의 총리라는 공직에 오릅니다. 갑자기 권력의 노른자를 차지하면 주변에 권력의 하이에나 같은 정적들이 끄집어 내리려고 온갖 모략과 술수를 동원하는 법입니다. 그런데도 요셉은 요동함이 없습니다. 왜 그럴까요? 오랜 기간동안 감옥에서 요셉은 필요한 훈련을 받았기 때문에 견뎌낼 수 있었던 것입니다. 감옥은 인생의 밑바닥에 내려 앉은 사람들이 온갖 비밀을 다 쏟아내는 곳입니다. 정계에서 발설할 수 없었던 일들을 이제는 말할 수 있다고 생각한 정치범들의 적나라한 폭로전이 벌어지는 곳입니다. 더군다나 요셉은 감옥에서 최고의 모범수로 다른 죄수들을 사랑으로 돌보았기 때문에 다른 사람들이 들을 수 없었던 정치계의 일급 비밀들을 다 입수했을 것입니다. 오랜 옥살이는 인생의 낭비가 아니라 준비였던 것입니다. 이는 누구도 눈치채지 못하고 자신도 준비라고 알아채지 못하였던 하나님의 스케줄에 따른 것입니다.

하나님의 뜻을 행한 이후에 기다림이 필요함을 히브리서 기자는 다음과 같이 기록하고 있습니다. "너희에게 인내가 필요함은 너희가 하나님의 뜻을 행한 후에 약속하신 것을 받기 위함이라"(히10:36). 하나님의 사람들 중에는 하나님의 뜻을 행하고 급속한 결과가 나오지 않으면 실망하고 원망하는 분들이 있습니다. 이러한 태도는 하나님의 뜻을 행한 이후에 주어지는 결과적인 복에 대한 집착이 하나님의 뜻에 대한 열망보다 더 커서 생기는 것입니다. 이는 하나님의 나라와 뜻보다 순종의 덤으로 주어지는 잿밥에 눈이 어두워진 상태와 다르지 않습니다. 주님께서 결과로 주시기를 원하시는 약속의 내용은 사실 이 땅에서의 일시적인 것이 아닙니다. 영원한 것과 관계된 것입니다. 그래서 인내가 요구되는 것입니다. 심지어 이생에서 약속하신 것이 주어지지 않더라도 인내하며 믿음을 지키는 것입니다.

이 세상에는 사실 우리가 바라는 궁극적인 것이 없습니다. 우리는 보이지 않는 영원한 것을 소망하는 자입니다. 땅에서 무언가 성취되고 취득되는 것을 기대하고 있다면 아직도 온전한 소망을 소유한 자가 아닙니다. 방송인 정선희는 인생의 끝장을 경험하고 죽어버릴 거라고 하나님께 마지막 저항의 카드를 뽑은 적이 있습니다. 그런데 놀랍게도 하나님은 한 가닥의 소망도 남지 않아서 죽음만이 유일한 선택인 그녀에게 너무도 기다렸던 고백이며 드디어 순수한 신앙과 온전한 소망을 소유할 때가 왔다는 말씀을 그녀는 듣습니다. 절망의 밑바닥이 소망의 날개를 달고 높이 비상하는 전환점이 되었다는 것입니다.

철학자요 목회자인 키에르케고르는 “너 자신을 알라”는 말에 대단히 충실했던 분입니다. 그런데 그는 그 답을 절망에서 찾습니다. 죽음에 이르는 인생의 병으로서 절망이 그에게는 인생의 끝이 아닙니다. 그는 이 세상에서 어떠한 소망도 보이지 않는 절망의 지점에서 오직 주님만 주실 수 있는 소망을 발견하고 인생의 본질을 깨달은 분입니다. 이 절망을 생략하면 진정한 소망은 보이지 않았을지 모르고, 그런 소망의 존재조차 몰랐을 지 모릅니다. 내가 의도하지 않았고 초청한 적도 없는데 인기척도 없이 관계나 경제나 건강에 찾아온 절망이 있습니까? 주님께서 진정한 소망을 주시기 위해 준비하고 계신 상황임을 믿으시기 바랍니다. 이 철학자는 절망과 소망의 이 절묘한 접점에서 인생의 비밀을 발견한 것입니다.

“성도들의 인내가 여기 있나니 그들은 하나님의 계명과 예수에 대한 믿음을 지키는 자니라”(계14:12). 믿음의 선배들은 이 땅에서 받는 보상이 전혀 없더라도, 심지어 죽음을 맞이한다 할지라도 예수님에 대한 믿음을 버리지 않고 하나님의 계명을 끝까지 지키려고 했습니다. 조롱과 채찍질과 결박과 투옥과 돌과 톱과 칼로 죽임을 당하는 상황 속에서도 구차히 풀려나는 것을 원하지 않았다고 히브리서 기자는 증언하고 있습니다(히11:35-37). 인내의 기간에 대해 야고보는 주님께서 다시 오실 때까지 "길이 참으라"고 권합니다(약5:7). 인내의 대상에 대해 바울은 "모든 사람들에 대해 오래 참으라"고 말합니다(살전5:14). 종합하면, 성경은 하나님의 약속에 대해 주님께서 재림하실 때까지 기다리고 모든 사람들에 대해 오래 인내하는 삶을 권하고 있습니다. 모든 사람들에 대해, 즉 남편과 아내와 부모와 자녀와 선생과 학생과 동료에 대해 주님께서 다시 오실 때까지 인내하는 지혜자가 되십시오.

참는 마음이 교만한 마음보다 나은 이유는 인내가 바로 하나님의 마음이기 때문입니다. 하나님은 우리를 길이 참으시는 분입니다(롬2:4, 3:25). 참는 마음의 소유자는 하나님을 닮은 사람이며 하나님의 마음을 품은 자입니다. 그래서 복입니다. 그러나 참는 마음과는 달리 교만한 마음은 결코 참지 않습니다. 지혜자는 "무례하고 교만한 자를 이름하여 망령된 자"라 하였고, 교만한 자는 하나님의 미움을 받는다고 말합니다(잠16:5, 21:24). 히브리서 저자는 "한 그릇 음식을 위하여 장자의 명분을 판 에서"를 "망령된 자"라고 했습니다(히12:16). 위장의 급속한 공복 해결을 태생적인 장자의 명분보다 소중하게 여겨 하나님의 질서까지 변경한 에서는 인내하지 못하는 자의 전형적인 모델이며 망령된 자의 대명사요 창조자의 질서를 거스른 교만한 자입니다. 이런 에서를 말라기와 바울은 하나님의 미움을 받은 자라고 기록하고 있습니다(말1:3, 롬9:13).

교만한 마음의 소유자는 인내하지 않고 노를 급하게 격발하는 자입니다. 9절을 보십시오. "급한 마음으로 노를 발하지 말라 노는 우매한 자들의 품에 머무름이니라." 전도자는 마음으로 신속히 노를 격발하는 일은 어리석은 자들의 품에 있다고 말합니다. 아무리 명분이 튼튼해도, 모든 사람들이 승인해 준 것이라고 할지라도, 결국은 후회로 끝나지 않는 분노는 없습니다. 후회할 것을 알면서도 분노하는 것은 자신의 마음을 다스리지 못해서 그런 것입니다. "노하기를 더디하는 자는 용사보다 낫고 자기의 마음을 다스리는 자는 성을 빼앗는 자보다 나으니라"(잠16:32). 분노를 조절하며 마음을 다스릴 줄 아는 사람은 성을 빼앗는 용사보다 강한 자입니다. 그는 슬기로운 사람이며 사람들 앞에서 영광을 얻을 자입니다(잠19:11). 나아가 노하기를 더디하는 자는 폭발 직전의 시비와 다툼도 발발하지 않게 만드는 자입니다(잠15:18).

분노조절 장애가 있는 사람은 불쌍하고 연약한 자입니다. 상태가 악화될 가능성이 대단히 높습니다. 심신이 불안정한 사람들은 일단 분노를 격발하면 후회와 수치가 밀려오기 때문에 신속하게 분노의 정당성을 찾아내고 분노의 대상에게 증명하되 그 후회와 수치가 소멸될 때까지 집요하게 매달리고 그런 집착의 와중에 또 다른 실수를 범합니다. 그래서 "노하기를 속히 하는 자는 어리석은 일을"(잠14:17) 행합니다. 이 분노의 불똥은 다른 분에게도 튀어서 또 다른 분쟁을 낳고 또 다른 죄도 짓습니다. "노하는 자는 다툼을 일으키고 성내는 자는 범죄함이 많으니라"(잠29:22). 쉽게 노하거나 성내는 사람들은 방아쇠만 당기면 발포될 분노의 탄알을 늘 장전하고 다닙니다.

분노할 만반의 준비를 갖춘 사람은 가는 곳마다 다툼을 일으키고 만나는 사람들과 사소한 일로도 쉽게 부딪혀서 갈등과 분쟁의 늪에 빠집니다. 그런 사람의 주변에는 친구가 없습니다. 곁에 잠시 있다가도 그 사람의 분노를 몇 차례 경험하면 곧장 떠납니다. 분노를 좋아하는 사람은 아무도 없습니다. 그런데도 가정에서 혹은 일터에서 분노하는 사람이 싫지만 그에게서 떠날 수 없는 안타까운 사람들이 있습니다. 고스란히 분노의 희생자가 될 수밖에 없습니다. 그런 사람들은 의도와 무관하게 분노를 축적하게 되고 분노의 분량이 적정선을 넘어가면 결국 축적된 분노를 쏟아낼 다른 희생자를 찾습니다. 이런 차원에서 분노 보존의 법칙이란 말까지 있습니다. 어린 시절에 받은 부모의 분노는 나중에 자기 자녀에게, 남편에게, 친구에게, 이웃에게, 직장 동료에게 쏟아내어 분노를 마치 유산처럼 물려주기 때문에 나온 말입니다.

이런 식으로 분노가 대물림 되면 가정이나 직장이나 교회나 사회에는 분노라는 악순환의 고리가 끊어지지 않습니다. 누군가는 분노를 전달하지 않고 해결해야 그 고리가 끊깁니다. 분노를 해결하기 위해 사람들은 폭발하기 전에 자리를 피하는 것, 심호흡을 하는 것, 분노 이후의 후회를 미리 계산하는 것, 건강하게 화내는 것, 당위적인 사고를 피하고 유연한 사고를 연습하는 것, 글쓰기 방식으로 풀어내는 것 등을 제안하고 있습니다. 지혜로운 방법들인 것 같습니다. 그러나 보다 근본적인 해결책은 화가 나지 않는 것입니다. 화가 나지 않으려면, 먼저 원수 갚는 것이 하나님께 있다는 사실과, 우리는 법의 심판자가 아니라 법의 준행자일 뿐이라는 사실과, 하나님은 공평하신 분이시기 때문에 우리가 분노로 조절하지 않더라도 공평은 이루어질 것이라는 사실을 확고하게 믿는 것입니다.

사실 분노하는 것은 범죄를 저지르는 것과 같습니다. 자신은 거친 감정을 배설하기 때문에 속이 시원할 수 있겠지만 타인은 그 분노의 희생물이 되기 때문에 분노는 대단히 이기적인 것입니다. 분노는 전염성도 강합니다. 자기만 분노하지 않습니다. 분노는 주변을 전염시켜 또 다른 분노를 낳습니다. 분노하는 사람은 분노의 전이 없이도 주변 사람들을 분노하는 사람으로 만듭니다. 분노에는 사람에게 나쁜 영향을 주는 묘한 기운이 있습니다. 이처럼 분노에 우매함과 다툼과 범죄함이 더해지면 분노의 소유자는 스스로를 더욱 정죄하게 되고 자존감도 짓밟고 심지어 자해하는 행위까지 보입니다. 이런 일들이 반복되면 심각한 우울증에 빠지기 쉽습니다. 그래서 분노는 우매한 자의 품에 머물러 있습니다.

분노의 반응을 보인다는 것은 다음에도 동일한 상황이 펼쳐지면 분노를 쏟겠다는 의사를 표시하는 것입니다. 부모가 분노로 반응하면, 자녀들도 그러한 분노의 반응을 그대로 배웁니다. 기분이 나쁘면 소리를 지르고 물건을 던지고 살벌한 눈빛을 발합니다. 분노로 반응하면 이후로 다시는 자신의 기분을 상하게 만들지 못할 것이라는 부모의 우매한 사고와 판단을 자녀는 고스란히 물려 받습니다. 그 자녀는 자신의 자녀에게 또 다시 물려줄 것입니다. 이처럼 분노는 세대를 거듭해서 유산으로 물려질 것입니다. 분노로 상대방의 언행을 조정하는 공포의 리더십은 하나님의 성품을 드러내는 자가 아닙니다.

하나님은 결코 분노의 격발로 우리를 조정하지 않습니다. "여호와는 은혜로우시며 긍휼이 많으시며 노하기를 더디 하시며 인자하심이 크시도다"(시145:8). 하나님의 백성이라 할지라도 너무도 완고했던 이스라엘 백성을 대하시는 하나님을 경험한 모세에 의하면, 진실로 여호와는 "자비롭고 은혜롭고 노하기를 더디하고 인자와 진실이 많은" 분입니다(출34:6). 분노의 가장 심각한 문제는 하나님의 성품을 가린다는 것입니다. 하나님의 성품이 아니면 모든 것이 악입니다. 악은 배우지도 말고 행하지도 말고 전하지도 말고 흉내도 내지 말아야 하는 것입니다. 분노가 바로 그런 것입니다.

전도자는 10절에서 분노를 품은 우매자에 버금가는 사람이 있다고 말합니다. "옛날이 오늘보다 나은 것이 어찜이냐 하지 말라 묻는 것은 지혜가 아니니라." 옛날이 오늘보다 낫다는 이유에 대한 질문이 왜 지혜가 아닐까요? 어제나 오늘이나 영원토록 동일하신 하나님이 변하지 않으시면 옛날과 오늘은 아무런 차이가 없습니다. 시간의 선후(先後)를 좋음과 나쁨의 잣대로 비교할 수 없기 때문에 지혜가 아닌 것입니다. 인생의 기준은 하나님께 있습니다. 하나님의 불변적인 사랑과 은혜와 긍휼과 자비와 선하심 때문에 우리는 범사에 감사하고 항상 기뻐할 수 있습니다. 하나님의 성품, 특별히 우리에 대한 그분의 사랑은 때와 장소와 조건에 따라 변하지 않습니다. "사망이나 생명이나 천사들이나 권세자들이나 현재 일이나 장래 일이나 능력이나 높음이나 깊음이나 다른 어떤 피조물이라도 우리를 우리 주 그리스도 예수 안에 있는 하나님의 사랑에서 끊을 수 없으리라"(롬8:38-39).

전도자의 시대에 사람들에 의해 제기된 옛날과 오늘의 비교 문제는 어쩌면 하나님을 만나기 전과 후, 구원 이전과 이후의 비교일 가능성이 높습니다. 아마도 전도자는 이 비교의 우매함을 지적하며 모세의 시대에 이스라엘 백성이 과거를 회상하며 하나님과 모세에게 불평을 쏟아낸 사건을 의식했을 것입니다. 그들의 불평을 들어 보십시오. "이스라엘 자손 온 회중이 그 광야에서 모세와 아론을 원망하여 이스라엘 자손이 그들에게 이르되 우리가 애굽 땅에서 고기 가마 곁에 앉아 있던 때와 떡을 배불리 먹던 때에 여호와의 손에 죽었더라면 좋았을 것을 너희가 이 광야로 우리를 인도해 내어 이 온 회중이 주려 죽게 하는도다"(출 16:2-3). 여기에서 우리는 먹거리의 종류와 분량을 기준으로 삼아 옛날과 오늘을 비교한 이스라엘 자손의 우매한 모습을 확인할 수 있습니다. 영원한 생명을 얻고 하나님의 자녀가 되고 천국의 시민권을 취득하여 향유하고 기뻐하는 것보다 곧장 배설물이 될 음식 때문에 오늘을 불평하고 옛날을 흠모하는 그들의 모습은 어쩌면 작금의 교회 공동체가 보여주는 모습은 아닐까요?

오늘날 많은 사람들이 거듭난 이후에도 하나님의 자녀답게, 하나님의 백성답게, 천국의 시민답게 세상의 빛과 소금으로 살아가지 못하고 옛사람의 몸에 걸치던 누더기 구습을 마치 더 좋은 것인 양 좇고 있습니다. 양보하는 것보다 새치기에 민첩하고, 베푸는 것보다 챙기는 일에 급급하고, 섬기는 것보다 섬김을 받으려고 하고, 겸손의 허리를 숙이는 것보다 교만의 목을 뻣뻣하게 세우고 있습니다. 손해 보는 일에는 책임을 떠넘기고 돈 되는 일에는 늑대처럼 달려드는 모습도 보입니다. 성도 개개인과 교회 공동체가 진실함과 행함으로 사랑하지 않고 입술의 구호만 요란한 사람으로 분류되고 있습니다. 사랑의 띠로 연합하는 것보다는 정치적인 다툼으로 인해 분열의 온상으로 각인되고 있습니다. 세상에 도덕의 높은 기준치를 제공하는 것보다는 비도덕과 비윤리의 부끄러운 공작소로 간주되고 있습니다. 죄의 권세 아래 있던 옛날보다 은혜 아래 사는 오늘이 더 낫다는 사실을 입증하는 삶을 사시기 바랍니다.

개인적인 생각을 말하자면, 저에게는 오늘이 어제보다 더 좋습니다. 형통한 날이든지 곤고한 날이든지 그리스도 예수를 아는 지식에서 나날이 자라기 때문에 오늘이 더 좋고 내일은 더 좋을 것입니다. 게다가 하루하루 지나면서 얼굴을 대면하며 주님을 만나는 날이 다가오고 있으니까 날이 갈수록 더 좋습니다. 과거를 추억하며 그때가 좋았다고 말하는 것은 오늘의 답답한 현실을 회피할 방편일 수는 있겠지만 인생이 퇴보하고 있다는 반증일 것입니다. 기독교는 직선적인 역사관을 가지고 있습니다. 전진만 있고 퇴보는 없습니다. "우리는 뒤로 물러가 멸망할 자가 아니요 오직 영혼을 구원함에 이르는 믿음을 가진 자니라"(히 10:39). 과거를 흠모하며 하나님의 통치와 섭리에 의문의 돌을 던지는 것은 올바르지 않습니다. 물론 과거의 일들이 교훈의 목적으로 기록되어 우리에게 상기될 필요는 있습니다. 그러나 그 과거로 돌아가고 싶어하는 것에는 불경건의 요소가 있습니다.

우매함에 대한 이야기를 마치고 지혜의 유익에 대해 전도자는 11절에서 말합니다. "지혜는 유산 같이 아름답고 햇빛을 보는 자에게 유익이 되도다." 여기에서 전도자는 지혜를 유산으로 비유하고 있습니다. 유산은 자녀의 실력이나 공로가 아니라 자녀됨 자체에 근거하여 주어지는 것입니다. 지혜도 그렇게 유산처럼 자녀됨 때문에 그냥 주어지는 것입니다. 지혜를 가진 자들은 자랑하지 않고 유산을 물려주신 주님의 유지(遺志)를 받들어 감사한 마음으로 겸손하게 그 지혜를 사용하는 것이 옳습니다. 이 지혜는 태양을 보는 자들에게 유익이 있다고 전도자는 말합니다. 태양을 보지 못하는 자는 아무도 없습니다. 즉 지혜는 모든 자들에게 유익이 있다는 말입니다. 하나님은 모든 인간에게 이성과 감성과 의지를 주셔서 얼마든지 지혜로운 삶을 영위할 수 있는 인간을 창조하신 분입니다. 누구든지 지혜와 그 유익의 수혜자가 될 수 있습니다. 그런데 모든 사람에게 허락된 것인데도 모두가 취하고 누리지는 않습니다. 우매한 자가 있다는 것입니다. 참는 마음이 더 낫다고 해도 인내하지 않고 분노를 쏟아내는 사람들이 있습니다. 일의 끝이 시작보다 낫다고 해도 인생의 끝에는 관심이 없고 시작에만 매료되어 있는 사람들이 있습니다. 옛날보다 오늘이 낫다고 해도 자꾸만 과거를 회상하며 오늘에 대해 불평과 불만을 표출하는 사람들이 있습니다.

전도자는 지혜와 돈의 유익을 12절에서 비교하고 있습니다. “지혜의 그늘 아래에 있음은 돈의 그늘 아래에 있음과 같으나, 지혜에 관한 지식이 더 유익함은 지혜가 그 지혜 있는 자를 살리기 때문이니라.” 지혜와 돈에는 우리를 지키는 능력이 있습니다. 지혜와 돈의 그늘 아래에 있으면 안전함을 얻습니다. 지금과 같은 황금만능 시대에 돈이 가지는 위력의 크기는 설명할 필요도 없을 것입니다. “너희는 하나님과 재물을 겸하여 섬길 수 없느니라”(눅16:13). 돈은 하나님과 나란히 대립항의 자리까지 차지할 정도의 놀라운 위용을 떨치고 있습니다. 그러나 지혜자는 그토록 위대한 돈보다 지혜에 관한 지식이 더 낫다고 말합니다. 그 이유는 지혜가 지혜자를 살리기 때문입니다.

에스겔 선지자의 기록을 보십시오. "이는 여호와 내가 진노를 베푸는 날에 그 은과 금이 능히 그들을 건지지 못하며 능히 그 심령을 족하게 하거나 그 창자를 채우지 못하고 오직 죄악에 빠치는 것이 됨이로다"(겔7:19). 돈은 이 세상에서 마치 하나님의 능력에 버금가는 신뢰를 받고 있지만 하나님의 진노 앞에서는 무력하기 짝이 없습니다. 오히려 우리를 죄악에 빠뜨리는 데에 능숙함을 보인다고 말합니다. 그러나 지혜는 다릅니다. 잠언의 저자는 "지혜는 그 얻은 자에게 생명나무"(잠13:20) 같다고 말합니다. 천하보다 귀한 생명으로 비유될 정도로 고귀해서 "네가 얻은 모든 것을 가지고" 지혜를 얻으라고 권면하고 "지혜는 진주보다 귀하니 네가 사모하는 모든 것으로도 이에 비교할 수 없도다"(잠4:7, 3:15)고 말합니다. 우리가 사모하는 모든 것들보다 더 뛰어난 지혜가 의도하는 바는 결국 하나님의 지혜이신 그리스도 예수의 십자가를 예시하는 것입니다. "그 안에는 지혜와 지식의 모든 보화가 감추어져 있느니라"(골2:3). 구약에서 지혜를 다른 어떠한 것들보다 뛰어난 것이라고 높인 이유는 바로 여기에 있습니다. 가장 뛰어난 것들이 가득하신 예수님과 그의 달리신 십자가는 만세 전부터 감추었던 하나님의 본질적인 지혜입니다. 이 지혜를 얻는다는 것은 하나님 자신을 상급으로 얻는다는 말입니다. 이 지혜는 우리에게 생명을 주되 생명의 일시적인 연장이 아니라 영원한 생명을 제공하는 것입니다. 천하보다 귀한 영생은 돈의 유익과는 비교할 수 없는 것입니다.

21강

하나님을 경외하는 삶

전 7:13–18

13 하나님께서 행하시는 일을 보라 하나님께서 굽게 하신 것을 누가 능
히 곧게 하겠느냐 14 형통한 날에는 기뻐하고 곤고한 날에는 되돌아 보
아라 이 두 가지를 하나님이 병행하게 하사 사람이 그의 장래 일을 능히
헤아려 알지 못하게 하셨느니라 15 내 허무한 날을 사는 동안 내가 그 모
든 일을 살펴 보았더니 자기의 의로움에도 불구하고 멸망하는 의인이
있고 자기의 악행에도 불구하고 장수하는 악인이 있으니 16 지나치게 의
인이 되지도 말며 지나치게 지혜자도 되지 말라 어찌하여 스스로 패망
하게 하겠느냐 17 지나치게 악인이 되지도 말며 지나치게 우매한 자도
되지 말라 어찌하여 기한 전에 죽으려고 하느냐 18 너는 이것도 잡으며
저것에서도 네 손을 놓지 아니하는 것이 좋으니 하나님을 경외하는 자
는 이 모든 일에서 벗어날 것임이니라

인생의 모든 비밀을 다 터득한 사람들의 태도는 하나님을 경외하는 것입니다. 하나님을 경외하는 것은 모든 지혜의 시작이요 샘이면서 모든 지혜가 지향하는 궁극적인 목적이라 할 수 있습니다. 전도서의 결론도 우리가 모든 인생에서 펼쳐지는 모든 일들을 최대치로 경험하고 깨

달으면 비로소 도달하는 최고의 진리는 여호와를 경외하는 것이 바로 인간이요 삶이라는 것입니다. 본문은 우리가 여호와를 경외할 수밖에 없는 필연적인 이유를 우리에게 가르치고 있습니다.

먼저 13절 앞부분을 보십시오. "하나님께서 행하시는 일을 보라." 전도자는 여기에서 대단히 중요한 것을 우리에게 지적하며 도전하고 있습니다. 즉 하나님의 일을 관찰하고 연구해 보라는 것입니다. 우리는 하나님의 일에 별로 관심이 없습니다. 온 세상의 역사와 자연의 모든 만물은 모두 하나님의 일입니다. 하나님의 일을 살피는 것은 범사에 하나님을 인정하는 것입니다. 그런데 우리는 하나님과 역사, 하나님과 만물, 하나님과 사건, 하나님과 상황의 관계성에 둔감한 반응을 보입니다. 우리는 모든 것들을 하나님의 관점에서 바라보고 하나님을 중심으로 해석하고 이해하는 것이 최고의 지혜라는 사실을 알고 있습니다. 그럼에도 불구하고 삶의 현장에서 우리는 얼마나 하나님을 인정하지 않는지 모릅니다. 하나님의 일을 꼼꼼하게 관찰해 보십시오. 여호와를 경외하는 것이 모든 악들에서 벗어나게 되는 최고의 비결이며 유일한 해법임을 깨닫고 확신하게 될 것입니다.

만물이 존재하고 존속하는 것은 모두 하나님의 은혜로 말미암은 것입니다. 창조와 섭리와 구원은 모두 주님께서 행하시는 일입니다. 창조와 관련하여 이사야는 말합니다. "너희는 눈을 높이 들어 누가 이 모든 것을 창조하였나 보라 주께서 수효대로 만상을 이끌어 내시고 그들의 모든 이름을 부르시나니 그의 권세가 크고 그의 능력이 강하므로 하나도 빠짐이 없느니라"(사40:26). 만물 중에서 하나님에 의해 조성되지 않은 피조물은 없다는 것입니다. 피조물의 종류와 수량까지 하나님에 의해 정하여진 것입니다. 그리고 개별적인 피조물의 의미도 그 이름을 부르시는 하나님에 의해 결정되는 것입니다. "나는 빛도 짓고 어둠도 창조하며 나는 평안도 짓고 환난도 창조하나니 나는 여호와라 다른 이가 없느니라"(사45:7). 하나님에 의해 빚어지지 않은 존재는 하나도 없습니다. 심지어 어둠과 환난도 예외가 아니라고 말합니다.

하나님의 섭리와 관련하여 다니엘은 땅에서 발생하는 일들에 대해 이렇게 말합니다. "지극히 높으신 이가 사람의 나라를 다스리시며 자기의 뜻대로 그것을 누구에게든지 주시며 또 지극히 천한 자를 그 위에 세우시는 줄을 사람들이 알게 하려 함이라"(단4:17). 이 세상에서 벌어지는 모든 일들은 하나님의 통치 아래에 있다는 말입니다. 한 지도자의 옹립과 폐위도 하나님의 손에 있고, 한 나라의 존립과 폐망도 하나님의 손에 있습니다. 구원에 대해 시인은 이렇게 노래하고 있습니다. "와서 하나님께서 행하신 것을 보라 사람의 아들들에게 행하심이 엄위하시도다 하나님이 바다를 변하여 육지가 되게 하셨으므로 무리가 걸어서 강을 건너고 우리가 거기서 주로 말미암아 기뻐하였도다"(시66:5-6). 이는 출애굽의 구원을 가리키는 말입니다.

이처럼 하나님은 창조와 섭리와 구원을 모두 주관하고 이루시는 분입니다. 전도자는 그런 하나님의 일을 주목해 보라고 권하면서 13절 후반에서 이렇게 말합니다. “하나님께서 굽게 하신 것을 누가 능히 곧게 하겠느냐.” 이것은 주님께서 정하신 것을 누구도 변경할 수 없다는 말입니다. 주님께서 굽게 하셨다면 누구도 펼 수 없습니다. 주님께서 펴셨다면 누구도 구부릴 수 없습니다. 하나님은 모든 일들을 당신의 뜻대로 행하시는 분입니다. 인간은 아무리 악하여도, 그 악으로 역사의 물줄기를 휘게 만들려고 해도 하나님은 거기에 결코 굴하시지 않습니다. 오히려 그런 악의 도도한 허리를 꺾으시고 선으로 바꾸시는 분입니다. 우리의 악행도 결국 선을 이루는 과정과 수단으로 삼으셔서 하나님의 선하심을 인류의 역사에 담으시는 분입니다.

하나님의 뜻은 하늘에서 만세 전부터 세우신 것처럼 땅에서도 그 뜻이 이루어질 것입니다. 하나님의 행하시는 일은 굽은 것이든 곧은 것이든 변경할 수 없습니다. 하나님의 일에 대해서는 변경의 태도가 아니라 순응과 수용의 태도를 취하는 것이 좋습니다.

하나님의 일들에는 어떠한 것들이 있을까요? 전도자는 14절에서 하나님이 행하시는 일들의 구체적인 양태를 두 가지로 소개하고 있습니다. “형통한 날에는 기뻐하고 곤고한 날에는 되돌아 보아라 이 두 가지를 하나님이 병행하게 하사 사람이 그의 장래 일을 능히 헤아려 알지 못하게 하셨느니라." 인생은 형통한 날의 씨줄과 곤고한 날의 날줄로 짜여진 직물과 같습니다. 형통한 날만 살아가는 사람도 없고 곤고한 날만 보내는 사람도 없습니다. 우리의 인생에 형통한 날만 있을 것이라고 기대하지 마십시오. 우리의 인생에 곤고한 날만 있다고 절망하지 마십시오. 하나님은 한 사람의 인생을 이끄시되 형통의 환한 물감과 곤고의 어두운 물감을 적당히 섞어서 인생을 다채롭게 만드시는 분입니다. 형통한 날도 하나님이 주셨고 곤고한 날도 하나님이 주셨다고 간주하는 것은 결코 잘못된 해석이 아닙니다.

문제는 형통한 날과 곤고한 날의 교차 때문에 장래의 일을 능히 헤아리지 못한다는 것입니다. 만약 일정한 규칙을 따르는 반복적인 패턴을 우리가 안다면 미래를 능히 예측할 수 있을 것입니다. 그러나 우리의 삶에는 어떠한 일이 앞으로도 어떠할 것이라고 확증하게 만드는 규칙이나 패턴이 없습니다. 이것은 그런 규칙이나 패턴을 우리의 머리가 나빠서 깨닫지 못했거나 관찰력이 떨어져서 간과했기 때문이 아닙니다. 형통과 곤고의 불규칙적 교차는 하나님의 의도적인 섭리이며 이로써 장래의 일을 능히 헤아리지 못하게 하신 것입니다. 개인의 일도, 가정의 일도, 직장의 일도, 국가의 일도 우리가 예측하지 못함은 모두 하나님의 뜻입니다.

장래의 일을 능히 헤아리는 것이 인간에게 어떤 유익이 있을까요?

어쩌면 유익보다 불이익이 더 클 것입니다. 앞으로 일어날 일들을 정확하게 안다면 사람들은 마음에 안정감은 얻을 것입니다. 그러나 하나님 안에서의 안식을 누리려고 하지는 않을 것입니다. 장래의 일이 예측되면 인간은 하나님을 의지하지 않을 것입니다. 미래를 다 알고 있는데 굳이 하나님께 매달려 도우심을 구할 필요가 있을까요? 없을 것입니다. 이처럼 미래의 일을 헤아리지 못한다는 것이 나쁜 것만은 아닙니다. 오히려 하나님을 더욱 의지하게 만들고 하나님을 더욱 생각하게 만들고 하나님을 더욱 경외하게 만듭니다. 어떠한 일이 생겨도 거기에 우리의 뜻이 관철되는 것을 바라는 것보다 하나님의 뜻이 무엇인지 고민하고 질문하게 만듭니다. 장래의 일에 대한 무지가 하나님께 더 가까이 다가갈 명분이 되고 그분을 더 깊이 누리게 만듭니다.

우리는 형통한 날과 곤고한 날을 임의로 선택할 수도 없고 변경할 수도 없습니다. 어떤 날이 일단 주어지면 그것에 대한 반응을 선택할 뿐입니다. 전도자는 형통한 날에는 기뻐할 것을 권합니다. 여기에서 기뻐함의 대상은 형통한 날이 아닙니다. 그 날을 조성해 주신 하나님을 기뻐하는 것입니다. 형통할 때마다 그 형통에 취하지 마십시오. 형통의 주체이신 하나님을 기뻐하는 것이 형통한 날을 제대로 누리는 것입니다. 그리고 전도자는 곤고한 날에는 생각할 것을 권합니다. 곤고한 날에도 곤고함 자체에 짓눌리지 마십시오. 곤고함의 이유가 있을 것입니다. 그렇다면 그 이유를 생각해야 한다는 것입니다. 나아가 그 이유를 생각할 때에 곤고한 날의 가까운 원인을 생각하지 않고 곤고함을 주신 하나님의 깊은 뜻을 생각하는 것입니다.

곤고한 날에 우리는 자칫 곤고함의 가까운 원인을 제거하는 일에 집착하기 쉽습니다. 사실 곤고한 날은 악한 날이고 악한 날의 원인은 악인일 것입니다. 그래서 악인이 없어지면 악한 날도 없어질 것이라고 생각하는 것은 어쩌면 당연한 것입니다. 그러나 곤고한 날은 형통한 날처럼 하나님에 의해 우리에게 허락된 것입니다. 지혜자는 말합니다. "여호와께서 온갖 것을 그 쓰임에 적당하게 지으셨나니 악인도 악한 날에 적당하게 하셨느니라"(잠16:4). 곤고함의 가까운 원인이라 할 악인도 하나님의 허락 하에 악한 날의 원흉으로 등장한 것입니다. 그러하기 때문에 곤고함의 이유를 악인이 아니라 악인을 주관하고 악인의 등장을 허락하신 하나님 안에서 찾는 것이 옳습니다. 곤고한 날에 우리의 생각은 거기에 머물러 있어야 할 것입니다.

형통한 날은 우리에게 좋고 곤고한 날은 좋지 않고 불필요한 것이라고 생각하기 쉽습니다. 그러나 곤고한 날은 우리에게 결코 무익하지 않습니다. 곤고한 날에 바울은 자신의 곤고함을 보고 탄식하며 절망에 빠지지 않고 자신을 곤고함 가운데서 자신의 한계를 발견하고 동시에 건져내 주실 분을 찾습니다. 욥의 곤고함을 본 엘리후의 말입니다. "그대의 절규나 그대의 능력이 어찌 능히 그대가 곤고한 가운데서 그대를 유익하게 하겠느냐"(욥36:19). 이는 우리가 곤고한 날에 자신의 전적인 무능함과 무익함을 깨닫게 된다는 것입니다. 그래서 절대자를 찾을 수밖에 없습니다. 바울도 동일한 것을 말합니다. "오호라 나는 곤고한 사람이로다 이 사망의 몸에서 누가 나를 건져내랴 우리 주 그리스도 예수로 말미암아 하나님께 감사하리로다"(롬7:24-25). 바울처럼 우리도 곤고함이 찾아올 때 우리의 실존을 확인하고 그리스도 없이는 누구도 곤고함을 해결할 수 없다는 사실을 뼈저리게 배웁니다.

전도자는 장래의 일을 능히 헤아리지 못했던 경험담을 15절에서 소개하고 있습니다. "내 허무한 날을 사는 동안 내가 그 모든 일을 살펴 보았더니 자기의 의로움에도 불구하고 멸망하는 의인이 있고 자기의 악행에도 불구하고 장수하는 악인이 있으니." 유사한 내용이 전도서 8장에도 나옵니다. "세상에서 행해지는 헛된 일이 있나니 곧 악인들의 행위에 따라 벌을 받는 의인들도 있고 의인들의 행위에 따라 상을 받는 악인들도 있다는 것이라"(전8:14). 사람이 의로우면 멸망하지 않고 형통하는 것이 일반인의 상식에 부합한 것입니다. 사람이 악을 행했다면 멸망하는 것이 정상일 것입니다. 그런데 전도자의 경험은 일반인의 보편적인 상식을 어지럽게 만듭니다. 의로워도 형벌을 받아 멸망하는 의인이 있고 악하여도 상을 받아 장수하는 악인이 있다는 것입니다. 대개 사람들은 의로운 의인이 형통하고 장수할 것이고, 악한 악인은 멸망하고 단명할 것이라고 예측할 것입니다. 그러나 전도자가 살아 보니까 그렇지가 않더라는 것입니다. 과연 장래의 일은 누구도 능히 헤아릴 수 없습니다. 그래서 지극히 뻔한 상황 속에서도 예측의 백기를 올릴 수밖에 없습니다.

그래서 전도자는 16절에서 이렇게 권합니다. "지나치게 의인이 되지도 말며 지나치게 지혜자도 되지 말라 어찌하여 스스로 패망하게 하겠느냐." 과도한 의인이 되려고 혹은 과도한 지혜자가 되려고 시도하지 말라는 것입니다. 그러한 시도는 스스로를 망치는 일이라고 말합니다. 해 아래에서 과도한 의인과 지혜자가 되려고 노력해도 하나님 앞에서의 의인과 지혜자가 되는 것은 아닙니다. "사람이 어찌 하나님께 유익하게 하겠느냐 지혜로운 자도 자기에게 유익할 따름이니라 네가 의로운들 전능자에게 무슨 기쁨이 있겠으며 네 행위가 온전한들 그에게 무슨 이익이 되겠느냐"(욥22:2-3). 하나님을 떠난 지혜와 의로움은 인간문맥 안에서나 유익이 있을 뿐입니다. 그러나 그것도 과하면 오히려 스스로를 패망으로 몰고 갈 것입니다.

인권의 범국가적 회복과 자유의 신장과 평등의 구현을 위해 몸을 불사르고 죽음도 불사하고 대의를 위해 자아를 희생하고 타인을 위해 자신을 내던지는 사회적인 의인들이 적지 않습니다. 참으로 귀한 분들이고 그들이 사회에 끼치는 유익도 결코 작지 않습니다. 그러나 그럼에도 불구하고 인류의 역사에는 자유와 평등과 인권을 수호하기 위해 흘린 희생의 피를 무색하게 만드는 불의하고 부당한 일들이 얼마나 많은지 모릅니다. 그러한 일들이 있기 때문에 인생의 소중한 가치들을 포기해야 한다는 말이 아닙니다. 제가 강조하고 싶은 요지는 이 땅에서의 가치는 영원하지 않고 무덤에 들어가면 소멸될 수밖에 없다는 사실을 인지하고 그런 가치의 중요성에 걸맞은 삶을 살아가야 한다는 것입니다. 문맥은 조금 다르지만 바울의 권고를 들어 보십시오. "마땅히 생각할 그 이상의 생각을 품지 말고 오직 하나님께서 각 사람에게 나누어 주신 믿음의 분량대로 지혜롭게 생각하라"(롬12:3). 이는 우리가 마땅히 생각할 지혜와 의로움의 적정선을 넘어가면 우매함에 빠진다는 것입니다.

인생은 무엇이든 적정한 수위를 유지하는 것이 가장 좋습니다. 의로움과 지혜는 분명히 좋은 것입니다. 그러나 그럼에도 불구하고 이 땅에서의 의로움과 지혜는 마치 꿀과 같습니다. 과다한 분량의 꿀을 먹으면 우리에게 유익이 아니라 해를 끼치듯이 의로움과 지혜도 해로울 수 있습니다. 의로움과 지혜가 주는 영광을 과도하게 추구하지 말라고 지혜자는 말합니다. "꿀을 많이 먹는 것이 좋지 못하고 자기의 영예를 구하는 것이 헛되니라"(잠25:27). 인간에게 필요한 적정한 체온은 36.5도입니다. 인간의 신체에 가장 적정한 공기의 압력은 1기압입니다. 인체에 가장 적정한 지구의 중력 가속도는 9.8입니다. 여기에서 더하거나 덜하면 모두 우리의 인체에 해를 끼칩니다. 이 땅에서의 지혜와 의로움도 그런 것입니다.

전도자는 17절에서 악인과 우매자에 대해서도 동일하게 경계하고 있습니다. "지나치게 악인이 되지도 말며 지나치게 우매한 자도 되지 말라 어찌하여 기한 전에 죽으려고 하느냐." 악이라면 그림자도 밟지 말고 흉내도 내지 말아야 할 것입니다. 모든 사람들이 악에 노출되어 있고 모든 사람들이 적당히 악합니다. 악하지 않은 사람이 없습니다. 그러나 악도 과도하면 기한 전에 죽는다고 전도자는 말합니다. 그래서 지나치게 악인이 되지 마십시오. 일찍 죽습니다. 거짓말도, 분노도, 증오도, 시기도, 질투도, 욕설도, 폭력도 적당히 하십시오. 다시 말하지만 악은 흉내도 내지 않는 것이 가장 이상적인 것입니다. 그러나 악한 본성 때문에 우리는 이따금씩 악에 빠집니다. 하지만 비록 빠졌어도 지나치게 악하지는 말라는 것입니다.

사람이 너무 의로우면 일찍 죽습니다. 너무 지혜로운 사람도 일찍 죽습니다. 지나치게 악하여도 일찍 죽습니다. 지나치게 우매해도 일찍 죽습니다. 이러한 기한 전의 죽음은 우리의 주변에서 쉽게 목격할 수 있습니다. 과도한 지혜와 과도한 의로움과 과도한 악함과 과도한 우매함의 희생자가 되지 마십시오. 전도자는 우리에게 그런 희생자가 되지 않는 비결도 친절하게 제공하고 있습니다. 18절을 보십시오. "너는 이것도 잡으며 저것에서도 네 손을 놓지 아니하는 것이 좋으니 하나님을 경외하는 자는 이 모든 일에서 벗어날 것임이니라." 전도자는 지나친 의로움과 지혜를 범하지 않도록 경계의 끈을 늦추지 않으면서 동시에 지나친 악함과 우매함에 빠지지도 않는 것이 최선의 답이라고 말합니다. 모든 사람들이 원하는 답입니다. 그런데 어떻게 그 답의 소유자가 될 수 있을까요?

전도자는 "하나님을 경외하는 자는 이 모든 일에서 벗어날 것"이라고 말합니다. 이것을 뒤집어서 생각하면, 최고의 인생을 살아가는 비결이 이 땅에서는 발견되지 않는다는 것입니다. 이 세상에서 발생하는 모든 불의하고 부당하고 과도한 일들을 동시에 해결하는 유일한 방법은 그 모든 일들을 동시에 주관하고 계신 하나님 안에서만 찾을 수 있습니다. 그것이 바로 여호와를 경외하는 것입니다. 길게 살았든지 짧게 살았든지 최고의 인생을 살아가는 최고의 비결은 바로 하나님을 경외하는 것에 있습니다. "여호와를 경외하는 것이 지식의 근본"(잠1:7)이요 "지혜의 깨우침"(잠15:33)이라는 교훈도 최고의 인생을 살아가는 비결을 가르치고 있습니다.

하나님은 모든 일을 당신의 뜻대로 얼마든지 행하실 수 있습니다. 그러나 인간은 스스로 할 수 있는 일이 거의 없습니다. 시간의 속도를 조절할 수도 없습니다. 지구를 돌리지도 못합니다. 공기의 흐름도 변경하지 못합니다. 우주의 온도를 관리할 줄도 모릅니다. 별들의 정교한 움직임도 조정하지 못합니다. 미생물과 식물과 동물의 세계를 화해시킬 수도 없습니다. 극미시 세계와 극거시 세계에 대해서는 더더욱 무기력한 모습만 보입니다. 그러나 하나님은 앞에서도 밝혔듯이 모든 차원의 세계들을 존재하게 하시고 존속하게 하시며 그 모든 차원들의 질서를 유지하고 계시며 그 질서들의 관계와 균형과 조화도 붙들고 계십니다. 모든 것들을 지으시고 모든 것들을 붙드시고 당신의 뜻대로 이끄시는 하나님의 창조와 섭리에 대해 저는 욥기보다 더 탁월한 표현을 알지 못합니다. 길지만 다음 인용문을 천천히 읽어 보십시오.

"광명이 어느 길로 뻗치며 동풍이 어느 길로 땅에 흩어지느냐 누가 홍수를 위하여 물길을 터 주었으며 우레와 번개 길을 내어 주었느냐 누가 사람 없는 땅에, 사람 없는 광야에 비를 내리며 황무하고 황폐한 토지를 흡족하게 하여 연한 풀이 돋아나게 하였느냐 비에게 아비가 있느냐 이슬방울은 누가 낳았느냐 얼음은 누구의 태에서 났느냐 공중의 서리는 누가 낳았느냐 물은 돌 같이 굳어지고 깊은 바다의 수면은 얼어 붙느니라 네가 묘성을 매어 묶을 수 있으며 삼성의 띠를 풀 수 있겠느냐 너는 별자리들을 각각 제 때에 이끌어 낼 수 있으며 북두성을 다른 별들에게로 이끌어 갈 수 있겠느냐 네가 하늘의 궤도를 아느냐 하늘로 하여금 그 법칙을 땅에 베풀게 하겠느냐 네가 목소리를 구름에까지 높여 넘치는 물이 네게 덮이게 하겠느냐 네가 번개를 보내어 가게 하되 번개가 네게 우리가 여기 있나이다 하게 하겠느냐 가슴 속의 지혜는 누가 준 것이냐 수탉에게 슬기를 준 자가 누구냐"(욥38:24-36).

이런 하나님을 경외하는 것보다 이 세상의 모든 질서와 조화를 가장 완벽하게 소화하고 순응하고 수용하는 방법은 없을 것입니다. 하나님을 경외하는 것은 결코 막연한 관념이 아닙니다. 하나님을 경외하는 것은 하나님의 계명을 지키는 것입니다. 거기에 삶의 모든 상황에서 펼쳐지는 지혜의 총화가 담겨 있습니다. 하나님의 모든 계명은 하나님 사랑과 이웃 사랑으로 요약될 수 있습니다. 하나님은 우리에게 하나님 사랑과 이웃 사랑에 대해서는 적정선이 없다고 말합니다. 마음을 다하고 목숨을 다하고 힘을 다하고 뜻을 다하여 사랑할 것을 명령하고 계십니다. 하나님과 이웃을 그렇게 전심으로 전력으로 사랑하면 최고의 인생을 살아갈 수 있다는 것입니다. 하나님과 이웃에 대한 우리의 전인적인 사랑이 우리로 하여금 모든 과도함의 늪에 빠지지 않게 만든다는 것입니다. 최고의 인생을 살아가는 비결이 바로 여기에 있습니다.

22강

지혜자가 되라

전 7:19-23

19 지혜가 지혜자를 성읍 가운데에 있는 열 명의 권력자들보다 더 능력
이 있게 하느니라 20 선을 행하고 전혀 죄를 범하지 아니하는 의인은 세
상에 없기 때문이로다 21 또한 사람들이 하는 모든 말에 네 마음을 두지
말라 그리하면 네 종이 너를 저주하는 것을 듣지 아니하리라 22 너도 가
끔 사람을 저주하였다는 것을 네 마음도 알고 있느니라 23 내가 이 모든
것을 지혜로 시험하며 스스로 이르기를 내가 지혜자가 되리라 하였으나
지혜가 나를 멀리 하였도다

인생을 살아가며 우리가 늘 마음에 담아 두어야 하는 전제가 있습니다. 하나님은 완전하고 거룩하고 순결하고 선하고 자비로운 분이지만 해 아래의 모든 인간은 타락하고 거짓되고 썩었다는 것입니다. 인간이 괜찮은 존재일 것이라고 기대하지 말라는 것입니다. 부패한 인간은 이기적인 마음을 가지고 자기를 향하여 살아가는 자입니다. 이러한 전제를 망각하면 실망과 상처와 분노와 원망에 사로잡힐 일들이 대단히 많습니다. 그러나 이 전제를 붙들고 있으면 사람들의 배신과 속임수와 이

기심에 놀라지도 않습니다. 늘 예상했던 평범한 일들과의 만남일 뿐입니다. 우리가 살고 있는 이 세상에서 의로움과 거룩함과 선함을 기대하지 마십시오. 그것들은 주님의 은혜로만 선물로 주어지는 것입니다. 인생의 지혜가 여기에 있습니다.

전도자는 지혜의 탁월함을 능력과 관련하여 19절에서 이렇게 말합니다. "지혜가 지혜자를 성읍 가운데에 있는 열 명의 권력자들보다 더 능력이 있게 하느니라." "열 명의 권력자들," 이들은 아마도 한 성읍을 수호하는 군사적 안보 담당자로 성읍에서 선발된 가장 유능한 자들일 것입니다. 그러나 전도자는 열 명의 유능한 자들보다 지혜가 우리에게 더 큰 능력을 준다고 말합니다. 우리는 능력의 기준을 근력에 두는 경향이 있습니다. 누구나 다량의 최첨단 무기와 다수의 훈련된 군사들을 가지고 있으면 자기는 충분한 힘을 가졌다고 생각하기 쉽습니다. 그러나 진정한 힘의 크기는 주먹의 크기에 있지 않고 돈의 액수에 있지 않고 정보의 분량에 있지 않고 군사들의 수에 있지 않고 최첨단 무기의 수량에 있지 않고 소유지의 사이즈에 있지 않고 유명세의 넓이에 있지도 않습니다. 지혜에 힘이 있습니다.

본문에서 말하는 지혜의 독특한 내용이 20절에서 시작되고 있습니다. "선을 행하고 전혀 죄를 범하지 아니하는 의인은 세상에 없기 때문이로다." 전도자는 인간의 실상에 대한 자신의 솔직한 견해를 밝힙니다. 즉 세상에는 선을 행하는 자도 없고 죄를 전혀 범하지 아니하는 의인도 없다는 것입니다. 인간은 죄를 저지르고 선은 행하지 않습니다. 이 세상에서 죄와 결별한 의인은 하나도 없습니다. 아무리 선하고 의롭게 보이는 사람들도 죄를 짓습니다. 아무리 막강한 권력을 소유한 유력자라 할지라도 그가 만약 죄를 짓는다면 그의 권력은 자신과 타인에게 유익한 것이 아니라 해로운 것입니다. 권력이 죄를 향한다면 클수록 더 해로울 것입니다.

사람들이 선을 행할 것이라고 기대하지 마십시오. 이 세상을 살아가는 우리가 서 있어야 할 현실은 사람들이 악을 행한다는 것입니다. 선행은 당연한 것이 아니라 희귀한 것입니다. 선행을 많이 경험할 것이라는 기대감이 인생의 발등을 찍습니다. 이 세상에는 기대치를 현실에 맞추지 않으면 당황하고 좌절하고 분노할 수밖에 없는 일들이 너무나도 많습니다. 바울은 우리가 사는 세상을 다음과 같이 표현하고 있습니다. "너는 이것을 알라 말세에 고통하는 때가 이르러 사람들이 자기를 사랑하며 돈을 사랑하며 자랑하며 교만하며 비방하며 부모를 거역하며 감사하지 아니하며 거룩하지 아니하며 무정하며 원통함을 풀지 아니하며 모함하며 절제하지 못하며 사나우며 선한 것을 좋아하지 아니하며 배신하며 조급하며 자만하며 쾌락을 사랑하기를 하나님 사랑하는 것보다 더하며 경건의 모양은 있으나 경건의 능력은 부인하니 이 같은 자들에게서 네가 돌아서라"(딤후3:1-5). 우리가 사는 세상의 현실이 이렇다는 것을 알아야 한다고 바울은 말합니다.

우리는 살아가는 세상의 실재를 얼마나 이해하고 있습니까? 바울이 열거한 세상의 실태들을 몇 개나 알고 있습니까? 때때로 우리는 이러한 실태들과 직면하는 상황으로 내몰리는 경우가 있습니다. 주님께서 허락하신 것이니까 세상의 실재를 있는 그대로 경험하고 그런 실재 속에서도 여전히 사랑과 긍휼로 일하시는 하나님을 배우시기 바랍니다. 그런 상황 속에서만 만나는 하나님의 독특한 성품과 속성이 있습니다. 아무리 힘들고 절망적인 상황이라 할지라도 하나님의 성품이 드러나는 배경일 뿐입니다. 아무리 고단하고 어려워도 우리는 하나님을 만나고 하나님을 배웁니다. 사망의 음침한 골짜기를 다닐 때에라도, 음부에 절망의 돗자리를 깔 때에라도 하나님이 거기 계시기에 그분과의 만남과 배움은 중단되지 않습니다. 우리로 하여금 범사에 하나님을 인정해야 한다고 성경이 말하고 있다면 범사에 하나님의 동행이 있고, 이는 하나님을 범사에 만날 수 있다는 뜻입니다.

"너는 범사에 그를 인정하라 그리하면 네 길을 지도하시리라"(잠3:6). 이 말씀은 우리가 범사에 항상 하나님을 인정해야 한다는 숙제가 아닙니다. 하나님은 범사에 우리와 함께 계실 것이라는 그분의 적극적인 의지를 알리는 것입니다. 그분을 인정하는 것은 그분에게 무슨 보탬이나 이득이 생겨서가 아닙니다. 우리에게 유익이 되기 때문에 하나님을 범사에 인정해야 한다고 말합니다. 우리가 하나님을 범사에 인정하면 하나님의 신적인 지도를 범사에 받습니다. 이것은 숙제가 아니라 축복일 것입니다.

전도자는 우리에게 주의할 것을 21절에서 가르치고 있습니다. "또한 사람들이 하는 모든 말에 네 마음을 두지 말라 그리하면 네 종이 너를 저주하는 것을 듣지 아니하리라." 전도자는 이 세상의 모든 소리를 듣는 게 지혜가 아니라고 말합니다. 이 세상에서 생산되는 말들의 수효는 헤아릴 수 없을 정도로 많습니다. 그 모든 말들을 내가 다 들을 수는 없습니다. 그래서 선별해서 듣는 게 좋습니다. 어떤 사람들은 자신의 기분과 감정을 상하게 할 말들만 골라서 듣습니다. 어떤 사람들은 자신에게 돈이 될 말들만 귀에 담습니다. 어떤 사람들은 끼어들 필요가 없는 타인의 개인사에 관심을 쏟습니다. 어떤 사람들은 귀에만 달콤한 말들을 골라서 듣습니다. 그러나 하나님께 영광이 되고 더 깊은 경건에 이르고 교회에 덕이 세워지고 세상에 하나님의 빛과 영광을 드러내는 말들을 들어야 한다고 전도자는 말합니다.

세상의 모든 소리들을 의식하며 그것들에 마음과 주의를 기울이지 마십시오. 자칫 저주하는 소리를 듣습니다. 비방하고 험담하는 소리도 듣습니다. 비방과 저주의 소리에 마음을 두면 마음이 치명상을 입습니다. 저주를 듣게 될 것이라는 판단은 사실 우리 자신도 이따금씩 사람을 저주하기 때문에 다른 사람들도 그럴 것이라는 추측에 근거한 것입니다. 22절을 보십시오. "너도 가끔 사람을 저주한 사실을 네 마음도 알고 있느니라." 타인을 이해하기 위해서는 나 자신을 먼저 이해하는 것이 좋습니다. 사람들은 크게 다르지 않습니다. 네가 저주하면 다른 사람들도 저주하고 내가 축복하면 타인들도 축복하는 것입니다.

듣지 않으면 아무런 문제도 되지 않을 일들인데 들어서 문제가 되는 일들이 너무나도 많습니다. 소리에 너무 민감하지 마십시오. 사람들의 모든 말에 마음을 두지 마십시오. 소리는 의미를 전달하는 도구일 뿐입니다. 적절한 기능을 발휘하지 못할 경우도 많이 있습니다. 언어로 인하여 우리가 오해하고 왜곡하고 과장하고 축소하고 변경하고 착각하게 되는 경우가 많습니다. 언어에 필요 이상의 의미를 부여하지 마십시오. 적정한 분량 이상의 과도한 신뢰를 주지 마십시오. 마음은 원하는데 입술과 표현이 협조하지 않아서 충분하고 적당한 분량의 의미를 전달하지 못하여 오해가 빚어지는 경우도 많습니다. 언어는 언어일 뿐입니다. 다양한 종류의 파장을 조합하여 의미를 생산하는 일에 능숙한 사람도 있고 미숙한 사람도 있습니다. 사람마다 언어의 사용에 편차가 있습니다. 그래서 언어보다 의미를, 입술보다 마음을 주목하고 읽어내는 훈련이 필요할 것 같습니다.

불필요한 말들, 무의미한 말들, 저주하는 말들, 비방하는 말들, 험담하는 말들, 사실에 근거하지 않은 말들, 나를 근심과 절망과 공포로 떠미는 말들에 마음을 주지 마십시오. 감정을 소비하지 마십시오. 그러한 말들로 인해 분노와 슬픔과 절망에 빠지기 쉽습니다. 말들에 대해서도 마음을 지키지 않으면 생명에 위협을 받을 수 있습니다. 어쩌면 다른 무엇보다 말에 대해서 마음을 지키는 것이 중요한 것 같습니다. 말의 위력을 한번 생각해 보십시오. "우리가 다 실수가 많으니 만일 말에 실수가 없는 자라면 곧 온전한 사람이라 능히 온 몸도 굴레 씌우리라"(약 3:2). 혀를 실수 없이 다스리는 자는 온 몸도 굴레를 씌울 수 있습니다.

이는 마치 얼굴에 멍에를 씌우면 말의 몸 전체를 제어할 수 있음과 같습니다. 언어를 생산하는 혀는 마치 불과 같다고 야고보는 말합니다. 온 몸을 더럽히고 온 몸을 불태울 수도 있습니다. 그래서 그 혀는 지옥의 불에 비유될 정도로 위험한 것입니다. "혀는 곧 불이요 불의의 세계라 혀는 우리 지체 중에서 온 몸을 더럽히고 삶의 수레바퀴를 불사르나니 그 사르는 것이 지옥 불에서 나느니라"(약3:6). 지혜자도 말합니다. "온순한 혀는 곧 생명 나무지만 패역한 혀는 마음을 상하게 하느니라"(전15:4).

생명과 마음이 혀에 휘둘릴 정도로 말은 왜 이렇게 큰 영향을 인간에게 끼치는 것일까요? 그것은 창조의 방식과 무관하지 않습니다. 먼저 히브리서 저자의 기록을 보십시오. "믿음으로 모든 세계가 하나님의 말씀으로 지어진 줄을 우리가 아나니 보이는 것은 나타난 것으로 말미암아 된 것이 아니니라"(히11:3). 이처럼 온 세상이 하나님의 말씀으로 지음을 받았기 때문에 피조물의 하나인 인간도 존재론적 차원에서 말씀의 영향력이 막대할 수밖에 없습니다. 말씀에 의한 창조는 또한 하나님의 형상대로 지음을 받은 인간의 말도 그만큼 중요함을 가르치고 있습니다. 칼은 몸을 베지만 말은 마음을 벤다는 말이 있습니다. 진실로 우리의 말은 영혼을 살리기도 하고 죽이기도 하며 마음을 세우기도 하며 허물기도 한다는 사실을 잊지 마십시오.

에모토 마사루의 〈물은 답을 알고 있다〉는 책이 있습니다. 과학적인 사실의 여부 때문에 논란이 대단히 많은 책입니다. 이 책의 요지는 좋은 말을 하면 인체의 건강에도 유익이 된다는 것입니다. 물 컵에 "아름답다, 감사합니다, 사랑합니다, 미안합니다" 등과 같이 좋은 글자를 써 주고 좋은 말을 계속해서 해 주면 그 물의 분자는 아름다운 육각형을 가지게 되고 "미워, 바보, 전쟁, 파괴, 절망"과 같은 나쁜 글자를 써 주고 나쁜 말을 하면 육각의 결정체가 깨어져서 흉물스런 분자로 변한다고 저자는 말합니다. 물이 언어에 민감한 반응을 한다면, 물이 70%를 차지하는 인체도 언어에 동일한 반응을 할 수밖에 없습니다. 제가 저자의 과학적인 사례들에 대해서는 그 진위를 측정하고 평가할 수는 없습니다. 그러나 좋은 말하기의 중요성에 대한 저자의 강조는 전적으로 옳습니다.

사실 언어는 인체만이 아니라 마음에도 막대한 영향을 끼칩니다. 언어가 인체에 직접 영향을 끼치는 것보다 마음에 영향을 주고 영향을 받은 그 마음이 인체에 끼치는 영향의 크기가 더 클 것 같습니다. 미국의 테네시 주에 어떤 사생아가 교회에 갔습니다. 목사님도 사람들도 그 사생아의 출생에 대해 잘 알고 있었는데 어느 날 주일예배 이후에 목사님이 그 아이를 불러서 이렇게 묻습니다. "너 누구의 아들이지?" 주변 사람들의 시선이 그 사생아의 입술에 쏠립니다. 목사님은 그 아이가 대답하기 이전에 환한 얼굴로 이렇게 말합니다. "아, 누구의 아들인지 알겠다. 너의 아버지를 쏙 빼 닮았구나. 너는 하나님의 아들이지. 하나님의 아들답게 훌륭한 사람이 되거라." 그 아이는 세월이 흘러서 테네시 주의 주지사가 됐습니다. 말 한마디가 한 아이의 마음을 바꾸었고 마음의 변화는 인생의 변화로 결실한 것입니다.

악성 댓글로 우울증에 시달리고 정신병에 걸리고 자살까지 하는 사례들이 SNS의 사용 증가율과 더불어 늘어나고 있습니다. 이것은 언어의 불건전한 과잉이 사람의 생명을 빼앗을 수도 있다는 사실을 잘 보여주고 있습니다. 언어와 인체의 관계, 언어와 마음의 관계에 대한 평가를 고려하지 않더라도 성경은 말에 실수가 없는 자를 완전한 자로 규정하고 있습니다. 혀의 권세는 온 몸을 더럽히고 온 몸에 굴레를 씌우고 온 몸을 불태우는 위력을 가졌다고 말합니다. 우리의 입술을 통제하지 못하면 타인의 온 몸도 그렇게 만들 것이고 타인의 말에 대하여 우리의 마음을 지키지 않으면 우리의 온 몸도 그렇게 될 것입니다. 그러나 인간은 비록 태생적인 차원에서 말에 큰 영향을 받지만 말에 마음을 두지 않으면 그 영향을 차단할 수 있도록 피할 길을 내신 하나님께 감사를 드립니다. 마음을 지키면 어떠한 말도 극복할 수 있습니다.

그러므로 타인을 위하여 우리의 입술을 지키고 우리를 위하여 우리의 마음을 지킵시다. 우리의 입술을 선하고 아름다운 말로 가득 채웁시다. 남미의 어떤 신학자가 한 말입니다. "남의 손을 씻기다 보면 내 손도 따라서 깨끗하게 되고, 남의 귀를 즐겁게 해주다 보면 내 귀도 따라서 즐겁게 되고, 남을 위해 불을 밝히다 보면 내 앞이 먼저 환해지고, 남을 위해 기도하다 보면 내 마음이 먼저 밝아진다." 타인을 축복하고 칭찬하고 행복하게 만들어 주면 그 이전에 자신이 먼저 그 축복과 칭찬과 행복의 일차적인 수혜자가 된다는 것입니다. 이것을 뒤집어서 생각해 보십시오. 우리가 누군가를 미워하고 분노를 쏟아내고 저주하고 비방하고 험담하면 상대방의 마음에 상처가 생기기 이전에 먼저 나 자신이 미움과 분노와 저주와 비방과 험담의 일차적인 희생자가 된다는 것입니다. 축복이든 저주이든 사랑이든 분노이든 타인에게 전달되기 이전에 그것이 내 안에 담긴다는 사실, 나에게 먼저 영향을 준다는 사실을 잊지 마십시오. 이처럼 우리의 입술을 지켜야 할 이유는 무엇보다 자기 자신을 위한 것입니다.

타인의 말들에 대해서는 우리가 타인의 입에 멍에를 씌울 수는 없습니다. 나쁜 말들이 쏟아지는 자리를 피하는 것도 능사가 아닙니다. 전도자는 우리의 마음을 그 말들에 주지 말라고 권합니다. 마음을 지키는 것이 생명을 지키는 것입니다. 그러나 입술을 지키고 마음을 지키는 지혜자가 되는 것은 결코 녹록한 일이 아닙니다. 전도자는 23절에서 말들의 들음과 관련하여 지혜자가 되려고 노력을 했다고 말합니다. "내가 이 모든 것을 지혜로 시험하며 스스로 이르기를 내가 지혜자가 되리라 하였으나 지혜가 나를 멀리 하였도다." 사람들의 말을 지혜롭게 다 듣지는 않으려고 노력을 했지만 지혜가 자신을 멀리 했다는 말입니다. 말하고 듣는 일에 지혜자가 되는 것은 얼마나 어려운 일인지 모릅니다. 우리는 스스로 지혜를 소유하여 지혜자가 될 정도의 능력을 가지고 있지 않습니다. 지혜는 주어지는 것입니다. 그 지혜로 말미암아 지혜자가 될 수 있습니다.

늘 반복되는 비결이요 답이지만 하나님을 경외하는 것이 지혜의 시작이요 지혜자의 첫걸음을 떼는 것입니다. 하나님을 경외하면 타인의 말을 들어도 거기에 의식의 초점을 맞추지 않고 그 너머에 계신 하나님께 초점을 맞춥니다. 그렇기 때문에 하나님을 경외하면 인간의 말이 우리의 마음을 사로잡지 못합니다. 우리가 하나님을 경외하면 우리를 겨냥한 사람들의 비방과 저주도 과녁을 빗나간 화살과 같습니다. 그런 순간에도 우리는 오직 하나님의 영향만 받습니다. 우리는 무엇에 영향을 받을지를 결정할 수 있습니다. 두려움의 대상, 경외의 대상에 영향을 받기 때문에 누구를 경외할 것인지를 선택하면 되는 것입니다.

범사에 하나님을 인정하고 하나님을 신뢰하며 하나님을 경외하는 자는 어떠한 소리를 듣더라도 쉽게 마음을 빼앗기지 않습니다. 하나님을 경외할 때에만 이상하게 세상의 모든 소리에서 자유로울 수 있습니다. 온 몸이 불타지 않을 수 있습니다. 온 몸이 굴레에 씌워지지 않고 온 몸이 더럽혀질 수도 없습니다. 다른 것에 의해서는 영향을 받지 않습니다. 이로 보건대, 우리가 하나님을 경외하는 것은 하나님 이외에 다른 무엇에 의해서도 영향을 받지 않고 최고의 인격자에 의해 최고의 영향을 받는 비결입니다.

23강

지혜자는 누구인가?

전 8:1-8

[1] 누가 지혜자와 같으며 누가 사물의 이치를 아는 자이냐 사람의 지혜는
그의 얼굴에 광채가 나게 하나니 그의 얼굴의 사나운 것이 변하느니라 [2]
내가 권하노라 왕의 명령을 지키라 이미 하나님을 가리켜 맹세하였음이
니라 [3] 왕 앞에서 물러가기를 급하게 하지 말며 악한 것을 일삼지 말라
왕은 자기가 하고자 하는 것을 다 행함이니라 [4] 왕의 말은 권능이 있나
니 누가 그에게 이르기를 왕께서 무엇을 하시나이까 할 수 있으랴 [5] 명
령을 지키는 자는 불행을 알지 못하리라 지혜자의 마음은 때와 판단을
분변하나니 [6] 무슨 일에든지 때와 판단이 있으므로 사람에게 임하는 화
가 심함이니라 [7] 사람이 장래 일을 알지 못하나니 장래 일을 가르칠 자
가 누구이랴 [8] 바람을 주장하여 바람을 움직이게 할 사람도 없고 죽는
날을 주장할 사람도 없으며 전쟁할 때를 모면할 사람도 없으니 악이 그
의 주민들을 건져낼 수는 없느니라

전도자는 본문에서 지혜자는 누구이며 지혜자의 마음은 어떠하며 우리가 무엇을 알 수 있고 할 수 있는지를 깨닫는 것이 지혜의 중요한 부분임을 강조하고 있습니다. 먼저 1절을 보십시오. "누가 지혜자와 같

으며 누가 사물의 이치를 아는 자이냐 사람의 지혜는 그의 얼굴에 광채가 나게 하나니 그의 얼굴의 사나운 것이 변하느니라." 전도자는 먼저 "누가 지혜자와 같으냐"와 "누가 사물의 이치를 아는 자이냐"를 묻습니다. 성경에는 지혜로운 자의 이야기가 많이 나오지만 정작 누가 지혜자와 같은지에 대해서는 언급이 많지 않습니다. 몇 가지를 말한다면 지혜자는 자기의 행동을 조심하는 자요(잠14:15), 자기의 노를 억제하는 자요(잠29:11), 사람들의 권고에 귀를 기울이는 자요(잠12:15), 지식을 보존하는 자요(잠10:14), 악을 보면 떠나서 피하는 자요(잠14:16), 생명의 경고를 경청하는 자입니다(잠15:31).

잠언은 누가 지혜자와 같은지에 대한 개념의 다양한 조각들은 제공하고 있지만 전도자는 보다 보편적인 지혜자의 정의를 소개하고 있습니다. 전도자가 생각하는 지혜자는 "사물의 이치를 아는 자"입니다. 여기에서 "사물"은 언어와 존재와 사건과 상태를 모두 포괄하는 말입니다. 즉 지혜자는 사람들의 말을 이해하는 자입니다. 어떤 사물의 본질과 의미와 목적을 아는 자입니다. 어떤 사건의 원인과 과정과 결과와 목적과 의미를 이해하는 자입니다. 어떠한 상태의 실상을 파악하는 자입니다. 사물의 이치를 파악하는 자는 지엽적인 문제에 얽매이지 않습니다. 표면적인 현상에 과도한 의미를 부여하지 않습니다. 실상이 아닌 이미지에 지나친 객관성을 부여하지 않습니다. 사건의 객관적인 본질을 파악하는 일에 자신의 주관적인 기호를 투사하지 않습니다. 지혜로운 자는 모든 상황 속에서 정직한 관찰력과 논리적인 분별력과 균형 잡힌 판단력과 올곧은 실천력을 가진 자입니다. 사물의 이치를 아는 자는 그런 자입니다.

사물의 이치를 아는 지혜자는 지혜로 말미암아 그의 얼굴에는 광채가 나고 얼굴의 사나운 것은 변화되는 자라고 전도자는 말합니다. 이는 얼굴에 아름다운 광채가 나고 사나움이 변하여 부드럽게 되는 비결이 지혜에 있다는 것입니다. 사람의 얼굴은 계속해서 변합니다. 얼굴 때문에 부모를 탓하지 마시기 바랍니다. 링컨 대통령의 유명한 일화가 있습니다. 링컨은 내각에 입각시켜 달라는 어떤 사람의 추천서를 받습니다. 그래서 면접을 보게 되었지만 채용할 수 없다는 통보를 보냅니다. 이에 이유를 묻자 링컨은 이렇게 말합니다. "얼굴이 마음에 들지 않습니다." 추천자는 반론을 펼칩니다. "부모님이 물려준 얼굴까지 그 사람이 책임져야 하는 것은 아니지 않습니까?" 링컨이 말합니다. "40세 이전에는 부모가 물려준 얼굴이 그대로 남아 있겠지만 40세가 넘으면 자신의 얼굴에 책임을 져야지요."

전도자도 우리의 얼굴은 변한다고 말합니다. 지혜로운 자의 얼굴에는 광채가 나옵니다. 그리고 사나운 표정이나 난폭한 기운은 지혜자의 얼굴에 깃들 수 없습니다. 전도자의 말을 지지하는 성경의 사례들이 있습니다. 모세가 시내산에 올라가 40주야를 머물며 하나님의 율법을 받고 내려왔을 때에 그의 얼굴에는 광채가 났다고 성경은 말합니다. “모세는 자기가 여호와와 말하였음으로 말미암아 얼굴 피부에 광채가 나나 깨닫지 못하였더라”(출34:30). 이 말씀은 모세의 얼굴에서 나온 광채가 하나님과 대화를 나눈 결과라고 말합니다. 하나님과 시간을 보내며 생각과 말을 섞어도 얼굴에 광채가 나옵니다. 하나님의 사람들은 하나님 안에 거하고 하나님이 그들 안에 거하며 말씀을 듣고 기도를 드리는 방식으로 대화하기 때문에 모세처럼 광채가 나야 정상일 것입니다. 그런데 과연 우리의 얼굴은 어떠한 광채가 나오고 있습니까?

지혜로운 자의 얼굴에서 지혜의 광채가 나오듯이, 정직하면 그의 얼굴에서 정직의 광채가 나옵니다. 감사하면 감사의 광채가, 기뻐하면 기쁨의 광채가, 행복하면 행복의 광채가, 만족하면 만족의 광채가, 겸손하면 겸손의 광채가, 온유하면 온유의 광채가, 거룩하면 거룩함의 광채가, 선하면 선함의 광채가, 의로우면 의로움의 광채가 나오는 법입니다. 사랑하면 예뻐지게 된다는 말이 있습니다. 사랑하면 실제로 우리의 건강과 미용에 좋은 호르몬이 분비되는 암페타민(Amphetamine) 효과가 발생하여 혈액도 잘 순환되고 심장의 박동도 빨라지고 피부도 좋아지게 된다고 전문가는 말합니다. 우리가 어떠한 생각을 하고 어떠한 마음을 품고 어떠한 감정에 휩싸여 있고 어떠한 언어를 사용하고 어떠한 활동을 하느냐에 따라 얼굴도 변한다는 것입니다. 분노하고 원망하고 질투하고 교만하고 포악하고 거짓되면 얼굴도 그러한 흉물들로 얼룩질 수밖에 없습니다. 그러나 사랑하고 용서하고 감사하고 겸손하고 정직하고 진실하면 얼굴도 아름답게 변할 것입니다. 얼굴은 인생의 역사책과 같습니다.

거울을 보는 것 자체가 괴로울 정도로 얼굴에 자신감이 없는 분이 계십니까? 걱정하지 마십시오. 원판 불변의 법칙으로 인해 좌절하지 마십시오. 죄인으로 태어나 하나님의 자녀로 거듭나듯 원판도 거듭남의 수준으로 변화될 수 있습니다. 하나님을 사랑하고 하나님을 경외하고 하나님을 찬양하고 하나님을 사모하고 하나님을 기뻐하고 하나님께 감사하면 우리의 얼굴은 어떻게 변할까요? 얼굴이 심각하게 일그러진 분이라도 천사보다 더 아름답게 변할 것입니다. 우리는 하나님의 형상대로 지음을 받았고 그 형상의 본체이신 그리스도 예수께서 우리 안에 성령으로 거하시기 때문에 주님만큼 아름답게 변합니다. 그러나 아무리 아름다운 얼굴을 가진 분이라도 만약 하나님을 떠나 악독과 음란과 거짓과 탐욕과 시기와 원망과 불평에 사로잡혀 있다면 그의 얼굴도 끔찍하게 일그러질 것입니다.

지혜자는 살면서 사람들의 인생에 따른 얼굴의 변화를 면밀하게 관찰하고 지혜가 사람의 얼굴에 광채가 나게 한다는 사실과 사나운 얼굴도 아름답고 부드러운 얼굴로 바꾼다는 사실을 적시하고 있습니다. 이것은 결코 과장이 아닙니다. 우리 주변에서 얼마든지 목격하는 일입니다. 과거에는 너무도 예뻤는데 지금은 초췌해진 사람도 있고, 과거에는 초췌해 보였지만 지금은 너무도 예뻐진 사람이 있습니다. 진위를 정확히는 모르지만 레오나르도 다빈치의 "최후의 만찬"에 얽힌 재미있는 일화가 하나 있습니다. 다빈치가 "최후의 만찬"을 그릴 때에 당시의 실제 인물들을 모델로 삼아 그렸는데 예수님의 온유하고 겸손하고 아름답고 진실하고 자비로운 인물을 모델로 찾아서 제일 먼저 그립니다. 그리고 다른 제자들을 그리는데 6년이 걸립니다. 그리고 7년째에 다빈치는 유다의 모델을 찾습니다. 거짓되고 사악하고 흉악한 인상의 소유자를 계속해서 찾았지만 찾지를 못합니다. 그러다가 사형을 기다리고 있는 죄수가 유다의 모델로서 적격이란 재보를 받고 감옥으로 갔습니다. 실제로 보니까 유다의 모델로서 딱입니다. 유다의 그림을 완성한 이후에 그 죄수가 다빈치를 불러서 그에게 묻습니다. "나를 모르겠소?" 이에 다빈치는 "내 인생에 당신 같은 사람은 본 적이 없다"고 답합니다. 이에 죄수는 "7년 전에 예수의 모델로 지목된 사람이 바로 나"라고 말합니다. 고작 7년동안 죄수의 얼굴은 예수의 모습에서 유다의 모습으로 변했다는 것입니다.

전도자는 이어서 사물의 이치를 분별하는 지혜자가 왕에 대해서는 어떻게 처신해야 하는지를 2절에서 언급하고 있습니다. "내가 권하노라 왕의 명령을 지키라 이미 하나님을 가리켜 맹세하였음이니라." 왕은 하나님의 권세를 위임 받은 자입니다. 왕의 명령을 준행하는 것은 곧 하나님의 명령에 순종하는 것입니다. 위로부터 주어진 권세에 순응하는 것은 하나님을 존중하는 것입니다. 지혜로운 자는 눈에 보이는 왕의 인간적인 권위가 아니라 하나님의 권위를 읽어내고 그것에 반응하는 자입니다. 그러나 만약 왕이 하나님을 떠나서 하나님의 권위를 남용하고 오용할 경우에는 왕의 명령을 지키면 하나님을 거역하는 자가 되기 때문에 믿음의 저항권을 발동하는 것이 좋습니다. 사도는 말합니다. "베드로와 사도들이 대답하여 이르되 사람보다 하나님께 순종하는 것이 마땅하니라"(행5:29). 이는 인간 권세자와 하나님 사이에 대립이 발생하면 하나님께 순종하는 것이 마땅하고 옳다는 뜻입니다.

전도자는 왕 앞에서의 지혜로운 태도를 3절에서 말합니다. "왕 앞에서 물러가기를 급하게 하지 말며 악한 것을 일삼지 말라 왕은 자기가 하고자 하는 것을 다 행함이니라." 왕 앞에서 급하게 물러가서 악한 것을 일삼는 것은 적대감과 반역의 완곡한 표현일 것입니다. 즉 왕과 적대적인 관계를 맺지 말라고 전도자는 말합니다. 왜냐하면 왕은 모든 것을 자기가 하고자 하는 것을 다 행하는 자이기 때문입니다. 모든 것이 다 가능한 자 앞에서 무례하게 자리를 뜨고 그를 대적하며 악을 도모하는 것은 죽음을 자초하는 어리석은 짓입니다. 이 말씀은 사실 하나님에 대한 우리의 태도를 교훈하고 있습니다. 하나님 외에 "자기가 하고자 하는 것"을 다 행하는 왕은 이 세상에 하나도 없습니다. 오직 하나님만 하고자 하는 모든 것들을 다 행하시고 행하실 수 있는 분입니다. "예수께서 그들을 보시며 이르시되 사람으로는 할 수 없으나 하나님으로서는 다 하실 수 있느니라"(마19:26). 지혜로운 자는 왕에게 무례하지 않듯이 왕 중의 왕이신 하나님께 무례를 범하지 않는 자입니다.

나아가 전도자는 왕의 말에 대한 지혜로운 반응도 4절에서 가르치고 있습니다. "왕의 말은 권능이 있나니 누가 그에게 이르기를 왕께서 무엇을 하시나이까 할 수 있으랴." 왕의 말은 절대적인 권위를 가졌다고 전도자는 말합니다. 이는 때때로 이해할 수 없고 용납할 수 없는 말을 할 때에라도 "뭐 하는 겁니까?"라고 힐문할 수 없다는 것입니다. 왕은 비록 백성이 미처 생각하지 못하고 이해하지 못하는 것이라 할지라도 순응하면 복과 유익이 되는 말만 해야 할 것입니다. 그러나 인간 통치자는 그러지를 못합니다. 전도자의 이 말은 결국 인류에게 늘 복을 주시는 지극히 선하신 하나님께 돌려질 수밖에 없습니다. 하나님의 말에는 절대적인 권위가 있습니다. 있는 것을 없는 것처럼 부르시는 하나님의 말씀은 입에서 나가면 결코 헛되이 돌아오지 않습니다. "내 입에서 나가는 말도 이와 같이 헛되이 내게로 되돌아오지 아니하고 나의 기뻐하는 뜻을 이루며 내가 보낸 일에 형통함이니라"(사55:11). 하나님의 말씀에는 창조의 권능이 있습니다. 역사를 움직이는 힘이 있습니다. 모든 역사와 만물은 하나님의 말씀대로 다 이루어질 것입니다. 그런 하나님의 말씀에 대해 우리는 뭐 하는 거냐고 힐문하면 안됩니다.

성경에는 참으로 이해하기 어려운 하나님의 말씀이 많이 있습니다. 인간 통치자의 말은 하나님의 말씀에 의해 평가를 받아야 하겠지만 하나님의 말씀은 말씀 자체 외에 평가의 다른 기준이 없습니다. 하나님의 모든 말씀에는 오직 "예"만 있습니다. "아니오"가 없습니다. 하나님의 말씀은 비록 우리가 납득하지 못하고 우리의 상식이나 합리에 충돌되는 내용이라 할지라도 순응하는 것이 좋습니다. 하나님의 말씀은 비록 하나님의 뜻을 깨닫기 위해 연구해야 하겠지만 판단의 대상은 아닙니다. 거절할 수 없습니다. 만물과 역사의 방향과 흐름을 결정하는 하나님의 말씀을 피조물이 감히 저항하는 것은 있을 수 없습니다. 하나님이 하시는 모든 말과 행하시는 모든 일은 우리에게 언제나 사랑과 정의를 실현하는 복입니다. 한 마디의 말씀도 거부하지 마십시오. 하나님께 따지고 논쟁하지 마십시오. 전도자는 우리가 왕의 명령을 순응하고 지키면 행복할 것이라고 5절에서 말합니다. "명령을 지키는 자는 불행을 알지 못하리라."

하나님의 모든 말씀은 정금보다 귀하고 꿀보다도 더 달콤한 것입니다. 주님의 말씀은 너무도 좋은 것이어서 함께 있기만 하여도 우리를 원수보다 지혜롭게 하고, 그것을 묵상하면 우리의 명철함이 우리의 모든 스승보다 뛰어나게 하며, 그것을 준행하면 우리의 명철함이 노인보다 나아지게 된다고 다윗은 말합니다(시119:98-100). 그래서 다윗은 "주의 입의 법이 내게는 천천 금은보다 좋다"(시119:72)고 말하고 영혼이 상할 정도로 말씀을 사랑하고 주님의 율례는 그에게 기쁨과 즐거움이 된다고 말합니다. 이러한 하나님의 말씀에 대한 우리의 반응도 거절과 논쟁이 아니라 찬양과 감사를 드림이 마땅하고 옳습니다.

그리고 전도자는 지혜자의 마음에 대해서 5절과 6절에서 말합니다. "지혜자의 마음은 때와 판단을 분변하나니 무슨 일에든지 때와 판단이 있으므로 사람에게 임하는 화가 심함이니라." 때를 분변하는 지혜자는 말해야 할 때와 침묵해야 할 때, 머물러야 할 때와 떠나야 할 때, 기뻐해야 할 때와 생각해야 할 때, 서둘러야 할 때와 잠잠해야 할 때를 분변하는 자입니다. 용서를 구할 때에도 적기를 놓치면 변명으로 오해될 수 있습니다. 선물을 전달할 때에도 적기를 놓치면 선물의 효용이 사라지고 뇌물로 여겨질 수 있습니다. 일을 내려놓고 떠나야 할 타이밍을 놓치면 처지가 구차해질 수 있습니다. 문제를 조기에 수습하지 않으면 산불처럼 번질 수 있습니다.

적절한 시기는 찾는 방법이 있을까요? 있습니다. 최고의 타이밍은 하나님의 때입니다. 하나님의 때와 최고의 타이밍은 다르지가 않습니다. 그래서 제가 제안하고 싶은 최고의 방법은 하나님을 경외하는 것입니다. 하나님을 경외하는 것은 지혜의 시작이요 원리요 근원이기 때문에 우리를 지혜자로 만듭니다. 지혜자의 마음은 시기를 분변하는 자라고 전도자는 말합니다. 시기를 분변하는 어떤 방법이 있는 것이 아니라 지혜자가 되어 지혜자의 마음을 품으면 나타나는 것입니다. 이처럼 하나님을 경외하는 것은 종교적인 태도를 넘어서 우리의 삶을 최고의 질서와 조화의 경지로 이끄는 최고의 복입니다. 하나님을 경외할 때에 언제 이동해야 하고 언제 발언해야 하고 언제까지 기다려야 하고 언제 반응해야 하고 언제 다가가야 할지를 알게 될 것입니다.

왜 하나님을 경외하는 것이 시기를 분변하는 방법일 수 있을까요? 이미 살펴본 것처럼 전도자는 때와 기한이 하나님의 권한에 있다고 말합니다(전3:11). 어떤 존재가 가장 아름답게 되는 때는 하나님께 의존하고 있습니다. 그런데 인간은 하나님이 행하시는 일의 시종을 측량할 수 없습니다. 시종을 알면 우리는 하나님을 의지하지 않을 것입니다. 그래서 하나님은 일부러 "일의 시종을 사람으로 측량할 수 없게 하"신 것입니다. 모름에도 불구하고 그 때를 분변하는 방법은 하나님을 경외하고 그분을 범사에 신뢰하는 것입니다.

예수님도 "때와 기한"은 아버지 하나님의 권한에 있다고 하십니다. "가라사대 때와 기한은 아버지께서 자기의 권한에 두셨으니 너희의 알 바 아니요"(행1:7). 이것은 이스라엘 나라가 회복되는 때를 묻는 물음의 문맥에서 나온 말입니다. 그러나 이스라엘 나라의 흥망에만 국한된 표현이 아닙니다. 이는 시간의 역사가 종결되는 때 및 역사의 길이도 하나님의 권한에 있으며, 나라가 흥하고 망하는 때, 즉 흥망의 기한은 하나님의 권한에 있으며, 사람이 태어나고 죽는 일대기의 길이도 하나님의 권한에 있으며, 어떤 권력이 세워지고 무너지는 정권의 기한도 하나님의 권한에 있다는 말입니다. 다니엘도 같은 맥락에서 이렇게 말합니다. "그는 때와 기한을 변하시며 왕들을 폐하시고 왕들을 세우시며 지혜자에게 지혜를 주시고 지식자에게 총명을 주시는도다"(단2:21). 하나님은 미시적인 역사와 거시적인 역사를 모두 주관하는 분이시기 때문에 최고의 타이밍을 이해하고 분변의 수혜자가 되는 방법은 그분을 경외하는 것입니다.

여호와를 경외하는 자는 여호와를 사랑하고 이웃을 사랑하는 자입니다. 하나님을 사랑하고 이웃을 사랑하면 타이밍의 달인이 될 것입니다. 정말 사랑하면 사랑의 대상을 향한 우리의 생각과 말과 행동이 적절하게 제어를 받습니다. 눈빛이 부드럽게 되고 말투가 따뜻하게 되고 표정이 온유하게 되고 몸짓도 사랑을 표현하는 문장으로 변합니다. 그러나 사랑하지 않으면 아무리 타이밍을 조절하려 해도 되지를 않습니다. 사랑하지 않으면 생각과 말과 행동이 쉽게 조절되지 않습니다. 최적의 시기를 파악함에 있어서는 상대방과 상대방의 필요를 아는 지식보다 그를 사랑하는 것이 더 우선적인 것입니다. 상대방도 잘 알아야 하겠지만 지식과 정보가 그 자체로는 아무것도 아닙니다. 악하게도 쓰여지고 선하게도 쓰여지는 것입니다. 물론 지식과 정보가 사랑과 지혜의 준비일 수는 있습니다. 그런 차원에서 필요한 것입니다. 그러나 사랑은 지혜가 작동되게 하는 힘입니다. 지혜는 소유에서 가치가 발휘되는 것이 아닙니다. 지혜는 사랑을 만날 때에 비로소 의미가 되고 가치를 낳습니다. 사랑을 통하지 않으면 잔꾀만 부리는 자로 변합니다.

그리고 지혜로운 자는 판단을 분변하는 자라고 전도자는 말합니다. 이 세상에 공의로운 판단자는 없습니다. 공의로운 판단은 오직 하나님께 있습니다. 그래서 주님의 의로운 판단력이 없이는 누구도 올바른 판단을 내리지 못합니다. 주님의 의로운 판단력은 다른 것이 아닙니다. 하나님의 말씀, 즉 하나님의 명령과 계명과 규례와 법도가 바로 주님의 판단력인 것입니다. 판단을 분변하는 지혜로운 자는 하나님의 말씀을 따르는 자입니다. 사상을 판단하고 언어를 판단하고 행위를 판단하고 사건을 판단하고 사물을 판단하는 기준은 오직 하나님의 말씀에 있습니다. 하나님의 말씀 안에 머물러 있지 않으면 의로운 판단자가 아니라 불의한 판단자가 될 수밖에 없습니다. 지혜로운 자는 하나님을 경외하는 자라고 했습니다. 하나님을 경외하는 자는 주님의 판단을 무시하지 않습니다. 주님의 판단을 따르는 자입니다. 말씀을 따르는 자입니다. 그런데 하나님을 사랑하고 이웃을 사랑하지 않으면 하나님의 계명을 지키지 않습니다. 그러므로 최고의 신적인 판단을 이 땅에서 실현하는 방식은 하나님과 이웃을 사랑하여 말씀에 순종하는 것입니다.

나아가 지혜로운 자는 타인의 판단도 분변할 수 있습니다. 하나님을 경외하고 사랑하면 타인의 판단이 의로운 것인지 불의한 것인지가 보입니다. 단순히 지식과 정보에 의존하여 타인의 판단을 분변하면 실패할 가능성이 높습니다. 지식과 정보의 주관성을 배제하고 객관성을 확보하는 것은 대단히 어려운 일입니다. 나아가 하나님을 사랑하면 하나님의 판단도 읽을 수 있습니다. 전도자는 "무슨 일에든지 때와 판단이 있으므로 사람에게 임하는 화가 심하다"고 말합니다. 하나님의 의로운 판단을 읽어내지 못하면 화를 입습니다. 우리가 불의한 판단을 내리면 화를 입습니다. 우리가 타인의 판단을 분변하지 못하면 화를 입습니다. 판단이 없을 수는 없습니다. 부득불 경험해야 하는 판단을 지혜롭게 분변하면 화를 입지 않습니다.

우리가 하나님을 의지할 수밖에 없는 이유는 인간에게 지식의 한계와 능력의 한계가 있기 때문입니다. 7절을 보십시오. "사람이 장래 일을 알지 못하나니 장래 일을 가르칠 자가 누구이랴." 장래의 일을 아는 유일한 존재는 장래의 일을 주관하는 자입니다. 해 아래에는 장래의 일을 주관하는 피조물이 하나도 없습니다. 그래서 장래의 일을 아는 사람도 없고 가르쳐 줄 사람도 없습니다. 세상을 유일하게 주관하고 계신 하나님은 장래의 일을 아시고 가르치실 수 있습니다.

장래의 일에 대한 호기심을 가진 사람들이 대단히 많습니다. 그래서 점을 치고 사주를 보는 분들이 적지 않습니다. 우리가 알아야 할 미래에 대한 필수적인 지식은 성경에 다 계시되어 있습니다. 장래의 일에 대한 지식은 성경이 계시해 준 정도만큼 우리에게 알려질 수 있습니다. 성경에 더하지도 말고 덜하지도 말고 성경을 있는 그대로 아십시오. 지식의 분량이 경건이나 가치를 좌우하는 것이 아닙니다. 지식은 때가 이르면 폐하여질 것입니다. 그러나 믿음과 소망과 사랑은 영원히 있을 것입니다. 이 땅에서 우리의 인생은 지식의 보다 많은 분량으로 승부하지 않고 얼마나 하나님을 경외할 것이냐로 승부를 내립니다.

우리의 능력에도 한계가 있습니다. 8절을 보십시오. "바람을 주장하여 바람을 움직이게 할 사람도 없고 죽는 날을 주장할 사람도 없으며 전쟁할 때를 모면할 사람도 없으니 악이 그의 주민들을 건져낼 수 없느니라." 물론 우리는 부채와 선풍기와 에어컨이 있어서 바람을 생산하고 바람의 방향을 움직이게 하는 존재인 것처럼 느껴질 수 있습니다. 여기에서 말하는 것은 지구의 바람을 뜻합니다. 이것은 사람의 인위적인 노력으로 생산할 수도 없고 움직일 수도 없습니다. 욥기는 말합니다. "바람의 무게를 정하시며 물의 분량을 정하시며"(욥28:25). 하나님은 바람의 무게도 정하시는 분입니다. 예수님도 바람을 주장하는 분입니다. "예수께서 깨어 바람을 꾸짖으시며 바다더러 이르시되 잠잠하라 고요하라 하시니 바람이 그치고 아주 잔잔하여 지더라"(막4:39). 바람은 자연의 질서를 따라 우연히 생성되고 소멸되는 것이 아닙니다.

이 땅에서는 바람만이 아니라 죽음의 날도 주장하는 사람이 하나도 없습니다. 성경은 마귀를 "죽음의 세력을 잡은 자"로 규정하고 있습니다. 그러나 예수님은 자신을 "생명"으로 규정하고 계십니다. 죽고 사는 문제는 마귀가 아니라 생명이신 예수님의 권세에 달려 있습니다. 히브리서 기자는 생명이신 예수께서 "같은 모양으로 혈과 육을 함께 지니심은 죽음을 통하여 죽음의 세력을 잡은 자 곧 마귀를 멸하시며 또 죽기를 무서워하므로 한평생 종 노릇 하는 모든 자들을 놓아 주려 하심"이라고 말합니다(히2:14-15). 인간은 죽음을 주장하지 못합니다. 마귀도 죽음의 권세를 잡았지만 삶과 죽음의 주관자는 아닙니다. 오직 그리스도 예수만이 삶과 죽음을 주관하는 분입니다. 그러므로 우리는 그리스도 때문에 죽음과 죽음의 세력을 잡은 마귀를 두려워할 필요가 없습니다.

전도자는 전쟁의 때를 모면할 사람도 없다고 말합니다. 전쟁이 발발하면 자신의 생명을 지키는 것이 쉽지가 않습니다. 전쟁은 공의로운 형벌일 수도 있고 새로운 시작의 준비일 수도 있습니다. 하나님은 이 전쟁을 주관하는 분이시며 전쟁을 승리로 이끄시는 분입니다. 전쟁이 일어나는 것도 주께 속한 것이며 전쟁에서 승리하는 것도 그분에게 속한 것입니다. 전쟁을 통해 많은 사람들이 죽습니다. 그 죽음도 징계와 형벌의 성격이 있습니다. 그러나 전쟁의 목적은 파괴가 아니라 하나님의 진리를 역사에 심고 새겨서 후세대가 이를 보고 교훈을 얻는 것에 있습니다. 전쟁의 때를 모면할 사람은 전혀 없지만 하나님은 모면하게 하실 수 있습니다. 그래서 우리는 전쟁의 때에 더욱 하나님을 신뢰하고 하나님의 긍휼을 간구하는 것입니다.

그리고 전도자는 악이 악의 소유자를 건져낼 수 없다고 말합니다. 악은 일시적인 해법을 제시하고 억울함을 풀어주는 듯하지만 그것이 악인을 건져낼 수는 없습니다. 악을 소유하는 것 자체가 구제의 길을 스스로 차단하는 것입니다. 성경은 악을 악으로 갚지 말라고 말합니다. 악은 악의 해결책이 아니라는 것입니다. 오히려 선으로 악을 이기라고 말합니다. 악인을 살리는 것은 악이 아니라 선입니다. 악은 우리를 건지지 못합니다. 오히려 우리는 악에서 건짐을 받아야 하는 자입니다. 예수님이 이 땅에 오신 이유는 마귀의 일, 즉 악을 멸하시는 것입니다. 이러한 멸망의 대상이 구원의 주체일 수는 없습니다.

24강

악인은 누구인가?

전 8:9–14

[9] 내가 이 모든 것들을 보고 해 아래에서 행하는 모든 일을 마음에 두고
살핀즉 사람이 사람을 주장하여 해롭게 하는 때가 있도다 [10] 그런 후에
내가 본즉 악인들은 장사 지낸 바 되어 거룩한 곳을 떠나 그들이 그렇게
행한 성읍 안에서 잊어버린 바 되었으니 이것도 헛되도다 [11] 악한 일에
관한 징벌이 속히 실행되지 아니하므로 인생들이 악을 행하는 데에 마
음이 담대하도다 [12] 죄인은 백 번이나 악을 행하고도 장수하거니와 또한
내가 아노니 하나님을 경외하여 그를 경외하는 자들은 잘 될 것이요 [13]
악인은 잘 되지 못하며 장수하지 못하고 그 날이 그림자와 같으리니 이
는 하나님을 경외하지 아니함이니라 [14] 세상에서 행해지는 헛된 일이 있
나니 곧 악인들의 행위에 따라 벌을 받는 의인들도 있고 의인들의 행위
에 따라 상을 받는 악인들도 있다는 것이라 내가 이르노니 이것도 헛되
도다

인생을 살아가며 우리는 원하지 않아도 악인들을 만납니다. 예외가 없습니다. 악인들을 우리의 경험세계 속에 허락하신 하나님의 뜻은 어떤 것일까요? 이런 관점에서 우리는 악인들이 누구이며 어떠한 특징

을 가지고 있는지를 살펴볼 필요가 있습니다. 전도자는 본문에서 악인들의 실질적인 존재와 그들의 다양한 특징들을 서술하고 있습니다. 먼저 9절을 보십시오. "내가 이 모든 것들을 보고 해 아래에서 행하는 모든 일을 마음에 두고 살핀즉 사람이 사람을 주장하여 해롭게 하는 때가 있도다." 부지런한 전도자는 해 아래에서 일어나는 모든 일들을 하나도 간과하지 않습니다. 탐구의 촉을 세워서 면밀히 관찰하고 그 안에 담긴 의미를 찾습니다. 성실한 학자인 전도자에 의하면, 이 세상의 모든 사물과 사건과 사태와 상황은 무의미한 것이 하나도 없습니다. 인생은 마치 교실과 같습니다. 하나님을 배우고 하나님을 알아가고 하나님의 가르침을 받는 현장이 바로 삶입니다. 지금부터 전도자가 하는 이야기는 세상의 모든 일들을 보이는 대로 들리는 대로 이해하지 않고 하나님을 경외하는 마음으로 살펴야만 이해할 수 있기 때문에 마음의 탐구 이야기를 꺼낸 것입니다.

전도자가 발견한 것은 "사람이 사람을 주장하여 해롭게 하는 때"가 있다는 것입니다. 아마도 고대 사회에서 악한 군주들이 저지른 폭정을 가리키는 표현인 듯한데, 이런 폭정에는 두 가지의 문제가 있습니다. 즉 사람과 사람은 존엄성이 동등한데 지배의 관계를 가진다는 것과 한 사람이 다른 사람을 지배하며 해를 끼친다는 것입니다. 전도자는 지배하고 해를 끼치는 사람을 악인으로 규정하고 있습니다. 사람이 사람의 지배자가 된다는 것은 사람을 자신의 형상대로 지으신 하나님께 도전장을 내미는 것입니다. 아무리 가난하고 무지하고 연약한 사람이라 할지라도 그의 존엄성을 무시하고 지배의 대상으로 여기는 것은 악입니다. 지혜자는 이렇게 말합니다. "가난한 자를 조롱하는 자는 그를 지으신 주를 멸시하는 자요 사람의 재앙을 기뻐하는 자는 형벌을 면하지 못할 자니라"(잠17:5). 나보다 약하고, 나보다 가난하고, 나보다 무지하고, 나보다 작다고 그의 인격을 존중하지 않는 것은 그를 지으신 하나님을 멸시하는 죄를 범하는 것입니다.

권력을 사용하여 타인에게 해를 끼친다는 것은 악한 것입니다. 모든 사람은 행복을 추구할 천부적인 권한을 가지고 있습니다. 엄마나 아빠라고 해서 부모의 권한을 사용하여 자녀들의 마음에 상처를 준다거나 정서를 파괴하고 심리를 불안하게 만드는 것은 악한 것입니다. 교수라고 해서 교권을 이용해 학생의 인격을 무시하고 함부로 말하고 종처럼 부리는 것도 악한 것입니다. 나이가 많다는 이유로 젊은 사람들의 생각과 견해를 무시하고 자신의 입장을 강요하는 것도 악한 것입니다. 목사라고 해서 채소만 먹는 연약한 성도의 신앙을 조롱하고 무례하게 대우하는 것도 심각한 악입니다. 운동과 경기를 잘 한다는 이유로 초년병의 미숙함을 비웃고 야유하는 것도 악한 것입니다. 돈이 많은 부자라는 이유로 가난한 사람들의 삶을 천박하게 여기고 거지처럼 대하며 동정하는 것도 대단히 악한 것입니다. 하나님은 사람이 사람을 조롱하고 지배하고 해롭게 할 권한을 이 세상의 어떤 이에게도 부여하신 적이 없습니다. 아무리 공인된 왕이나 부자나 학자나 선생이나 부모나 선배나 전문가라 할지라도 지배할 권한과 조롱할 권한과 해롭게 할 권한을 소유한 사람은 없습니다.

전도자는 계속해서 말합니다. "그런 후에 내가 본즉 악인들은 장사 지낸 바 되어 거룩한 곳을 떠나 그들이 그렇게 행한 성읍 안에서 잊어버린 바 되었으니 이것도 헛되도다." 악인들도 때가 되면 죽습니다. 그러면 "거룩한 곳" 즉 영예와 권세의 자리를 떠날 수밖에 없습니다. 그런데 문제는 그들의 악행이 잊혀지고 만다는 것입니다. "잊혀지고 만다"는 동사가 성경의 다른 사본에는 "칭찬을 받았다" 혹은 "자랑을 했다"는 동사가 대신하고 있습니다. 어떠한 동사가 적격이든, 악한 자들의 악행이 칭찬의 대상이 된다거나 망각의 대상이 된다는 것은 허무한 일이라고 전도자는 말합니다. 그러나 비록 인간사회 속에서는 악인들이 죄악을 저지르고 무덤으로 들어가면 잊혀질 수 있겠지만 공평하신 하나님은 결코 잊으시지 않습니다. 반드시 행한 그대로 갚으시는 분입니다. 전도서의 결론을 보시면, "하나님은 모든 행위와 모든 은밀한 일을 선악 간에 심판"을 내리시는 분입니다. 드러난 일이든 은밀한 일이든 하나님은 그 모두를 심판의 대상으로 삼으시는 분입니다. 과거가 인간 편에서는 지나간 것이어도 영원하신 분에게는 지나간 것이 아닙니다.

윈스턴 처칠은 "과거를 망각한 민족은 미래가 없다"(A nation that

forgets its past has no future)고 했습니다. 악한 일이든 선한 일이든 역사는 미래를 먹이는 양식과 같습니다. 미래를 비옥하게 하는 거름과 같습니다. 바울은 불순종한 조상들이 광야에서 멸망한 일이 "우리의 본보기"가 되었다고 말합니다(고전10:6). 조상들이 우상을 숭배하고 음행을 저지르고 하나님을 시험하고 원망하여 멸망한 역사적인 사건들은 성경에 "우리를 깨우치기 위하여 기록"된 것이라고 말합니다(고전10:11). 성경은 우리에게 다윗의 온전한 순종을 본받아야 한다고 말하고, 자기도 타락하고 이스라엘 백성도 타락하게 만든 여로보암 왕의 죄악은 경계해야 한다고 말합니다. 역사는 우리에게 무엇을 따르고 경계해야 하는지를 가르치는 교사와 같습니다. 하나님을 알지 못하고 하나님의 축복과 심판의 역사를 알지 못하면 방자해질 수밖에 없습니다.

여호수아 시대 이후의 역사를 보십시오. 사사기는 여호수아 이후의 세대가 "여호와를 알지 못하며 여호와가 이스라엘 백성을 위하여 행하신 일도 알지 못했다"고 기록하고 있습니다(삿2:10). 하나님을 알지 못하는 세대의 방자한 삶을 보십시오. "그 때에 이스라엘에 왕이 없으므로 사람이 각기 자기의 소견에 옳은 대로 행하였더라"(삿21:25). 이는 역사를 망각하고 역사를 기억하는 지도자가 없는 이스라엘 백성은 각자 자기의 소견에 옳은 대로 행했다는 말입니다. 기분 내키는 대로 살았다는 것입니다. 경건도 없고 도덕도 없고 거룩함도 없고 선악의 기준도 없이 각자의 욕망이 자신에게 기준이 되어서 방탕한 삶을 살았다는 것입니다. 이러한 민족에게 아름다운 미래는 없습니다. 미래가 있더라도 역사라는 스승을 무시하면 곧장 망합니다.

과거의 악행을 망각한 역사가 축적되면 사람들은 해괴한 사상에 빠집니다. 11절을 보십시오. "악한 일에 관한 징벌이 속히 실행되지 아니하므로 인생들이 악을 행하는 데에 마음이 담대하도다." 악을 행하여도 그 악에 대한 징벌이 뒤따르지 않는다면 인간은 악을 악으로 여기지 않습니다. 악은 인간의 부패한 본성에서 나오는 것입니다. 그런데 악이 "본성"(nature)에서 나온 것이기 때문에 사람들은 악을 "당연한"(natural) 것으로 여깁니다. 그래서 악인데도 부패한 본성에 부합한 것이어서 당연한 것으로 여기고 악으로 분류하지 않습니다. 당연한 것을 행하는 것은 마땅한 것이라고 생각하기 때문에 악을 저질러도 심지어 담대한 마음까지 갖습니다. 사람들은 악을 저질러도 깨닫지를 못합니다. 그나마 그들이 악에 대한 의식이 발동하는 것은 그들에게 문제가 생겼을 때입니다. 그때서야 "무엇이 잘못된 것일까"란 물음을 던집니다.

그런데도 만약 악을 저지른 악인에게 문제가 생기지 않는다면 그것은 무엇을 의미하는 것일까요? 과연 하나님은 그들을 감찰하지 않고 인간사에 개입하지 않으시는 분을 의미하는 것일까요? 하나님은 존재하지 않는 가공의 존재라는 것을 증명하는 것일까요? 악인들은 실제로 악을 저질러도 별 문제가 없으면 괜찮은 정도가 아니라 하나님은 인간에게 관심이 없다거나 하나님은 아예 없다는 결론을 내립니다. "악인은 그의 교만한 얼굴로 말하기를 여호와께서 이를 감찰하지 아니하신다 하며 그의 모든 사상에 하나님이 없다 하나이다"(시10:4). 그러나 하나님은 감찰도, 심판도, 존재도 아니하신 분이 아닙니다. 전도자는 분명히 말합니다. "하나님은 모든 행위와 모든 은밀한 일을 선악 간에 심판"하는 분입니다. 하나님의 관심과 개입은 세상에서 중단된 적이 한 순간도 없습니다.

욥이 경험한 하나님은 "아침마다" 감찰하는 분이시며, "순간마다" 판결하는 분이시며 눈동자를 한번도 돌이키신 적이 없는 분이시며, "침을 삼키는 동안에도" 우리 각자에게 관여하는 분입니다(욥7:17-19). 야고보도 말합니다. "형제들아 서로 원망하지 말라 그리해야 심판을 면하리라 보라 심판주가 문 밖에 서 계시니라"(약5:9). 야고보는 심판주가 늘 문 밖에 서 계시다고 말합니다. 심판만이 아니라 하나님의 약속도 더디게 성취되는 것이 아닙니다. "주의 약속은 어떤 이들이 더디다고 생각하는 것같이 더딘 것이 아니라 오직 주께서는 너희를 대하여 오래 참으사 아무도 멸망하지 아니하고 다 회개하기에 이르기를 원하시느니라"(벧후3:9). 비록 약속의 성취가 더디게 느껴지는 것 같지만 베드로는 더딘 것이 아니라고 말합니다. 인간사에 대한 하나님의 태만이나 불간섭이 아니라 적극적인 긍휼과 사랑의 증거라고 말합니다. 아무도 멸망에 이르지 않고 다 회개함에 이르기를 원하시는 하나님의 참으시는 사랑이 거기에 있다는 것입니다.

그러나 악인은 그것을 잘 알지 못합니다. 이사야의 증언을 들어 보십시오. "악인은 은총을 입을지라도 의를 배우지 아니하며 정직한 자의 땅에서 불의를 행하고 여호와의 위엄을 돌아보지 아니하는도다"(사26:10). 하나님께 기다림의 은총을 입었어도 깨닫지를 못하며 감사치도 않고 하나님을 영화롭게 하지도 않습니다(롬1:21). 오히려 불의를 행하며 하나님의 권위를 존중하지 않는 태도를 취합니다. 심지어 하나님을 악한 자기들과 다르지 않은 존재로 여깁니다. "네가 이 일을 행하여도 내가 잠잠하였더니 네가 나를 너와 같은 줄로 생각하였도다 그러나 내가 너를 책망하여 네 죄를 네 눈 앞에 낱낱이 드러내리라"(시50:21). 하나님은 잠잠하신 듯하여도 결코 잠잠하신 분이 아닙니다. 다 보고 계십니다. 반드시 행한 그대로 드러내고 갚으시는 분입니다.

악인은 하나님의 은총에만 무지하지 않습니다. 자기들이 심판의 바닥에 넘어져도 넘어진 이유를 알지 못하며 심지어 넘어짐의 여부도 잘 모르는 경향이 있습니다. "악인의 길은 어둠 같아서 그가 걸려 넘어져도 그것이 무엇인지 깨닫지 못하느니라"(잠4:19). 악인은 권력을 유지하고 재력이 막강하고 장수하면 결코 자신이 넘어진 상태라고 생각하지 않습니다. 이제 전도자의 말을 다시 보십시오. 악을 저질러도 속히 징벌이 집행되지 않는다는 것의 의미를 다시 생각해 보십시오. 징벌이 주어져야 악을 악으로 생각할 기회를 얻는데 징벌도 주어지지 않으면 그것은 악을 깨달을 기회조차 주어지지 않은 것입니다. 이런 종류의 형벌은 물리적인 징벌을 받아서 악을 감지하는 의식이 깨어나는 것보다 훨씬 더 무서운 것입니다. 악인에게 즉각적인 징벌이 주어지지 않음은 하나님의 오래 참으심인 동시에 하나님의 무서운 징계라는 사실을 악인은 전혀 모릅니다. 그러나 세상의 모든 일들을 마음에 두고서 살핀 전도자는 그 사실을 알고 있습니다.

악인이 악행을 하고서도 형통하면 부당한 일인데 전도자는 이것보다 더 부조리한 사실도 12절에서 밝힙니다. "심지어 어떤 죄인은 백 번이나 악을 행하고도 오래 살거니와." 백 번이나 악을 행했다는 것은 아예 악을 호흡하며 살았다는 말입니다. 그에게는 삶이 악이고 악이 삶입니다. 그런 악행의 삶을 살았지만 급사하지 않고 오래 살았다는 것을 보는 사람들의 마음은 어떨까요? 밥 먹듯이 악을 저질러도 하나님의 공의는 찾아볼 수 없다며 실족하지 않을까요? 어쩌면 이런 현상은 또 하나의 테스트일 수 있습니다. 즉 들키지만 않는다면, 형벌의 대가를 지불하지 않아도 된다면 나도 악인처럼 실컷 죄악을 저지르고 싶어하는 사람들의 무장을 해제하는 테스트 말입니다. 그래서 하나님의 진노와 형벌이 무서워서 억제되고 있던 악행의 은밀한 욕망이 수면 위로 올라오게 하는 테스트 말입니다. 다른 이유가 아니라 오직 하나님을 사랑하고 경외하기 때문에 죄악을 저지를 수 없는 사람이 되어야 한다는 테스트 말입니다.

눈에 보이고 귀에 들리는 일들의 표면을 뚫고 현상의 심층을 꿰뚫어 보는 전도자의 본격적인 교훈이 12절 후반부와 13절에 나옵니다. "또한 내가 아노니 하나님을 경외하여 그를 경외하는 자들은 잘 될 것이요 악인은 잘 되지 못하며 장수하지 못하고 그 날이 그림자와 같으리니 이는 하나님을 경외하지 아니함이니라." 여기에서 "경외"라는 중요한 단어가 나옵니다. 이 단어를 중심으로 악인과 선인이 나눠지고 의로운 자와 불의한 자의 구분이 생깁니다. 먼저 주목하고 싶은 것은, 악인이 잘 되지 못하며 장수하지 못한다는 것입니다. 우리가 살펴본 것처럼, 앞에서는 분명히 악인의 권세가 막강하고 백 번이나 악을 행하여도 오래 산다는 이야기를 했습니다. 그런데 여기서는 정반대의 이야기를 해서 마치 전도자가 모순에 빠진 듯합니다. 하지만 "경외"라는 말의 의미를 이해하면 상충되는 두 이야기의 모순적인 매듭이 쉽게 풀립니다.

악인이 이 세상에서 형통하고 권력의 제도적 높이와 인생의 생물학적 길이에 있어서는 분명히 잘 되고 장수하는 것이 맞습니다. 그러나 영적인 눈으로 보자면 잘 되는 것도 아니고 장수하는 것도 아닙니다. 전도자는 악인이 잘 되지 못하고 장수하지 못하고 그 날들이 그림자와 같이 지나가는 이유를 악인에게 여호와 경외함이 없다는 사실에서 찾습니다. 여호와를 경외하지 않는 삶은 형통한 삶이 아닙니다. 여호와를 경외하지 않고 영원한 생명을 얻지 못한다면 비록 그가 천수를 누린다고 할지라도 장수한 것이 아니라 단명한 것입니다. 하나님을 경외하지 않는 악인은 실질적인 삶이 아니라 그림자와 같은 인생을 사는 것입니다. 그림자 인생은 살았어도 죽은 것 같은 삶입니다. 그러나 하나님을 경외하는 것은 그 자체가 형통하는 것입니다. 하나님을 경외하는 자는 영원한 생명을 얻기 때문에 제대로 장수하는 자입니다. 하나님을 경외하는 삶은 가장 실질적인 인생을 사는 것입니다. 악인과 선인 사이의 차이점을 이처럼 선도자는 여호와 경외의 여부에서 찾습니다.

도대체 여호와를 경외하는 것이 어떤 것이길래 이렇게 선인과 악인의 현저한 격차를 만드는 것일까요? 예레미야 선지자의 글에서 우리는 그 힌트를 얻습니다. “네 악이 너를 징계하겠고 네 반역이 너를 책망할 것이라 그런즉 네 하나님 여호와를 버림과 네 속에 나를 경외함이 없는 것이 악이요 고통인 줄 알라 주 만군의 여호와의 말씀이니라”(렘2:19). 여기에서 선지자는 악과 징계, 반역과 책망, 악과 고통에 대해서 말합니다. 선지자가 말하는 악과 반역은 “여호와를 버림과 네 속에 나를 경외함이 없는 것”입니다. 그런데 징계와 책망과 고통도 “여호와를 버림과 네 속에 나를 경외함이 없는 것”입니다. 악과 징계가, 반역과 책망이, 악과 고통이 이처럼 동일시 되고 있습니다. 즉 하나님을 경외하지 않는 것은 악이면서 징계이고, 반역인 동시에 책망이며, 악인 동시에 고통인 것입니다. 전도서의 어법으로 말한다면, 악인이 하나님을 경외하지 않는다는 것은 잘 되지 않고 장수하지 않는 이유이며 동시에 하나님을 경외하지 않는다는 것은 고통스런 징벌이며 악의 결과라는 것입니다.

세상을 이런 관점에서 본다면 어떠한 모순과 부조리를 경험한다 할지라도 본질을 읽어내며 마음의 평정을 잃지 않을 것입니다. 전도자는 이 세상에서 목격하는 최고의 부조리와 모순을 14절에서 말합니다. "세상에서 행해지는 헛된 일이 있나니 곧 악인들의 행위에 따라 벌을 받는 의인들도 있고 의인들의 행위에 따라 상을 받는 악인들도 있다는 것이라 내가 이르노니 이것도 헛되도다." 즉 악인들은 자신들의 악행에 합당한 형벌을 받아야 마땅한데 의인들의 상급을 받고, 의인들은 자신들의 선행에 합당한 상을 받아야 마땅한데 악인들의 형벌을 받는다는 것입니다. 이것은 너무도 터무니 없는 일입니다. 정직하고 진실한 사람들이 의롭고 선하게 살겠다는 삶의 의욕을 잔인하게 짓밟는 일입니다. 그러나 전도자는 현상의 표피를 뚫고 사안의 본질로 들어가서 보면 그러한 모순과 부조리도 허상일 뿐이라고 말합니다. 실상은 하나님을 경외함에 기초하여 볼 때 보입니다. 겉으로는 악인이 상을 받고 의인이 형벌을 당하는 것처럼 보이지만 그게 실상이 아닙니다. 그 사람에게 삶의 세상적인 화려함이 있느냐가 아니라 여호와 경외함이 있느냐가 인생의 실상을 좌우하는 것입니다. 여호와 경외함이 없으면 불통과 불행과 단명과 그림자의 삶이고, 여호와 경외함이 있으면 형통과 장수와 실체의 삶입니다. 그래서 전도자는 여호와 경외함을 인간의 본질이며 인생의 실체이며 형통의 내용이며 행복 자체라고 믿으며 우리에게 교훈하는 것입니다.

인생의 모순적인 표면을 마치 삶의 궁극적인 본질인 것처럼 오해하지 마십시오. 인생을 분별하는 기준이 표면을 관찰하는 눈에 있지 않습니다. 역사의 심층을 읽어내는 마음의 눈에 있습니다. 여호와 경외함이 삶의 기준임을 읽으시고 여호와를 경외하는 행복과 형통과 장수의 소유자가 되십시오. 여호와 경외함은 마음으로 결심하고 입술로 구호를 내뱉으면 곧장 확보되는 것이 아닙니다. 여호와를 경외하는 것은 일평생에 걸쳐 인격과 삶 속으로 스며드는 것입니다. 그래서 여호와를 제대로 경외하기 위해서는 우리의 전인격을 다하고 우리의 목숨과 마음과 뜻과 힘을 다 동원하지 않으면 안됩니다. 지혜자는 말합니다. "지식을 불러 구하며 명철을 얻으려고 소리를 높이며 은을 구하는 것 같이 그것을 구하며 감추어진 보배를 찾는 것 같이 그것을 찾으면 여호와 경외하기를 깨달으며 하나님을 알게 되리니"(잠2:3-5). 여호와 경외함을 깨닫기 위해서는 소리를 높여서 구하고 감추어진 보배를 찾듯이 찾고 은을 구하듯이 추구해야 한다는 것입니다. 우리의 전인격에 새겨지는 것이어서 우리의 전부가 요청되는 것입니다.

25강

하나님의 손 안에 거하라

전 8:15–9:1

15 이에 내가 희락을 찬양하노니 이는 사람이 먹고 마시고 즐거워하는
것보다 더 나은 것이 해 아래에는 없음이라 하나님이 사람을 해 아래에
서 살게 하신 날 동안 수고하는 일 중에 그러한 일이 그와 함께 있을 것
이니라 16 내가 마음을 다하여 지혜를 알고자 하며 세상에서 행해지는
일을 보았는데 밤낮으로 자지 못하는 자도 있도다 17 또 내가 하나님의
모든 행사를 살펴 보니 해 아래에서 행해지는 일을 사람이 능히 알아낼
수 없도다 사람이 아무리 애써 알아보려고 할지라도 능히 알지 못하나
니 비록 지혜자가 아노라 할지라도 능히 알아내지 못하리로다 1 이 모든
것을 내가 마음에 두고 이 모든 것을 살펴 본즉 의인들이나 지혜자들이
나 그들의 행위나 모두 다 하나님의 손 안에 있으니 사랑을 받을는지 미
움을 받을는지 사람이 알지 못하는 것은 모두 그들의 미래의 일들임이
니라

이 세상에는 악인이 의인의 상급을 받고 의인이 악인의 형벌을 받는 불합리한 일들이 많이 있습니다. 이는 마치 인생이 "수고와 슬픔"으로 점철되어 있다는 모세의 고백과 같습니다(시90:10). 부조리한 세상에서

전도자는 희락이 이 세상에서 얼마나 좋은 것인지를 노래하고 있습니다. 15절을 보십시오. "이에 내가 희락을 찬양하노니 이는 사람이 먹고 마시고 즐거워하는 것보다 더 나은 것이 해 아래에는 없음이라 하나님이 사람을 해 아래에서 살게 하신 날 동안 수고하는 일 중에 그러한 일이 그와 함께 있을 것이니라." 전도자에 의하면, 먹고 마시고 기뻐하는 것은 인간이 해 아래에서 추구할 수 있는 가장 좋은 것입니다. 꼼꼼하게 살펴보면, 먹고 마시고 즐기는 것은 하나님을 알지 못하는 대부분의 사람들이 열심히 공부하고 일하고 돈 벌어서 결국 하고 싶어하는 것입니다. 부조리한 세상에서 인간이 기대할 수 있고 추구할 수 있는 행복의 최대치는 바로 이러한 것입니다.

이 내용은 이미 2장 24절에서 살펴본 것입니다. "사람이 먹고 마시며 수고하는 것보다 그의 마음을 더 기쁘게 하는 것은 없나니 내가 이것도 본즉 하나님의 손에서 나오는 것이로다." 먹고 마시고 기뻐하는 것은 인간의 마음을 가장 기쁘게 하는 것입니다. 그것은 비록 사람이 수고의 대가로 얻은 것이지만 "하나님의 손에서 나오는 것"이라고 전도자는 말합니다. 즉 하나님께 감사를 드려야 하고 하나님을 영화롭게 해야 하는 일이라는 것입니다. 그리고 먹고 마시고 즐기는 것은 영원한 것이 아닙니다. 그것은 이 세상에서 살아가는 동안에만 좋을 뿐입니다. 그 생존의 기간도 하나님이 주시는 것이라고 전도자는 말합니다. "하나님이 사람을 해 아래에서 살게 하신 날 동안." 하나님의 은혜가 없다면 인간은 살아갈 수 없습니다. 우리가 지금 살아 있다면 그것은 하나님의 은혜로 말미암은 결과라는 것입니다. 요약하면, 우리가 살아있는 인생의 길이도 하나님의 은혜이고, 살면서 먹고 마시고 기뻐하는 것도 하나님의 손에서 나오는 것입니다.

여기에서 저는 먹고 마시고 기뻐하는 것이 가장 좋은 것이라는 전도자의 견해를 아무도 반박할 수 없다는 사실을 주목하고 싶습니다. 인간은 먹지 않으면 살 수 없습니다. 영양분을 섭취하고 에너지를 주입하지 않으면 스스로 존재할 수도 없고 살아갈 수도 없고 활동할 수도 없습니다. 진실로 우리에게 먹는 것보다 더 중요하고 더 좋은 것은 없습니다. 그리고 우리의 몸은 70% 이상이 물로 구성되어 있습니다. 체내의 수분이 2퍼센트만 부족해도 갈증을 느낍니다. 5퍼센트가 부족하면 정신을 잃습니다. 12 퍼센트 이상이 부족하면 죽습니다. 그렇기 때문에 전도자의 말처럼 먹는 것 중에서도 생존의 기쁨을 위해 마시는 것보다 더 좋은 일은 없을 것입니다.

물을 많이 마시면 변비도 예방하고 충치도 예방하고 생리통도 완화하고 노화도 방지하고 다이어트 효과도 탁월하며 피부미용 효과도 있으며 해독을 촉진하고 숙면에도 도움을 되고 체온도 적당히 조절되고 혈액의 순환에도 좋습니다. 한 시간에 200미리리터 분량이 가장 좋습니다. 몸의 치유와 회복에 대한 물의 유익에 관해서는 바울도 인정하고 있습니다. "이제부터는 물만 마시지 말고 네 위장과 자주 나는 병을 위하여는 포도주를 조금씩 쓰라"(딤전5:23). 위장병을 위해서 포도주 사용을 권하고 있지만 건강을 위해 그 동안 물만 마셨다는 사실에서 물의 놀라운 치유력을 추론할 수 있습니다. 먹는 것과 마시는 것만이 아니라 마음의 기쁨도 치유하는 능력이 있습니다. 심신이 망가져도 마음에 기쁨이 있으면 회복될 수 있기에 기뻐하는 것보다 더 좋은 것은 없습니다.

모든 성경은 그리스도 예수를 가리켜 기록된 것이기 때문에 우리는 전도자의 이 견해를 예수님의 말씀에 비추어 재해석할 필요가 있습니다. "염려하여 이르기를 무엇을 먹을까 무엇을 마실까 무엇을 입을까 하지 말라 이는 다 이방인이 구하는 것이라"(마6:31-32). 전도자의 말처럼 먹는 것과 마시는 것은 해 아래에서 인생에게 가장 좋은 것인데, 예수님은 그것을 아버지께 구하지 말라고 하십니다. 그것은 이방인이 구하는 것이기 때문에 하나님의 백성에게 합당하지 않다고 말합니다. 그러면서 무엇을 구하라고 하십니까? "그런즉 너희는 먼저 그의 나라와 그의 의를 구하라"(마6:33). 전도자는 먹고 마시는 것이 인생에서 가장 좋은 것이라고 하였는데 예수님은 하나님의 나라와 의가 해 아래에서 먹고 마시는 최고의 유익보다 더 좋다고 하십니다. 먹고 마시는 것을 구하지 말라고 하신 이유는 그것이 인생에서 중요하지 않아서가 아닙니다. 우리에게 엄청난 희생을 요구하신 것도 아닙니다. 마땅히 구해야 할 하나님의 나라는 먹고 마시는 것과 비교할 수 없도록 좋기 때문에 구하지 말라고 하신 것입니다.

전도자는 세상의 일들과 하나님의 일들을 관찰하며 발견한 깨달음을 계속해서 전합니다. 16절을 보십시오. "내가 마음을 다하여 지혜를 알고자 하며 세상에서 행해지는 일을 보았는데 밤낮으로 자지 못하는 자도 있도다." 어떠한 일 때문에 밤낮으로 자지 못하는 사람이 있다고 말합니다. 충분한 수면과 숙면을 취하지 못하는 것이 인생의 지혜와 무슨 상관이 있을까요? 아마도 전도자는 인생에서 먹고 마시고 기뻐하는 것에 버금가는 중요성을 수면에 부여하고 있는 듯합니다. 잠이라는 것은 모든 생명체가 취해야 하는 필수적인 쉼입니다. 셰익스피어는 자연이 인간에게 부여한 최고의 간호사가 잠이라고 했습니다. 세르반테스는 피로한 마음에 최고의 보약은 잠이라고 했습니다. 고문들 중에서도 물 고문이나 전기 고문보다 잠자지 못하게 하는 고문이 가장 크다는 이야기도 있습니다. 잠이 인생의 30% 이상을 차지하고 있습니다. 밤낮으로 자지 못한다는 것은 인생에 대단히 위험한 일이며 쾌적한 숙면을 취하는 것은 인생의 2/3을 살아가기 위해 대단히 중요한 일입니다.

전도자도 잠을 대단히 중요한 것으로 묘사하고 있습니다. 그런데도 밤낮으로 자지 못하는 사람이 있다는 것은 안타까운 일입니다. 가장 기본적인 몸의 생리적인 욕구가 거절되는 이유는 어디에 있을까요? 시인은 "여호와께서 그의 사랑하시는 자에게는 잠을 주신다"고 말합니다(시127:2). 욥은 "내 잠자리가 나를 위로하고 내 침상이 내 수심을 풀리라"고 말합니다(욥7:13). 잠을 자지 못한다는 것은 시인의 말에 비추어 본다면 하나님의 사랑을 받지 못한다는 뜻입니다. 하나님의 풍성한 사랑을 받은 사람들은 마음에 기쁨과 평강이 있어서 대체로 쾌적한 수면을 취합니다. 그러나 하나님의 사랑으로 가득 채워지지 않은 사람들의 마음에는 어떤 영적인 빈곤과 기근과 기갈이 있어서 침상에서 숙면의 발을 쭉 뻗지 못합니다. 숙면을 취하지 못하면 위로도 받지 못하고 근심도 풀지 못하게 될 것입니다. 그러나 하나님의 말씀에 순종하여 사랑의 바다에 누우면 숙면의 복도 누리고 위로와 평강도 누리게 될 것입니다.

쾌적한 숙면은 우리의 지능과 신체에도 대단히 좋은 영향을 끼칩니다. 충분한 숙면을 취하면 기억력도 좋아지고 집중력도 좋아지고 창의력도 좋아지고 보다 높은 성과도 거두고 두통이나 감기도 예방하고 위장이나 간의 기능도 향상시킬 수 있습니다. 그러나 전도자의 시대에도 그렇지만 지금도 밤낮으로 잠자지 못하는 사람들이 적지 않습니다. 그때에는 무슨 일 때문인지 정확히 알 수 없지만 지금은 야밤에 핸드폰을 본다든지, 과도한 업무를 한다든지, 카페인 섭취량이 많다든지, 낮에 활동하지 않았거나 받은 일조량이 적다든지, 흡연으로 인한 니코틴 흡입으로 의식에 자극이 된다든지 등의 일들로 인해 충분한 수면이나 쾌적한 숙면을 취하지 못하는 사람들이 많습니다.

잠을 충분히 자지 않으면 본인의 기분도 유쾌하지 않지만 타인에 대한 관심과 배려의 감각도 현저히 떨어지게 되고 심각한 정신적 장애를 가져올 수도 있습니다. 정서적인 경직과 심리적인 불안정을 보입니다. 쾌적한 수면은 우리가 의식적인 노력을 기울여야 취할 수 있습니다. 낮에는 주님을 위해 이웃을 사랑하는 적정한 분량의 활동을 하십시오. 뇌와 몸에 적당한 분량의 피로가 쌓여야 뇌간에 있는 수면 스위치가 바뀝니다. 그리고 캄캄한 밤에는 일찍 잠자리에 드십시오. 낮에는 일하고 밤에는 자는 것은 태초부터 우리의 몸에 새겨진 창조의 리듬이기 때문에 무시하면 무질서와 질병이 생깁니다. 밤에 숙면하기 위해서는 낮에 몸을 햇빛에 적당히 노출하는 것이 좋습니다. 적당한 일조량은 밤에 수면을 촉진하는 멜라토닌 분비에 결정적인 영향을 끼칩니다. 뇌와 몸의 활동을 멈추는 밤에는 몸의 체온이 떨어지는 현상을 보입니다. 수면의 때가 되었다는 신호이기 때문에 잠자리에 드는 것이 좋습니다. 활동으로 소비되던 에너지가 수면 중에 몸의 회복을 위해 쓰일 것입니다.

특별히 수면은 12시 이전에 취하는 게 좋습니다. 밤 10시부터 새벽 3시까지가 몸의 신진대사 및 면역기능 강화를 위한 성장 호르몬이 가장 많이 분비되는 때입니다. 만약 12시 이후에 잠자리에 들면 성장 호르몬이 아예 분비되지 않습니다. 밤에도 우리의 몸이 빛을 쬐고 있으면 수면을 돕는 멜라토닌 형성에도 문제가 발생하고 항종양, 항산화, 해독작용 등에도 부작용이 생깁니다. 그러므로 숙면을 취할 수 있도록 의식적인 노력을 기울이는 것이 좋습니다. 나아가 과도한 수면을 피하는 것도 건강에는 대단히 중요한 일입니다. 과도한 수면의 원인에 대해 성경은 이렇게 말합니다. "게으름이 사람으로 깊이 잠들게 하나니 태만한 사람은 주릴 것이니라"(잠19:15). 게으른 마음의 태도가 깊은 잠을 부릅니다. 일하지도 못할 정도의 과도한 수면에 빠지게 만듭니다. 그러므로 깊이 잠든다는 것이 하나님의 사랑을 받고 있다는 증거만은 아닙니다.

성경은 잠을 죽음과 결부시켜 이해하는 경향이 있습니다. 나사로가 죽었을 때에 하신 예수님의 말입니다. "이 말씀을 하신 후에 또 이르시되 우리 친구 나사로가 잠들었도다 그러나 내가 깨우러 가노라"(요11:11). 나사로 잠든 것이며 깨우러 가신다고 하십니다. 생리적인 잠은 죽음을 연습하는 것입니다. 나태주 시인은 이렇게 말합니다. "하느님/ 오늘도 하루/ 잘 살고 죽습니다/ 내일 아침 잊지 말고/ 깨워 주십시오." 잠의 중요성은 죽음의 중요성과 같습니다. 잠이 없으면 삶도 없습니다. 같은 맥락에서 죽음이 없으면 기독교의 인생도 없습니다. 날마다 자야 살아갈 수 있듯이 하나님의 사람들은 날마다 죽지 않으면 제대로 살아갈 수 없습니다. 그래서 바울은 말합니다. "나는 날마다 죽노라"(고전15:31).

전도자는 세상의 일들을 관찰해서 어느 정도 이해하는 일들도 있지만 하나님의 모든 일들은 도무지 이해할 수 없음을 17절에서 고백하고 있습니다. "또 내가 하나님의 모든 행사를 살펴 보니 해 아래에서 행해지는 일을 사람이 능히 알아낼 수 없도다 사람이 아무리 애써 알아보려고 할지라도 능히 알지 못하나니 비록 지혜자가 아노라 할지라도 능히 알아내지 못하리로다." 하나님의 모든 행사를 인간이 알아낼 수 없는 이유는 주님께서 친히 당신께서 하시는 일의 처음과 나중을 알지 못하게 만드셨기 때문입니다(전3:11). 당연히 인간 편에서 아무리 애써 관찰하고 분석하고 궁구한다 할지라도 능히 알아낼 수 없습니다. 지혜자가 안다고 생각하는 그런 때에라도 마땅히 알아야 할 것을 알지 못한 것이라고 전도자는 말합니다.

지혜자가 구술로 사람들의 생각을 사로잡고 움직일 수는 있겠지만 그것이 하나님의 하시는 일의 시종을 알았다는 보증은 결코 아닙니다. 욥은 친구와의 대화 속에서 자신은 하나님을 알고 하나님의 하시는 일의 시종을 아는 것처럼 말하였고 논쟁에서 판정승을 거두기는 하였지만 논쟁의 끝자락에 이러한 항복의 고백을 하나님께 올립니다. "무지한 말로 이치를 가리는 자가 누구니이까 나는 깨닫지도 못한 일을 말하였고 스스로 알 수도 없고 헤아리기도 어려운 일을 말하였나이다"(욥42:3). 이것은 욥이 비록 당대 최고의 의인이고 많은 사람들의 존경을 받았으며 출중한 지혜와 식견과 지식을 구비하고 있었지만 자신이 하였던 모든 말들은 마치 무지로 이치를 가리는 것이었고 스스로도 알지 못하는 일을 말했다는 것입니다. 우리는 무엇을 알고 있습니까? 어디까지 알면 알았다고 말할 수 있을까요? 눈으로 보고 귀로 듣고 마음의 논리로 추론해서 도달한 결론이면 알았다는 평가를 내려도 되는 것일까요? 안다는 것은 대단히 임의적인 말입니다. 그리스도 예수를 알기 전까지는 아무것도 알지 않은 것입니다.

인간은 어떠한 일의 처음과 나중도 알 수 없습니다. 이는 모든 일의 처음과 나중 되시는 하나님의 하시는 일의 시종을 알지 못하기 때문에 그런 것입니다. 아무리 알려고 해도 알 가능성이 전혀 없습니다. 우리는 무언가를 스스로 깨닫고 이해해서 마음의 자유를 누리는 자가 아닙니다. 진리가 우리를 자유롭게 만들 수 있습니다. 진리이신 그리스도 예수, 즉 하나님의 아들이 자유하게 하는 자만이 자유롭게 될 것입니다. 우리가 더 많이 알고 더 정확하게 아는 것은 인생의 목적이 아닙니다. 지혜가 많으면 번뇌도 많아지고 지식을 더하는 자는 근심도 더할 것이라고 전도자는 말합니다(전1:18). 같은 맥락에서 책을 많이 쓰는 것은 끝없는 일이며 공부를 많이 하는 것도 몸을 피곤하게 하는 일입니다(전12:12). 그러나 이 말은 학문적 게으름에 대한 면죄부가 아닙니다.

전도자가 비록 하나님의 모든 일들을 아무리 살펴도 파악할 수 없다고 하였지만 사도들은 우리에게 그리스도 예수를 아는 지식에서 자라갈 것을 요구하고 있습니다(벧후3:18). 진리의 영이신 성령을 우리에게 보내신 것도 주께서 하신 말씀을 기억나게 하고 깨닫게 하시기 위한 것입니다. 결국 우리는 성령의 가르침을 받아 그리스도 예수를 아는 지식에서 자라서 결국 "물이 바다를 덮음 같이 여호와를 아는 지식이 세상에 충만할 것"입니다(사11:9). 왜 우리는 예수를 아는 지식에서 자라가야 하는 것입니까? 이는 예수님이 자신을 "알파와 오메가요 처음과 나중이요 시작과 마침"으로 규정하고 계시기 때문인 것입니다(계22:13). 예수님을 알면 처음과 나중을 알 수 있습니다. 하나님의 하시는 일의 시종을 깨달을 수 있습니다. 전도자가 하나님의 하시는 일의 시종을 알지 못하게 하셨다는 것은 비록 인간이 그것을 스스로는 알지 못하지만 그리스도 안에서는 알 수 있다는 역설적인 말입니다. 예수님이 배제되면 아무리 많은 사람들의 동의를 받아내고 스스로도 알았다는 확신에 이르렀다 할지라도 깨달은 것이 아닙니다.

하나님의 어떠한 일에 대해서도 예수님을 아는 지식에 이르지 않은 지식은 아버지 하나님께 나아갈 수 있는 길이 아니며, 영혼을 자유롭게 하는 진리가 아니며, 잠시 있다가 사라질 안개와 같은 인생에게 영원한 생명을 주지도 못합니다. 우리의 모든 지식이 그리스도 예수에게까지 자라가야 할 당위성이 바로 여기에 있습니다. 우리가 어떠한 분야에 종사한다 할지라도 하나님의 모든 일들 중에서 하나를 배우고 연구하는 것입니다. 그렇다면 어떠한 분야에 있더라도 주님께 나아갈 수 있습니다. 각자가 자기의 분야에서 그 분야가 인정하는 지식의 수준에 멈추거나 안주하지 마시고 성령의 가르침을 받아 그리스도 예수를 아는 지식에까지 이르도록 하십시오. 모든 분야의 지적인 안식처는 학계의 통념이 아니라 그리스도 예수임을 믿으시기 바랍니다.

왜 우리는 모든 분야에서 그리스도 예수를 추구해야 하고 하나님의 하시는 일의 시종에 관심을 두어야 하는 것일까요? 9장 1절을 보십시오. "이 모든 것을 내가 마음에 두고 이 모든 것을 살펴 본즉 의인들이나 지혜자들이나 그들의 행위나 모두 다 하나님의 손 안에 있으니 사랑을 받을는지 미움을 받을는지 사람이 알지 못하는 것은 모두 그들의 미래의 일들임이니라." 전도자는 눈으로만 관찰하지 않고 언제나 마음으로 세상의 모든 일들을 살핍니다. 살피면서 발견한 사실은, 의로운 자나 지혜로운 자나 그들의 일들이 모두 "하나님의 손 안에" 있다는 것입니다. "하나님의 손"이라는 표현은 하나님의 통치와 섭리를 가리키는 말입니다.

어떠한 분야이든, 어떠한 사건이든, 어떠한 사물이든, 어떠한 상황이든, 어떠한 현상이든 하나님의 통치와 섭리를 벗어난 것은 하나도 없습니다. 모든 일들에 하나님의 개입이 있기 때문에 우리가 하나님을 떠나서는 아무것도 알 수 없습니다. 아무리 화려한 지식의 향연을 열어도 하나님을 배제한 것이라면 무식의 광기일 뿐입니다. 모든 일들이 하나님의 손 안에 있다는 것은 "하나님의 손"이라는 문맥, 즉 하나님의 통치와 섭리라는 전제 혹은 상황을 배제하면 어떠한 일도 온전하게 이해될 수 없다는 말입니다. 지극히 사소한 일이라고 할지라도 하나님의 손 안에서 이해될 때에만 비로소 아는 것입니다. 로마서 1장 20절을 보십시오. "창세로부터 그의 보이지 아니하는 것들 곧 그의 영원하신 능력과 신성이 그가 만드신 만물에 분명히 보여 알려졌나니 그러므로 그들이 핑계하지 못할지니라." 이 세상에 존재하는 모든 피조물은 그 자체로 궁극적인 의미나 가치를 가지고 있지 않습니다. 하나님의 보이지 아니하는 영원하신 능력과 신성을 분명히 읽어내지 못하면 아무것도 알지 못한 것입니다. 만약 알았다면 하나님께 감사를 돌리고 하나님을 영화롭게 하였을 것입니다. 우리도 범사에 하나님께 감사하고 영광을 돌리지 않는다면 무지한 자임을 입증하고 있는 셈입니다.

전도자는 의인이나 지혜자가 "사랑을 받을는지 미움을 받을는지 사람이 알지 못하는 것은 모두 그들의 미래의 일들"이기 때문이라 말합니다. 인간은 원래 오늘을 사는 자입니다. 어제를 살 수도 없고 내일을 살 수도 없습니다. 우리의 인생은 끝나기 전까지는 끝난 게 아닙니다. 하나님의 사랑을 받을는지 하나님의 미움을 받을는지 우리의 인생이 끝나기 전까지는 모릅니다. 그래서 미래를 알 수 없는 인간은 하나님의 사랑과 미움을 단정할 수 없습니다. 이러한 현실 속에서 우리는 어떻게 살아가는 것이 최선의 길일까요? 예레미야 선지자의 조언에 귀 기울여 보십시오. "여호와여 내가 알거니와 사람의 길이 자신에게 있지 아니하니 걸음을 지도함이 걷는 자에게 있지 아니하니이다"(렘10:23). 즉 장래 일을 모르고 인생의 결론도 모르기에 모든 인생의 걸음을 지도하는 하나님을 전적으로 신뢰하는 것입니다. 모든 것이 하나님의 손 안에 있습니다. 우리의 인생도 하나님의 손 안에 있습니다. 최고의 인생을 살아가는 방법은 하나님을 전심으로 신뢰하는 것입니다. 오직 그분만을 경외하는 것입니다. 그분의 계명을 준행하는 것입니다. 전도자의 교훈이 거기에 있습니다.

26강

생명의 은혜

전 9:2–6

2 모든 사람에게 임하는 그 모든 것이 일반이라 의인과 악인, 선한 자와
깨끗한 자와 깨끗하지 아니한 자, 제사를 드리는 자와 제사를 드리지 아
니하는 자에게 일어나는 일들이 모두 일반이니 선인과 죄인, 맹세하는
자와 맹세하기를 무서워하는 자가 일반이로다 3 모든 사람의 결국은 일
반이라 이것은 해 아래에서 행해지는 모든 일 중의 악한 것이니 곧 인생
의 마음에는 악이 가득하여 그들의 평생에 미친 마음을 품고 있다가 후
에는 죽은 자들에게로 돌아가는 것이라 4 모든 산 자들 중에 들어 있는
자에게는 누구나 소망이 있음은 산 개가 죽은 사자보다 낫기 때문이니
라 5 산 자들은 죽을 줄을 알되 죽은 자들은 아무것도 모르며 그들이 다
시는 상을 받지 못하는 것은 그들의 이름이 잊어버린 바 됨이니라 6 그
들의 사랑과 미움과 시기도 없어진 지 오래이니 해 아래에서 행하는 모
든 일 중에서 그들에게 돌아갈 몫은 영원히 없느니라

이 세상에서 선악을 분별하고 공평과 정의를 파악하는 것은 대단히 어려운 일입니다. 사람들은 비가시적 요소들을 다 생략한 채 눈에 보이는 대로 생각하고 귀에 들리는 대로 판단하는 경향이 있습니다. 판단의

근거에는 결코 눈에 보이고 귀에 들리는 것이 전부가 아닙니다. 보이지 않는 요소들이 고려되지 않은 판단은 단편적일 수밖에 없습니다. 전도자는 그런 판단을 따라 세상을 이해하면 너무도 악하고 헛되다는 사실을 본문에서 지적하고 있습니다. 나아가 우리가 생명을 가지고 있다는 것이 얼마나 소중한 것인지도 적절한 비유로 교훈하고 있습니다.

먼저 2절을 보십시오. "모든 사람에게 임하는 그 모든 것이 일반이라 의인과 악인, 선한 자와 깨끗한 자와 깨끗하지 아니한 자, 제사를 드리는 자와 제사를 드리지 아니하는 자에게 일어나는 일들이 모두 일반이니 선인과 죄인, 맹세하는 자와 맹세하기를 무서워하는 자가 일반이로다." 이 말씀을 이해하기 위해 우리는 예수님의 교훈을 참조할 필요가 있습니다. "하나님이 그 해를 악인과 선인에게 비추시며 비를 의로운 자와 불의한 자에게 내려 주심이라"(마5:45). 하나님은 악인과 선인에게 해를 비추시고 의로운 자와 불의한 자 모두에게 비를 내려 주십니다. 우리의 눈에는 이것이 불의하고 부당한 처신으로 보입니다. 심지어 악인에게 의인의 보상을 허락하고, 의인에게 악인의 형벌을 허락하신 하나님은 우리의 눈에 더더욱 부당하게 보입니다.

세상에는 사람들의 눈에도 불공평해 보이는 일들이 대단히 많습니다. 공평하신 하나님의 섭리 아래에서 어떻게 그런 일들이 발생할 수 있을까요? 아마도 바울의 글에서 해석의 실마리를 찾을 수 있을 것입니다. “자녀이면 또한 상속자 곧 하나님의 상속자요 그리스도와 함께 한 상속자니 우리가 그와 함께 영광을 받기 위하여 고난도 함께 받아야 할 것이니라 생각하건대 현재의 고난은 장차 우리에게 나타날 영광과 비교할 수 없도다”(롬8:17-18). 신실한 성도들이 이 세상에서 주님과 함께 당하는 고난은 대체로 부당한 것입니다. 왜 그런 고난을 당하는 것일까요?

바울은 우리가 당하는 “현재의 고난은 장차 우리에게 나타날 영광과 비교할 수 없다”고 말합니다. 모든 사람들은 부당한 고난을 당하면 억울함을 느낍니다. 이로써 형평성 문제에 대한 의식에 자극을 받습니다. 과연 형평성은 무엇이며 이 세상에서 구현될 수 있을까요? 이러한 질문과 관련하여 바울은 우리에게 그리스도 예수와 함께 받는 영광 이야기를 꺼냅니다. 예수님과 함께 받을 영광은 이 세상에서 당하는 부당한 고난과는 비교할 수 없을 정도로 크다고 말합니다. 이 세상에서 우리가 느끼는 부당함은 장차 주님과 함께 받을 영광 때문에 완전히 해소될 수 있습니다. 죄로 말미암아 일그러진 세상에서 당하는 땅에서의 부당함은 하나님의 최종적인 심판에 의해 종적도 없이 사라질 것입니다. 땅에서는 온갖 종류의 부당함이 종말의 때까지도 사라지지 않을 것입니다.

전도자가 열거하는 부당함의 종류를 보십시오. 사람들은 각자의 기준으로 인간을 의인과 악인으로 나눕니다. 그러나 의인도 고생하고 악인도 고생하며, 의인도 슬픔을 당하고 악인도 슬픔을 당하며, 의인도 억울함을 당하고 악인도 억울함을 당하며, 의인도 상처를 받고 악인도 상처를 받으며, 의인도 급작스런 죽음을 당하고 악인도 급작스런 죽음을 당합니다. 이것을 사람들은 부당한 것이라고 느낍니다. 이러한 부당함을 경험하면, 세상의 근본을 뒤엎고 싶을 것입니다. 공평의 하나님을 부정하고 싶을 것입니다. 의인과 악인 사이만이 아니라 깨끗한 사람과 깨끗하지 않은 사람 사이에도 그런 부당함이 있습니다. 하나님께 예배를 드리는 사람과 드리지 않는 사람 사이에도 각자가 당하는 일들이 다르지 않습니다. 선을 행하는 사람과 죄를 범하는 사람도 동일한 일들을 겪습니다. 이러한 일들을 반복해서 경험하게 되면 정말 공평의 신은 존재하지 않는 것처럼 느껴질 수 있습니다. 부당함을 그냥 인생의 질서로 인정하고 그 질서에 편승하고 싶을 지도 모릅니다.

그러나 하나님의 경외하는 자의 눈에는 겉으로 보이는 부당함의 이면에 있는 하나님의 공평하신 섭리가 보일 것입니다. 하나님은 인애와 공평과 정직을 이 땅에 행하시는 분입니다(렘8:24). 3절을 보십시오. "모든 사람의 결국은 일반이라 이것은 해 아래에서 행해지는 모든 일 중의 악한 것이니 곧 인생의 마음에는 악이 가득하여 그들의 평생에 미친 마음을 품고 있다가 후에는 자들에게로 돌아가는 것이라." 사람의 마음에서 일어나는 일들이 타인의 눈에는 보이지 않고 그렇기 때문에 분별할 수도 없습니다. "사람의 일을 사람의 속에 있는 영 외에 누가 알리요"(고

전2:11). 사람의 은밀한 일은 타인의 눈에 가려져 있습니다. 그래서 사람은 다른 사람을 공정하게 판단하지 못합니다. 인간은 다른 사람을 판단할 자격도 없고 권한도 없고 능력도 없습니다.

지혜자는 말합니다. "공평한 저울과 접시 저울은 여호와의 것이요 주머니 속의 저울추도 다 그가 지으신 것이니라"(잠16:11). 하나님은 공평의 저울추를 인간에게 양도하신 적이 없습니다. 공정한 재판권은 오직 그리스도 예수에게 주어져 있습니다(요5:27). 예수는 사람들의 마음에 감추어진 생각까지 다 아시는 분입니다(눅5:22). 사람들의 눈에는 보이지 않지만 주님께는 감출 수 없는 마음의 내용물 때문에 사람의 판단과 주님의 판단은 다를 수밖에 없습니다. 그 판단의 격차는 마치 "하늘이 땅보다 높음" 같습니다(사55:9). 사람들의 눈에는 세상에서 벌어지는 정치적인 부조리와 경제적인 모순이 부당하게 보여도 그 안에는 공평하신 하나님의 공평한 섭리가 반드시 있습니다.

전도자는 "인생의 마음에는 악이 가득하여 그들의 평생에 미친 마음을 품고 있다"고 말합니다. 이 사실은 악인과 죄인과 제사를 드리지 아니하는 자와 깨끗하지 아니한 자와 맹세하지 아니하는 자에게만 해당되는 것이 아닙니다. "모든 사람"의 마음에는 충만한 악과 광기가 있습니다. 의인처럼 보이는 자에게도, 깨끗하게 보이는 자에게도, 선하게 보이는 자에게도, 예배를 드리는 자에게도, 맹세하는 자의 마음에도 악과 광기가 있습니다. 이 세상에 악하지 않은 사람은 하나도 없습니다. 심지어 예수를 믿고 예배를 드리고 선을 행하는 깨끗한 의인의 마음에도 악과 광기가 깃들어 있습니다. 겉으로 나타난 경건의 모습은 천사처럼 보이지만 내면의 상태는 마귀일 수 있습니다.

하나님의 마음에 합한 다윗을 보필하기 위해 대적하는 자들의 목을 치려고 했던 요압과 아비새는 충신의 표본처럼 보이지만 정작 다윗은 그들을 향해 "내가 너희와 무슨 상관이 있기에 너희가 오늘 나에게 사탄이 되느냐"(삼하19:22)는 평가를 내립니다. 아마도 스루야의 아들들은 목숨을 다해 섬긴 다윗의 평가를 대단히 부당하게 여겼을 것입니다. 죽으셔야 한다는 예수님의 말씀을 듣고 결단코 죽으시면 안된다고 항변하는 베드로를 향해 예수님도 참으로 부당하게 보이는 평가를 내립니다. "사탄아 내 뒤로 물러가라 네가 하나님의 일을 생각하지 아니하고 도리어 사람의 일을 생각하는도다"(막8:33). 충신이나 제자의 생각과 다윗이나 주님의 생각 사이에는 이처럼 하늘과 땅만큼의 격차가 있습니다.

사람들의 마음은 악으로 가득 채워져 있습니다. 아담과 하와의 타락 이후로 모든 인간은 선을 분별하지 못하고 원하지도 않고 행하지도 않고 선의 근원이신 하나님을 찾지도 않습니다. 그래서 바울은 시편의 글을 인용하며 이렇게 말합니다. "기록된 바 의인은 없나니 하나도 없으며 깨닫는 자도 없고 하나님을 찾는 자도 없고 다 치우쳐 함께 무익하게 되고 선을 행하는 자는 없나니 하나도 없도다"(롬3:10-12).

사람들은 또한 미친 마음을 품고 있습니다. 마음에 광기가 없는 사람이 없습니다. 〈광기의 역사〉라는 책이 있습니다. 거기에 아주 인상적인 구절이 하나 있습니다. "미는 추함을, 부는 빈곤을, 영광은 치욕을, 앎은 무지를 은폐한다." 이러한 사고를 전도자의 언어로 바꾼다면, 악인은 정의로 자신의 악을, 깨끗하지 아니한 자는 청결로 자신의 불결함을, 예배하지 않는 자는 예배로 자신의 불경을, 죄인은 선으로 자신의 죄를 은폐하고 있습니다.

전도자는 모든 사람들의 마음에 광기가 있다고 말합니다. 문학계와 정치계와 경제계와 군사계와 문화계와 예술계에 마음의 광기가 투영되지 않은 영역은 하나도 없습니다. 모든 분야에서 광기에 찬 이성이 정상적인 사람을 광인으로 호도하는 경우는 대단히 많습니다. 세상에는 정상과 비정상의 기준이 없습니다. 고작해야 다수결에 신뢰를 부여하고 있습니다. 그러나 전도자의 진단처럼 모든 사람들의 마음이 광기로 채워져 있다면 다수결은 집단적인 광기에 면죄부를 발부하고 정상적인 소수를 미친 것이라고 매도하는 무서운 흉기로 전락할 것입니다. 그런데도 이런 생각이 많은 나라에서 합법으로 둔갑하고 있습니다. 반면에 예수를 믿은 사람들은 가장 정상적인 인간이며 가장 정상적인 삶을 살아가고 있는데 이 땅에서는 광인으로 매도되는 경우가 대단히 많습니다.

바울의 경우를 보십시오. 그를 재판하는 베스도 총독에게 복음의 진리를 전합니다. 그때 총독은 말합니다. "바울아 네가 미쳤도다 네 많은 학문이 너를 미치게 한다"(행26:24). 이에 바울은 말합니다. "베스도 각하여 내가 미친 것이 아니요 참되고 온전한 말을 하나이다"(행26:25). 누구의 말이 맞습니까? 누가 미친 것입니까? 당연히 바울의 말이 옳습니다. 법정을 주도하고 있는 베스도는 광기에 취해 있습니다. 그런데 그는 자신이 광기에 취해 있다는 사실조차 모르고 있습니다. 그래서 전도자는 마음에 악과 광기가 충만한 것을 "해 아래에서 행해지는 모든 일 중의 악한 것"이라고 말합니다. 악의 합은 악입니다. 악이 크게 뭉쳐서 다수결의 카드를 내민다고 선으로 바뀌는 것이 아닙니다. 악인이 피차 혈맹을 맺는다고 할지라도 여전히 악으로 분류되며 하나님의 형벌을 면하지 못한다고 지혜자는 말합니다(잠11:21). 광기의 합도 여전히 광기일 뿐입니다. 광기의 소유자가 다수라고 할지라도 그것이 정상으로 변하지는 않고 그저 광기의 보편성을 증명할 뿐입니다.

그래도 마음에 가득한 악과 광기를 해결할 가능성이 살아있는 동안에는 있습니다. 그래서 전도자는 4절에서 이렇게 말합니다. "모든 산 자들 중에 들어 있는 자에게는 누구나 소망이 있음은 산 개가 죽은 사자보다 낫기 때문이라." 산 자들과 죽은 자들 사이의 극명한 격차를 설명하기 위해 전도자는 여기에서 산 개와 죽은 사자를 비교하고 있습니다. 의미에 있어서 "개"는 가장 비천하고 하찮은 짐승들 중에서도 극도의 미물이며, "사자"는 최고의 위엄을 자랑하는 모든 짐승들의 왕입니다. 죽은 사자보다 산 개가 낫다는 말은 이 세상에서 존재의 무게에 있어서의 어떠한 격차도 죽음 앞에서는 완전히 무색해질 수 있다는 뜻입니다. 이는 아무리 높은 권력의 자리에 앉았어도, 아무리 아름다운 용모를 가졌어도, 아무리 심오한 깨달음을 가졌어도, 아무리 막대한 재물을 가졌어도, 아무리 뿌듯한 명예를 받았어도 죽으면 그 신세가 산 개만도 못하다는 것입니다.

죽음에 대한 삶의 탁월성이 어떤 것이길래 사자가 개에게 밀리는 것일까요? 전도자는 그 이유를 5절에서 밝힙니다. "산 자들은 죽을 줄을 알되 죽은 자들은 아무것도 모르며 그들이 다시는 상을 받지 못하는 것은 그들의 이름이 잊어버린 바 됨이니라." 앞에서 전도자는 죽은 자에게는 소망이 없으나 산 자에게는 소망이 있다고 했습니다. 여기에서 전도자는 소망의 유무가 죽음에 대한 지식에 달려 있다고 말합니다. 저는 이 구절에서 삶에 대한 종말론적 태도의 중요성을 읽습니다. 모든 인간은 죽습니다. 그런데 죽을 것이라는 엄연한 사실을 알면서도 실제로 그것을 의식하며 살아가는 사람들은 대단히 적습니다. 밤의 한 찰나처럼 짧은 이 땅에서의 인생은 화살처럼 빠르게 지나갈 것입니다. 그러한 인생의 실상을 이해하지 못하고 재물을 축적하고 명예를 쌓고 권력을 취하는 사람들은 산 개보다도 못한 죽은 사자와 다를 바가 없습니다.

열방과 만국의 영광을 준다고 할지라도 죽으면 아무런 소용이 없습니다. 하나님께 열방은 기껏해야 통의 물 한 방울과 같고 저울의 작은 티끌 같으며 섬들은 떠오르는 먼지 같습니다(사40:15). 티끌과 먼지와 물방울을 챙기고 잠시 누리기 위해 악독을 쏟아내고 거짓을 남발하고 분노를 격발하는 삶을 살아가지 마십시오. 죽음 이후에 우리에게 주어질 영광의 영원함과 광대함을 의식하며 사십시오. 예수님의 죽으심을 본받아 늘 죽음을 의식했던 바울이 "나는 날마다 죽노라"(고전15:31)고 고백하며 살아간 것처럼 사십시오. 동시에 죽음 이후의 영원한 삶을 꿈꾸며 사십시오. 보물을 땅에 축적하지 말고 잊어지고 말 사람에게 칭찬과 명예를 기대하지 말고 찰나에 불과한 땅에서의 삶에 행복을 담으려고 하지 마십시오. 미국의 전설적인 영화배우 제임스 딘은 "영원히 살 것처럼 꿈꾸고 오늘 죽을 것처럼 살라"고 했습니다. 비록 24세의 꽃다운 나이에 사고로 죽었지만 그의 말은 놀랍게도 기독교의 종말론적 자세를 잘 가르치고 있습니다. 죽음에 대한 올바른 지식의 중요성은 아무리 강조해도 지나침이 없습니다. 비록 이 땅에서는 비천하고 연약하고 초라하고 소외된 사람이라 할지라도 그가 날마다 죽음을 의식하며 산다면 죽음을 의식하지 않는 유명하고 부하고 유력하고 고상한 자들보다 더 충만한 소망을 가지고 살아갈 것입니다.

전도자는 분명히 말합니다. 비록 동물들의 왕이라는 사자라 할지라도 죽으면 아무것도 모릅니다. 죽은 자들은 잊혀지게 될 것입니다. 망각에 묻힌 자에게는 더 이상 주어지는 보상이 없습니다. 전도자는 계속 해서 6절에서 말합니다. "그들의 사랑과 미움과 시기도 없어진 지 오래이니 해 아래에서 행하는 모든 일 중에서 그들에게 돌아갈 몫은 영원히 없느니라." 이 땅에서 아무리 행복한 삶을 살았고 좋은 평가를 받았던 사람이라 할지라도 죽으면 그들의 사랑과 미움과 시기라는 활동들은 덧없이 사라질 것입니다. 사람들이 그렇게도 좋아하고 기뻐하고 앞다투어 행하려고 했던 모든 일들도 이제 죽은 자들과는 아무런 상관이 없습니다. 죽으면 이 세상에서 품었던 어떠한 소망도 거품처럼 사라질 것입니다. 보존되지 않습니다. 지속되지 않습니다. 이처럼 죽음은 놀라운 결과를 낳습니다. 이 죽음의 지식을 가지지 않으면 왕이나 재상이나 석학이나 부자나 그 어떤 유력한 사람이라 할지라도 개보다 못합니다.

이 땅에서 살면서 우리가 절대로 망각하지 말아야 할 것은 바로 우리가 반드시 죽는다는 것입니다. 죽으면 이 땅에서 사람들에 의해 분류된 의인과 악인, 선인과 죄인, 깨끗한 자와 깨끗하지 아니한 자, 예배하는 자와 예배하지 않는 자, 맹세하는 자와 맹세하지 않는 자 사이의 차이는 아무런 의미가 없습니다. 사람들의 분류법에 따라 부당하게 보이는 일들이 일어나도 놀라지 마십시오. 하나님은 공평하신 분이시며 이 땅에 공의와 정직을 행하시는 분입니다. 그것을 폐하거나 변경할 자가 없습니다. 사람들의 눈에는 부당하게 보이지만 만물을 벌거벗은 것처럼 아시는 하나님은 비록 사람의 지적인 눈높이를 적당히 맞추어 주시지만 그럼에도 불구하고 당신의 엄격한 공의를 결코 포기하지 않으시고 반드시 이루시는 분입니다.

부당한 것처럼 보이는 이 세상의 일들은 모두 하나님의 공평을 교훈하는 역설적인 섭리의 도구라는 사실도 잊지 마십시오. 이 땅에서 벌어지는 악과 광기의 창궐은 우리에게 진정한 공평에 대한 갈증을 유발하고 그것을 갈망하게 만듭니다. 공평에 대한 목마름은 오직 하나님의 공평에 의해서만 해소될 수 없습니다. 이 땅에서의 유한한 부당함은 하나님의 무한하신 평등 앞에서 고개도 들지 못합니다. 죽음 이후에 영원한 영광을 주시는 하나님의 무한한 공평을 경험하고 깨달은 사람들은 어떠한 상황 속에서도 원망과 불평과 증오와 분노를 쏟아내지 않습니다. 오히려 악하고 미친 상황이 전개될 때마다 하나님의 공평에 더 큰 목마름을 느낍니다.

27강

죽음을 모르는 자의 행복

전 9:7–12

7 너는 가서 기쁨으로 네 음식물을 먹고 즐거운 마음으로 네 포도주를
마실지어다 이는 하나님이 네가 하는 일들을 벌써 기쁘게 받으셨음이
니라 8 네 의복을 항상 희게 하며 네 머리에 향 기름을 그치지 아니하도
록 할지니라 9 네 헛된 평생의 모든 날 곧 하나님이 해 아래에서 네게 주
신 모든 헛된 날에 네가 사랑하는 아내와 함께 즐겁게 살지어다 그것이
네가 평생에 해 아래에서 수고하고 얻은 네 몫이니라 10 네 손이 일을 얻
는 대로 힘을 다하여 할지어다 네가 장차 들어갈 스올에는 일도 없고 계
획도 없고 지식도 없고 지혜도 없음이니라 11 내가 다시 해 아래에서 보
니 빠른 경주자들이라고 선착하는 것이 아니며 용사들이라고 전쟁에 승
리하는 것이 아니며 지혜자들이라고 음식물을 얻는 것도 아니며 명철자
들이라고 재물을 얻는 것도 아니며 지식인들이라고 은총을 입는 것이
아니니 이는 시기와 기회는 그들 모두에게 임함이니라 12 분명히 사람은
자기의 시기도 알지 못하나니 물고기들이 재난의 그물에 걸리고 새들이
올무에 걸림 같이 인생들도 재앙의 날이 그들에게 홀연히 임하면 거기
에 걸리느니라

전도자는 본문에서 사람이 이 땅에서 누릴 수 있는 최대치의 행복이 무엇이며, 이 땅에서 벌어지는 이례적인 일들에서 발견되는 인생의 실상은 어떤 것이며 그 일들 때문에 발생하는 인생의 한계는 어떤 것인지를 설명하고 있습니다. 여러분은 언제 가장 큰 행복을 느낍니까? 전도자는 7절에서 이렇게 말합니다. "너는 가서 기쁨으로 네 음식물을 먹고 즐거운 마음으로 네 포도주를 마실지어다 이는 하나님이 네가 하는 일들을 벌써 기쁘게 받으셨음이니라." 전도자는 먼저 인생의 최대치 행복은 기쁨으로 음식물을 먹고 즐거운 마음으로 포도주를 먹는 것이라고 말합니다. 화풀이 차원에서 폭식하고 분노와 슬픔과 한을 달래려고 알코올을 들이키는 사람들도 있습니다. 그러나 전도자는 기쁘고 즐거운 마음으로 먹고 마시는 것을 복이라고 말합니다.

이 먹음과 마심의 행복은 사람들이 수고의 땀을 흘려서 얻은 결과라고 전도자는 말합니다. 하지만 그것은 기계적인 결과가 아니라 하나님이 기쁘게 여기시며 베푸신 섭리의 결과라는 사실을 전도자는 지적하고 있습니다. 그런 의미에서 먹고 마시는 행복의 누림이 다른 곳에서는 하나님의 선물로 간주되고 있습니다. 이 땅에서 우리가 취하는 최고의 행복은 기쁘고 즐겁게 먹고 마신다는 것에 있습니다. 사람들 중에 이러한 행복을 누림에 있어서 배제되는 사람은 하나도 없습니다. 그리고 먹고 마시는 것은 살아가는 동안 중단되지 않고 지속되는 것이라는 사실에서 우리는 인간에게 최고의 행복을 항상 주시고 싶어하는 하나님의 뜻을 읽습니다. 그렇다면 최고의 행복을 제공하는 권리, 우리가 마땅히 누릴 권리를 포기하는 것의 의미는 어떤 것일까요? 모든 사람에게 주어진 권리의 마땅한 누림은 언제나 그 권리 포기의 가치를 높이는 전제처럼 작용하는 법입니다.

"우리가 먹고 마실 권리가 없겠느냐"(고전9:4). 먹고 마심이 모든 사람들의 보편적인 권리이기 때문에 바울이 그 권리를 포기한 것은 특별한 의미를 갖습니다. 기쁘고 즐겁게 먹고 마시는 것은 하나님의 섭리와 선물과 권리이며 인간에게 최고의 행복을 선사하는 것임에도 불구하고, 그 권리를 포기하는 것은 그 포기를 통해 얻고자 하는 행복이 먹고 마시는 행복보다 더 큰 것임을 입증하는 것입니다. 바울이 먹고 마시는 권리조차 포기했던 이유는 더 많은 사람에게 복음을 전파하기 위한 것입니다. 이는 바울이 먹고 마시는 보편적인 권리를 누리는 것보다 복음의 전파를 더 큰 행복으로 여겼다는 뜻입니다. 복음의 전파는 복음을 받아들인 사람이 영원한 생명을 얻는 일이기 때문에 영원한 행복을 누리는 일입니다. 그래서 바울은 일시적인 행복을 선사하는 먹음과 마심의 권리를 영원한 행복의 취득을 위해 얼마든지 포기할 수 있었던 것입니다.

복음 때문에 먹음과 마심의 권리를 포기하는 것은 바울 이전에 이미 주님께서 보이신 것입니다. 우리의 구원을 위한 공생애를 시작하실 때부터 주님은 "사십 일을 밤낮으로 금식하신 후에 주리"셨고(마4:2), 자신의 생명을 수단으로 삼아 우리를 사랑하사 십자가에 달려 죽으시기 직전에도 물과 피를 다 쏟으셨기 때문에 "내가 목마르다"(요19:28) 라는 말씀을 했습니다. 먹고 마시는 것은 분명 사람의 생존을 가능하게 하는 기본적인 권리이며 이 땅에서 누리는 최고의 것이지만 그럼에도 불구하고 우리를 위해 시험을 당하시고 고난을 받으시기 위해 그 권리를 기꺼이 포기하신 것입니다.

그런데 유독 목회자에 대해서만 먹고 마시는 권리를 바울처럼 포기해야 한다고 주장하는 분들이 간혹 있습니다. 그러나 권리의 포기는 우리 모두가 걸어가야 하는 희생과 섬김의 길입니다. 그리고 마땅히 누려도 될 권리를 포기하는 것은 자발적인 일임을 잊지 마십시오. 누구에게 강요하는 사안이 아닙니다. "권리"라는 말은 그 자체가 포기의 유무에 대한 자신의 판단에 타인이 관여하지 말라는 의미를 내포하고 있습니다. 권리의 포기는 권리의 소유자인 각자가 스스로 결정하는 것입니다. 타인에게 이래라 저래라 요구하는 것은 주제 넘은 짓입니다. 목회자나 선교사나 신학자도 얼마든지 먹고 마시는 권리를 가지고 있습니다. 바울의 말에는 바울 이외에 대부분의 사도들과 직원들이 먹고 마시는 권리를 마땅히 누리고 있다는 의미가 암시되어 있습니다.

전도자는 8절에서 인생이 누리는 풍요와 즐거움에 대해 말합니다. "네 의복을 항상 희게 하며 네 머리에 향 기름을 그치지 아니하도록 할지니라." "의복을 항상 희게 하라"는 것은 범사에 깨끗하고 단정하게 살아야 한다는 것입니다. 고대에 흰 옷을 입는다는 것은 풍요롭고 화려한 귀족의 삶을 뜻합니다. 동시에 흰 옷은 얼굴의 밝은 표정을 상징하는 것이어서 기쁨과 즐거움도 가리키는 말입니다. 머리에 향 기름이 그치지 않는다는 것은 품위를 지키고 타인에게 호감을 주는 매력적인 삶을 살라는 뜻입니다. 풍요함을 누리며 깨끗함과 단정함을 유지하며 품위를 지키고 예를 갖추며 사십시오. 이것은 해 아래에서 살아가는 모든 사람들이 추구하고 있는 삶의 행복이며 실제로 사람들은 이러한 행복을 추구하고 있습니다.

그러나 하나님의 사람들은 땅에서의 그런 행복에 만족하지 않습니다. 이사야는 "무릇 시온에서 슬퍼하는 자에게 화관을 주어 그 재를 대신하며 희락의 기름으로 그 슬픔을 대신하며 찬송의 옷으로 그 근심을 대신"하게 하라고 말합니다(사61:3). 우리의 인생은 주님께서 주시는 영광의 화관을 쓰고 희락의 기름을 즐기고 찬송의 옷을 입습니다. 특별히 우리가 입은 영적인 의복은 몸에 걸치는 옷이 아닙니다. 사람들이 입는 옷들은 첫 사람 아담과 하와가 만들어서 입었던 무화과 나뭇잎 치마의 개량일 뿐입니다. 그런 옷들은 우리의 수치와 두려움을 해결하지 못하고 우리의 어두운 마음과 악한 본성과 시커먼 욕구를 희게 만들지 못합니다. 그래서 베드로는 "너희의 단장은 머리를 꾸미고 금을 차고 아름다운 옷을 입는 외모로 하지 말라"고 말합니다(벧전3:3). 요한은 환상을 보면서 "각 나라와 족속과 백성과 방언에서 아무도 능히 셀 수 없는 큰 무리가 나와 흰 옷을 입고"(계7:9) 있었다고 말합니다.

큰 무리가 입은 흰 옷은 어떤 옷일까요? 바울은 그 옷이 그리스도 예수라고 여겼기 때문에 "오직 주 그리스도 예수로 옷 입으라"고 말합니다(롬13:14). 그런데 우리는 죄로 물들어 있기 때문에 스스로 흰 옷을 입지는 못합니다. 이사야는 죄와 죄 사함을 색깔로 표현한 하나님의 말씀을 이렇게 적습니다. "오라 우리가 서로 변론하자 너희의 죄가 주홍 같을지라도 눈과 같이 희어질 것이요 진홍 같이 붉을지라도 양털 같이 희게 되리라"(사1:18). 죄는 붉은 색입니다. 그러나 주님께서 우리의 붉은 죄 때문에 자신의 붉은 보혈을 흘리셔서 깨끗하게 씻어 주셨기 때문에 우리가 눈이나 양털처럼 희어진 것입니다. 예전에 아담과 하와에게 짐승의 붉은 가죽으로 옷을 만들어 주신 하나님이 우리를 위해 만들어 주신 흰 옷은 그리스도 예수의 붉은 피가 묻은 구원과 의의 옷입니다. 그래서 이사야는 이렇게 말합니다. "그가 구원의 옷으로 내게 입히시며 의의 겉옷으로 내게 더하심이 신랑이 사모를 쓰며 신부가 자기 보물로 단장함 같게 하셨도다"(사61:10).

이 땅에서의 흰 옷은 누구나 착용할 수 있습니다. 그러나 그리스도 예수의 십자가 죽음으로 마련된 구원과 의의 흰 옷은 세마포 옷으로도 불리는데 그 옷은 아무나 입지 못합니다. 계시록에 보면 주님께서 "빛나고 깨끗한 세마포 옷을 입도록 허락"(계19:8)하지 않으시면 입을 수 없다고 요한은 말합니다. 나아가 사도는 "성도들의 옳은 행실"이 바로 세마포 옷이라고 말합니다. 이것은 성도들이 올바르게 행동한 공로의 결과로서 세마포 옷을 입도록 허락하신 것이 아니라 세마포 옷을 입도록 주님의 허락을 받았기 때문에 옳은 행실을 옷으로 입게 되었다는 뜻입니다. 하나님의 사람들이 올바르게 행동하는 것은 주님께서 당신의 핏값으로 마련하신 구원과 의의 옷을 입음으로 말미암은 것입니다. 의의 행실을 구원에 대한 감사의 표현으로 보는 이유도 여기에 있습니다.

이 땅에서 누리는 최고의 행복을 구성하는 또 하나의 요소는 사랑하는 아내와 함께 즐겁게 사는 것이라고 전도자는 9절에서 말합니다. "네 헛된 평생의 모든 날 곧 하나님이 해 아래에서 네게 주신 모든 헛된 날에 네가 사랑하는 아내와 함께 즐겁게 살지어다 그것이 네가 평생에 해 아래에서 수고하고 얻은 네 몫이니라." 먹음과 마심과 풍요함과 즐거움과 더불어 사랑하는 아내 혹은 남편과의 동행보다 더 큰 행복은 없을 것입니다. 사람은 소통과 공감과 교류와 공동체 형성의 욕구를 가지고 있습니다. 그 욕구의 우선적인 충족은 아내나 남편을 통한 것입니다. 나아가 전도자는 그런 행복이 일평생 수고하고 얻은 각자의 몫이라고 말합니다. 사랑하는 아내나 남편을 얻는 것은 하나님의 상급이고 함께 지낼 수 있다는 것도 하나님의 손으로 주어지는 복입니다.

그런데 전도자는 행복의 중차대한 요소들을 말하면서 "네 헛된 평생의 모든 날"이라는 달갑지 않은 반전의 단서를 붙입니다. 먹고 마시는 즐거움과 삶의 풍요와 품위와 사랑하는 배우자와 함께 즐겁게 살아가는 것은 모두 "하나님이 해 아래에서 네게 주신 모든 헛된 날"에 수고하고 얻은 몫이라는 말입니다. 특별히 남편과 아내의 관계를 보십시오. 사랑하는 남편이나 아내와의 동행은 이 땅에서만 누리는 복입니다. 죽음 이후 부활의 상태 속에서는 우리가 천사의 상태와 동등한 하나님의 자녀이기 때문에 부부의 관계는 결코 영원하지 않습니다(눅20:34-36).

동일한 내용을 마태는 이렇게 기록하고 있습니다. "부활 때에는 장가도 아니 가고 시집도 아니 가고 하늘에 있는 천사들과 같으니라"(마22:30). 부부의 관계가 없었든지 길었든지 짧았든지 모두 이 땅에서의 헛된 날 동안의 일입니다. 자랑할 필요도 없고 슬퍼할 필요도 없습니다. 너무나도 사랑하는 배우자라 할지라도 그를 무덤까지 데려갈 수는 없습니다. 죽음 너머에는 장가와 시집의 개념이 아예 없습니다. 부활 이후에는 우리 모두가 천사들과 같아질 것입니다. 남편과 아내의 일시적인 관계는 그 자체가 본질이 아닙니다. 그리스도 예수와 교회와의 영원한 동거를 상징하는 비유일 뿐입니다.

전도자는 이 땅에서의 인생을 "헛된 평생"으로 규정하고 있습니다. 인생이 헛되다고 말하는 이유는 어디에 있을까요? 삶의 변화와 지나감과 소멸의 특징에 있습니다. 인생은 아무리 화려하고 달콤하고 즐거워도 결국은 변하고 지나가고 없어지기 때문에 헛되고 덧없는 것입니다. 전도자는 10절에서 그 구체적인 이유를 밝힙니다. "네 손이 일을 얻는 대로 힘을 다하여 할지어다 네가 장차 들어갈 스올에는 일도 없고 계획도 없고 지식도 없고 지혜도 없음이니라." 모든 인간은 죽습니다. 무덤에는 우리가 먹고 마심의 즐거움을, 삶의 풍요와 품위를, 사랑하는 사람과의 동행을 가지고 가지 못합니다. 거기에는 일도 없고 일의 보상도 없습니다. 계획도 없고 성취할 것도 없습니다. 지식도 없고 지식이 있더라도 우리의 인생에 아무런 의미가 없습니다. 지혜도 없고 지혜가 있더라도 인생에 어떠한 변화도 주지를 못합니다. 같은 맥락에서 바울은 때가 이르면 예언도 폐하고 방언도 그치고 지식도 폐할 것이라고 말합니다(고전13:8).

사람들이 장차 들어가게 될 스올은 바로 그런 곳입니다. 그곳은 하나님이 해 아래에서 살도록 베푸신 인생의 날이 끝나면 들어가는 곳입니다. 사람들이 사모하고 추구하고 소유하고 누리는 최상급 행복의 그 모든 요소들은 스올에 들어가기 직전까지 유효한 것입니다. 그래서 전도자는 땅에서의 행복을 그것과 결별하기 전 살아있는 동안에나 실컷 누리라고 말합니다. 스올의 문턱을 넘어서는 순간 인생이 이 땅에서 누리던 행복과의 관계는 끝납니다. 아쉬워도 다시 돌아오지 못합니다. 욥은 "스올로 내려가는 자는 다시 올라오지 못할 것이오니 그는 다시 자기 집으로 돌아가지 못하겠고 자기 처소도 다시 그를 알지 못할 것이라"고 말합니다(욥7:9-10).

그러나 우리는 주님과 영원토록 동행하며 영원한 행복을 누릴 수 있습니다. 욥기는 하나님에 대해 이렇게 기록하고 있습니다. "하늘보다 높으시니 네가 무엇을 하겠으며 스올보다 깊으시니 네가 어찌 알겠느냐 그의 크심은 땅보다 길고 바다보다 넓으니라"(욥11:8). 하나님은 하늘보다 높으시고 스올보다 깊으시고 땅보다 기시고 바다보다 넓으신 분입니다. 그런 분과의 동행은 하늘과 땅의 체질이 녹아 없어져도 소멸되지 않습니다. 스올이 인생을 삼키고 온 인류가 바다에 집단으로 수장되는 일이 있더라도 중단되지 않습니다. 스올에는 일과 계획과 지식과 지혜가 없지만 우리가 영원토록 하나님과 동거하는 곳에는 주님께서 "모든 눈물을 그 눈에서 씻기시매 다시 사망이 없고 애통하는 것이나 곡하는 것이나 아픈 것"이 없습니다(계21:4).

그리고 전도자는 이 땅에서의 행복을 취함에 있어서 이 세상의 일반적인 법칙을 벗어나는 일들이 있음을 11절에서 지적하고 있습니다. "내가 다시 해 아래에서 보니 빠른 경주자라 할지라도 선착하는 것이 아니며 용사라고 할지라도 전쟁에 승리하는 것이 아니며 지혜자라 할지라도 음식물을 얻는 것도 아니며 명철자라 할지라도 재물을 얻는 것도 아니며 지식자라 할지라도 은총을 입는 것이 아니니 이는 시기와 기회는 그들 모두에게 임함이라." 빠른 경주자가 선착하는 것, 용사가 전쟁에서 승리하는 것, 지혜자가 음식물을 얻는 것, 명철자가 재물을 얻는 것, 지식인이 은총을 얻는 것은 모든 사람들이 수긍하는 보편적인 상식일 것입니다. 그런데 현실이 반드시 그렇지는 않다는 것입니다. 때에 따라서는 반대의 현상이 얼마든지 일어날 수 있습니다.

전도자는 사람들의 상식과 충돌되는 이례적인 현상이 발생하는 이유를 "시기와 기회가 그들 모두에게 임한다"는 사실에서 찾습니다. 여기에서 "시기"는 "카이로스," "기회"는 "우연" 혹은 "운명"으로 번역할 수도 있습니다. 카이로스 시간은 사건이 발생하는 특정한 시점을 가리키는 말이고, 크로노스 시간은 연대기적 시간의 흐름을 가리키는 말입니다. "우연"이나 "운명"은 어떠한 일에 대하여 그 원인을 알아낼 수 없을 때에 사람들이 사용하는 말입니다. 사람들은 비록 하나님 편에서는 작정하신 일이지만 인간의 눈에는 그 원인이 관찰되지 않는 일을 "우연"이나 "운명"으로 돌립니다. 즉 모든 인간에게 원인을 알지 못하는 어떠한 일들이 일어나는 특정한 카이로스 시간이 임하기 때문에 이례적인 현상이 생긴다고 전도자는 주장하고 있습니다.

사람들은 자신에게 익숙한 패턴을 벗어나는 현상을 보면 의문을 갖고 질문을 던집니다. 빠르지 않은 경주자가 선착하고, 약한 군사가 전쟁에서 이기고, 우매한 자가 음식물을 취득하고, 사리가 어두운 사람이 재물을 얻고, 무지한 사람이 은총을 입는 이례적인 현상을 보면 갸우뚱 반응을 보이며 이 기이한 현상들의 원인을 찾습니다. 그런데 전도자는 그 원인을 사람들이 알지 못한다고 12절에서 말합니다. "분명히 사람은 자기의 시기도 알지 못하나니 물고기가 재난의 그물에 걸리고 새가 올무에 걸림 같이 인생들도 재앙의 날이 그들에게 홀연히 임하면 거기에 걸리느니라." 사람이 자기의 시기를 알지 못할 뿐만 아니라 알지 못하기 때문에 재앙까지 당한다고 말합니다. 만약에 사람들이 자기의 시기를 알았다면 변경했을 것이고 변경하지 못한다면 피했을 것입니다. 모르기 때문에 당하는 것입니다. 물고기가 포획의 그물에 잡히고 새가 사냥의 올무에 걸리는 것도 모르기 때문에 당하는 일입니다. 그런 물고기와 새처럼 인생도 홀연히 임하는 재난의 날을 모르기 때문에 피하지 못하고 거기에 걸릴 것이라고 전도자는 말합니다.

재앙에 대해서는 이사야도 동일한 내용을 말하고 있습니다. "재앙이 네게 임하리라 그러나 네가 그 근원을 알지 못할 것이며 손해가 네게 이르리라 그러나 이를 물리칠 능력이 없을 것이며 파멸이 홀연히 네게 임하리라 그러나 네가 알지 못할 것이니라"(사47:11). 물론 이 구절은 하나님을 무시하는 자들이 당할 재앙에 대해 말합니다. 그러나 모든 인생은 홀연히 닥치는 재앙의 시기를 알지 못합니다. 재앙의 근원도 알지 못합니다. 재앙이 닥쳐서 심각한 손해가 발생해도 그것을 막아낼 능력이 없습니다. 그러다가 죽을 것인데 그 죽음이 홀연히 임하기 때문에 시기를 예측할 수 없습니다. 그렇기 때문에 재앙을 막거나 피할 어떠한 대책도 없습니다. 그냥 당하는 수밖에 없습니다. 먹음과 마심과 삶의 풍요와 품위와 부부의 행복도 그 재난이 닥치면 우리를 외면하고 등을 돌립니다. 그 모든 것들이 언제 종료될지 모르면서 인생은 그것들을 희망하고 추구하고 누리고 있습니다.

그러나 하나님의 사람들은 두려움이 없습니다. 우리는 하나님을 경외하는 자입니다. 하나님은 모든 만물과 역사를 주관하고 계시는 분입니다. 땅만이 아니라 하늘도 통치하고 계십니다. 그런 하나님이 우리를 사랑하며 우리에게 주신 약속이 있습니다. "두려워하지 말라 내가 너와 함께 함이니라 놀라지 말라 나는 네 하나님이 됨이니라 내가 너를 굳세게 하리라 참으로 너를 도와 주리라 참으로 나의 의로운 오른손으로 너를 붙들리라"(사41:10). 하나님은 우리와 영원히 동행하며 우리를 붙드시는 분입니다. 모든 행복이 순식간에 소멸될 수 있는 풍전등화 인생이 홀연히 닥치는 재앙을 피할 유일한 방법은 여호와를 경외하는 것입니다. 그래서 지혜자는 "경외하는 자는 족하게 지내고 재앙을 당하지"(잠19:23) 않는다고 말합니다. 이처럼 인생의 어떠한 문제가 발생해도 하나님을 경외하는 것이 답입니다.

28강

가난한 지혜자

전 9:13-18

[13] 내가 또 해 아래에서 지혜를 보고 내가 크게 여긴 것이 이러하니 [14] 곧
작고 인구가 많지 아니한 어떤 성읍에 큰 왕이 와서 그것을 에워싸고 큰
흉벽을 쌓고 치고자 할 때에 [15] 그 성읍 가운데에 가난한 지혜자가 있어
서 그의 지혜로 그 성읍을 건진 그것이라 그러나 그 가난한 자를 기억하
는 사람이 없었도다 [16] 그러므로 내가 이르기를 지혜가 힘보다 나으나
가난한 자의 지혜가 멸시를 받고 그의 말들을 사람들이 듣지 아니한다
하였노라 [17] 조용히 들리는 지혜자들의 말들이 우매한 자들을 다스리는
자의 호령보다 나으니라 [18] 지혜가 무기보다 나으니라 그러나 죄인 한
사람이 많은 선을 무너지게 하느니라

지혜는 한 나라의 흥망을 좌우할 정도로 탁월한 것인데 이 땅에서는 정당한 대우를 받지 못하는 경우도 있습니다. 전도자는 본문에서 가난한 지혜자가 탁월한 지혜로 나라를 구했어도 사람들의 기억에서 쉽게 지워지는 부당한 사례를 언급하고 있습니다. 먼저 13절을 보십시오. "내가 또 해 아래에서 지혜를 보고 내가 크게 여긴 것이 이러하니." 전도

자는 해 아래에서 일어나는 일들을 늘 면밀하게 관찰하고 정교하게 분석하고 절묘한 교훈을 찾습니다. 지혜에 목말라 있습니다. 지혜가 출입할 수 없는 곳은 없습니다. 당연히 지혜가 발견되지 않는 곳도 없습니다. 우리가 살아가는 단 하루치의 삶에도 주인을 기다리는 지혜의 무수한 조각들이 곳곳에 박혀 있습니다.

전도자는 "해 아래에서 지혜를" 보는 자입니다. 지혜를 보는 곳은 왕궁이나 도서관이 아닙니다. 지혜는 권력과 지성의 상아탑에 올라야 발견되고 취득되는 것도 아닙니다. 특정한 엘리트의 전유물도 아닙니다. 지혜는 모든 곳에서 모든 사람에게 개방되어 있습니다. 그래서 지혜자는 "지혜가 거리에서 부르며 광장에서 소리를 높이며 시끄러운 길목에서 소리를 지르며 성문 어귀와 성 중에서 그 소리를 발한다"고 말합니다(잠1:20-21). 거리이든 광장이든 시끄러운 길목이든 성문 어귀이든 성 안에서든 누구든지 귀만 기울이면 들을 수 있고 손만 뻗으면 취할 수 있습니다. 지혜는 곳곳에서 발견되고 싶은데 우리는 지혜에 귀를 기울이지 않고 지혜를 원하지도 않고 찾지도 않습니다.

전도자가 발견한 지혜의 내용이 14절부터 소개되고 있습니다. "곧 작고 인구가 많지 아니한 어떤 성읍에 큰 왕이 와서 그것을 에워싸고 큰 흉벽을 쌓고 치고자 할 때에." 그것은 인구가 적은 하나의 작은 성읍에서 일어난 일입니다. 시점은 그곳에 큰 왕이 찾아온 때입니다. 큰 왕의 행보는 산책이나 여행이 아닙니다. 성읍을 에워싸고 큰 흉벽을 쌓고 점령하기 위해 정복의 발걸음을 옮긴 것입니다. 여기에서 작은 성읍과 큰 왕이 극명하게 대조되고 있습니다. 성읍이 작다는 것은 성읍의 전반적인 열악함을 의미하는 것이고 왕이 크다는 것은 정복하지 못한 성읍이 없을 정도로 강하다는 뜻입니다. 그리고 많지 아니한 성읍의 인구와 성읍을 에워쌀 정도로 큰 군대가 또한 대조되고 있습니다. 이는 마치 조그마한 꼬맹이 다윗과 장대한 거인 골리앗의 대조와 같습니다. 위대한 왕이 막대한 군사력을 동원해서 미련하고 조그마한 성읍을 치는 것은 식은 죽 먹기일 것입니다. 골리앗도 다윗을 식은 죽 먹듯이 꺾으려고 했습니다.

그러나 골리앗이 조그마한 다윗에게 돌멩이 하나로 완패한 것처럼 모든 사람들의 상식과 예상을 뒤집는 반전이 15절에 언급되고 있습니다. "그 성읍 가운데에 가난한 지혜자가 있어서 그의 지혜로 그 성읍을 건진 그것이라." 그 성읍에 가난한 지혜자가 있었다는 것입니다. 이 지혜자는 가난했기 때문에 그 성읍에서 사회적인 존재감이 제로에 가까웠을 것입니다. 그런데 그가 지혜로 성읍을 건집니다. 명백한 패배의 상황에서 존재감도 없는 사람의 지혜가 승리를 가져다 준 것입니다. 지혜는 불가능을 가능으로 만드는 놀라운 힘입니다. 막대한 돈으로 막강한 군사력을 확보하는 것보다 지혜의 소유자가 되는 것이 더 위대한 이유는 바로 여기에 있습니다. 그래서 지혜자는 말합니다. "지혜는 진주보다 귀하니 네가 사모하는 모든 것으로도 이에 비교할 수 없도다"(잠 3:15). 지혜는 비교할 대체물이 없을 정도로 탁월한 것입니다.

지혜는 범사에 여호와를 경외하는 것입니다. 존재감이 없어도, 초라해도, 연약해도, 가난해도, 여호와를 경외하는 일에는 그 누구도 배제되지 않습니다. 그러므로 누구든지 지혜자가 될 수 있습니다. 여호와를 경외하는 지혜자는 아무리 큰 왕이 아무리 막강한 군대를 데리고 와서 우리를 에워싼다 할지라도 결코 정복되지 않습니다. 노예와 죄수에 불과했던 요셉처럼 아무리 초라한 사람도 하나님을 경외하면 지혜자가 되어 이방 민족도 살리고 하나님의 백성도 살립니다.

그런데 전도자는 참으로 안타까운 심경을 16절 후반부에 이렇게 밝힙니다. "그러나 그 가난한 자를 기억하는 사람이 없었도다." 지혜로 말미암아 성읍이 보존되는 기적을 경험한 성읍 사람들이 정작 그 지혜의 소유자는 기억하지 못한다는 것입니다. 대부분의 사람들은 자신에게 유익한 지혜는 취하고 그 지혜를 공급한 사람은 기억하지 않습니다. 이러한 현상은 당시의 부패한 시대상을 고발하고 있습니다. 세상은 한 사람이 지혜를 가졌다는 사실보다 그가 가난한 자라는 사실에 반응하는 경향을 보입니다. 이는 사람들이 지혜와 우매의 여부보다 부와 가난의 여부를 더 중요하게 여기는 탓입니다. 지혜는 한 사람의 전인격과 연결되어 있지만 부는 그 사람의 겉모습을 치장하는 장신구일 뿐입니다. 사람들은 내면의 가치보다 외면의 화려함을 더 소중하게 여깁니다.

그러나 하나님의 사람들은 한 사람을 이해하고 평가함에 있어서 다른 기준을 적용하고 있습니다. "내가 보는 것은 사람과 같지 아니하니 사람은 외모를 보거니와 나 여호와는 중심을 보느니라"(삼상16:7). "외모로 판단하지 말고 공의롭게 판단하라"(요7:24). 중심을 보시는 주님은 우리에게 사람을 외모로 판단하지 말라고 하십니다. "외모"에는 베드로가 지적한 것처럼 "머리를 꾸미고 금을 차고 아름다운 옷을 입는 외모"도 있지만(벧전3:3) 인간문맥 안에서 취득된 모든 것들이 다 포함되어 있습니다. 한 사람의 가문과 직업과 직위와 재물과 용모와 언변도 외모로 분류될 수 있습니다. 주님의 가르침을 따라 중심을 보십시오. 인간의 중심, 인간의 정체성을 좌우하는 핵심은 이 세상에서 가공되지 않은 하나님의 형상일 것입니다. 그 형상은 의로움과 지혜와 하나님을 아는 지식으로 구성되어 있습니다. 하나님의 사람은 아무리 지혜자가 가난해도 가난 때문에 그를 망각하지 않고 오히려 그의 지혜 때문에 그를 존중할 것입니다.

"가난한 지혜자"는 한 시대의 영적인 상태를 진단하는 리트머스 시험지와 같습니다. "가난한 지혜자"를 대하는 태도가 한 시대의 성향을 드러내기 때문입니다. "가난한 지혜자"를 가난하기 때문에 망각하는 시대는 사람을 외모로 취하는 때입니다. 그러나 "가난한 지혜자"를 그의 가난과 무관하게 지혜 때문에 기억하는 시대는 사람의 중심을 평가의 기준으로 삼은 때입니다. 현대는 외모를 더 중요하게 여기는 시대 같습니다.

지혜가 제공하는 혜택은 누리고 지혜의 공급자는 망각하는 전도자의 시대는 어쩌면 하나님에 대한 인류의 태도를 고발하는 것 같습니다. 즉 지혜자를 기억하지 않는 것은 특정한 시기에 국한되지 않고 해 아래에서 벌어지는 보편적인 현상일 수 있습니다. 사람들은 생명을 소중하게 여깁니다. 그러나 그 생명의 출처는 기억하지 않습니다. 생존을 가능하게 만드는 호흡을 중요하게 여깁니다. 그러나 그 호흡의 공급자는 기억하지 않습니다. 사람들은 자신들이 누리는 물건을 소중하게 여깁니다. 그러나 그것을 주신 분은 기억하지 않습니다. 하지만 바울은 말합니다. "이는 만민에게 생명과 호흡과 만물을 친히 주시는 이심이라"(행17:25). 바울은 하나님의 신성과 능력이 그가 만드시고 제공하신 만물에 분명히 보인다고 말합니다. 그러나 사람들은 대체로 누리기만 하고 누림을 가능하게 하신 하나님께 감사를 드리지 않고 그를 영화롭게 하지도 않습니다. 하나님은 마치 "가난한 지혜자"와 같습니다. 하나님은 인간에게 유용한 지혜와 총명과 재능과 모략과 지식을 주시는데 정작 자신은 인간의 눈에 보이지 않는다는 가난한 존재감 때문에 기억되지 않습니다.

가난한 지혜자가 망각되는 현실에 대한 전도자의 평가가 16절에 나옵니다. "그러므로 내가 이르기를 지혜가 힘보다 나으나 가난한 자의 지혜가 멸시를 받고 그의 말들을 사람들이 듣지 아니한다 하였노라." 큰 왕의 막강한 군사력도 저지했던 지혜는 당연히 힘보다 낫습니다. 그러나 그 지혜의 소유자가 가난하기 때문에 이제는 그의 지혜조차 멸시를 받습니다. 나아가 사람들은 그의 지혜로운 말들을 듣지도 않습니다. 이것은 거의 모든 사람들이 경험하는 바이기에 굳이 설명할 필요도 없습니다. 지혜자가 가난하면 아무리 지혜로운 제안을 해도 사람들은 그것을 무시하고 그에게서 들으려고 귀를 내주지도 않습니다. 중심이 올바르면 외모와 무관하게 주목해야 마땅한데, 이 세상은 사람의 중심이 아무리 옳아도 그의 외모가 화려하지 않으면 눈길도 주지 않습니다.

이 세상이 가난한 지혜자의 지혜를 멸시하고 그의 말을 듣지도 않는 현상은 마치 예수님의 모습을 보여주는 듯합니다. 예수님은 연한 순 같고 마른 땅에서 나온 뿌리 같아서 고운 모양이나 풍채도 없고 우리가 보기에 흠모할 만한 아름다운 것이 하나도 없습니다. 그래서 그는 사람들의 멸시를 받고 버림을 당하고 고통을 많이 겪었는데 우리도 그를 귀하게 여기지를 않습니다(사53:2-4). 주님은 모든 지혜와 지식의 보화가 그 안에 담겨 있는 분인데도 이렇게 버림을 받습니다. 분노의 채찍질과 멸시의 침 뱉음을 당합니다.

우리는 "가난한 지혜자"와 같은 예수님을 어떻게 대합니까? 예수님의 화려한 외모를 주목하고 있지는 않습니까? 이 시대의 석학들도 알지 못했던 지혜와 지식의 유익에만 군침을 흘리고 있지 않습니까?(고전2:8) 창세 이후로 듣지 못하였던 "맹인으로 난 자의 눈을 뜨게 하였다 함"과 같은 놀라운 기적들을 흠모하고 있지는 않습니까?(요9:32) 가난하고 초라한 십자가는 거부하고 멸시하고 있지는 않습니까? 제자들을 향한 예수님의 당부를 들어 보십시오. "내가 진실로 진실로 너희에게 이르노니 너희가 나를 찾는 것은 표적을 본 까닭이 아니요 떡을 먹고 배부른 까닭이로다"(요6:26). 예수께서 이 땅에서 이루신 기적들의 목적은 화끈한 기적의 떡을 먹고 위장이 채워지는 것에 있지 않습니다. 기적들은 표적일 뿐입니다. 표적은 어떤 궁극적인 의미를 전달하는 도구일 뿐입니다. 그 표적의 의미는 그리스도 예수께서 하나님의 아들이 되신다는 것입니다. 그런 분이시기 때문에 예수님을 좇아야 한다는 말입니다.

그러나 사람들은 예수님을 찾을 때에 떡의 배부름을 구합니다. 당연히 배가 채워지면 예수님을 찾지 않고 잊어 버립니다. 부자가 되고 권력을 가지면 하나님을 떠나고 예수님을 망각하는 것은 떡의 배부름을 추구했기 때문에 발생하는 결과인 것입니다. 예수를 믿는다면 하나님의 형상의 본체이신 하나님의 아들을 온전히 닮아가야 하는데 하나님의 사람들 중에는 이 땅에서 썩어 없어지는 외모를 추구하며 그것에 취해서 그냥 숨쉬는 시체로 사는 자들이 있습니다. 교회에 출석하는 이유는 주님을 닮기 위해서가 아닙니다. 최고의 지혜시며 지혜의 원천이신 하나님을 기억하고 기념하기 위함이 아닙니다. 그저 지금까지 일구어 온 종교적인 외모를 보존하기 위한 것입니다. 전도자의 시대가 가난한 지혜자를 기억하지 않는 것처럼 오늘날의 교회도 가난한 십자가의 예수를 기억하지 않습니다. 겸손과 희생과 사랑과 섬김으로 그 주님을 기념하지 않습니다.

어쩌면 예수님이 "가난한 지혜자"와 같은 모습으로 이 세상에 오신 것은 스스로를 그렇게 감추신 것이라고 보아도 무방할 것입니다. 바울의 말입니다. "그 안에는 지혜와 지식의 모든 보화가 감추어져 있느니라"(골2:3). 지혜와 지식의 모든 보화가 그리스도 안에 담겨 있는 것이 아니라 감추어져(ἀπόκρυφος)있습니다. 아름다운 용모도 없고 고운 것도 없고 풍채도 없어서 흠모할 만한 것이 하나도 없는 모습으로 오셨기 때문에 그 안에 사람들이 추구하고 귀하게 여기는 지혜와 지식의 모든 보화가 들어 있을 것이라고 생각하지 못합니다. 그런 식으로 감추어져 있다는 것입니다. 그래서 눈이 있어도 보지 못하고 귀가 있어도 듣지 못하고 마음으로 생각해도 깨닫지를 못합니다.

"기록된 바 하나님이 자기를 사랑하는 자들을 위하여 예비하신 모든 것은 눈으로 보지 못하고 귀로도 듣지 모하고 사람의 마음으로도 생각지 못하였다 함과 같으니라"(고전2:9). 그리스도 예수는 하나님의 사랑을 받은 자들을 위하여 예비된 분입니다. 그 예수님은 아름다운 외모가 없기 때문에 눈으로는 보이지 않습니다. 화려한 수사학을 구사하는 달변가가 아니시기 때문에 귀로도 듣지 못합니다. 부와 권력을 구비한 유력자가 아니기 때문에 아무리 마음으로 생각해도 도무지 메시아로 여김받으실 수 없는 분입니다. 그래서 무시를 당합니다. 멸시를 받습니다. 창세 전부터 감추어진 그의 지혜에 귀를 기울이지 않습니다.

사명을 주실 때에도 하나님은 예수님과 비슷하게 "가난한 지혜자" 같은 사람들을 부르시는 경향을 보입니다. 바울이 정확하게 지적한 것처럼 하나님은 "세상의 천한 것들과 멸시 받는 것들과 없는 것들"을 택하시는 분입니다(고전1:28). 왜 예수님은 궁전으로 오지 않으시고 마구간에 오셨으며, 왜 예수님은 왕족이 아니라 서민의 모습으로 오셨으며, 왜 예수님은 귀족들과 석학들과 고위직 사람들과 사귀지 않으시고 죄인들과 창기들과 세리들과 사귀신 것일까요? 제자들을 부르실 때에도 왜 "육체를 따라 지혜로운 자"나 "능한 자"나 "문법 좋은 자"(고전1:26)를 택하지 않으시고 비천한 신분의 사람들을 택하신 것일까요? 이는 인간의 귀와 눈과 마음을 가리기 위한 것입니다. 지혜와 지식의 모든 보화를 감추실 조건이 구비된 사람을 찾으시는 것입니다. 믿음의 눈과 귀와 마음으로 보고 듣고 깨달을 수 있도록 스스로를 적당히 감추신 것입니다. 그렇게 해서 세상의 지혜롭고 강하고 가진 자들을 부끄럽게 하십니다. "가난한 지혜자"의 비밀이 여기에 있습니다. 전도자는 아마도 그 비밀을 깨달은 듯합니다. 모든 성경이 예수를 가리켜 기록된 책이기에 가난한 지혜자의 의미를 그리스도 안에서 발견하는 것은 결코 비약이나 과장이 아닙니다.

비록 자신의 시대가 악하다고 할지라도 전도자는 무엇이 옳은 것인지를 17절과 18절에서 분명히 밝힙니다. "조용히 들리는 지혜자의 말들이 우매한 자들을 다스리는 자의 호령보다 나으니라 지혜가 무기보다 나으니라." 여기에서 전도자는 지혜자와 우매한 자들의 우두머리, 조용한 말과 요란한 호령, 지혜와 무기를 대조하고 있습니다. 지혜자의 말이 비록 소리의 크기가 작더라도 우매한 자들의 수령이 내지르는 괴성보다 낫습니다. 소리의 세련됨과 크기라는 외모가 아니라 그 소리에 담긴 지혜나 우매라는 중심이 중요하기 때문에 지혜자의 조용한 말이 우매자의 요란한 말보다 더 낫다는 것입니다. 그런데 사람들은 말의 내용이 우매하고 부실해도 목소리가 크고 포장이 화려하면 이긴다고 생각하는 경향이 있습니다. 이기기 위해서 지혜보다 무기를 택합니다.

전도자는 지혜와 무기를 비교하고 있지만 바울은 지혜와 지혜, 능력과 능력을 비교하고 있습니다. "유대인은 표적을 구하고 헬라인은 지혜를 찾으나 우리는 십자가에 못 박힌 그리스도 예수를 전하니 유대인에게는 거리끼는 것이요 이방인에게는 미련한 것이로되 오직 부르심을 받은 자들에게는 유대인이나 헬라인이나 그리스도는 하나님의 능력이요 하나님의 지혜니라 하나님의 어리석음이 사람보다 지혜롭고 하나님의 약하심이 사람보다 강하니라"(고전1:22-25). 유대인은 놀라운 능력을 보여주는 기적을 찾습니다. 헬라인은 이성의 탁월함을 드러내는 지혜를 찾습니다. 그러나 하나님의 사람들은 십자가의 가난한 예수님을 찾습니다. 왜냐하면 진정한 지혜와 능력이 거기에 있기 때문입니다. 사람이 가진 최고의 지혜라고 할지라도 하나님의 가장 낮은 우매에도 미치지 못하며, 사람이 아무리 강하다고 할지라도 하나님의 가장 낮은 약함에도 미치지 못합니다. 전도자는 지혜가 무기보다 낫고 지혜자의 조용한 말이 우매자의 요란한 말보다 낫다고 하였지만 지혜 자체에 있어서도 하나님의 지혜는 인간의 지혜와 비교할 수 없으며 무기 자체에 있어서도 하나님의 능력과 인간의 능력은 비교할 수 없습니다.

전도자는 지혜가 무기보다 낫다고 하였지만 여전히 존재하는 안타까운 현실을 18절에서 개탄하고 있습니다. "그러나 죄인 한 사람이 많은 선을 무너지게 하느니라." 지혜가 무기보다 분명히 낫지만 죄인 한 사람이 많은 선을 무너지게 만듭니다. 지혜자의 지혜도 멸시를 당하게 만듭니다. 지혜자의 말들을 듣지도 않게 만듭니다. 지혜자의 조용한 말들보다 우매한 자들의 우두머리 격인 사람의 호령이 나은 것처럼 만듭니다. 무수히 많은 선들이 한 사람의 죄인에 의해서 능욕을 당합니다. 아간의 사례를 보십시오. 여리고 전쟁에서 기적의 승리를 경험한 이스라엘 백성들은 소수의 아모리 사람들이 사는 조그마한 아이 지역에서 전투를 벌입니다. 그러나 낙승의 예상과는 달리 부끄러운 패배를 당합니다. 이에 여호수아 및 장로들은 흥분하며 여호와께 묻습니다. 어찌하여 아모리 사람들의 손에 멸망을 당하게 했느냐며 격하게 따집니다. 이에 하나님은 한 사람의 죄악으로 인한 결과라고 말씀해 주십니다. "세라의 아들 아간이 온전히 바친 물건에 대하여 범죄하므로 이스라엘 온 회중에 진노가 임하지 아니하였느냐"(수22:20). 결국 아간과 그의 가족들과 그가 불법으로 취한 모든 것들은 아골 골짜기에 던져지고 그들은 돌에 맞아 죽음을 당합니다. 이처럼 한 사람의 죄인이 이스라엘 온 회중에게 하나님의 진노를 임하게 만듭니다.

우리들 중에 자신의 범죄로 말미암아 공동체 전체가 하나님의 진노를 당하게 만드는 분은 없습니까? 한 사람이 거짓말을 하고 간음을 저지르고 폭언과 폭행을 하면 그가 속한 공동체 전체가 고통을 당합니다. 분란과 분열과 분리의 아픔을 겪습니다. 한 사람의 불만과 불평이 교회 전체를 어지럽게 만드는 경우가 대단히 많습니다. 이것은 어쩌면 하나님이 이 세상을 다스리는 원리인 것 같습니다. 바울은 말합니다. "한 사람으로 말미암아 죄가 세상에 들어오고 죄로 말미암아 사망이 들어 왔나니"(롬5:12). 즉 하나님의 섭리는 한 사람 아담의 죄로 말미암아 온 세상에 죄가 들어오고 모든 사람들이 죄의 삯인 사망에 이르는 집단적인 재앙을 당한다는 것입니다. 그러나 이런 섭리는 부정적인 면만이 아니라 긍정적인 면도 가지고 있습니다.

바울은 계속해서 말합니다. "아담은 오실 자의 모형이라…한 사람의 범죄를 인하여 많은 사람이 죽었은즉 더욱 하나님의 은혜와 또한 한 사람 그리스도 예수의 은혜로 말미암은 선물은 많은 사람에게 넘쳤느니라"(롬5:14-15). 첫째 아담으로 말미암아 죄와 사망이 이 세상에 들어온 것과 동일한 방식으로, 그러나 더 풍성하게, 둘째 아담으로 말미암아 의와 생명이 많은 사람에게 주어지게 되었다는 것입니다. 그러므로 비록 교회가 한 사람의 죄인으로 말미암아 공동체적 고통과 아픔을 당한다고 할지라도 한 사람의 의인으로 말미암아 공동체적 치유와 회복의 가능성이 있음을 잊지 마십시오. 우리 개개인은 죄인의 배역을 맡을 수도 있고 의인의 배역을 맡을 수도 있습니다. 전도자의 시대에 안타까운 현실을 만든 죄인의 자리에 서지 마시기를 바랍니다. 오히려 많은 사람들을 주께로 인도하고 교회를 건강하게 세우는 의인의 배역을 맡아 충실히 수행하는 인생이 되십시오.

29강

방향과 언어와 행실

전 10:1–7

1 죽은 파리들이 향기름을 악취가 나게 만드는 것 같이 적은 우매가 지
혜와 존귀를 난처하게 만드느니라 2 지혜자의 마음은 오른쪽에 있고 우
매자의 마음은 왼쪽에 있느니라 3 우매한 자는 길을 갈 때에도 지혜가 부
족하여 각 사람에게 자기가 우매함을 말하느니라 4 주권자가 네게 분을
일으키거든 너는 네 자리를 떠나지 말라 공손함이 큰 허물을 용서 받게
하느니라 5 내가 해 아래에서 한 가지 재난을 보았노니 곧 주권자에게서
나오는 허물이라 6 우매한 자가 크게 높은 지위들을 얻고 부자들이 낮은
지위에 앉는도다 7 또 내가 보았노니 종들은 말을 타고 고관들은 종들처
럼 땅에 걸어 다니는도다

본문에서 전도자는 지혜와 우매를 비교하고 있습니다. 먼저 1절에서 많은 지혜를 능가하는 적은 우매의 위력을 묘사하고 있습니다. "죽은 파리들이 향기름을 악취가 나게 만드는 것 같이 적은 우매가 지혜와 존귀를 난처하게 만드느니라." 향기름은 향기롭고 존귀하고 거룩한 일을 위하여 준비된 것입니다. 그런데 파리는 더럽고 지저분한 미물의 상

징이며 더군다나 죽은 파리들은 우리를 더욱 불쾌하게 만들고 나쁜 영향을 주는 것입니다. 향기름과 죽은 파리들은 이처럼 너무도 대조적인 것입니다. 문제는 죽은 파리들로 인해 향기를 발해야 할 향기름이 악취를 풍기게 되었다는 것입니다. 향기름 본연의 기능이 마비되고 오히려 역기능이 나타나 멸시와 버림을 당합니다. 향기름과 악취, 서로 어울릴 수 없는 짝입니다.

향기름과 죽은 파리들의 관계성을 전도자는 우매와 지혜의 관계에 적용하며 작은 우매가 많은 지혜를 부패하게 만든다고 말합니다. 이것은 지혜가 선한 것인데 우매로 인하여 악취를 풍기는 흉물스런 것으로 전락할 수 있다는 말입니다. 레위와 시므온이 저질렀던 죄악이 바로 지혜가 우매에 의해 농락을 당한 대표적인 사례일 것입니다. 그들의 동생 디나가 강간을 당하자 가해자인 하몰의 아들 세겜에게 보복을 가할 전략을 세웁니다. 그것은 바로 세겜과 그의 족속 남자들로 하여금 할례를 행하게 하고 거동이 어려운 할례의 상태에 있는 그들을 몰살하는 것입니다. 레위와 시므온은 계획대로 했습니다. 지극히 거룩한 하나님과 이스라엘 백성이 맺은 언약의 징표인 할례를 학살의 방편으로 사용한 것이 바로 지혜에서 악취가 나는 경우일 것입니다.

오늘날 많은 기독교 대학이나 기관이나 기업에서 교수나 직원을 채용할 때에 요청하는 것이 있습니다. 거기서는 지원자가 반드시 세례 증명서를 제출해야 접수를 받습니다. 그런데 예수님을 알지도 못하고 교회에 다니지도 않으면서 세례 증명서를 어떤 목회자의 도움으로 만들어서 제출하는 사람들이 적지 않습니다. 그분들은 세례 증명서를 받기 위해서 앞으로 교회에 출석할 것이라는 서약을 하고 목회자는 그것을 귀하게 여기고 세례 증명서를 만들어서 내줍니다. 물론 이러한 과정을 거쳐서 예수님과 교회를 알지 못하던 사람들이 믿음을 가지게 되는 경우들도 있습니다. 그러나 그들 중에 대부분의 사람들은 취업이 되어도 서약한 대로 교회에 나오지도 않고 세례를 받지도 않습니다. 오히려 교회가 사실과는 무관한 가짜 증명서를 거리낌 없이 발급하는 곳이라는 부정적인 인상만 갖습니다. 이는 오늘날 기독교에 대한 거부감과 혐오감 같은 부정적인 이미지의 불에 기름을 붓는 격입니다.

그리고 하나님의 언약궤는 하나님의 뜻과 말씀과 임재를 상징하는 지극히 선한 것입니다. 그런데 이스라엘 백성은 그 언약궤를 전쟁에서 승리를 보증하는 주술적인 수단으로 사용한 적이 있습니다. 이스라엘 백성이 블레셋 사람들과 싸울 때의 일입니다. 그런데 이스라엘 백성이 참패를 당합니다. 하나님의 백성이 패한다는 황당한 사실에 장로들은 놀라서 패인을 서둘러 찾습니다. 결국 여호와의 언약궤가 그들 중에 없다는 이유를 발견하고 실로에서 그 언약궤를 가지고 왔습니다. 그러나 언약궤를 앞세워서 다시 블레셋과 싸웠지만 이전보다 더 심각한 패배를 당합니다. 이스라엘 백성의 문제는 지극히 선하고 거룩한 언약궤를 전쟁의 승리에 눈이 어두워서 악취가 풍기는 요행의 수단으로 사용한 것에 있습니다.

우리는 구원을 받은 자입니다. 그런데 이미 구원을 받았다고 해서 이 땅에서의 삶을 불의와 부도덕과 불법으로 채우며 살아가고 있지는 않습니까? 하나님의 백성과 자녀라는 이유로 아직 하나님을 알지 못하는 세상 사람들을 향해 종교적 우월감에 빠져 멸시와 허세를 부리고 있지는 않습니까? 믿고 기도하는 자는 다 받을 것이라는 하나님의 약속 때문에 이마에 수고의 땀방울이 흘러야 그 소득으로 생계를 유지하는 하나님의 섭리를 게으름과 나태로 조롱하고 있지는 않습니까? 헌금은 향기로운 제물인데 고르반을 명분으로 부모를 섬기지 않는 불효의 악취를 풍기고 계시지는 않습니까?

예배는 향기로운 것이지만 제도적인 예배를 명분으로 생명 건지는 일을 소홀히 여기지는 않습니까? 전도도 아름답고 향기로운 것이지만 거기에서 혐오감의 악취를 풍기지는 않습니까? 주께서 허락하신 믿음과 사랑의 공동체를 돈벌이의 수단으로 여기고 있지는 않습니까? 최고의 향기름은 그리스도 예수일 것입니다. 그런데 모든 이름 위에 뛰어나신 그리스도 예수의 이 이름이 우리의 우매함 때문에 악취를 풍기고 사람들의 능욕과 버림을 당하고 있지는 않습니까? 우리는 혹시 가장 향기로운 주님의 이름에 대해 죽은 파리는 아닙니까? 우리의 적은 우매로 주님의 많은 지혜를 가리지는 않습니까? 향기름의 악취라는 모순적인 현상이 예수님을 둘러싸고 있지는 않습니까?

작은 우매가 많은 지혜에서 악취가 나게 만든다는 것은 또한 많은 지혜의 긍정적인 영향보다 작은 우매가 가진 부정적인 영향력이 더 크다는 뜻입니다. 아무리 지혜로운 일들을 많이 행했어도 단 한번의 우매한 행실로 그 모든 지혜의 결과들을 순식간에 상실하는 경우를 우리는 인생에서 많이 겪습니다. 기업을 지혜롭게 경영하여 대기업의 반열에 올렸어도 한 순간의 우매한 실수 하나로 인해 부도가 나거나 도산하는 경우가 있습니다. 교회에서 정직하고 진실하고 지혜롭게 오랫동안 섬기던 목회자가 한번의 불륜이나 폭력이나 성추행 때문에 면직을 당하고 감옥에 들어가는 경우도 종종 있습니다. 이는 지혜의 무수한 결과들을 한번의 우매가 낳은 결과에 파묻히는 꼴입니다.

이어서 전도자는 지혜자와 우매자의 마음을 비교하고 있습니다. "지혜자의 마음은 오른쪽에 있고 우매자의 마음은 왼쪽에 있느니라." 지혜자와 우매자의 중요한 차이는 쏠리는 마음의 방향이 다르다는 것입니다. 지혜자는 오른쪽이 상징하는 옳음, 행복, 성공, 강함 등을 지향하고 우매자는 왼쪽이 상징하는 그릇됨, 불행, 실패, 약함 등에 쏠리는 현상을 보입니다. 마음의 방향은 인생의 방향과도 같습니다. 바울은 말합니다. "위의 것을 생각하고 땅의 것을 생각하지 말라"(골3:2). 지혜자의 마음은 위의 영적인 것을 향하고 우매자의 마음은 아래의 육적인 것을 향합니다. "육신의 생각은 사망이요 영의 생각은 생명과 평안이라"(롬8:6). 우매자와 지혜자의 마음은 사망과 생명으로 극명하게 갈립니다. 우매자는 해 아래에서 펼쳐지는 헛된 죽음의 일들을 향하지만 지혜자는 해 위에서 펼쳐지는 선하고 거룩한 생명의 일들을 향합니다.

이어서 전도자는 우매자의 어리석은 모습을 3절에서 묘사하고 있습니다. "우매한 자는 길을 갈 때에도 지혜가 부족하여 각 사람에게 자기가 우매함을 말하느니라." 길을 간다는 것은 우매자의 평범한 일상을 가리키는 말입니다. 우매자는 특별한 의도나 의식이나 목적이나 계획도 없는 그저 일상적인 상황에서 지혜의 부족 때문에 자신의 우매함을 만나는 모든 사람에게 보인다는 것입니다. 말하고 걷고 앉고 일어서고 먹고 마시고 자고 깨고 만나고 헤어지는 모든 일상은 한 사람의 내면이 꾸며지지 않고 드러나는 계기가 된다는 사실을 이해할 필요가 있습니다. 특별히 전도자는 말의 문제를 지적하고 있습니다. 우매자는 말할 때마다 입술에서 내면의 우매함을 꺼냅니다. 입술에서 다양한 주제와 관련된 말들이 나오지만 그 안에는 우매함이 담겨 있습니다.

어떠한 주제에 대해서 이야기를 하더라도 사람들은 자신의 입장을 설명할 때에 그 주제에 대한 지식을 청자들과 공유하는 겉모양을 가지고는 있지만 결국 자신의 정체성을 그런 계기로 드러내는 것입니다. 책들을 보십시오. 어떤 주제를 다루는 책을 읽으면 겉으로는 해당되는 주제가 보이지만 보다 깊이 응시하면 그 책의 저자가 보입니다. 독서는 책의 저자와 만나는 것입니다. 책 속에서 저자를 보아야 제대로 읽은 것입니다. 성경책을 보십시오. 그 안에는 태초부터 종말까지 등장하는 다양한 인물들과 다양한 사건들이 담겨 있습니다. 그러나 그것을 읽어 보면 비록 성경이 가르치는 다양한 주제들과 사건들과 인물들을 만나지만 보다 깊이 응시하면 성경의 근원적인 저자이신 하나님이 그 안에서 보일 것입니다. 진실로 성경은 하나님을 계시하는 책입니다. 하나님의 기록된 말씀을 읽으면 하나님이 보입니다. 하나님의 말씀인 성경에서 우리는 하나님의 지혜와 사랑과 자비와 정의와 긍휼과 정직과 선하심을 읽습니다. 하나님의 놀라운 일들이 보이고 그것을 통해 하나님의 놀라운 신성과 성품을 배웁니다. 같은 원리로 우매자의 말에서는 우매함을 듣습니다. 우매자의 책에서는 우매함을 읽습니다. 우매자의 삶에서는 우매함이 보입니다.

한 사람의 입에서 출고되는 말의 내용은 그의 마음이 어디를 향하고 있느냐에 달려 있습니다. 위의 것을 향하는 지혜자의 입은 지혜와 생명을 말할 것이고, 땅의 것을 향하는 우매자의 입은 우매와 사망을 말할 것입니다. 전도자의 지적처럼 사람의 마음과 입술은 이렇게 연동되어 있습니다. 마음이 위를 향하고 위의 것들로 가득 채워져 있으면 그의 표정과 말과 눈빛과 행동은 지혜의 출구가 될 것입니다. 그러나 아래를 향하고 아래의 것들로 가득 채워져 있는 사람들은 그의 모든 기관들이 우매함을 발산할 것입니다. 선과 악에 대한 예수님의 가르침을 들어 보십시오. "선한 사람은 마음에 쌓은 선에서 선을 내고 악한 자는 그 쌓은 악에서 악을 내나니 이는 마음에 가득한 것을 입으로 말함이라"(눅6:45). 이처럼 마음과 입은 동전의 양면과 같습니다. 마음의 표정은 입입니다. 입은 마음이 나오는 문입니다. 그래서 입에서 나오는 말이 온전하면 마음도 온전한 것입니다. 야고보는 말합니다. "만일 말에 실수가 없는 자라면 곧 온전한 사람이라"(약3:2).

전도자는 4절에서 주권자 앞에서의 지혜를 가르치고 있습니다. "주권자가 네게 분을 일으키거든 너는 네 자리를 떠나지 말라 공손함이 큰 허물을 용서 받게 하느니라." 주권자가 우리에게 분노를 쏟아낼 때가 있습니다. 전도자는 그러한 때에 자리를 떠나지 않는 것이 지혜라고 말합니다. 이는 그런 공손함 때문에 큰 허물도 용서함을 받기 때문입니다. 분노가 쏟아지는 책망의 자리에서 책망의 흐름을 끊고 벌떡 일어나는 것은 대단히 무례한 것입니다. 그 자리를 박차고 떠나는 것은 더더욱 무례한 짓입니다. 자리를 떠나는 것은 듣기 싫다는 뜻입니다. 주권자의 관점과 기준과 판단을 인정할 수 없다는 것입니다. 주권자의 인격과 권위를 능멸하는 짓입니다.

가정에서 남편이나 부모가, 직장에서 사장이나 대표가, 학교에서 교수나 총장이, 국가에서 총리나 대통령이 우리가 저지른 어떠한 잘못 때문에 분노할 때, 자리를 떠나지 마십시오. 지혜자는 자신의 허물을 인정하며 그 자리에 공손히 앉아 있습니다. 부모가 자녀의 큰 허물을 책망하며 분노를 쏟아낼 때에 자녀는 그 자리를 떠나지 마십시오. 오히려 부모에게 다가가 그 품에 안기시기 바랍니다. 그런 경우에는 자녀의 허물이 클수록 부모의 사랑과 용서도 크게 경험할 것입니다. 부모는 자녀에게 아무리 큰 허물이 있더라도 자녀가 용서를 구하고 품에 안기면 이기지를 못합니다. 그러나 우매자는 분노의 자리를 떠나는 우를 범합니다. 우매자는 우매함을 입으로도 말하지만 행위로도 보입니다. 우매한 자는 무엇을 하더라도 이렇게 자신의 우매함을 알립니다.

우리는 큰 허물 때문에 인간문맥 안에서가 아니라 최고의 주권자가 되시는 하나님의 분노를 경험할 때도 있습니다. 그때에도 지혜는 우리에게 하나님 앞을 떠나지 말라고 말합니다. 오히려 하나님께 다가가 그의 품에 안기시기 바랍니다. 하나님은 영이시기 때문에 상하고 통회하는 심령으로 회개하고 기도와 말씀으로 그분에게 가까이 나아가면 주께서 멸시하지 않으시고 받으실 것입니다. "하나님을 가까이 하라 그리하면 너희를 가까이 하시리라 죄인들아 손을 깨끗이 하라 두 마음을 품은 자들아 마음을 성결하게 하라 슬퍼하며 애통하며 울지어다"(약4:8-9). 우리가 하나님께 가까이 다가가면 하나님은 우리에게 더욱 가까이 다가오실 것입니다. 우리의 손을 깨끗하게 하고 마음을 성결하게 하십시오. 슬퍼하고 애통하고 우십시오. 지혜가 여기에 있습니다.

전도자는 주권자의 허물과 그로 말미암은 폐단이 있다고 5절에서 밝힙니다. “내가 해 아래에서 한 가지 재난을 보았노니 곧 주권자에게서 나오는 허물이라.” 그리고 주권자의 허물로 말미암아 나오는 두 가지의 폐단을 6절과 7절에서 말합니다. 먼저 6절을 보십시오. “우매한 자가 크게 높은 지위들을 얻고 부자들이 낮은 지위에 앉는도다.” 즉 우매한 자가 크게 높은 지위들을 차지하고 지혜에 부요한 자들이 낮은 지위에 앉는다는 것입니다. 우매한 자가 영광의 자리에 앉는다는 것 자체가 그 사회의 부패한 민낯을 그대로 보여주는 것입니다. 우매자가 고위직에 오른다고 생각해 보십시오. 어떤 일이 생길까요? 그의 입술과 수족에서 나오는 우매함은 보다 많은 사람들과 보다 넓은 영역까지 영향력을 행사하는 폐단을 일으킬 것입니다.

그리고 지혜에 부요한 자가 비천한 자처럼 하대를 당하는 일들이 있습니다. 지혜자가 낮은 지위에 앉는다면 그의 지혜도 드러나지 못할 것이고 많은 사람들과 다양한 분야들에 수혈되지 못할 것입니다. 지혜자도 억울하고 그가 속한 사회도 손해를 입습니다. 우매한 자가 막강한 권력을 취하고 막대한 부를 소유하면 그 자체가 사회적인 재앙과 재난일 것입니다. 지혜에 부요한 자가 가난에 허덕이고 권력에 짓눌려 낮은 지위에 앉아도 동일한 재앙과 재난이 사회에 임하는 것입니다. 이런 재난들은 하나님의 정의로운 질서에 대한 주권자의 무지와 무책임이 낳은 것입니다. 주권자는 행한 대로 갚으시고 심은 대로 거두시는 하나님의 정하신 질서를 집행해야 하는 책임을 가진 자입니다. 그런데 인류의 역사에서 주권자의 허물과 그로 말미암은 사회적 폐단이 중단된 적은 한번도 없습니다. 지금도 우매자와 지혜자의 뒤바뀐 자리를 정상으로 되돌릴 지혜로운 주권자가 절박하게 필요한 때입니다.

전도자는 7절에서 주권자의 허물이 낳은 또 다른 폐단을 언급하고 있습니다. "또 내가 보았노니 종들은 말을 타고 고관들은 종들처럼 땅에 걸어 다니는도다." 이것은 영광과 존귀가 합당한 고관들은 비천한 사람으로 취급을 받으면서 땅에 걸어 다녀야 할 정도로 어려운 삶을 살아가고, 무자격한 사람들이 영광과 존귀를 받으며 말을 타고 다니는 호화로운 삶을 살아가는 폐단을 뜻합니다. 이것도 해 아래에서 벌어지는 부당한 삶의 대표적인 유형이며, 주권자가 올바르게 서서 통치하지 않으면 발생되는 일입니다. 이러한 폐단이 사회에 당연한 질서인 양 자리를 잡으면 사람들은 삶의 의욕을 상실하고 열정도 사라질 것입니다. 어떠한 나라와 어떠한 시대를 보더라도 이러한 폐단이 사라진 적은 한번도 없습니다. 아마도 종말까지 유지될 것입니다.

그러나 우리의 주권자는 뿌린 대로 거두시고 심은 대로 거두시고 행한 대로 갚으시는 분입니다. 완전한 공평과 정직을 행하시는 분입니다

(렘9:24). 실수가 없으시고 차별이 없으신 분입니다. 이 세상에서 발생하는 모순과 부조리는 인간의 부패성이 초래한 일입니다. 대체로 인간 주권자가 저지른 일입니다. 사실 그들에겐 공평과 정직을 생산할 능력이 없습니다. 그러나 하나님은 다릅니다. "그리스도 예수를 믿음으로 말미암아 모든 믿는 자에게 미치는 하나님의 의니 차별이 없느니라"(롬3:22). 사람들의 기준을 따라서 편파적인 것처럼, 부당한 것처럼, 독재적인 것처럼 보이지만 인간들 사이에 어떠한 차별도 만드시지 않습니다. 최고의 완전한 정의가 거기에 있습니다. 전도자가 목격하고 경험한 이 땅에서의 모순과 부조리는 그것과 반대되는 하나님의 공평과 정직의 필요성과 갈급함을 가르치는 교육의 방편일 수 있음을 믿고 그런 환경 속에서도 하나님을 더욱 배우시기 바랍니다.

30강

말이 은혜로운 지혜자

전 10:8-15

[8] 함정을 파는 자는 거기에 빠질 것이요 담을 허는 자는 뱀에게 물리리
라 [9] 돌들을 떠내는 자는 그로 말미암아 상할 것이요 나무들을 쪼개는
자는 그로 말미암아 위험을 당하리라 [10] 철 연장이 무디어 졌는데도 날
을 갈지 아니하면 힘이 더 드느니라 오직 지혜는 성공하기에 유익하니
라 [11] 주술을 베풀기 전에 뱀에게 물렸으면 술객은 소용이 없느니라 [12]
지혜자의 입의 말들은 은혜로우나 우매자의 입술들은 자기를 삼키나니
[13] 그의 입의 말들의 시작은 우매요 그의 입의 결말들은 심히 미친 것이
니라 [14] 우매한 자는 말을 많이 하거니와 사람은 장래 일을 알지 못하나
니 나중에 일어날 일을 누가 그에게 알리리요 [15] 우매한 자들의 수고는
자신을 피곤하게 할 뿐이라 그들은 성읍에 들어갈 줄도 알지 못함이니라

전도자는 지혜자와 우매자의 차이점을 계속해서 열거하며 하나님의 섭리를 가르치고 있습니다. 8절을 보십시오. "함정을 파는 자는 거기에 빠질 것이요 담을 허는 자는 뱀에게 물리리라." 함정은 타인에게 피해를 주려고 마련된 일종의 고의적인 속임수와 같은 것입니다. 전도자는

누구든지 자신이 판 함정에 자신이 빠질 것이라고 말합니다. 담을 허는 자는 뱀에게 물릴 것입니다. 담을 헌다는 것은 주로 타인의 재산에 손실을 가하려고 취하는 약탈의 행위일 가능성이 높습니다. 비록 자신의 유익을 추구하기 위해 필요한 일이라 여기고 행하지만 결국에는 자신이 위험을 당합니다. 뱀이라는 위험이 도사리고 있는데도 타인의 담벼락 허물기에 매달리면 자신이 그 위험의 희생자가 될 수밖에 없습니다.

연이어서 9절을 보십시오. "돌들을 떠내는 자는 그로 말미암아 상할 것이요 나무들을 쪼개는 자는 그로 말미암아 위험을 당하리라." 돌들을 떠내는 자는 그렇게 행하는 자 자신이 피해자가 될 것이라고 말합니다. 돌들은 언제나 주변 지형에서 가장 안정되고 적합한 장소에 자리를 잡습니다. 그런데 그것을 이동하면 최적의 상태에서 멀어지는 것이기 때문에 당연히 멀어진 만큼 문제가 생깁니다. 나무들을 쪼개는 자는 그로 말미암아 위험을 당할 것이라고 말합니다. 나무를 이용하기 위해 쪼개지만 쪼갬의 유익은 그 나무가 쪼개지지 않았을 때에 주어지는 유익의 포기를 의미하기 때문에 그 만큼의 손해와 위험이 필히 따릅니다.

같은 맥락에서 예수님은 칼로 일어선 자는 칼로 망할 것이라고 말합니다. 칼의 무력을 행사한 자는 칼의 보복으로 망합니다. 사탄의 전략과 행보를 보십시오. 사탄은 유대인의 질시를 이용하고 로마 군인들의 칼과 창을 동원하여 그리스도 예수를 죽이려고 했습니다. 결국 예수님은 십자가 위에서 죽습니다. 그런데 사탄은 자기가 판 십자가의 함정에 자신이 빠집니다. 창세기의 예언처럼, 결국 자신의 두개골이 상합니다. 예수님의 죽으심은 하나님의 택하신 백성들을 저주와 사망과 어둠의 권세에서 해방시켜 사탄의 주권을 소멸했기 때문에 머리가 깨어진 셈입니다. 이러한 역설적인 일들은 하나님의 공평한 통치 때문에 발생하는 것입니다.

다시 말하지만 이 세상은 행한 대로 갚으시는 공평하신 하나님의 살아계심 때문에 뿌리고 심은 대로 거둡니다. 함정을 뿌리면 결국에는 자신이 함정에 빠집니다. 담벼락을 허물면 허무는 자신이 뱀에게 물립니다. 타인을 비판하면 자신이 동일한 비판을 받습니다. 타인을 정죄하면 그 정죄의 기준을 따라 자신이 정죄를 당합니다. 이는 창조의 때로부터 인간의 사회에 정하여진 하나님의 질서이기 때문에 누구도 변경하지 못합니다. 유일하게 변경 가능하신 하나님도 만세 전부터 작정하신 만물과 역사의 질서를 쉽게 바꾸시지 않습니다. 역사는 하나님의 약속이 성취되는 과정이고 현장이기 때문에 하나님은 변경보다 약속의 말씀이 응하도록 역사를 이끌어 가십니다.

전도자는 10절에서도 우매한 자의 어리석은 모습을 묘사하고 있습니다. “철 연장이 무디어 졌는데도 날을 갈지 아니하면 힘이 더 드느니라 오직 지혜는 성공하기에 유익하니라.” 무딘 연장의 날을 갈지 않으면 당연히 기능도 떨어지고 일의 효율성도 떨어지고 마음의 의욕도 떨어질 수밖에 없습니다. 연장의 날은 사용하면 할수록 무뎌질 것입니다. 주기적인 연마가 없다면 고생과 수고는 커질 것입니다. 무딘 연장으로 쓸데 없이 수고하는 경우들이 많지만 가장 안타까운 것은 하나님을 아는 지식 없이 하나님의 일을 하는 것입니다. 그런 지식의 날이 무뎌지면 잠잠한 것이 좋습니다. 하나님에 대해 무지한 열정은 고삐 풀린 망아지와 같습니다. 그런 열정은 알지 못하는 신에게 인간의 보편적인 종교성을 쏟아내는 것과 다르지 않습니다. 하나님을 모른 채 부리는 맹신적인 열심으로 인해 자신의 경건은 감퇴되고 교회에 발생되는 피해는 커집니다. 결국 하나님의 이름이 세상에서 능욕을 받습니다.

목회자가 지속적인 경건의 연습에 매진하지 않는다면 영적인 감각과 분별력이 둔해질 수밖에 없습니다. 그러면 문제가 생겨도 하나님의 관점에서 이해하고 처신하는 것보다 세상의 관점으로 보고 세상의 방식을 따라 해결책을 찾으려고 할 것입니다. 학자들도 계속해서 다양한 분야의 책들을 읽고 연구하고 전문적인 글을 쓰지 않으면 학구열도 떨어지고 탐구의 촉도 무뎌질 수밖에 없습니다. 먼지가 쌓인 과거의 연구만 쳐다보며 새로운 연구의 분야에 도전하지 않는 학자의 수명은 짧습니다. 심지어 부모가 되고 교사가 되고 직장인이 되어도 날을 예리하게 연마하는 작업은 필수적인 것입니다. 자녀들과 학생들은 자라는데 부모와 교사가 늘 제자리에 있거나 퇴보하면 안타까운 일이지만 자식들과 제자들에 의해 무시를 당합니다. 이는 우리 자신이 연장의 무뎌진 날을 갈지 않아서 자초한 일입니다.

연장의 날을 연마하는 일에는 예외가 없습니다. 그러나 어리석은 자는 연장의 날을 연마하지 않습니다. 무딘 연장으로 일을 하고 일이 진척되지 않으면 그것이 연장을 연마해야 한다는 메시지인 줄도 모르고 신경질을 부리며 더 많은 시간을 투입하고 더 강한 노동력을 동원하여 그 일에 과도한 수고의 땀을 흘립니다. 우매한 자와는 달리 지혜로운 자는 인생에서 연마의 시기를 포착하고 연마의 기회를 놓치지 않습니다. 공부를 통해, 경험을 통해, 연습을 통해, 훈련을 통해, 쉼을 통해 인생의 다양한 부위들을 연마하며 사십시오. 전도자는 때마다 날을 가는 지혜의 소유자는 성공할 것이라고 말합니다.

전도자는 앞에서 언급한 우매함과 유사한 사례를 11절에서도 소개하고 있습니다. "주술을 베풀기 전에 뱀에게 물렸으면 술객은 소용이 없느니라." 주술사는 뱀에게 주문을 걸어 제어하는 자입니다. 주술은 뱀에게 물리기 전에 베풀어야 하는 것입니다. 그런데 이미 뱀에게 물렸다면 술사의 주술은 아무런 의미가 없습니다. 뱀에게 물렸다는 사실이 이미 주술의 무력함을 입증한 것입니다. 건강을 잃은 의사는 마치 뱀에게 물린 술사와 같습니다. 자신의 건강으로 실력을 입증하지 못한 의사가 환자를 돌보는 진료는 아무런 소용이 없을 것입니다. 지역감정 때문에 분열된 국가의 지도자나 국민이 외치는 통일의 목소리는 아무런 유익이 없는 뱀에게 물린 술사의 주술과 같습니다. 신앙을 잃은 목회자의 사역도 뱀에게 물린 술사와 같습니다. 그의 설교와 목회는 아무런 소용이 없을 것입니다. 성경을 하나님의 말씀으로 믿지 않고 인문학적 문헌일 뿐이라고 생각하는 신학자도 뱀에게 물린 술사와 다르지가 않습니다. 그의 강의는 아무런 소용이 없을 것입니다.

전도자는 지혜자와 우매자의 입술에서 출고되는 말들의 차이를 12절과 13절에서 말합니다. "지혜자의 입의 말들은 은혜로우나 우매자의 입술들은 자기를 삼키나니 그의 입의 말들의 시작은 우매요 그의 입의 결말들은 심히 미친 것이니라." 이와 유사한 내용을 담은 지혜자의 말이 있습니다. "칼로 찌름 같이 함부로 말하는 자가 있거니와 지혜로운 자의 혀는 양약과 같으니라"(잠12:18). 한 사람의 언어는 인격의 표정이며 내면의 상태를 밖으로 운반하는 수레와 같습니다. 입술에서 나오는 언어에는 당연히 인격이 담길 수밖에 없습니다. 지혜자의 입술에서 나오는 말들에는 하나님을 경외하는 자의 인격이 담겨 있어서 늘 은혜가 넘칩니다. 그러나 우매자의 입술에서 나오는 말들에는 우매만 담겨 있으며 심히 미친 것들만 담겨 있습니다. 그래서 우매자는 자신의 말로 인해 자신을 파괴하는 우를 범합니다.

입술의 언어를 관리하는 일의 중요성은 아무리 강조해도 지나침이 없습니다. 모세의 기록을 보십시오. "여호와의 말씀에 나의 삶을 가리켜 맹세하노라 너희 말이 내 귀에 들린 대로 내가 너희에게 시행하리라"(민14:28). 입술의 말을 중요하게 생각해야 하는 이유는 하나님께 있습니다. 언제나 하나님이 우리의 말에 귀를 기울여 듣고 계시다는 것입니다. 하나님께 직접 주어지는 말만이 아닙니다. 부모가 자녀에게 하는 말, 자녀가 부모에게 하는 말, 남편이 아내에게 하는 말, 아내가 남편에게 하는 말, 상사가 직원에게 하는 말, 직원이 상사에게 하는 말, 교사가 학생에게 하는 말, 학생이 교사에게 하는 말, 친구나 동료에게 하는 말, 공직을 수행하는 사람에게 하는 말, 모르는 사람과 원수 같은 사람에게 하는 말도 하나님은 다 듣고 계십니다.

이처럼 범사에 우리의 말이 하나님의 귀에 들어가기 때문에 지극히 조심해야 하는 것입니다. 이처럼 모세의 기록에 의하면, 인생의 운명은 하나님의 귀에 들어간 말에 있습니다. 지혜자는 말합니다. "사람은 입에서 나오는 열매로 말미암아 배부르게 되나니 곧 그의 입술에서 나는 것으로 말미암아 만족하게 되느니라"(잠18:20). 입에서 나오는 열매는 하나님이 들린 대로 행하시는 일입니다. 여기에서 입은 하나님의 귀에 직접 들어간 말만이 아니라 모든 말입니다. 가나안 땅을 정탐한 사람들의 부정적인 보고를 들어 보십시오. "우리는 스스로 보기에도 메뚜기 같으니 그들이 보기에도 그와 같았을 것이니라"(민13:33). 결국 이러한 보고에 탄식하며 마음으로 받아들인 모든 사람들은 메뚜기에 버금가는 인생의 초라한 길을 걷다가 광야에서 다 죽습니다.

자신의 입술에서 나오는 말들을 통해 자신의 인격을 스스로 점검해 보십시오. 사람들 중에는 자신이 하루 종일토록 사용하는 말들을 전부 녹음해서 다시 들어보는 분들도 계십니다. 그렇게 살펴보면 하지 않아도 되는 말들과 해서는 안되는 말들과 거칠고 투박한 말들과 상대방을 존중하지 않은 무표정한 언어들과 짐승을 대하듯이 내뱉는 비인격적 언사들이 내 입에 얼마나 많은지를 발견하고 깜짝 놀라실 것입니다. 자신이 내뱉은 하루치의 말들에서 혹시 우리 자신은 은혜를 느끼실 수 있습니까? 나도 내 말에 은혜를 받지 못하는데 어떻게 타인에게 은혜를 끼치는 말이 될 수 있을까요? 나도 내 말에 감동과 도전을 받지 못하는데 어떻게 타인에게 유익을 끼치는 말들일 수 있을까요? 나 자신이 듣기에도 유쾌하지 않고 따뜻하지 않고 편안하지 않고 은혜롭지 않은 말들은 타인의 귀에도 불쾌하고 차갑고 불편하고 거북할 수밖에 없습니다.

입술의 말은 어떻게 관리할 수 있을까요? 마음과 생각에 담긴 내용을 바꾸어야 입술의 말도 바뀝니다. 전도자의 말처럼 마음과 생각에 지혜를 담은 지혜자가 되어야 은혜로운 말들이 나옵니다. 반면에 우매자가 되면 그의 입에서 나오는 말의 시작은 우매이고 끝은 광패일 것입니다. 말의 관리는 입술의 변화로만 해결될 일이 아닙니다. 입술은 열매가 맺어지는 곳입니다. 하나님께 드리는 찬송의 제사도 입술의 열매라고 말합니다. "우리는 예수로 말미암아 항상 찬송의 제사를 하나님께 드리자 이는 그 이름을 증언하는 입술의 열매니라"(히13:15). 우리가 어떤 자인지를 알려주는 것도 언어의 열매 곧 입술의 말입니다. 예수님도 "그 열매로 나무를 안다"고 하십니다. 입술에서 맺어지는 언어의 열매를 통해 우리의 정체성을 확인할 수 있습니다. 온전한 사람의 열매는 그의 입술에서 나오는 말에 실수가 없다는 것입니다.

언어에 관한 우매자의 또 다른 우매함을 14절에서 보십시오. "우매한 자는 말을 많이 하거니와 사람은 장래 일을 알지 못하나니 나중에 일어날 일을 누가 그에게 알리리요." 우매한 자는 알지도 못하면서 말을 많이 한다는 것입니다. 더군다나 장래의 일은 아무도 모릅니다. 장래의 일은 인간이 알지 못하도록 가려 두신 일입니다(전7:14). 나중에 일어날 일은 역사를 주관하고 계신 하나님만 유일하게 아십니다. 하나님은 어떠한 역사도 자신이 원하시는 대로 움직이실 것이기 때문에 장래의 일을 아십니다. 그러나 인간은 역사의 주관자가 아닙니다. 모르는 일에 대하여 언어를 남발하지 마십시오. 그런 행동은 우매한 일이며 지혜가 아닙니다. 미래의 일을 성경보다 더 선명하고 확실하게 말하는 사람들은 우매한 자입니다. 주로 이단들이 성경보다 더 똑똑한 자인 양 자랑하는 경향을 보입니다. 사람으로 하여금 장래의 일에 대해 능히 헤아리지 못하게 하셨다고 성경이 말하여도 사람들은 하나님의 말씀을 도무지 존중하지 않습니다. 몰라야 하는 일들을 안다고 말하는 사람들을 추종하는 사람도 장래의 일에 많은 언어를 쏟아내는 자만큼 어리석은 자입니다. 알아야 할 것을 모르는 것은 부끄러운 일이지만 알 수 없는 것을 모르는 것은 결코 부끄러운 일이 아닙니다. "유식한 무지"(docta ignorantia)라는 말이 있습니다. 신비는 하나님이 감추셨기 때문에 당연히 알 수 없어서 모른다고 말하는 것은 올바른 무식이기 때문에 어리석은 것이 아니라 오히려 지혜로운 것입니다.

이제 마지막 15절을 보십시오. "우매한 자들의 수고는 자신을 피곤하게 할 뿐이라 그들은 성읍에 들어갈 줄도 알지 못함이니라." 미래의 일까지 다 아는 것처럼 수다를 떨던 우매자는 정작 너무나도 쉬운 것으로서 성읍에 들어갈 방법도 모른다고 전도자는 말합니다. 현실의 자기 앞가름도 제대로 못하면서 미래를 말한다는 것은 대단히 우매한 일입니다. 가장 초보적인 것도 모르면서 입술에는 과분한 언어들을 쏟아내는 우매자의 수고는 자기를 피곤하게 만들 뿐입니다. 우매한 자는 자기가 내뱉은 말을 수습하기 위해 대부분의 시간을 보냅니다. 그는 자기의 입에서 나온 우매한 말에 얽매여서 인생을 피곤하게 살아가는 자입니다. 내뱉은 불필요한 말들을 책임지기 위해 그 말에 시간과 건강과 의식을 소비하는 것은 참으로 어리석은 일입니다.

우리는 혹시 내가 쏟아낸 우매한 언어들로 인해 피곤하게 살아가고 있지는 않습니까? 말의 실수로 인하여 사람들의 구설수에 올라 소모적인 해명의 시간을 보내고 있지는 않습니까? 하지 않아도 되는 약속이나 맹세에 스스로 결박되어 일시적인 기쁨이 순식간에 슬픔으로 바뀌는 희비의 급속한 교차를 경험하고 있지는 않습니까? 내가 발견한 법칙이나 질서나 패턴이나 교훈이 우매한 것임에도 불구하고 내가 흘린 학술적인 땀방울의 결과라는 이유로 스스로 얽매인 채 피곤한 세월을 보내고 있지는 않습니까? 열심히 노력해서 얻은 지식이나 소득이나 명성이나 경험이 무익한 것임에도 불구하고 그것에 걸맞은 사람처럼 보이려고 인격에 맞지도 않은 모양새와 이미지를 지키느라 고생하고 있지는 않습니까?

은혜로운 말을 하십시오. 은혜로운 말은 호감을 일으키는 말, 듣기에 아름다운 말, 타인에게 유익을 끼치는 말, 경우에 합당한 말, 따뜻하고 친절한 말을 뜻합니다. 내면의 인격이 따뜻하고 친절해야 따뜻하고 친절한 말을 하고, 타인의 유익을 늘 의식해야 타인에게 유익을 끼치는 말을 하고, 타인의 성향과 기호에 민감해야 호감을 얻는 말을 하고, 언어의 선택에 있어서 아름다운 단어들을 많이 알아야 듣기에 아름다운 표현을 구사하고, 시기와 상황에 대한 분별력도 구비해야 경우에 합당한 말을 할 수 있을 것입니다. 은혜를 끼치는 말을 한다는 것은 마치 종합적인 예술과 같습니다. 인간의 내면과 외면 모두에 있어서 준비되어 있어야 가능한 일입니다. 그러므로 하나님을 경외하며 이웃을 사랑하는 자만이 은혜로운 말을 쏟아낼 수 있고 적당하게 절제할 수도 있습니다.

31강

게으름과 경건

전 10:16-20

[16] 왕은 어리고 대신들은 아침부터 잔치하는 나라여 네게 화가 있도다 [17]
왕은 귀족들의 아들이요 대신들은 취하지 아니하고 기력을 보하려고 정
한 때에 먹는 나라여 네게 복이 있도다 [18] 게으른즉 서까래가 내려앉고
손을 놓은즉 집이 새느니라 [19] 잔치는 희락을 위하여 베푸는 것이요 포
도주는 생명을 기쁘게 하는 것이나 돈은 범사에 이용되느니라 [20] 심중에
라도 왕을 저주하지 말며 침실에서라도 부자를 저주하지 말라 공중의
새가 그 소리를 전하고 날짐승이 그 일을 전파할 것임이니라

우리는 어떠한 나라에 살고 있습니까? 어떠한 나라에 살고 싶습니까? 전도자는 16절과 17절에서 화가 임하는 나라와 복이 임하는 나라고 구분하며 비교하고 있습니다. 화가 임하는 나라에 대해서는 16절을 보십시오. "왕은 어리고 대신들은 아침부터 잔치하는 나라여 네게 화가 있도다." 왕이 어리다는 것은 통치의 미숙함을 뜻합니다. 어린 왕은 경험도 부족하고 실력도 부실하고 백성을 이끄는 리더십도 약한 자입니다. 나라 전체를 보지 못하고 먼 장래를 조망하지 못하고 백성 개개인

에 대한 애착과 이해도 부족한 자입니다. 나라의 다양한 부분들이 어떻게 각자의 기능을 충실히 수행하고 그 기능들이 어떻게 협력하여 한 나라의 경영이 세워질 수 있는지도 모르는 자입니다. 당연히 나라의 각 기관에 요구하는 지도자의 자질도 모르고 알더라도 그런 자질을 소유한 적격자를 보는 안목도 없습니다. 그래서 주변에는 지혜로운 참모도 없습니다.

왕의 리더십과 권위가 무너지니 대신들은 기강이 무너지고 도덕적 해이에 빠지고 아침부터 잔치나 벌이는 나라가 될 수밖에 없습니다. 대신들은 무지하고 연약하고 부실하고 무능력한 왕을 만만하게 보고 아침부터 향락에 빠집니다. 주로 저녁에 벌어지는 잔치가 아침부터 펼쳐지고 나라의 국고를 낭비하고 백성들의 도덕성은 실추되고 후세대를 위한 준비에 대해서는 아무런 관심도 없습니다. 왕은 그런 대신들에 의해 휘둘리고 그들의 호사스런 생활과 문화를 제어해야 한다는 분별력과 능력도 없습니다. 이처럼 왕과 고관들이 사치와 방탕과 유흥에 빠져 정작 중차대한 국사에 대해서는 일말의 관심도 없는 나라와 민족에는 소망도 없고 미래도 없습니다. 왕이 왕답지 않고 대신들이 대신답지 않은 나라에는 재앙이 임할 수밖에 없습니다.

이런 나라와는 달리 복이 임하는 나라도 있습니다. 17절을 보십시오. "왕은 귀족들의 아들이요 대신들은 취하지 아니하고 기력을 보하려고 정한 때에 먹는 나라여 네게 복이 있도다." 왕은 고결함을 구비하고 지도자의 위엄을 보이며 각각의 사안마다 신중함을 나타내고 지혜로운 판단을 내리는 자입니다. 성급하게 판단하지 않고 경박하게 처신하지 않고 무기력한 모습을 보이지 않습니다. 당연히 대신들은 그런 왕 앞에서 감히 경솔하게 행동할 수 없습니다. 국사를 외면하고 개인적인 유흥이나 탐닉하는 일탈과 무례함을 왕 앞에서 결코 범하지 못합니다. 지도자가 깨어 있으면 대신들도 지도자의 깨어있는 통치에 정치적인 보폭을 맞출 것입니다.

존귀함을 구비한 왕의 대신들은 술잔치를 벌이지 않습니다. 취하려고 마시지 않습니다. 먹고 마심에 있어서 중독적인 증세를 보이지 않습니다. 그리고 정해진 때에 음식을 먹습니다. 업무의 시간에 잔치를 벌여서 국사에 손해를 입히는 일은 엄격하게 금합니다. 정해진 때에 정해진 것을 행합니다. 즉 일할 때에는 일하고 먹을 때에는 먹고 쉴 때에는 쉬는 규칙적인 일과를 보냅니다. 그리고 음식을 먹는 목적은 탐식이 아닙니다. 기력을 보충하기 위해 먹습니다. 업무의 원활한 수행을 위해 필요한 건강을 유지하기 위해 먹는다는 것입니다. 공직에 오르면 기력의 보충과는 무관한 목적으로 식탁을 탐하는 자들이 많습니다. 그러나 복이 임하는 나라의 대신들은 승진을 청탁하기 위한 뇌물성 식탁, 과도한 식욕을 달래려는 식탐용 밥상, 식음을 오락의 일환으로 취하는 유희용 테이블은 가까이 하지 않습니다. 식음의 절제라는 것은 백성을 성실하고 올바르게 섬기기 위해 불필요한 것에 과도한 관심을 소비하지 않는다는 뜻입니다.

어진 지도자의 대신들은 백성의 복지를 최대한 높이기 위해 성실해야 하고 결코 게으를 수 없습니다. 전도자는 18절에서 게으름의 문제를 다룹니다. "게으른즉 서까래가 내려앉고 손을 놓은즉 집이 새느니라." 서까래는 지붕에서 기와나 다른 덮개를 떠받치는 버팀목을 가리키는 말입니다. 게으른 사람의 집은 서까래가 내려앉아 결국 지붕이 무너져 내린다는 것입니다. 손이 게으르면 집에 구멍이 뚫리고 비가 샌다고 말합니다. 게으른 사람은 일이 터질 때까지 보수하지 않고 수리하지 않고 준비하지 않습니다. 터진 이후에도 수습과 회복의 의지가 없습니다. 게으르면 이렇게 집안이 망합니다. 망한 이후에도 다시 일어날 소망이 없습니다.

세상에는 게으름을 찬양하고 게으름을 느림의 미학 혹은 여백의 향기라는 말로 미화하고 심지어 게으름을 장수의 필수적인 비결로 소개하는 사람들이 있습니다. 그들은 게으름과 나쁨이 연결될 수 없다고 말합니다. 그런 연결은 사회의 질서와 권력을 유지하는 일에 악영향을 끼치기 때문에 권력자가 만들어낸 편견일 뿐이라고 말합니다. 그러나 성경은 게으름을 한 집안에 패망을 가져오는 원흉으로 지목하고 있습니다. 게으름은 집안을 어떤 식으로 망치는 것일까요? 지혜자는 말합니다. "게으름이 사람으로 깊이 잠들게 하나니 태만한 사람은 주릴 것이니라"(잠19:15). 게으름은 먼저 사람으로 하여금 깊이 잠들게 만듭니다. 문제가 무엇인지 알지도 못하고 문제의 심각성을 의식할 줄도 모릅니다. 게으름이 사람을 몽롱하게 만들고 졸리게 만들고 의식의 세계를 혼미하게 만듭니다. 게으름에 취하여 잠든 자에게는 무엇을 해야 하고 어디로 가야 하고 언제 움직여야 하는지에 대한 지각과 의식이 없습니다.

지혜자는 또 말합니다. "게으른 자는 자기의 손을 그릇에 넣고서도 입으로 올리기를 괴로워 하느니라"(잠19:24). 모든 것이 다 갖추어져 있어도 마지막 단계의 작은 수고가 귀찮아서 먹지를 않고 그냥 굶습니다. 게으름은 이렇게 모든 준비를 허무하게 만듭니다. 그리고 게으른 자는 지적인 교만으로 인해 망합니다. "게으른 자는 사리에 맞게 대답하는 사람 일곱보다 자기를 지혜롭게 여기느니라"(잠26:16). 게으름은 문제의 종착지가 아닙니다. 여러 가지 문제들을 잉태하는 자궁과 같습니다. 게으른 자는 나태의 자리에서 관찰한 내용과 동원한 분별력과 내린 판단을 따라 내뱉은 답변을 참으로 지혜로운 사람 일곱 명의 합리적인 답변보다 더 지혜로운 것으로 여깁니다. 책 한 권 읽으신 분이 제일 무서운 법입니다. 이는 그가 수천 권을 섭렵한 다수의 석학들이 하는 말보다도 자신의 생각이 더 옳다고 여기기 때문입니다. 그러나 부지런한 자를 보십시오. 보는 내용이 다릅니다. 바라보는 관점이 다릅니다. 도달하는 결론이 다릅니다. 성실한 자는 게으른 자의 답변과는 비교할 수 없는 고품격 답변을 가지고 있지만 게으른 자에게는 그것조차 인지할 능력과 인정할 겸손이 없습니다.

그리고 게으른 자는 자신의 욕망 때문에 스스로 망합니다. "게으른 자의 욕망이 자기를 죽이나니 이는 자기의 손으로 일하기를 싫어 함이니라"(잠21:25). 게으른 자는 욕망이 있어도 그것의 성취를 위해 수고의 땀방울을 흘리려고 하지 않습니다. 그래서 성취하기 위해 편법을 사용할 수밖에 없습니다. 당연히 그것에 따른 법적인 책임으로 벌금도 내고 감옥에도 들어가고 극단적인 경우에는 사형을 당해 죽습니다. 욕망과 게으름이 만나면 불법이 잉태되고 그것에 대한 대가를 지불할 수밖에 없습니다. 게으른 사람이 망하는 또 하나의 이유는 상전을 불쾌하게 만든다는 것입니다. "게으른 자는 그 부리는 사람에게 마치 이에 식초 같고 눈에 연기 같으니라"(잠10:26). 게으른 사람은 자기에게 맡겨진 일을 성실하게 수행하지 않습니다. 그러면 일을 맡긴 상전의 이는 시큼함과 시림을 가져오는 식초로 마비되고 상전의 눈은 그 시야가 흐려지고 연기로 인해 눈물을 쏟아내며 괴로움을 당합니다. 이러한 괴로움을 당한 상전은 게으른 종을 가만히 두지 않고 크게 질책하며 내쫓을 것입니다. 그래서 게으른 종은 망합니다.

그리고 게으른 자는 타인의 지배를 받습니다. "부지런한 자의 손은 사람을 다스리게 되어도 게으른 자는 부림을 받느니라"(잠12:24). 부지런한 사람은 자신에게 주어진 일들을 충실하게 적시에 수행하되 전반적인 일의 흐름을 읽고 조정하는 자입니다. 그러나 게으른 사람은 무엇을 어떻게 언제 해야 할지를 몰라서 타인의 조정을 받습니다. 책도 부지런히 읽는 사람들은 독서의 흐름을 가지고 특정한 주제에 관하여 어떠한 문헌들을 읽어야 하는지를 간파하나 게으른 독서가는 부지런한 독서가가 이끄는 방향대로 책을 선택하고 읽을 것입니다. 기업에 있어서도 부지런한 기업가는 건실한 회사를 만들어서 사람들을 고용하고 해야 할 일들을 지시하는 지도자가 되지만 그렇지 않은 사람들은 지시하는 일들을 수행하는 자의 수동적인 자리를 차지할 것입니다.

지금까지 게으름이 가져오는 파생적인 부작용들 그리고 그것들에 의한 생의 파괴에 대한 이야기를 했습니다. 그러나 사실 게으름은 생활 속에서 게으른 사람들과 관계된 것만이 아닙니다. 하나님은 게으름과 나태에 빠진 세상 사람들을 꾸짖는 것에 큰 관심이 없습니다. 게으름의 교훈 안에는 하나님의 자녀들을 향한 영적인 훈계의 메시지가 담겨 있습니다. 사실 하나님을 믿는 우리는 이 세상이 줄 수 없고 측량할 수도 없는 놀라운 특권들을 가지고 있습니다. 다른 무엇보다 우리는 "하나님의 자녀가 되는 권세"(요1:12)를 가지고 있습니다. 현직 대통령의 아들 혹은 왕의 아들은 그 누구도 건드리지 못합니다. 이처럼 하나님의 자녀도 건드릴 자가 없습니다. "너희가 내 이름으로 말미암아 모든 사람에게 미움을 받을 것이나 너희 머리털 하나도 상하지 않으리라"(눅21:17-18).

"하나님께로부터 나신 자가 그를 지키시매 악한 자가 그를 만지지도 못하리라"(요일5:18). 성경은 악한 자들이 하나님의 자녀 된 우리의 머리털 하나도 상하게 하지 못하고 아예 만지지도 못한다고 말합니다.

보다 적극적인 특권도 있습니다. "내가 너희에게 뱀과 전갈을 밟으며 원수의 모든 능력을 제어할 권능을 주었으니 너희를 해칠 자가 결코 없으리라"(눅10:19). 우리를 위협하는 세력들도 제압하고 원수의 막대한 광기도 제어할 권능을 우리는 가지고 있습니다. 그런데 문제는 모든 것들이 다 주어져 있고 우리도 그것이 담긴 그릇에 손까지 넣고 있지만 입으로 올리기를 귀찮아 한다는 것입니다. 물론 불신의 문제일 것입니다. 그러나 동시에 알고도 행하지를 않는 것은 우리의 영적인 게으름에 근거한 것입니다. 우리에게 주어져 있는 것들이 너무도 많지만 게으른 무관심과 태만한 실행으로 인해 무의미해 지고 있습니다.

성경에는 영적으로 부지런한 자과 게으른 자의 이야기가 있습니다. 특별히 주님께서 베푸신 은사를 가지고는 있으나 사용하여 가치를 창출하지 않고 땅에 감춘 종에게 내려진 평가를 보십시오. "그 주인이 대답하여 이르되 악하고 게으른 종아 나는 심지 않은 데서 거두고 헤치지 않은 데서 모으는 줄로 내가 알았느냐"(마25:26). 하나님은 우리에게 다양한 은사를 주시되 그 은사의 목적도 주십니다. 그런데 종은 은사만 받고 목적은 무시했기 때문에 악하고 게으른 종이라는 책망을 받은 것입니다. 은사를 주신 목적에 대해 베드로는 말합니다. "각각 은사를 받은 대로 하나님의 여러 가지 은혜를 맡은 선한 청지기 같이 서로 봉사하라"(벧전4:10). 이는 주님께서 우리에게 주신 모든 은사로 서로가 서로를 섬기라는 것입니다.

게으름은 어디에서 오는 것일까요? 왜 생기는 것일까요? 게으름에 빠져 본 사람들도 그 원인이 어디에 있는지를 잘 모릅니다. 그래서 게으름에 빠지고 같은 게으름에 또 다시 빠집니다. 원인을 정확하게 규명하고 적절하게 처신하지 않으면 게으름이 우리 개개인과 가정을 짓밟으며 마구 유린할 것입니다. 게으름에 빠지는 이유는 자신의 생명과 인생이 자기 것이라는 착각 때문인데, 자신의 것은 자기 것이니까 부담없이 방치하는 경향이 있습니다. 김남준 목사님의 책 〈게으름〉에 이런 이야기가 있습니다. 어떤 농부가 너무 졸려서 잠을 자려는데 담을 넘어오는 도둑이 보입니다. "담을 넘어 마당으로 오기만 해 봐라." '쿵!' 소리가 들려서 보니 도둑이 마당으로 왔습니다. "집 안으로 오기만 해봐라." 잠시 후에 집 안으로 들어와 있습니다. "안방으로 가기만 해봐라." 누운 농부를 지나 안방으로 갔습니다. "뭘 가지고 나오기만 해봐라." 도둑은 안방에서 한 보따리의 물건들을 훔쳐서 나옵니다. "저거 가지고 나가기만 해봐라." 도둑이 그 모든 물건들을 가지고 갔습니다. "이놈, 다시 오기만 해봐라." 가정의 모든 물건은 가족들의 것입니다. 가장은 그것을 지켜서 가족들의 복지를 유지할 책임을 가지고 있습니다. 농부의 잘못은 도둑을 방지하는 것보다 잠을 더 좋아하여 자신의 책임을 다하지 못한 것입니다. 우리에게 있는 모든 것들은 자신의 것이 아닙니다.

우리의 시간과 우리의 재능과 우리의 건강과 우리의 환경과 우리의 기회와 우리의 꿈은 모두 하나님의 것입니다. 그 모든 것들의 목적은 하나님을 사랑하고 이웃을 사랑하여 하나님께 영광을 돌리는 것입니다. "그런즉 너희가 먹든지 마시든지 무엇을 하든지 다 하나님의 영광을 위하여 하라"(고전10:31). 먹고 마시는 것을 비롯하여 어떠한 것을 가지고 무엇을 하든지 하나님의 영광을 위하여 사용해야 우리에게 주어진 은사의 목적을 달성하는 것입니다. 그렇게 하지 않는다면 악하고 게으른 종이라는 책망이 우리에게 주어질 것입니다.

전도자는 19절에서 돈의 유용성에 대해 말합니다. "잔치는 희락을 위하여 베푸는 것이요 포도주는 생명을 기쁘게 하는 것이나 돈은 범사에 이용되느니라." 잔치는 일시적인 희락을 위한 것입니다. 깊이 생각하고 중요한 대화를 나누기 위함이 아닙니다. 포도주는 생명을 기쁘게 하는 것입니다. 포도주가 비록 기분을 전환시켜 주지만 우리에게 심부름을 해 주거나 무거운 것을 들어 주거나 집을 짓거나 배를 만들거나 상처를 꿰매 주거나 이사를 돕지는 못합니다. 이처럼 잔치와 포도주는 그 용도가 제한되어 있습니다. 그러나 돈은 범사에 이용될 수 있어서 거의 무제한적 용도를 갖습니다. 돈은 사물의 가치를 표시하며 가치를 교환하는 수단이며 부를 축적하는 방편인데, 이러한 돈을 비롯한 화폐는 교환 가치 때문에 그 유용성이 대단히 높습니다. 잔치와 교환할 수 있는 것, 포도주와 교환할 수 있는 것은 많지 않습니다. 그러나 화폐는 거의 모든 것들과 교환될 수 있습니다.

영적인 면에서는 돈보다도 더 탁월한 유용성을 가진 것이 있습니다. 돈보다도 더 유용한 것은 아마도 우리의 몸일 것입니다. 건강을 잃으면 모든 것을 잃습니다. 돈을 산더미로 쌓아두고 있어도 몸이 아프면 아무런 유익이 없습니다. 그러나 돈보다 더 중요한 몸보다도 더 유용한 것이 있다고 바울은 말합니다. "육체의 연단은 약간의 유익이 있으나 경건은 범사에 유익하니 금생과 내생에 약속이 있느니라"(딤전4:8). 전도자는 돈의 포괄적인 유용성을 말하지만 바울에 따르면 그렇게도 유용한 돈보다도 더 유익한 것이 바로 경건인 것입니다.

전도자는 말에 조심해야 한다는 사실을 20절에서 언급하고 있습니다. "심중에라도 왕을 저주하지 말며 침실에서라도 부자를 저주하지 말라 공중의 새가 그 소리를 전하고 날짐승이 그 일을 전파할 것임이니라." 왜 은밀하게 한 말도 다 노출될 것이라고 말할까요? 성경은 공중의 새 혹은 날짐승의 청력이나 정보 전달력에 관심이 없습니다. 실제로는 공중의 새가 마음 속에서나 침상에서 이루어진 저주를 알지도 못하고 전하지도 못합니다. 그럼에도 불구하고 그것을 언급하는 이유는 마음

속에서 왕을 저주하고 침실에서 부자를 저주하는 것을 아시는 분이 계시다는 사실을 가르치기 위한 것입니다.

마음 속에서 그리고 침상에서 저주하는 것을 아는 이는 하나님 이외에 그 누구도 없습니다. 사람들은 자기의 비위에 거슬리는 사람들을 저주하는 경향이 있습니다. 권력자와 부자는 저주의 대표적인 대상이기 때문에 그들이 거명된 것일 뿐입니다. 범사에 하나님을 의식하며 사십시오. 하나님은 우리가 늘 입술로 발설하지 않은 무형의 생각도 다 알고 계십니다. 그런 하나님 앞에서 살아가고 있기 때문에 머리에 머무는 생각의 내용에 대해서도 우리에게 관리의 책임이 있습니다. 심장과 폐부를 살펴 아시고 중심을 보시는 하나님이 계시다는 사실을 의식하지 않으면 사유와 마음의 영역은 방종할 수밖에 없습니다. 마음을 가만히 두면 욕설과 미움과 저주가 그곳을 장악할 것입니다. 그런데도 사람에게 들키지 않으면 괜찮다며 그렇게 은밀하게 속습니다. 하지만 하나님의 사람은 생각하고 말하고 행하되 사람에게 들키지 않더라도 하나님이 모두 아신다는 의식을 갖고 마음을 정결하게 하는 자입니다.

32강

하나님의 사랑

전 11:1-8

1 너는 네 떡을 물 위에 던져라 여러 날 후에 도로 찾으리라 2 일곱에게
나 여덟에게 나눠 줄지어다 무슨 재앙이 땅에 임할는지 네가 알지 못함
이니라 3 구름에 비가 가득하면 땅에 쏟아지며 나무가 남으로나 북으로
나 쓰러지면 그 쓰러진 곳에 그냥 있으리라 4 풍세를 살펴보는 자는 파
종하지 못할 것이요 구름만 바라보는 자는 거두지 못하리라 5 바람의 길
이 어떠함과 아이 밴 자의 태에서 뼈가 어떻게 자라는지를 네가 알지 못
함 같이 만사를 성취하시는 하나님의 일을 네가 알지 못하느니라 6 너는
아침에 씨를 뿌리고 저녁에도 손을 놓지 말라 이것이 잘 될는지, 저것이
잘 될는지, 혹 둘이 다 잘 될는지 알지 못함이니라 7 빛은 실로 아름다운
것이라 눈으로 해를 보는 것이 즐거운 일이로다 8 사람이 여러 해를 살
면 항상 즐거워할지로다 그러나 캄캄한 날들이 많으리니 그 날들을 생
각할지로다 다가올 일은 다 헛되도다

사랑은 하나님께 속한 것입니다. 사랑의 때와 환경과 대상과 목적의 결정권이 다 하나님께 있습니다. 본문은 우리가 하나님의 사랑을 어떻게 실천해야 하는지를 창조의 섭리에 따른 인간의 한계와 결부시켜 설

명하고 있습니다. 먼저 1절을 보십시오. "너는 네 떡을 물 위에 던져라 여러 날 후에 도로 찾으리라." 이 구절은 마치 풀어야 할 암호와 같습니다. 그래서 이 구절을 푸는 해설들이 적지 않습니다. 먼저 상업적인 의미를 제시하는 분들이 있습니다. 이 입장에 의하면, 물은 바다를 가리키고 떡을 던진다는 것은 상선에 투자하는 것을 뜻합니다. 향후에 해상의 무역이 주는 이윤은 막대할 것이라고 말합니다. 이러한 이해는 성경 텍스트의 의미로 보기에는 다소 낯설지만 개연성이 완전히 없지는 않습니다. 이 글의 저자인 솔로몬은 이스라엘 열왕들 중에서 최초로 에시온게벨에 조선소와 항만을 건설하고 해상에서 무역을 시작했던 왕입니다. 바다에 남다른 애착을 보인 솔로몬이 그것을 배경으로 상업적인 교훈을 말한 것일 수도 있습니다.

이 구절을 농업적인 맥락에서 이해하는 분들도 있습니다. 이 견해에 의하면, "물"은 농작물이 잘 자라는 옥토이고 "떡"은 농작물의 씨앗이고 "여러 날"은 파종과 추수 사이에 기다려야 하는 인내의 기간을 가리키고 "도로 찾는다"는 것은 추수를 뜻합니다.

그러나 저는 1절을 사회적인 차원과 영적인 차원의 의미로 해석해야 한다는 입장을 취합니다. "물"은 흐르는 물을 의미하되 우리가 살아가는 세상에서 만나는 모든 연약한 분들을 가리키고 "떡"은 그들에게 나누는 사랑이고 "여러 날"은 베푼 사랑의 보상이 발생되기 전까지의 기간이고 "도로 찾는다"는 것은 사랑을 베푼 당사자와 그가 속한 사회 전체에 유익이 생긴다는 뜻입니다. 이 세상에는 도움이 필요한 사람들이 대단히 많습니다. 그들의 대부분은 도움을 받아도 준 사람에게 보상해 줄 능력이나 가능성이 없습니다. 그래서 그들은 흐르는 물입니다. 거기에 떡을 던져도 돌아오는 어떤 보상을 기대할 수 없습니다.

그런데 진정한 사랑은 그런 분들에게 보상을 바라거나 계산하지 않고 그냥 나누는 것입니다. 외로운 자에게 찾아가고, 배고픈 자에게 빵을 전달하고, 아픈 자를 싸매어 주고, 괴롭고 슬픈 자의 곁에서 함께 울고, 무지한 자에게 지식을 제공하고, 추운 자에게 입혀주고, 몸이 불편한 자의 수족이 되어 주고, 억울한 자의 마음을 보듬어 주는 것입니다. 외로운 자가 우울증에 걸려서 자살이나 살인을 하면 개인이나 사회가 지불해야 하는 비용이 막대할 것입니다. 배고픈 자가 도둑질을 하면 개인의 영혼도 파괴되고 사회 공동체도 탈취의 분위기가 조성될 것입니다. 무지한 자가 몰라서 어려움을 겪거나 문제를 일으키면 사회 전체가 고통을 겪고 신음을 토할 수밖에 없을 것입니다. 억울한 자가 보복의 칼을 뽑으면 그 사회는 원수 맺는 일들이 만연해질 것입니다. 몸이 불편한 분들을 도와주지 않으면 사회의 발걸음도 정체될 것입니다. 가난한 자가 추워서 얼어 죽는다면 그 사회의 심장도 얼어버릴 것입니다. 연약한 분들을 사랑하는 것은 자기가 속한 사회를 사랑하고 자신도 사랑하는 것입니다. 모든 사람을 내 몸처럼 사랑하는 것이 개인과 공동체 모두에게 가장 좋습니다.

1절에는 땅의 것으로 나누고 섬기면 하늘의 것으로 다시 찾을 것이라는 영적인 의미도 담겨 있습니다. 우리가 땅의 것들을 연약한 분들에게 나눈다고 할지라도 땅에서는 어쩌면 어떠한 보상도 주어지지 않을 수 있습니다. 하지만 하나님의 사람들은 여러 날 후에 개인적인 사익이나 사회적인 공익이 주어지지 않는다고 할지라도 나누는 사랑을 중단하지 않습니다. 이 땅에서 취하는 보상이 전혀 없더라도 공의의 하나님은 땅에서의 보상이 없는 선행도 그냥 지나치는 법이 없습니다. "그가 재물을 흩어 빈궁한 자들에게 주었으니 그의 의가 영구히 있고 그의 뿔이 영광 중에 들리리로다"(시112:9). 빈궁한 자들에게 재물을 흩어서 구제하는 자들에게 하나님 앞에서의 영구한 의로움과 영광 중에 높이 들리는 보상이 있을 것이라고 말합니다. 땅에서의 보상을 기대도 하지 않는 하나님의 사람들이 나누는 사랑의 영역은 인간의 경제적인 논리가 작용하는 제한된 사랑의 영역보다 더 넓을 수밖에 없습니다. 진정한 의미의 사랑은 보상의 떡고물을 기대하는 투자가 아니라 땅에서의 어떠한 보상도 기대하지 않는 무조건적 나눔에 있습니다.

물에 던지는 떡의 의미를 사회적인 차원과 영적인 차원으로 이해하는 것이 옳다는 사실은 2절에서 확인할 수 있습니다. "일곱에게나 여덟에게 나눠 줄지어다 무슨 재앙이 땅에 임할는지 네가 알지 못함이니라." 여기에 등장하는 숫자를 주목해 보십시오. 7이라는 숫자는 완전한 수이며, 8이라는 숫자는 완전한 수에 하나를 더한 대상이라 할지라도 최대한 나눔의 대상으로 삼으라는 뜻입니다. 원수라도 섬기라는 것입니다. 나눔에서 배제되는 사람이 하나도 없도록 사랑의 지경을 넓히라는 것입니다. 이만하면 됐다고 판단되는 주변의 사랑하는 사람들과 아는 지인들의 경계를 넘어 어느 누구라도, 심지어 원수라도 궁핍하고 곤란하고 비참한 상황에 처하면 사랑으로 그를 품으라는 것입니다.

나눔의 이유와 관련하여 전도자는 무슨 재앙이 땅에 임할 것인지를 아무도 모르게 때문에 나누어야 한다고 말합니다. 치명적인 질병에 걸리거나, 심각한 사고를 당하거나, 사회적인 기후의 변화로 회사가 영업의 셔터를 내리거나, 자연적인 재앙으로 건물이나 집이 완전히 무너질 수도 있습니다. 이러한 재앙은 아무도 예측하지 못하는 가운데 갑작스레 발생하는 일입니다. 그러니 이상한 일이 아닙니다. 우리가 무슨 재앙이 임할지를 모르는 것은 가난한 이웃들을 섬기게 하시려는 하나님의 섭리적인 장치이기 때문에 나쁜 것도 아니고 죄를 짓는 것도 아닙니다. 이러한 장치를 마련하신 주님께서 원하시는, 미지의 미래를 준비하는, 최고의 방법은 빈궁한 자들에게 나눔의 사랑을 실천하는 것입니다. 미래에 재앙이 임하여도 도움을 받았던 사람들이 다시 도움을 줄 것입니다. 더불어 살아가는 사회에서 나누고 베푸는 사랑의 실천을 촉구하는 이런 절묘한 장치를 마련하신 지혜의 하나님께 감사와 찬양을 드립니다.

한걸음 더 나아간 재앙의 의미를 생각해 보십시오. 우리에게 피해와 고통이 발생하는 것을 재앙으로 여길 수 있지만 선행의 기회를 놓치는 재앙은 우리에게 오는 물리적인 재앙보다 더 심각한 것입니다. 우리에게 주어진 모든 것들은 주님께서 당신의 뜻을 이루시기 위해 맡겨 놓으신 것입니다. 시간이나 건강이나 돈이나 재능이나 환경이나 집안이나 외모까지 나의 모든 것들은 하나님의 선한 뜻을 이루는 도구로서 주어진 것입니다. 그런데 시간이 흐르면서 이 도구들은 질과 양에 있어서 계속해서 변하고, 활용할 수 없는 상태가 되면 선행의 기회를 잃을 것입니다. 이런 재앙에 임하기 전에 주변의 궁핍한 일곱이나 여덟에게 나누어 주십시오.

나눔의 때와 상황과 대상은 우리가 결정하는 것이 아닙니다. 나눔의 포괄적인 결정권은 우리에게 있는 모든 것들의 주인이신 하나님께 있습니다. 그분이 원하시는 나눔의 때가 있고 대상이 있고 상황이 있습니다. 참으로 지혜로운 사람은 하나님이 원하시는 때에 하나님이 원하시는 대상에게 하나님이 원하시는 선행을 행하는 자입니다. 예수님의 말씀을 보십시오. "네게 구하는 자에게 주며 네게 꾸고자 하는 자에게 거절하지 말라"(마5:42). 나에게 구하는 자에게 주지 않아야 할 이유들도 많고, 나에게 꾸고자 하는 자에게 거절해야 할 이유들도 많을 것입니다.

그러나 예수님은 구하는 자에게 주라고 하시고 꾸고자 하는 자에게 거절하지 말라고 하십니다. 특정한 시점에 우리에게 구하고 꾸려는 사람이 오는 것은 하나님의 섭리적 허락과 무관하지 않습니다. 꾸려는 상대방의 타이밍을 존중하며 꾸려고 오는 그때에 주십시오. 돌려받지 못할 수도 있습니다. 그래도 주십시오. 주님 때문에 주십시오. "이같이 한즉 하늘에 계신 너희 아버지의 아들이 되리니"(마5:45). 주님께서 말씀하신 이 놀라운 이유 때문에 일곱이나 여덟에게 나누고 꾸어주는 것입니다.

이 세상에서 무의미한 나눔과 섬김은 없습니다. 나눔과 섬김은 이 세상에서 건지는 보상이 전혀 없더라도 공평하신 하나님의 살아계심 때문에 의미가 있습니다. 이 의미는 "최소 비용의 최대 효과"라는 경제적 효율성의 잣대로는 가늠되지 않습니다. 하나님의 관심사는 투자비용 이상의 효과를 거두는 것이 아니라 나눔과 섬김이 사회의 보편적인 질서와 문화가 되는 것에 있습니다. 욥기의 표현을 빌리자면, 주님의 관심사는 우리가 까닭 없이 이웃을 사랑하고 섬기는 것입니다(욥1:9). 세상에서 주어지는 보상이 없을수록 어쩌면 나눔과 섬김의 진정성과 가치는 더 커집니다. 오직 하나님 때문에 나누고 섬기는 사람의 삶에는 탐욕의 때가 전혀 묻어 있지 않습니다.

주님께서 정하신 때에 주님께서 정하신 사람에게 주님께서 원하시는 선행을 실천하지 않으면 어떤 일이 생길까요? 3절을 보십시오. "구름에 비가 가득하면 땅에 쏟아지며 나무가 남으로나 북으로나 쓰러지면 그 쓰러진 곳에 그냥 있으리라." 구름은 땅으로 쏟아지는 비를 붙들지 못합니다. 잡으려는 시도 자체가 헛된 일입니다. 구름에 가득한 비가 쏟아지면 멀쩡한 나무도 남으로든 북으로든 쓰러뜨릴 것입니다. 비를 통하여 수분을 공급받고 성장해야 할 나무가 비에 의해 죽임을 당합니다. 구름이 영구히 소유하는 비도 없지만 비축된 비는 떨어지며 살인적인 폭력이 되어 살려야 할 나무마저 죽입니다. 선행의 적기를 놓치면 이런 결과를 낳습니다. 선행의 유용한 도구가 살인의 흉기로 변합니다. 해 아래에서 이보다 더 악한 폐단은 없을 것입니다. 전도자가 했던 말을 보십시오. "내가 해 아래에서 큰 폐단 되는 일이 있는 것을 보았나니 곧 소유주가 재물을 자기에게 해가 되도록 소유하는 것이라"(전5:13). 소유물이 흉기로 변하여 자신과 타인에게 해가 되지 않도록 우리에겐 나눔의 해법이 있습니다.

재능이든 건강이든 시간이든 재물이든 자신에게 해가 되기 이전에 필요한 사람에게 베풀어 섬기시기 바랍니다. 전도자는 나 자신의 기준과 판단 때문에 그런 베풂과 섬김의 기회를 놓치지 말라고 4절에서 말합니다. "풍세를 살펴보는 자는 파종하지 못할 것이요 구름만 바라보는 자는 거두지 못하리라." 풍세는 바람의 세기, 바람의 때, 바람의 방향 등을 말합니다. 바람을 관찰하는 자는 씨가 바람에 날아갈 수 있다고 판단하여 파종하지 않고 구름을 바라보는 자는 곡식을 거두는 추수에

엄두도 내지 못할 것입니다. 바람과 구름은 자타가 공인하는 정당한 명분이기 때문에 농부는 파종과 추수의 포기에 대해 어떠한 거리낌도 없습니다. 이렇게 인간은 장애물을 발견하면 하고자 하는 일을 중단하는 인과율의 종입니다.

그러나 전도자는 선행의 여부를 인간의 기준이나 관찰이나 판단에 맡기지 말라고 말합니다. 우리는 어떠한 때에라도 선을 행해야 할 이유보다 행하지 못하는 이유를 찾으려는 경향이 있습니다. 파종하지 않아도 될 바람을 찾고 추수하지 않아도 될 구름을 찾습니다. 찾다가 찾으면 안심하고 당당하게 선행을 접습니다. 그러나 주님께서 정하신 농사의 보다 근원적인 질서는 봄에는 파종하고 여름에는 경작하고 가을에는 추수하는 것입니다. 그러나 우리는 눈에 보이는 바람과 구름을 주목하고 고려하는 판단을 내립니다. 그런 식으로 우리는 구제와 섬김에 있어서도 이런저런 핑계를 대며 미루거나 접습니다. 이는 어리석은 것입니다. 구제와 섬김의 보다 근원적인 질서는 하나님께 있습니다. 그 질서를 우리는 다 알지 못합니다. 우리의 지식은 제한되어 있습니다.

전도자는 우리가 얼마나 무지한 자인지를 5절에서 이렇게 말합니다. "바람의 길이 어떠함과 아이 밴 자의 태에서 뼈가 어떻게 자라는지를 네가 알지 못함 같이 만사를 성취하시는 하나님의 일을 네가 알지 못하느니라." 우리는 아무리 관찰력이 뛰어나도 바람의 길을 잘 모릅니다. 태아의 뼈가 성장하는 방식도 잘 모릅니다. 나아가 우리는 눈에 보이지 않으면 고려의 대상으로 여기지를 않습니다. 만사를 이루시는 하나님의 일도 모르기 때문에 고려하지 않고 존중하지 않습니다. 결국 사실과 진실의 보이지 않는 요소는 마치 없는 것처럼 여기기 때문에 부실한 정보나 편협한 사실에 근거한 판단을 내릴 수밖에 없습니다. 우리는 아는 것보다 모르는 것이 더 많습니다. 그런데도 우리는 한 줌의 인간적인 지식에 근거하여 대범한 판단을 떳떳하게 내립니다. 판단한 이후에 그것을 또한 옳다고 여깁니다. 보이지 않는 요소를 무시하는 것은 그 무시의 분량만큼 어리석은 일입니다.

판단의 근거에 관해서는 믿음의 조상을 보십시오. "믿음으로 아브라함은 부르심을 받았을 때에 순종하여 장래의 유업으로 받을 땅에 나아갈새 갈 바를 알지 못하고 나아갔으며"(히11:8). 그는 주님께서 장래의 유업으로 주신 약속의 땅으로 갔습니다. 그러나 "갈 바를 알지 못하고" 갔습니다. 이는 자신의 지식과 경험을 판단의 기준이나 근거로 삼지 않았다는 것입니다. 믿음의 조상이 부름을 받을 때의 상황을 보십시오. "여호와께서 아브람에게 이르시되 너는 너의 고향과 친척과 아버지의 집을 떠나 내가 네게 보여 줄 땅으로 가라"(창12:1). 여기에서 특이한 점은 아브람이 받기로 한 약속의 땅은 자신에게 알려지고 경험된 땅이 아니라 아무런 정도도 없는 "보여 줄 땅"이라는 것입니다. 미지의 땅으로 가라고 하셨는데 놀랍게도 아브람은 "부르심을 받았을 때에 순종하여" 갔다고 히브리서 기자는 말합니다. 이 순종을 위해 아브람은 자신이 아는 것에 의지하지 않고 주님께서 아시는 것에 의지한 것입니다. 제한된 지식을 가진 인간의 올바른 지혜가 여기에 있습니다.

인간은 아는 것도 있고 알지 못하는 것도 있습니다. 모세의 기록을 보십시오. "감추어진 일은 우리 하나님 여호와께 속하였거니와 나타난 일은 영원히 우리와 우리 자손에게 속하였나니 이는 우리에게 이 율법의 모든 말씀을 행하게 하심이니라"(신29:29). 몰라야 하는 것을 모르는 것은 부끄러운 일도 아니고 죄도 아닙니다. 하나님의 섭리를 따라 적당한 무지와 적당한 지식의 적당한 배합이 인간에게 있습니다. 우리의 적당한 무지는 하나님의 전지를 드러내고, 우리의 적당한 약함은 하나님의 강함을 드러내고, 인생의 적당한 허무함은 영원한 생명의 고귀한 가치를 드러내며, 이렇게 함으로써 결국 하나님께 영광을 돌리는 것은 창조의 때부터 정하여진 것입니다. 그래서 우리는 하나님을 의지할 수밖에 없습니다. 나눔과 구제에 있어서도 나의 때와 상황과 기호를 고집하지 마십시오.

같은 맥락에서 6절을 보십시오. "너는 아침에 씨를 뿌리고 저녁에도 손을 놓지 말라 이것이 잘 될는지, 저것이 잘 될는지, 혹 둘이 다 잘 될는지 알지 못함이니라." 아침에 씨를 뿌렸다고 해서 저녁에는 안 뿌려도 되는 게 아닙니다. 아침에도 선을 행하고 저녁에도 선을 행하고 주야로 범사에 선을 행하는 것이 하나님의 뜻입니다. 이는 선행의 때를 내가 결정하지 말라는 뜻입니다. 때와 기한은 오직 주님께 있습니다. 이는 내가 결정하기 이전에 이미 주님께서 정하신 기한과 때가 있다는 말입니다. 선을 행해야 할 때와 행하지 말아야 할 때의 결정권은 전적으로 하나님께 있습니다. "하나님이 모든 것을 지으시되 때를 따라 아름답게 하셨고"(전3:11).

"씨"를 말씀의 씨앗으로 이해하고 6절을 다시 보십시오. 우리는 하나님의 말씀을 아침에도 뿌리고 저녁에도 손을 거두지 말아야 할 것입니다. "너는 말씀을 전파하라 때를 얻든지 못 얻든지 항상 힘쓰라 범사에 오래 참음과 가르침으로 경책하며 경계하며 권하라"(딤후4:2). 복음의 전파는 우리가 때를 얻든지 못 얻든지 우리의 때와는 무관한 일입니다. 이것은 우리의 기분이나 우리의 상황이나 우리의 판단이나 결정에 의존하지 않습니다. 복음을 전파하는 때의 결정권도 주님께 있습니다. 주님께서 정하신 때는 "항상"이고 "범사"입니다. 때에 있어서는 아침과 저녁을 가리지 않습니다. 장소에 있어서는 도시와 광야를 가리지 않습니다. 대상에 있어서는 유대인과 이방인을 가리지 않습니다. 우리는 항상 범사에 모든 사람에게 말씀의 씨앗을 뿌리는 자입니다.

사도행전 8장에는 빌립의 전도 이야기가 나옵니다. 빌립에게 주의 사자가 나타나 "일어나서 남쪽으로 향하여 예루살렘에서 가사로 내려가는 길까지 가라"고 했습니다(행8:28). 그런데 그 길은 척박하고 인적이 드문 광야였고 반듯하고 번잡한 도시의 거리가 아닙니다. 그러나 빌립은 자신의 경험과 지식과 기준을 내려 놓고 말씀대로 남쪽으로 떠납니다. 놀랍게도 그는 그 광야에서 에디오피아 사람을 만나고 그에게 복음을 전합니다. 그 사람은 복음을 실은 수레를 타고 고국으로 가서 민족의 복음화를 이루었을 것입니다. 빌립은 결국 생각지도 않은 때에 갑자기 일어나서 남쪽으로 가 생각지도 않은 장소 광야에서 생각지도 않은 사람 에디오피아 여왕 간다게의 내시에게 복음의 씨앗을 뿌린 것입니다. 이로써 한 민족과 아프리카 복음화의 초석을 놓은 것입니다. 이는 나의 생각과 기호와 판단이 아니라 주님을 따를 때에 초래되는 일입니다.

우리의 눈에 밝고 화려한 것이 인생의 전부가 아닙니다. 7절과 8절을 보십시오. "빛은 실로 아름다운 것이라 눈으로 해를 보는 것이 즐거운 일이로다 사람이 여러 해를 살면 항상 즐거워 할지로다 그러나 캄캄한 날들이 많으리니 그 날들을 생각할지라도 다가올 일은 다 헛되도다." 눈으로 아름다운 태양을 보는 것은 분명 즐거운 일입니다. 즐겁게 사십시오. 그러나 화려한 태양의 즐김과 더불어 생각해야 할 것이 있습니다. 캄캄한 날들이 인생에 많이 있다는 것입니다. 비록 그 날들을 생각한다 할지라도 다가올 일은 다 헛되다고 전도자는 말합니다. 그런데도 사람들은 아름답고 화려한 것을 과도하게 추구하고 그것에 취합니다. 심지어 넘지 말아야 할 경계를 넘어 숭배라는 단계까지 이릅니다. 이런 무모한 질주는 스스로 멈추지를 못합니다.

나아가 어떠한 존재가 견고해 보이고 아름답게 보이고 영원하게 보이면 그것의 불법적인 신격화도 서슴지 않습니다. 이 땅의 모든 것들은 지나가고 소멸되는 것입니다. 아름다운 시절은 지나가고 쇠락과 소멸의 시기가 있습니다. 예외가 없습니다. 그래서 아름다운 태양을 아무리 보더라도 다가올 일은 다 헛됩니다. 이러한 사실을 말하면서 전도자는 우리에게 종말을 의식하는 인생의 지혜를 권합니다. 그 종말은 땅에서의 종말이 아니라 하나님 앞에서의 종말이며, 땅에서의 모든 것들의 헛됨을 알리는 종말을 뜻합니다. 결국 전도자는 영원하신 하나님만 경외하고 그의 말씀에 순종하는 것이 헛된 인생의 답이라고 말합니다. 아름다운 것도 헛되다는 사실을 깨닫고 그 헛된 인생을 극복하는 비결이 여기에 있다고 말합니다.

33강

창조주를 기억하라

전 11:9–12:2

[9] 청년이여 네 어린 때를 즐거워하며 네 청년의 날들을 마음에 기뻐하여
마음에 원하는 길들과 네 눈이 보는 대로 행하라 그러나 하나님이 이 모
든 일로 말미암아 너를 심판하실 줄 알라 [10] 그런즉 근심이 네 마음에서
떠나게 하며 악이 네 몸에서 물러가게 하라 어릴 때와 검은 머리의 시절
이 다 헛되니라 [1] 너는 청년의 때에 너의 창조주를 기억하라 곧 곤고한
날이 이르기 전에, 나는 아무 낙이 없다고 할 해들이 가깝기 전에 [2] 해와
빛과 달과 별들이 어둡기 전에, 비 뒤에 구름이 다시 일어나기 전에 그
리하라

전도자는 9절과 10절에서 청년들을 향해 말합니다. "청년이여 네 어린 때를 즐거워하며 네 청년의 날들을 마음에 기뻐하여 마음에 원하는 길들과 네 눈이 보는 대로 행하라 그러나 하나님이 이 모든 일로 말미암아 너를 심판하실 줄 알라." 청년의 때는 연애, 결혼, 출산, 인간관계, 내집 마련, 취업, 꿈의 포기라는 먹구름이 드리워진 때가 아닙니다. 그 모든 것들이 가능성의 형태로 있기 때문에 없는 듯하여도 도전의 날개

를 펼치고 성취의 설렘을 만끽할 수 있는 때입니다. 마음으로 가장 행복한 일들을 하십시오. 마음에 원하는 길로 가십시오. 여러분의 안목에 최상의 것이라고 판단되는 행동을 하십시오.

안타까운 것은 청년들이 자기에게 가장 행복한 것들이 어떤 것인지를 모른다는 것입니다. 마음의 진정한 소원도 모르고 자기 자신도 제대로 모른다는 것입니다. 모두 주변의 합의된 가치관과 익숙한 문화에 길들여져 있습니다. 타인들이 주입한 타율적인 기호의 은밀한 지배를 받고 있습니다. 선생이나 부모가 주입한 가문의 취향에 사로잡혀 있습니다. 비록 이것들은 배움의 과정에서 필요한 일이지만 인생의 열쇠를 맡겨야 할 대상은 부모도 아니고 선생도 아니고 선배도 아니고 배우자도 아닙니다. 청년의 때에 가장 시급한 것은 나 자신을 아는 것입니다. 헤르만 헷세가 이런 말을 했습니다. "나는 한번도 있는 그대로의 나를 안 적이 없었고 온전한 내가 되어본 적도 없었다." 자기 자신을 아십시오. 나 자신의 고유한 소원과 행복을 아십시오. 나의 고유한 안목을 따라 나의 길을 판단하고 떠나고 행하되 다른 사람이 책임지지 않고 내가 직접 스스로 책임지는 자가 되십시오.

청년의 자유와 기쁨과 즐거움과 기호를 노래하던 전도자는 동시에 청년들이 자신에 대해 하나님은 이 모든 일로 말미암아 자신들을 심판하는 분이심을 알아야 한다고 말합니다. 이는 하나님 앞에서의 자유,

하나님 앞에서의 책임, 하나님 앞에서의 기쁨, 하나님 앞에서의 소원을 이루라는 것입니다. 자유와 방종의 경계선은 우리의 모든 것들이 하나님 앞에서의 일이냐 아니냐의 여부에 있습니다. 저는 청년들을 만날 때마다 꿈의 정의를 나눕니다. 꿈이라는 것은 두 가지의 요소가 만나는 지점에 있습니다. 첫째, 종일토록 생각해도 지루하지 않고 의식만 해도 심장이 뛰고 행할 때마다 기쁨과 행복과 만족과 즐거움이 넘치는 것이어야 꿈입니다. 강요되고 떠밀리고 주입되고 길들여진 꿈은 진정한 꿈이 아닙니다. 둘째, 하나님을 사랑하고 이웃을 사랑하는 것과 연결되어 있어야 꿈입니다. 하나님의 영광에 역행하고 이웃에게 피해를 주거나 거북하게 만드는 꿈은 자아에 도취된 이기적인 욕망의 분출일 뿐입니다. 하나님과 이웃에게 유익하지 않은 것은 나에게도 유익할 수 없습니다.

하나님은 우리 각자의 삶 전체를 평가하는 분입니다. 이것은 우리에게 너무나도 큰 복입니다. 지극히 공평하신 하나님께 판단을 받는다는 것은 어떠한 인간의 편파적인 판단도 유효하지 않다는 뜻입니다. 사람들은 우리의 인생을 평가하는 기준도 아니고 주체도 아닙니다. 효력도 없는 사람들의 평가에 결박되지 마십시오. 불쾌한 멸시와 부당한 폄하와 얄미운 냉소와 거친 비난을 받더라도 그것에 과격한 분노나 차가운 증오로 예민하게 반응하지 마십시오. 타인만이 아니라 나 자신도 내 인생의 평가자가 아닙니다. 어떠한 때에라도 자책하지 마십시오. 자신을 스스로 폄하하지 마십시오. 인생의 무게를 가늠하는 평가의 기준과 권한은 오직 하나님께 있습니다.

어떤 식으로든 사람들의 평가에 휘둘리면 나에 대한 판단의 기준과 권한이 하나님께 있지 않다는 뜻입니다. 그 권한을 타인에게 양도하는 어리석은 짓입니다. 만약 자신의 기준으로 자책을 한다면 그것은 하나님의 권한을 스스로 탈취하는 불법을 저지르는 것입니다. 바울은 말합니다. "너희에게나 다른 사람에게나 판단 받는 것이 내게는 매우 작은 일이라 나도 나를 판단하지 아니하노니 내가 자책할 아무 것도 깨닫지 못하나 이로 말미암아 의롭다 함을 얻지 못하노라 다만 나를 심판하실 이는 주시니라"(고전4:3-4). 타인의 모든 판단은 지극히 작은 것입니다. 나 자신도 나를 판단하지 않습니다. 우리가 의롭기 때문에 판단하지 않는 것이 아닙니다. 우리를 심판하실 하나님 때문이고 의로움의 여부도 그분께서 결정하실 일이기 때문입니다.

우리의 자유와 하나님의 판단에 대한 전도자의 교훈에 따르면, 우리는 심판의 유일한 주체이신 하나님의 기준에 맞도록 우리의 기호와 가치관과 판단력과 소원을 조율하는 지혜가 필요한 것 같습니다. 인간의 진정한 행복과 기쁨과 즐거움과 만족은 어디에 있을까요? 하나님의 뜻에 있습니다. 하나님의 뜻을 벗어나는 모든 것들은 죄입니다. 벗어난 그 만큼의 나쁜 평가와 심판과 형벌이 뒤따를 것입니다. 어떻게 하면 하나님의 뜻에 나의 모든 전인격을 맞추고 죄에서 벗어날 수 있을까요?

시인의 조언이 유용할 듯합니다. “내가 주께 범죄하지 아니하려 하여 주의 말씀을 내 마음에 두었나이다”(시119:11). 하나님의 말씀이 내 마음에 있으면 범죄하지 않습니다. 요한의 동일한 조언도 보십시오. “청년들아 내가 너희에게 쓴 것은 너희가 강하고 하나님의 말씀이 너희 안에 거하시며 너희가 흉악한 자를 이기었음이라”(요일2:14). 하나님의 말씀이 우리 안에 있으면 흉악한 자도 이깁니다.

전도자는 10절에서 근심과 악을 버리라고 말합니다. “그런즉 근심이 네 마음에서 떠나게 하며 악이 네 몸에서 물러가게 하라 어릴 때와 검은 머리의 시절이 다 헛되니라.” 어떻게 우리는 근심을 마음에서 떠나게 할 수 있을까요? 이것은 말씀이신 그리스도 안에서만 해결될 수 있습니다. “아무것도 염려하지 말고 다만 모든 일에 기도와 간구로, 너희 구할 것을 감사함으로 하나님께 아뢰라 그리하면 모든 지각에 뛰어난 하나님의 평강이 그리스도 예수 안에서 너희 마음과 생각을 지키시리라”(빌4:6–7). 악은 어떻게 우리의 몸에서 물러가게 할 수 있을까요? 바울은 우리에게 “악에게 지지 말고 선으로 악을 이기라”고 말합니다(롬12:21). 즉 몸에서 악을 물리치는 방법은 우리의 몸으로 선을 행하는 것입니다. 하나님의 뜻을 행하는 것이 선입니다. 그래서 시인은 말합니다. “청년이 무엇으로 그의 행실을 깨끗하게 하리이까 주의 말씀을 지킬 따름이니이다”(시119:9). 이처럼 마음에서 근심이 떠나게 하고 몸에서 악이 물러가게 하는 방법은 우리의 마음에 하나님의 말씀을 두고 그 말씀을 몸으로 실천하는 것을 간절히 추구하는 것입니다. 그러므로 하나님의 말씀과 뜻이 자신의 기호와 가치와 판단력과 기쁨과 즐거움과 행복인 청년들이 되십시오.

이어서 전도자는 12장 1절에서 청년들을 향해 창조주 하나님에 대한 기억을 촉구하고 있습니다. "너는 청년의 때에 너의 창조주를 기억하라." 먼저 청년의 때가 어떤 때인지를 살펴보고 싶습니다. 1절 후반부와 2절을 보십시오. "곧 곤고한 날이 이르기 전에, 나는 아무 낙이 없다고 할 해들이 가깝기 전에 해와 빛과 달과 별들이 어둡기 전에, 비 뒤에 구름이 다시 일어나기 전에 그리하라." 청년의 때는 생물학적 젊음의 시간대를 의미하지 않습니다. 청년의 때를 전도자는 "곤고한 날이 이르기 전"이라고 말합니다. 영원히 곤고한 날은 아마도 죽음의 때일 것입니다. 청년의 때는 "아무런 낙이 없다고 할 해들이 가깝기 전"입니다. 모든 즐거움이 완전히 사라지는 때는 죽음의 때일 것입니다. 청년의 때는 "해와 빛과 달과 별들이 어둡기 전"입니다. 빛과 하늘의 광명들이 그 밝음을 상실하는 때는 죽음의 때일 것입니다. 청년의 때는 "비 뒤에 구름이 다시 일어나기 전"입니다. 우리의 인생에 구름이 다시 일어나지 않는 때는 바로 죽음의 때입니다.

청년의 때는 상대적인 것입니다. 저처럼 40대에 있더라도 어르신들 앞에서는 청년의 때입니다. 나아가 100세에 가까운 어르신들 역시 365

년을 살았던 에녹에 비한다면 청년의 때입니다. 그러나 에녹의 인생도 인류의 역사에서 가장 오래 살았던 969세의 무드셀라 앞에서는 청년의 때입니다. 하지만 인류의 최고령자 무드셀라 역시도 천 년을 하루처럼 여기시는 영원하신 하나님 앞에서는 청년일 뿐입니다. 그가 청년이라 한다면 이 세상에서 살아간 모든 사람들을 청년으로 보아도 과도한 생각이 아닐 것입니다. 이처럼 청년의 때는 바로 죽기 이전의 모든 인생의 기간을 가리키는 말입니다. 누구든지 죽기 전까지는 청년인 것입니다. 그래서 전도자는 뒤이어서 청년의 때가 "흙은 여전히 땅으로 돌아가고 영은 그것을 주신 하나님께 돌아가기 전"이라고 말합니다. 그러므로 전도자는 지금 청년에 해당하는 우리 모두가 살아 숨쉬는 모든 순간마다 우리의 창조주 하나님을 기억해야 한다고 말합니다.

다시 1절 전반부를 보십시오. "너는 청년의 때에 너의 창조주를 기억하라." 창조주는 어떤 분인가요? 시간과 공간을 비롯한 모든 존재들을 만드신 분입니다. 주님께서 지으신 모든 만물을 우리는 창조주를 기억하기 때문에 함부로 유린하지 않고 파괴하지 않습니다. 그리고 창조주는 창조의 마지막 날에 우리 인간을 자신의 형상대로 만드신 분입니다. 전도자는 창세기에 기록된 그 창조자를 의식하며 그를 기억해야 한다고 말합니다. 우리의 근원은 단세포 생물이나 어떤 동물이 아닙니다. 우리는 아메바나 원숭이 출신이 아닙니다. 우리의 존재에는 하나님의 지문이 선명하게 찍혀 있습니다. 다른 존재와는 달리 하나님의 형상대로 지음을 받은 구별된 자입니다.

창조자를 기억하는 구체적인 방법은 다음과 같습니다. 자연을 관찰하여 하나님의 보이지 않는 신성과 능력을 우리의 머리에 떠올리는 방법도 좋습니다. 그러나 보다 선명하게 기억하는 더 좋은 방법은 창조자의 형상대로 지음을 받아 창조자를 가장 정확하게 닮은 인간을 관찰하는 것입니다. 우리의 눈과 귀와 손과 발과 뇌를 보십시오. 우리의 존재는 창조자의 존재성과 무관하지 않습니다. 우리의 모든 기관들은 하나님을 나타내는 비유로서 창조된 것입니다. 그래서 우리의 눈을 볼 때마다 기억해야 하는 것은 하나님이 우리를 불꽃 같은 눈동자로 보고 계시다는 것입니다. "귀를 지으신 이가 듣지 아니하시랴 눈을 만드신 이가 보지 아니하시랴"(시94:9). 하나님은 우리의 형질이 조성되기 전에 이미 보셨으며 우리의 모든 길과 눕는 것을 살피시기 때문에 우리의 모든 행위를 아신다고 시인은 말합니다(시139:3, 16).

우리의 귀를 볼 때마다 우리는 하나님이 우리의 말과 기도를 들으시는 분이라는 사실을 느낍니다(시116:1). 하나님은 이스라엘 백성이 애굽에서 비참한 종의 신분으로 고생하며 내뱉은 가냘픈 신음도 들으신 분입니다. 신음은 한 사람의 억울함과 괴로움과 비참함이 응집된 상태를 나타내는 말입니다. "이제 애굽 사람이 종으로 삼은 이스라엘 자손의 신음을 내가 듣고 나의 언약을 기억하노라"(출6:5). 우리가 입을 보면서 기억해야 하는 창조자는 어떤 분입니까? "여호와 하나님이 땅의 흙으로 사람을 지으시고 생기를 그 코에 불어 넣으시니 사람이 생령이 되니라"(창2:7). 태초에 아담에게 생기를 불어 넣으신 창조자는 지금도 우리에게 생기를 계속해서 불어 넣으시는 분입니다. "이는 만민에게 생명과 호흡과 만물을 친히 주시는 이심이라"(행17:25). 그래서 바울은 "우리가 그를 힘입어 살며 기동하며 있다"(행17:28)고 진술한 것입니다.

손과 팔을 보면서 우리가 기억해야 하는 창조자는 어떤 분입니까? 창조자는 무언가를 만드시고 일하시며 동시에 우리를 위로하고 돌보고 인도하는 분입니다. 손을 볼 때마다 우리의 됨됨이와 행한 모든 일들의 배후에 하나님의 일하시는 은혜가 있었다는 사실을 잊지 마십시오. 그리고 하나님은 우리를 품어 주시고 인도해 주십니다. "그는 목자처럼 양 떼를 먹이시며 어린 양을 그 팔로 모아 품에 안으시며 젖먹이는 암컷들을 온순히 인도하시리로다"(사40:11). 그리고 모든 상황에서 모든 곳에서 우리를 붙들어 주십니다. "거기서도 주의 손이 나를 인도하시며 주의 오른손이 나를 붙드시리이다"(시139:10). 우리의 발을 보면서 기억해야 하는 창조자는 어떤 분입니까? 창조자는 어디에나 가시며 모든 곳에 거하시며 우리와 동행해 주시는 분입니다. "내가 사망의 음침한 골짜기로 다닐지라도 해를 두려워하지 않을 것은 주께서 나와 함께 하심이라"(시23:4).

우리의 뇌를 볼 때마다 기억해야 하는 창조자는 어떤 분입니까? 하나님은 우상과 다른 분입니다. 우리의 모든 생각을 아실 뿐만 아니라 우리를 향한 생각이 얼마나 많은지 모릅니다. 인간의 생각이 허무함을 아십니다(시94:11). 우리를 향한 그분의 생각은 수효를 헤아릴 수 없을 정도로 많습니다. "하나님이여 주의 생각이 내게 어찌 그리 보배로우신지요 그 수가 어찌 그리 많은지요 내가 세려고 할지라도 그 수가 모래보다 많도소이다"(시139:17-18). 창조주 하나님은 상황의 변화에 따라 그때 그때 끌려가는 분도 아니고 충동적인 분도 아닙니다. 세밀한 계획을 세우시고 반드시 이루시는 분입니다. "여호와의 계획은 영원히 서고 그의 생각은 대대에 이르리로다"(시33:11). 이처럼 우리는 우리 자신을 보면서 우리를 지으신 창조주 하나님을 기억해야 한다고 전도자는 말합니다.

이제 전도자가 말한 "나의 창조주"란 표현을 주목하고 싶습니다. 창조주 하나님은 나와 무관한 분이 아닙니다. 나를 창조하신 분이시기 때문에 그분은 나의 주인이며 나는 그분의 것입니다. 이는 생명을 비롯한 나의 모든 것들을 나의 것으로 여기지 말고 하나님의 것임을 기억해야 한다는 말입니다. 창조주 하나님이 우리에게 "너는 내 것이라"고 자신의 소유권을 분명히 밝히셨기 때문에 이 세상의 다른 어떠한 존재도 우리에 대하여 소유권을 주장할 수 없습니다. 우리가 하나님의 것이기 때문에 우리를 건드리면 하나님의 것을 건드린 것입니다. 하나님의 눈동자를 범하는 것입니다. 그리고 나의 창조자가 계시기 때문에 나는 스스로 존재하는 자가 아니라 하나님의 창조로 말미암아 존재하게 된 자입니다. 당연히 존재의 무게를 재는 기준과 저울은 인간에게 있지 않고 그분에게 있습니다. 창조자의 고유한 권한을 가지고 인간을 향해 최상의 평가를 내리시되 '보시기에 심히 좋았다'고 하십니다.

이러한 하나님의 절대적인 평가를 변경할 요소가 이 세상에는 없습니다. 하나님이 스스로 철회하지 않는 이상 우리에 대한 존재의 그러한 최상급 평가는 영원토록 지속될 것입니다. 그러므로 우리를 지으신 분이 계시다는 사실과 그분이 우리를 최고로 평가하고 계시다는 사실을 잊지 마십시오. 나의 창조자를 기억하는 것은 나의 물리적인 존재만이 아니라 나를 하나님의 자녀와 백성으로 거듭나게 하신 재창조자 되신 하나님도 기억해야 한다는 뜻입니다. 하나님은 우리에게 독생자도 아끼지 않으시고 우리의 재창조를 위해 내어주신 분입니다. 우리를 얼마나 사랑하고 귀하게 보셨길래 그런 희생을 감수하신 것일까요? 우리는 그 정도로 귀한 자입니다. 시인도 말합니다. "땅에 있는 성도들은 존귀한 자들이니 나의 모든 즐거움이 그들에게 있도다"(시16:3). 시인의 입술을 통해 하나님은 당신의 모든 즐거움이 우리에게 있다고 하십니다. 그 즐거움을 이기지 못할 정도로 너무도 즐거워서 노래도 부르시고 춤까지 추십니다(습3:17).

나의 삶을 내 마음대로 살아가는 것은 "나의 창조자"를 기억하는 것이 아닙니다. 나에게는 창조자가 계시기에 나의 삶에도 창조자의 설계가 있습니다. 하나님이 친히 그의 백성에게 밝힌 인생 설계도는 다음과 같습니다. "이 백성은 내가 나를 위하여 지었나니 나를 찬송하게 하려 함이니라"(사43:21). 우리는 하나님을 찬송하기 위해 지음을 받은 자입니다. 찬송의 방식은 하나님과 이웃을 사랑하는 것입니다. 우리는 마음과 뜻과 힘과 목숨을 다해 사람을 사랑해야 하는 부르심을 받은 자입니다. 그러나 나 때문에 나를 위함이 아니라 하나님 때문에 하나님을 위해서 나와 배우자와 부모와 자식과 이웃과 원수까지 사랑하는 자입니다. 즉 인생의 목적은 하나님께 근거한 사랑의 노래로 하나님을 영화롭게 하는 것입니다. 만세 전부터 우리를 택하시고 거룩하고 흠 없는 하나님의 자녀로 만드시는 이유는 다음과 같습니다. "우리가 그리스도 안에서 전부터 바라던 그의 영광의 찬송이 되게 하려 하심이라"(시150:6).

34강

땅에서의 인생

전 12:3-8

3 그런 날에는 집을 지키는 자들이 떨 것이며 힘 있는 자들이 구부러질
것이며 맷돌질 하는 자들이 적으므로 그칠 것이며 창들로 내다 보는 자
가 어두워질 것이며 4 길거리 문들이 닫혀질 것이며 맷돌 소리가 적어질
것이며 새의 소리로 말미암아 일어날 것이며 음악하는 여자들은 다 쇠
하여질 것이며 5 또한 그런 자들은 높은 곳을 두려워할 것이며 길에서
는 놀랄 것이며 살구나무가 꽃이 필 것이며 메뚜기도 짐이 될 것이며 정
욕이 그치리니 이는 사람이 자기의 영원한 집으로 돌아가고 조문객들이
거리로 왕래하게 됨이니라 6 은 줄이 풀리고 금 그릇이 깨지고 항아리가
샘 곁에서 깨지고 바퀴가 우물 위에서 깨지고 7 흙은 여전히 땅으로 돌
아가고 영은 그것을 주신 하나님께로 돌아가기 전에 기억하라 8 전도자
가 이르되 헛되고 헛되도다 모든 것이 헛되도다

이 세상에는 시간이 있고 그 시간은 우리의 영혼과 몸에도 있습니다. 자연의 모든 존재는 시간의 영향을 받습니다. 동물과 식물은 태어나고 자라고 성장하고 열매 맺고 죽습니다. 존재의 시작이 있고 성장의 때가 있고 열매의 때가 있고 죽음의 때가 있습니다. 이러한 패턴에서 배제된

존재는 없습니다. 특별히 인간은 시간의 흐름을 따라 태어나고 늙고 병들고 죽습니다. 늙어서 죽는 자연사가 사망의 가장 지배적인 비율을 차지하고 있다는 사실 때문에 오늘날의 과학은 노화를 치료하고 극복해야 할 질병으로 규정하고 그 질병의 해결책 모색에 여념이 없습니다. 어떤 과학자는 노화 자체와 싸우지 않고 노화가 불가피한 인간의 몸을 조금씩 노화하지 않는 기계로 대체하는 방법도 제시하고 있습니다.

그러나 이러한 생로병사 현상은 우리에게 하나님의 섭리를 보여주고 시간의 마지막에 어떠한 일이 발생하고 시간의 마지막 이후에는 어떠한 세계로 들어가게 되는지를 보여주고 있습니다. 자연의 순리를 거스르면 이로써 얻는 유익보다 역기능과 부작용이 더 크다는 사실을 문명의 역사는 교훈하고 있습니다. 태어나서 성장하고 늙어가는 우리는 인생이 쇠락의 길로 접어들기 이전에 창조주 하나님을 기억해야 한다고 전도자는 말합니다. 본문은 모든 희락이 없어지는 마지막의 때에 발생하는 쇠락의 다양한 유형들을 전합니다. 우리의 인생에 쇠락의 다양한 유형들이 등장하는 목적은 우리로 하여금 창조주 하나님을 기억하게 함에 있습니다. 이러한 쇠락의 때가 이르기 전에 창조주 하나님을 기억하는 자는 지혜로운 자입니다.

먼저 3절을 보십시오. "그런 날에는 집을 지키는 자들이 떨 것이며." 집을 지키는 자들은 가정의 파수꾼일 것입니다. 그 파수꾼의 경성함이 허사가 되는 일들이 있다고 전도자는 말합니다. 파수꾼이 두려움에 빠질 때는 창조주 하나님을 기억해야 할 때입니다. "여호와께서 집을 세우지 아니하시면 세우는 자의 수고가 헛되며 여호와께서 성을 지키지 아니하시면 파숫군의 경성함이 허사로다"(시127:1). 하나님은 우리의 집을 세우시는 분이며 동시에 집을 지키시는 분입니다. 가정이나 교회나 학교나 일터에는 각 공동체를 지키는 책임자가 있는데, 그 책임자가 근심과 두려움과 걱정에 빠지는 경우가 있습니다. 그때마다 우리는 주님께서 공동체를 세우시고 지키시는 분이심을 믿고 하나님을 기억하고 신뢰해야 할 것입니다.

"힘 있는 자들이 구부러질 것이며." 전도자는 힘이 있는 자들이 구부러질 때가 있다고 말합니다. 여기에서 "힘"은 능력과 힘과 재능과 부와 효율과 전투력을 의미하는 말입니다. 이러한 힘도 쇠락할 때가 있습니다. 힘과 능력을 잃고 재능도 소멸되고 부도 사라지고 효율성도 떨어지고 전투력도 상실되는 때가 바로 우리의 연약함을 알고 창조주 하나님을 기억해야 할 때입니다. 다양한 환상을 본 스가랴가 기록한 하나님의 해석을 보십시오. "이는 힘으로 되지 아니하며 능으로 되지 아니하고 오직 나의 신으로 되느니라"(슥4:6). 이는 포로로 잡혀간 이스라엘 백성이 돌아와 하나님의 성전을 재건하는 것은 인간의 힘과 능력으로 되지 아니하고 하나님의 신으로만 된다는 뜻입니다. 여호와의 신으로 되는 일은 이스라엘 백성의 죄와 관계되어 있습니다. "오직 나는 여호와의 신으로 말미암아 권능과 공의와 재능으로 채움을 얻고 야곱의 허물과 이스라엘의 죄를 그들에게 보이리라"(미3:8). 죄 문제의 진정한 해결은 인간의 능력이 아니라 여호와의 신으로 말미암는 것입니다.

"맷돌질 하는 자들이 적으므로 그칠 것이며." 맷돌은 곡식을 부수고 갈아서 가루로 만드는 도구를 가리키는 말입니다. 우리는 음식을 마치 맷돌과 같은 이빨로 잘게 부수어서 먹습니다. 그러나 시간이 흐를수록 이빨이 빠지고 줄어들어 맷돌질을 그치게 될 것입니다. 나이가 들수록 입맛이 떨어져 좋아하는 음식도, 이빨이 빠져서 먹을 수 있는 음식도 하나 둘씩 줄어들고 영양분도 제대로 섭취하지 못하게 될 것입니다. 이는 반드시 노인에게 나타나는 현상만은 아닙니다. 어리고 젊은 사람들도 이러한 어려움을 겪습니다. 연령이 어떠하든 이빨이 빠지고 음식물의 섭취와 소화가 어려워질 때는 바로 창조주 하나님을 기억할 때입니다. 먹고 마시는 일이 극도로 어려워진 광야의 삶에 대한 모세의 해석을 들어 보십시오. "너를 낮추시며 너를 주리게 하시며 또 너도 알지 못하며 네 조상들도 알지 못하던 만나를 네게 먹이신 것은 사람이 떡으로만 사는 것이 아니요 여호와의 입에서 나오는 모든 말씀으로 사는 줄을 네가 알게 하려 하심이라"(신8:3). 양식의 주림을 말씀의 필요성과 결부시켜 설명하고 있습니다. 음식이 거절되는 때는 창조의 원인이고 우리의 영원한 양식인 창조의 말씀을 기억할 때입니다.

"창들로 내다 보는 자가 어두워질 것이며." 여기에서 "창들"은 눈을 가리키고 "어두워질 것"이라는 말은 시력의 감퇴를 뜻합니다. 눈이 어두워질 때는 창조주 하나님을 기억할 때입니다. 제자들의 무지에 대한 예수님의 책망을 보십시오. "아직도 알지 못하며 깨닫지 못하느냐 너희 마음이 둔하냐 너희가 눈이 있어도 보지 못하며 귀가 있어도 듣지 못하느냐 또 기억하지 못하느냐"(막8:17-18). 이는 오병이어 분량의 초라한 양식으로 오천 명을 먹이신 창조의 주님을 망각하고 눈 앞에 있는 떡만 바라보는 제자들을 향해 쏟은 질책의 말입니다. 우리의 눈은 가시적인 자연만 보고 마땅히 보아야 할 본질적인 사실은 보지 못합니다. 게다가 타락까지 했습니다. 그래서 하나님의 관점과 시각을 상실하고 자신의 밝아진 인간적인 눈으로 보기에 사실을 왜곡할 수밖에 없습니다. 눈이 어두워질 때마다 이러한 영적 실태를 이해하고 눈을 지으시고 지키시는 창조주 하나님을 기억하며 다윗처럼 도움을 구하시기 바랍니다. "내 눈을 열어서 주의 율법에서 놀라운 것을 보게 하소서"(시119:18). 같은 맥락에서 바울은 에베소 성도들이 가장 중요한 앎의 대상이신 하나님을 알도록 "지혜와 계시의 영"을 하나님께 구합니다(엡1:17).

이제 4절을 보십시오. "길거리 문들이 닫혀질 것이며." 길거리의 문들이 닫혀지는 때는 출입할 곳도 없어지고 초청하는 곳도 없어지는 쇠락의 때입니다. 서로간의 소통이 없어지는 때입니다. 사람들이 서로를 싫어하고 회피하고 다가가는 것을 꺼려하는 때는 바로 창조주 하나님을 기억할 때입니다. 사람들은 비록 마음의 문을 닫아서 소통을 차단해도 하나님은 언제나 우리를 향해 귀를 세우시고 소통을 원하고 계십니다. 그래서 휘장을 찢으셨고 매 순간마다 은혜의 보좌로 나아와 쉬지 말고 기도하며 대화를 나누자고 하십니다(살전5:17). 그러므로 하나님이 우리에게 오시도록 마음의 문을 여십시오(시24:9). 하나님은 소통을 원하시며 계속해서 마음의 문을 두드리고 계십니다. "볼지어다 내가 문 밖에 서서 두드리노니 누구든지 내 음성을 듣고 문을 열면 내가 그에게로 들어가 그와 더불어 먹고 그는 나와 더불어 먹으리라"(계3:20).

"새의 소리로 말미암아 일어날 것이며." 새의 소리가 자명종이 되는 것은 결코 낭만적인 현상이 아닙니다. 이것은 깊이 잠들지 못하여 자그마한 새의 경미한 소리에도 깨어나는 쇠락한 인생을 뜻합니다. 청년의 때에는 바닥에 등만 붙여도 속히 잠들어 깊은 안식을 누립니다. 그러나 신경이 쇠약하여 미세한 소음만 있어도 잠들지 못하고 안식을 누리지도 못하는 때는 바로 창조주 하나님을 기억하지 않을 수 없습니다. 하나님은 우리를 슬픔과 곤고와 고역에서 해방시켜 안식을 주시는 분입니다(사14:3). 하나님 자신이 우리에게 피난처와 안식처가 되십니다(시73:28, 90:1). 진정한 쉼과 안식은 환경이 아니라 마음에 예수님의 겸손과 온유가 담길 때에 주어지는 것입니다(마11:29). 이는 창조자 하나님이 우리를 당신의 형상대로 그렇게 지으셨기 때문에 그런 것입니다.

"음악하는 여자들은 다 쇠하여질 것이며." 쇠락의 때에는 입술에서 아름다운 음악을 기대할 수 없습니다. 예술적인 요소들이 하나 둘씩 쇠락하고 미학의 근육이 굳어지는 때가 바로 창조주 하나님을 기억할 때입니다. 우리의 아름다운 목소리와 고운 용모는 시간이 지나면서 쇠하여 질 것입니다. 불의의 사고로 인해 다른 사람보다 더 빨리 그 쇠락을 경험하는 사람들도 있습니다. 그러나 지혜자는 말합니다. "고운 것도 거짓되고 아름다운 것도 헛되나 오직 여호와를 경외하는 여자는 칭찬을 받을 것이라"(잠31:30). 창조주 하나님을 기억하는 자의 아름다운 영혼은 세월이 흘러도 쇠락하지 않습니다. 시간이 빼앗지 못하는 것은 바로 창조주 하나님의 형상일 것입니다. 오히려 시간이 흐를수록 그 형상은 우리에게 더욱 온전해 질 것입니다. 바울을 보십시오. "그러므로 우리가 낙심하지 아니하노니 겉사람은 후패하나 우리의 속은 날로 새롭도다"(고후4:16).

이제 5절을 보십시오. "또한 그런 자들은 높은 곳을 두려워할 것이며." 쇠락한 인생은 높은 곳에 올라갈 수도 없고 올라가도 내려올 수 없어서 두려워할 것입니다. 그러나 그때가 바로 창조주 하나님을 기억할 때입니다. 하박국 선지자는 말합니다. "주 여호와는 나의 힘이시라 나의 발을 사슴과 같게 하사 나를 나의 높은 곳으로 다니게 하시리로다"(합3:19). 창조주 하나님은 우리가 쇠락해도 우리를 높은 곳으로 오르게 하실 유일하신 분입니다.

"길에서는 놀랄 것이며." 인생이 더욱 쇠락하면 높은 곳만이 아니라 길에서 걷는 것조차도 두려워할 것입니다. 다리에는 걸을 힘이 없고 허리에는 직립의 힘마저도 없습니다. 걷기와 서기가 모두 두려움의 대상이 되는 쇠락의 때가 바로 창조주 하나님을 기억할 때입니다. 베드로는 성전 미문에서 앉아 구걸하는 사람에게 다리를 만드신 그리스도 예수의 이름으로 이렇게 말합니다. "나사렛 예수 그리스도의 이름으로 일어나 걸으라"(행3:7). 그리고 "오른손을 잡아 일으키니 발과 발목이 곧 힘을" 얻었다고 했습니다(행3:8). 나아가 우리는 창조주 하나님의 능력으로 그분 앞에 서게 될 것입니다. 그래서 유다는 하나님을 "능히 너희를 보호하사 거침이 없게 하시고 너희로 그 영광 앞에 흠이 없이 기쁨으로 서게 하실 이"(유1:24)시라고 말합니다.

"살구나무가 꽃이 필 것이며." 팔레스틴 지역에서 살구나무는 정월에 꽃을 피웁니다. 이 꽃의 색깔은 흰색이기 때문에 이 구절은 머리가 희어진 노년의 때를 가리키는 말입니다. 비록 인간문맥 안에서는 흰 머리가 인생의 쇠락을 뜻하지만 창조주 하나님 앞에서는 아름답고 영화로운 것입니다. "백발은 영화의 면류관이라"(잠16:31). "젊은 자의 영화는 그의 힘이요 늙은 자의 아름다움은 백발이니라"(잠20:29).

"메뚜기도 짐이 될 것이며 정욕이 그치리니." 메뚜기는 지극히 작고 가벼운 것입니다. 그런 경미한 것이 무거운 짐으로 여겨지는 것은 쇠락의 때라는 말입니다. 정욕도 그친다는 것은 육신적인 욕구의 소멸을 가리키는 말입니다. 이러한 때가 바로 창조주 하나님을 기억해야 하는 때입니다. 육체적인 쇠락의 때는 육신으로 누리던 모든 것들과의 결별을 의미하고 영원토록 변하지 않으시는 창조주 하나님만 바라볼 수밖에 없습니다.

"이는 사람이 자기의 영원한 집으로 돌아가고 조문객들이 거리로 왕래하게 됨이니라." 인간이 돌아가는 영원한 집은 두 종류가 있습니다. 하나는 하나님과 영원히 함께하는 곳이고 다른 하나는 하나님과 영원히 함께하지 않는 곳입니다. 그리스도 예수는 그 영원한 집으로 들어가는 "양의 문"입니다(요10:7).

인생의 마지막 쇠락을 가리키는 죽음의 때에 일어나는 일에 대해 6절과 7절을 보십시오. "은 줄이 풀리고 금 그릇이 깨지고 항아리가 샘 곁에서 깨지고 바퀴가 우물 위에서 깨지고 흙은 여전히 땅으로 돌아가고 영은 그것을 주신 하나님께로 돌아가기 전에 기억하라." 인간이 죽으면 몸의 모든 기관들이 죽되 힘줄과 근육은 풀리고 기관들을 담고 있던 몸의 형체는 깨어질 것입니다. 그리고 인생의 흙은 땅으로 돌아가고 영은 생기를 불어 넣으신 창조주 하나님께 돌아갈 것입니다. 사람이 죽으면 그 사람의 영은 하나님께 곧장 돌아가고 그 사람의 흙이 땅으로 돌아가는 것은 30일 정도가 걸립니다. 이렇게 쇠락하여 죽음의 때가 이르기 이전에 창조주 하나님을 기억해야 한다고 전도자는 말합니다. 그러나 창조주 하나님을 기억하지 않는 인생은 모든 것이 헛됩니다. 그래서 전도자는 8절에서 창조주 하나님 없이 해 아래에서 살아가는 인생에 대해 다음과 같은 결론을 내립니다. "전도자가 이르되 헛되고 헛되도다 모든 것이 헛되도다."

35강

지혜의 근원

전 12:9-14

9전도자는 지혜자이어서 여전히 백성에게 지식을 가르쳤고 또 깊이 생
각하고 연구하여 잠언을 많이 지었으며 10전도자는 힘써 아름다운 말들
을 구하였나니 진리의 말씀들을 정직하게 기록하였느니라 11지혜자들의
말씀들은 찌르는 채찍들 같고 회중의 스승들의 말씀들은 잘 박힌 못 같
으니 다 한 목자가 주신 바이니라 12내 아들아 또 이것들로부터 경계를
받으라 많은 책들을 짓는 것은 끝이 없고 많이 공부하는 것은 몸을 피곤
하게 하느니라 13일의 결국을 다 들었으니 하나님을 경외하고 그의 명령
들을 지킬지어다 이것이 모든 사람의 본분이니라 14하나님은 모든 행위
와 모든 은밀한 일을 선악 간에 심판하시리라

전도자는 이제 전도서를 정리하며 9절에서 이렇게 말합니다. "전도자는 지혜자이어서 여전히 백성에게 지식을 가르쳤고 또 깊이 생각하고 연구하여 잠언을 많이 지었으며." 전도자는 지혜자며 그가 수행한 지혜자의 역할은 백성을 지식으로 가르치는 것과 깊이 생각하고 연구하여 잠언을 많이 지은 것입니다. 먼저 이 전도서는 백성을 널리 이롭

게 하는 지식을 전합니다. 전도서에 담긴 내용의 대부분이 헛됨과 허무를 노래하는 듯하지만 실상은 인생의 역설적인 진실을 가르치고 있습니다. 백성에게 최고의 지식을 제공하고 그들의 의식과 생각과 언어와 행실에 스며들게 만드는 것은 통치자의 지극히 당연하고 아름다운 직무라고 말하는 듯합니다. 인생 전체를 관통하는 탁월한 지식을 구비한 지혜자가 통치자인 나라의 백성은 참으로 행복할 것입니다. 필수적인 지식, 아름다운 지식, 자비로운 지식, 정의로운 지식, 공정한 지식, 부드러운 지식, 따뜻한 지식, 감동적인 지식, 향기로운 지식으로 의식이 물든 백성은 행복할 수밖에 없습니다.

반면에 이 땅에는 무지하고 우매한 통치자의 폭정으로 인해 신음하고 있는 민족들이 대단히 많습니다. 무지하고 어리석은 지도자가 흘리고 방치하여 발생된 온갖 위험한 지식, 거짓된 지식, 야비한 지식, 가증한 지식, 과격한 지식, 더러운 지식, 민망한 지식, 무의미한 지식, 교활한 지식, 잔인한 지식에 백성들이 노출되면 지옥에 버금가는 공동체로 전락할 것입니다. 가정이든 교회든 사회의 어떠한 공동체든 지도자가 건강하고 올바른 지식과 지혜를 구비하지 않으면 그 공동체에 속한 사람들은 고통을 받고 아픔을 겪습니다. 모든 공동체는 지혜로운 전도자를 원합니다. 어떤 식으로 그 요구에 부응할 수 있을까요? 인류의 역사에서 3000년 전에 등장한 전도자는 그 시대만의 축복이 아닙니다. 모든 시대의 모든 사람들을 위한 복입니다. 그러나 솔로몬은 갔습니다. 그럼에도 불구하고 그의 전도서가 지금까지 우리에게 유익을 주고 있음은 잠언의 진정한 주인이 솔로몬이 아니라는 뜻입니다. 전도서의 근원적인 저자와 주인은 결코 유한한 인간이 아닙니다. 모든 지혜는 이 땅에서 이슬처럼 왔다가 안개처럼 사라지는 인생에게 잠시 맡겨진 것입니다. 그러므로 지혜의 근원이신 하나님의 은혜만이 모든 공동체의 전도자 요구에 부응할 수 있습니다.

그리고 전도서는 비록 인생의 헛됨을 강조하고 많은 지면을 그 주제에 할애하고 있지만 허무의 찬가가 아니라 잠언으로 분류되며, 단순한 언어의 향연이 아니라 깊은 생각과 검증의 결과라고 말합니다. 이는 허무라는 인생의 적나라한 실상을 경험한 자만이 허무의 바닥을 치고 올라와 진정한 잠언을 제대로 깨달을 수 있다는 뜻입니다. 솔로몬이 백성을 위해 가르친 이러한 잠언의 질과 분량은 인류의 역사에 등장했던 다른 어떠한 왕들과도 비교할 수 없습니다. 즉 모든 시대와 모든 민족과 모든 영역을 아우르는 잠언들의 수효는 헤아리기 어려울 정도로 많습니다(왕상4:30-31). 다른 누구의 잠언보다 질적으로 탁월하고 양적으로 중다한 3000가지의 잠언과 1005편의 노래에 초목과 동물과 조류와 물고기에 지식까지 말할 수 있었던 지혜와 지식의 근원은 어디에 있을까요? 그 근원은 솔로몬 자신이 아닙니다. 역사가는 말합니다. "하나님이 솔로몬에게 지혜와 총명을 심히 많이 주시고 또 넓은 마음을 주시되"(왕상4:29). 하나님에 의해서 그에게 주어지고 맡겨진 것입니다. 이는 지혜와 지식의 출처가 하나님께 있다는 말입니다.

전도자의 입술에서 나온 모든 영속적인 지혜와 지식과 잠언은 하나님의 감동으로 말미암은 것입니다. 유한한 인간은 무한한 잠언을 생산할 수도 없고 영구히 보존할 수도 없습니다. 그래서 과거에 한번도 발설되지 않은 새로운 잠언이 지금 나왔다고 할지라도 인간문맥 안에서나 새로울 뿐입니다. 하나님의 눈에는 새로운 것이 전혀 없으며 그 누구도 잠언의 지적 재산권을 내세울 수 없습니다. "지혜는 어디서 얻으며 명철이 있는 곳은 어디인고 그 길을 사람이 알지 못하나니 사람 사는 땅에서는 찾을 수 없구나"(욥28:12-13). 이는 비록 오해하고 오용하고 악용할 가능성도 농후한 말이지만 그 의미는 지혜와 명철과 지식의 궁극적인 출처가 땅의 그 어느 곳도, 그 어떠한 사람도 아니라는 것입니다. 바울이 분명히 밝혔듯이 근원적인 "지혜와 지식의 모든 보화"(골2:3)는 오직 그리스도 안에만 있습니다. 그래서 지혜와 지식의 엄밀한 지적 재산권은 주님께만 있습니다.

그러므로 이토록 놀라운 잠언들을 지은 솔로몬이 비록 이 땅에서는 비교의 대상이 없는 최고의 전도자라 할지라도 하나님 앞에서는 아무것도 아닙니다. "하나님의 미련한 것이 사람보다 지혜 있고 하나님의 약한 것이 사람보다 강하니라"(고전1:25). 아무리 지혜와 지식이 탁월한 현인이라 할지라도 하나님 앞에서는 명함도 내밀지 못합니다. 이 땅에서 보다 탁월한 지혜가 나온다면 그것은 하나님의 지혜를 능가하는 것이 이 땅에 있다는 의미가 아닙니다. 오히려 그렇게도 탁월한 지혜가 하나님의 미련한 것보다도 못하다면 하나님의 지혜는 얼마나 놀라운 것일까를 입증하는 근거일 뿐입니다. 이 땅에서 혹시 출중한 지혜나 지혜자를 찾았다면 그것은 감격과 감탄의 종착지가 아닙니다. 바울이 발견한 감탄과 감격의 주인공을 보십시오. "깊도다 하나님의 지혜와 지식의 풍성함이여 그의 판단은 헤아리지 못할 것이며 그의 길은 찾지 못할 것이로다"(롬11:33). 이는 이 세상이나 인간에게 놀라지 않고 그것을 선물하신 하나님께 감격해야 한다는 것입니다.

전도자는 비록 자신의 입술과 붓끝에서 나온 잠언이라 할지라도 소유권을 내세울 의사가 없어 보입니다. 10절을 보십시오. "전도자는 힘써 아름다운 말들을 구하였나니 진리의 말씀들을 정직하게 기록하였느니라." 전도자는 주어진 진리의 말씀들을 정직하게 기록한 자일 뿐입니다. 전도자는 이 놀라운 진리의 말씀들을 정직하게 기록하기 위해 아름다운 말들을 구하는 일에 힘썼다고 말합니다. 이는 주님께서 주신 지혜와 지식을 가장 아름답게 담아낼 언어의 그릇을 빚는 일에 열정을 쏟았다는 말입니다. 그러나 여기에서 아름다운 말들은 언어의 수사학적 화려함을 의미하지 않습니다. 진리는 이미 그 자체로 지극히 아름다운 것입니다. 언어의 도움으로 진리의 진실성이 추가되는 것은 아닙니다. 그래서 그 진리를 있는 그대로 보존하되 감하여서 훼손하지 않고 더하여서 더럽히지 않을 최적의 표현들을 구했다는 것입니다. 상황에 따라 진리의 전달을 위해 충분히 화려한 수식어가 필요할 때도 있지만 과장하지 않는 담백한 표현이 적절하며 때로는 침묵이 최고의 언어일 때도 있습니다. 언어와 상황은 연동되어 있습니다. 그래서 지혜자는 언어가 사용되는 각각의 때와 장소와 상황에 어울리는 말이 가장 아름다운 말이라고 했습니다(잠15:23).

그리고 전도서는 진리의 말씀들을 정직하게 기록한 책입니다. 전도서 안에는 인생이 허무하고 허탈하고 헛되다는 내용의 구절들이 대단히 많습니다. 이것은 우울증에 걸린 인생의 말년병장 입술에서 쏟아지는 푸념이나 넋두리가 아닙니다. 그 구절들의 표면은 비록 불편하고 거북하고 우울하고 어둡지만 그 이면은 인생의 농밀한 진실을 담고 있습니다. 전도서를 비롯하여 성경 전체는 대체로 인생에게 화려한 찬사와 요란한 박수를 보내지 않습니다. 오히려 해 아래에서 살아가는 인생의 비참하고 무익하고 허망한 실태를 있는 그대로 진단하고 이 땅에서는 답이 없는 인생의 막막한 절망을 있는 그대로 지적하며 동시에 그 유일한 답으로서 그리스도 예수를 제시하는 책입니다. 전도서도 동일한 맥락에서 인생을 미화하지 않고 있는 그대로의 실상을 적시하고 그 답으로서 여호와 경외와 계명의 완전한 순종을 제시하고 있습니다. 물론 전도자가 제시한 인생의 답은 그리스도 안에서만 발견할 수 있습니다.

전도자는 11절에서 전도서에 기록된 지혜의 기능들과 근원에 대해 언급하고 있습니다. "지혜자들의 말씀들은 찌르는 채찍들 같고 회중의 스승들의 말씀들은 잘 박힌 못 같으니 다 한 목자가 주신 것이니라." 먼저 전도자는 자신만이 지혜로운 자가 아니라 다수의 현인들이 있다고 말합니다. 실제로 이 세상에는 하나님의 가르침을 받은 다수의 지혜자가 있었으며 지금도 곳곳에서 활동하고 있습니다. 그런데도 자기만을 지혜로운 자로 여기는 사람은 우매하고 교만한 자입니다. 하나님은 지혜를 한 사람에게 몰아서 주시지 않습니다. 서로에게 귀를 기울이고 서로를 존중하고 협력하며 살도록 각자에게 지혜의 적당한 분량을 분배해 주십니다.

그리고 지혜로운 자들이 전하는 말씀들은 "찌르는 채찍들"과 같다고 전도자는 말합니다. 지혜의 말씀들은 우리의 인격과 삶을 단련하고 보다 아름답게 만들기 위해 찌르는 뾰족한 훈계의 기능을 가지고 있습니다. 히브리서 기자는 말합니다. "하나님의 말씀은 살아 있고 활력이 있어 좌우에 날선 어떤 검보다도 예리하여 혼과 영과 및 관절과 골수를 찔러 쪼개기까지 하며 또 마음의 생각과 뜻을 판단하나니"(히4:12). 참으로 지혜로운 말씀은 우리의 행동만 단련하지 않고 몸과 마음과 생각과 영혼까지 연단의 대상으로 삼습니다. 영혼이 아름다운 사람이 있습니다. 어떻게 영혼이 아름답게 될 수 있을까요? 하나님의 말씀 이외에는 영혼을 진단하고 치유하고 연단하여 건강하고 깨끗하고 아름답게 만드는 도구가 이 세상에는 없습니다.

그리고 회중의 스승들이 가르친 지혜의 말씀들은 "잘 박힌 못"과 같습니다. "잘 박힌 못"은 견고하여 흔들림이 없습니다. 전도서는 잘 박힌 못과 같은 책입니다. 인생의 장막이 지혜로운 말씀들의 못으로 고정되어 있으면 어떠한 유행성 바람에도 쉽게 날아가지 않을 것입니다. 이 세상의 모든 것들은 견고하지 않습니다. 잠시 있다가 날아가고 썩어 없어지는 변동적인 것입니다. 돈과 섹스와 권력과 명예는 우리의 인생을 의탁해도 될 정도로 견고하게 박힌 못이 아닙니다. 그것들 중의 어떠한 것에 의지해도 곧장 표류하는 인생으로 전락하게 될 것입니다. 더 크게 의지하면 의지한 그만큼 더 크게 실망하고 후회할 것입니다. 그러나 지혜의 말씀은 영원히 변하지 않습니다. 하나님은 "말씀하신 것을 영원히 견고하게 하시며 말씀하신 대로 행하사 견고하게 하시고 사람에게 영원히 주의 이름을 높"이게 하시는 분이시기 때문에 지혜의 말씀은 견고한 못입니다(대상17:23). 그 말씀의 못으로 고정된 인생은 견고하여 흔들림이 없고 요동치 않을 것입니다.

지혜로운 자들의 모든 말씀들은 "다 한 목자가 주신 것"입니다. 지혜의 유일한 목자는 예수 그리스도 밖에는 없습니다. 이 세상의 모든 지혜는 그에게서 나왔고 그로 말미암아 나온 것입니다. 비록 사람이 자기의 입술에서 쏟아내고 자기의 머리에서 끄집어낸 것처럼 보여도 다

한 목자가 준 것이라고 최고의 지혜자는 말합니다. 지혜 자체의 목소리를 들어 보십시오. "내게는 계략과 참 지식이 있으며 나는 명철이라 내게 능력이 있으므로 나로 말미암아 왕들이 치리하며 방백들이 공의를 세우며 나로 말미암아 재상과 존귀한 자 곧 모든 의로운 판관들이 다스리느니라"(잠8:14-16). 이 세상의 모든 유려한 사람들의 지혜로운 통치와 판단과 처신은 지혜가 한 일이라고 말합니다. 각 사람에게 흩어져 있는 지혜의 조각들은 모두 지혜이신 그리스도 예수의 것입니다. 온 세상과 역사 속에서 모습을 드러낸 지혜의 모든 조각들은 지혜의 출처이신 그리스도 안에서 비로소 제자리를 찾고 본래의 의미를 얻으며 그리스도 안에서 상합하여 하나의 온전한 지혜를 이룹니다. 성경에 언급된 모든 지혜의 말씀들도 동일하게 그리스도 안에서 제자리를 찾고 의미를 얻으며 서로 연결되고 보완하여 온전한 지혜의 모습을 갖습니다.

모든 지혜는 한 목자께서 주신 선물이기 때문에 지혜로운 생각이나 말이나 행동을 하는 모든 사람들은 결코 자랑할 수도 없고 교만할 수도 없습니다. 사업에서 성공한 기업가도, 최고의 책을 저술한 저자도, 기발한 통찰을 담은 논문 발표자도, 지극히 공정한 판결을 내리는 재판관도, 아름다운 건물을 설계하는 건축가도, 아름다운 그림과 조각상을 공교하게 만드는 예술가도, 뛰어난 능변을 구사하는 연설가도, 심오한 깨달음을 발견한 사상가도, 대단히 유용한 도구를 찾아낸 발명가도, 감미로운 선율과 곡조를 생산한 음악가도, 사회의 문제를 탁월하게 해결하는 정치가도, 부국과 강병을 이룩한 한 나라의 통치자도, 모든 사람에게 평등한 기회를 제공하는 법적 장치를 마련한 법률가도 자랑할 것이 없습니다. 이 모든 일들을 가능하게 만든 지혜가 모두 하나님의 선물이기 때문에 모든 영광은 하나님의 것입니다.

지혜를 추구하는 사람들의 특징들 중의 하나는 많은 책들을 저술하고 다양한 분야를 많이 공부하는 것입니다. 그러나 전도자는 12절에서 말합니다. "내 아들아 또 이것들로부터 경계를 받으라 많은 책들을 짓는 것은 끝이 없고 많이 공부하는 것은 몸을 피곤하게 하느니라." 지혜와 지식의 맛을 아는 사람들은 자칫 지혜와 지식의 과도하고 무절제한 소유욕에 빠지기 쉽습니다. 책의 빈번하고 상습적인 출간과 공부의 넘사벽이 되려는 욕구는 대부분의 사람들이 박수와 부러움의 반응을 보이는 일이지만, 거의 모든 분야의 지식과 학문을 섭렵하고 통달한 전도자는 이에 대하여 다소 냉소적인 입장을 취합니다. 많은 책들을 저술하는 것은 끝이 없다고 말합니다. 출판에도 중독성이 있어서 책을 저술하고 또 저술해도 만족이 아니라 갈증만 증폭되는 것을 느낍니다. 같은 맥락에서 많이 공부하는 것은 몸을 피곤하게 하는 일입니다. 다양한 지식을 두루두루 취득하고 이를 재구성해 문서나 구술의 형태로 타인과 공유하는 것은 정신적인 피로와 신체적인 피곤을 초래하는 일입니다. 공부라는 말은 지식의 취득만이 아니라 어떠한 일이든지 집념을 가지고 헌신적인 열정을 쏟아 붓는다는 의미를 가지고 있습니다. 어떠한 대상과 일에 대해서도 지나치면 아니함만 못할 수도 없습니다. 그래서 전도자는 지식에 대한 과욕과 지나친 열정도 경계의 대상으로 분류하고 있습니다.

그래서 전도자는 13절과 14절에서 다음과 같은 결론을 내립니다. "일의 결국을 다 들었으니 하나님을 경외하고 그의 명령들을 지킬지어다 이것이 모든 사람의 본분이니라 하나님은 모든 행위와 모든 은밀한 일을 선악 간에 심판하시리라." 가장 많은 일들을 수행하고 가장 많은 지혜를 깨닫고 가장 많은 지식을 소유한 전도자는 해 아래에서 일어나는 모든 일들의 결국을 가장 선명하게 경험하고 마치 자녀에게 말하듯이 가장 친근한 어투로 독자에게 다 들려준 이후에 하나님을 경외하는 것과 그의 명령들을 준수하는 것이 바로 인간과 인생의 전부라는 결론을 내립니다. 인생의 마지막에 모든 사람들은 하나님 앞에서 하나님에 의해 하나님의 기준을 따라 심판을 받을 것입니다. 그 기준은 여호와 경외와 계명에의 순종이며 하나님은 그것에 근거하여 인생의 모든 행위와 모든 은밀한 일을 심판하실 것입니다.

전도자는 전도서의 끝자락에 "선악 간에 심판" 이야기를 다룹니다. 이 부분은 마치 전도서의 결론만이 아니라 성경 전체의 결론을 내리고자 하는 듯합니다. 인류의 표면적인 타락은 선악을 알게 하는 나무의 실과를 따먹은 것입니다. 선악과를 따먹은 것의 이면적인 뜻은 자신이 자신에게 주인이 되고 자신이 자신에게 기준이 되고 자신이 자신에게 목적이 되고 자신이 자신에게 판결자가 된다는 것입니다. 선악의 판결자가 되고 선악의 기준이 된 인간에 대해 하나님은 자신이 친히 선악의 판결자가 되시고 선악의 기준이 되셔서 엄중한 심판을 내립니다. 완전히 다른 기준을 따라 완전히 다른 판결자가 내리는 심판의 판결문은 자기 중심적인 사람의 인생이 헛되고 헛되며 헛되고 헛되니 모든 것이 헛되다는 것입니다.

전도자가 전도서의 마지막 부분에서 전하는 것은 이토록 철저하게 헛되고 허무한 인생에게 주어질 수 있는 유일한 답입니다. 그것은 하나님을 경외하고 하나님의 계명들을 준수하는 것입니다. 하나님을 경외하는 것은 모든 것의 기준과 주도권을 하나님께 전적으로 맡긴다는 것을 뜻합니다. 하나님의 계명들을 지킨다는 것은 피조물 본연의 자리로 돌아가는 것을 뜻합니다. 하나님은 하나님의 자리에, 인간은 인간의 자리에, 자연은 자연의 자리에 있을 때에 비로소 인생은 헛되지 않습니다. 하나님을 경외하고 그의 계명들을 지키는 것은 인생에게 최고의 질서가 회복되어 본래의 자리인 최고의 피조물이 되는 것입니다. 이것은 무거운 숙제도 아니고 불쾌한 책임도 아닙니다. 이것은 우리 자신에게 최고의 유익이며 최고의 영예이며 이로써 하나님의 영광에 이르는 최고의 길입니다. 그런데 이 최고의 길을 걸어간 사람이 그리스도 예수 외에는 아무도 없습니다. 그래서 이 최고의 길은 완벽한 하나님 경외와 율법의 완벽한 순종을 이루신 그리스도 예수를 뜻합니다. 그래서 전도서는 그 예수를 가리켜 기록된 책입니다. 그리스도 예수로 말미암아 하나님은 우리에게 지극히 큰 상급이 되신다는 사실을 가르치고 그분을 누리는 구체적인 방법도 제공하는 책입니다. 전도서는 최고의 상급이 되시는 하나님 이외에는 모든 것이 헛되다고 말합니다. 즉 먹고 마시고 입고 보고 가고 이루는 모든 것들이 헛되고 심지어 하나님의 선물들도 하나님 자신에 비해서는 헛되다고 말합니다. 이 사실을 강조하기 위해 전도서는 모든 것에 적용되는 "헛되다"는 부정적인 말을 오직 하나님만 헛되지 않다는 긍정적인 말의 배경으로 삼고 있습니다. 이러한 사실을 인생에서 경험하는 모든 만물이, 모든 상황이, 모든 분야가, 모든 사건이, 모든 관계가, 모든 장소가, 모든 상태가, 모든 모순이, 모든 불의가, 모든 절망이, 모든 실패가, 모든 헛됨이 가르치고 있다고 전도서는 말합니다.